小山田英治

開発と汚職

開発途上国の
汚職・腐敗との
闘いにおける
新たな挑戦

明石書店

目　次

序　章 8

第1章　開発途上国の汚職・腐敗問題とは 18

1　汚職・腐敗の定義 18

2　途上国の汚職・腐敗の種類と汚職の及ぼす様々な影響 22

3　途上国の汚職・腐敗の特色と要因 29

4　クライエンテリズムとレント・シーキング 31

5　途上国における汚職・腐敗の現状とその影響 34

6　汚職・腐敗による社会経済的影響 39

7　途上国政府や援助機関支援事業における汚職・腐敗の機会 42

8　セクター別における汚職・腐敗の機会 45

　（1）警察汚職・腐敗 46

　（2）教育セクターの汚職・腐敗 51

9　市民が起こす汚職問題 59

第2章　開発途上国の汚職・腐敗対策への新たな変化と研究 65

1　汚職・腐敗問題に対する認識の変化 65

2　1990年代以降の新たな汚職・腐敗研究 68

　（1）汚職・腐敗と経済成長・投資、経済・産業政策に関する研究 74

　（2）汚職・腐敗と司法・制度面等に関する研究 76

　（3）汚職・腐敗と公務員制度・賃金に関する研究 78

　（4）汚職・腐敗と政府規模そして地方分権に関する研究 79

　（5）汚職・腐敗と政治体制と民主主義に関する研究 81

（6）汚職とプレスおよび市民社会の活動に関する研究　82
　（7）汚職と貧困に関する研究　84
　（8）汚職とジェンダーに関する研究　85
　（9）ポスト紛争国および脆弱国家と汚職　87
　（10）汚職と民間企業に関する研究　89
　（11）汚職と開発援助　91
　（12）汚職・腐敗とその他との関連性についての研究　93
3　汚職の測定方法と各種ツール　95
　（1）汚職認識度指数（Corruption Perception Index）　96
　（2）世界ガバナンス指標（Worldwide Governance Indicator）　97
　（3）グローバル汚職バロメーター（Global Corruption Barometer）　99
　（4）ステート・キャプチャー指数（State Capture Index）　99
　（5）グローバル・インティグリティ指標（Global Integrity Index）　100
　（6）贈賄支払い度指数（Bribe Payer's Index）　102
　（7）世界銀行企業サーベイ（Enterprise Survey）　103
　（8）国家清廉性システム・アセスメント　103
　　　（National Integrity System Assessment）
　（9）国防セクター事業における反汚職指標　106
　　　（Government Defense Anti-Corruption Index）
　（10）国別政策制度評価指数（Country Policy and Institutional Assessment）　107
　（11）公共の清廉性指数（Index of Public Integrity）　108
　（12）法の支配度指数（Rule of Law Index）　108
　（13）オープン・バジェット（財政開放度）指数（Open Budget Index）　110
　（14）ビジネス環境インデックス（Ease of Doing Business Index）　111

第3章　国際社会、市民社会、民間企業による反汚職取り組みの役割と活動　119

1　国際社会の汚職対策と手法　120
　（1）国際ドナー（援助機関）の役割と汚職対策支援　126
　（2）汚職と闘うための国際規範　135

2　市民社会の役割　140
    3　民間企業による贈賄防止対策　147
        （1）今日の多国籍企業の不正問題　147
        （2）国際社会を巡る政府の摘発姿勢の強化　150
        （3）民間企業によよ反贈賄対策と現状　156

第4章　開発途上国政府による汚職・腐敗との闘い　167
（パートⅠ：ジョージア、インドネシア、フィリピン、リベリアの事例）

    1　ジョージア共和国（サーカシヴィリ政権下における汚職との闘い：2003
        ～2007年）　168
    2　インドネシア（汚職撲滅委員会〈KPK〉を通じた汚職対策：2003年～現在）　174
    3　フィリピン（アロヨ大統領による汚職との闘い：2001～2010年）　180
    4　リベリア（サーリーフ大統領による汚職との闘い：2006年～2018年1月）　185

第5章　開発途上国政府による汚職・腐敗との闘い
（パートⅡ：ルワンダ）と比較分析　192

    1　ルワンダ、カガメ政権下における
        オンブズマン局を通じた反汚職対策（2002年～現在）　192
    2　比較分析　214

第6章　開発途上国が直面する現状と問題点　223

    1　途上国の反汚職改革に対する現状分析　224
    2　分野別に見た反汚職取り組み成果に対する分析　233
        （1）途上国による反汚職政策と戦略　234
        （2）汚職対策機関　237
        （3）公共サービスの質と公務員の清廉性向上のための制度改革　241
        （4）市民社会の反汚職行動への参加　244
        （5）汚職の犯罪化　249

（６）汚職・腐敗と闘うための国際条約並びに地域間協定他　250
　3　ドナー機関による援助手法と組織的問題点　254

最終章　過去からの教訓と今後の課題　261
　1　反汚職改革を促進させる要因　261
　2　反汚職改革を阻む要因　263
　3　汚職・腐敗との闘いは成功であったか　268
　4　汚職・腐敗と闘うためのリーダーシップと
　　　政治的意志の重要性　272
　5　最後に　274

あとがき　282

参考文献　287

索　引　336

【図表目次】
〔表〕
表1-1　汚職・腐敗の及ぼす様々な悪影響例　23
表1-2　汚職・腐敗の種類と要因　26
表1-3　過去1年間で市民が公務員に賄賂を支払った割合（国別）　35
表1-4　政府事業プロセスにおける汚職・腐敗の機会（一般例）　43
表1-5　世銀プロジェクトで発生した汚職・腐敗の種類　44
表1 6　地域別汚職・腐敗事件調査件数　44
表1-7　分野別汚職・腐敗事件調査　44
表1-8　政府調達契約のうち、企業が賄賂を支払う割合（％）（フィリピン）　44
表1-9　警察汚職・腐敗の種類と例　48
表1-10　教育セクターにおける汚職の機会　52
表2-1　規模別企業による贈賄行為の頻度と対処　90

表 2-2　企業収益に対する規模別贈賄割合　90
表 2-3　国内 1500 社の企業幹部に対する汚職調査（フィリピン）　91
表 2-4　汚職認識度指数（CPI）　96
表 2-5　地域別に見た汚職認識度指数　97
表 2-6　ステート・キャプチャー指数　99
表 2-7　グローバル・インテグリティ（ガバナンスと汚職部門）　101
表 2-8　賄賂支払い度指数（BPI）　102
表 2-9　産業界別の贈賄支払い度調査　103
表 2-10　民間企業の賄賂支払い状況（上位 10 ヵ国と ASEAN 諸国）　104
表 2-11　国防セクターにおける反汚職指標（リスク分野一覧）　106
表 2-12　国防セクターにおける汚職に対する脆弱性（国別ランク）　107
表 2-13　汚職の不在、オープン・ガバメント、法の支配指数の国別比較（2017-18 年）　109
表 2-14　オープン・バジェット（財政開放度指数）　110
表 3-1　汚職・腐敗の種類別に見た対策　122
表 3-2　反汚職介入に対する直接・間接的な方法例　123
表 3-3　ガバナンスの質・汚職のレベルに基づいた反汚職取り組み例　124
表 3-4　反汚職行動への段階的取り組み例　125
表 3-5　汚職と闘うための国際・地域条約等の活動概要　137
表 3-6　国際反汚職会議の開催国とメインテーマ　139
表 3-7　反汚職に取り組む市民社会組織の主たる活動内容と目的　141
表 3-8　企業による不正の種類（業種別）　148
表 3-9　多国籍企業の透明度の総合評価（抜粋）　149
表 3-10　企業による汚職防止への取り組み　157
表 4-1　ジョージア共和国の反汚職取り組みとその成果　170
表 4-2　2004 〜 2015 年の間における職務別摘発者　176
表 4-3　汚職撲滅委員会（KPK）の有する諸権限　177
表 4-4　フィリピンの反汚職取り組みの成果（アロヨ政権時）　183
表 4-5　ガバナンス・経済管理支援計画（GEMAP）の概要　187
表 5-1　反汚職政策実施のためのオンブズマン局から政府機関への取り組み要請　197
表 5-2　政府の公共サービス提供の向上のためのオンブズマン局による勧告例　198
表 5-3　汚職対策機関の年間予算等国別比較（2012 年時点）　199
表 5-4　汚職による処分に関する種類別統計（2010 〜 2015 年）　206
表 6-1　「汚職の抑制」の改善度の国別比較（2004 年と 2015 年の比較）　231
表 6-2　業務遂行における障壁（途上国政府幹部職員とのインタビュー結果）　232

表 6-3　OECD 贈賄防止協定締結国における外国公務員贈賄事件に対する
　　　　執行レベルの現状　252
表 6-4　外国公務員贈賄規制についての認識（日本企業を対象とした
　　　　企業規模別調査）　253

〔図〕
図 1-1　市民の公務員への賄賂支払い先（過去 1 年間に賄賂を支払った公務員の
　　　　種類：95 ヵ国平均）　36
図 1-2　汚職・腐敗の原因と結果　40
図 1-3　市民の汚職に対する考え方（サハラ以南アフリカ 18 ヵ国）　60
図 2-1　人間開発と汚職認識度の関連性　84
図 2-2　世界ガバナンス指標（所得グループに基づく）　98
図 2-3　国家の清廉性（NIS）制度　105
図 4-1　ジョージアのガバナンス指標　173
図 4-2　フィリピン歴代大統領の反汚職取り組みに対する市民の満足度　184
図 5-1　ビジネス環境、汚職認識度、人間開発の比較表（ルワンダとサハラ以南アフリ
　　　　カ諸国）　193
図 5-2　ルワンダの透明性と説明責任指標（2016 年）　202
図 5-3　汚職犯罪に対する判決（罰金と刑期）の比較　207
図 5-4　各国の汚職の抑制度の推移　220
図 6-1　チリにおける反汚職政策策定の推移　235
図 7-1　汚職の促進要因と阻害要因　267
図 7-2　政府、市民社会、ドナー機関間に見られるアカウンタビリティ・メカニズム　274

〔写真〕
1．国際反汚職会議（IACC）の様子　140
2．タイの反汚職キャンペーン　143
3．外国公務員賄賂防止に関するパンフレット　154
4．エレン・サーリーフ大統領　188
5．若者のための「反汚職の日」　199

〔ANNEX〕
1．汚職認識度指数（CPI）国別ランク（2017 年）　323
2．『世界ビジネス環境の現実　2019』　326

序章

　汚職・腐敗をめぐるスキャンダルは、毎日といってよいほど世界各地のニュースを賑わしている。世界で発生した民主化運動や民衆運動の発端の多くは、政治家や政府内の汚職・腐敗問題が原因で生じていることが分かる。例えば、過去約30年を振り返っただけでも、フィリピンのピープルパワー革命（1986年：マルコス独裁体制と政府腐敗）、インドネシアの民主化運動（1998年：スハルトファミリーと企業の癒着と汚職）、中国の天安門事件（1989年：言論の自由の他、官僚の汚職や狂乱物価に対する市民の強い不満）や、ジョージアのバラ革命（2003年：経済の低迷と政府の腐敗）、ウクライナのオレンジ革命（2004年：大統領選挙時の不正）、キルギスタンのチューリップ革命（2005年：アカエフ派の独裁体制と汚職）といったカラー革命（花の革命）、さらにはチュニジアやエジプトなど中東諸国で勃発した「アラブの春」（2011年：高失業率、政府の腐敗、政権への不満）など多数におよぶことが分かる。2015年のギリシャ危機も政府の汚職・腐敗と深いつながりがあった。過去10年だけでも少なくとも70人以上の国家元首や閣僚（現職以外にも過去を含む）が世界の至るところで逮捕され、6割以上が汚職・腐敗が原因となっている（筆者の調査によるもの）。昨今では、ブラジルのペトロブラス（ブラジル石油公社）汚職事件に伴う、2016年の不正会計処理を事由としたルセーフ前大統領の罷免と2018年のルーラ元大統領の汚職事件による逮捕、韓国においては汚職疑惑で罷免、2017年に逮捕された朴槿恵前大統領など、癒着・汚職・不正で国家首脳の逮捕劇が繰り返されていることは記憶に新しい。
　2000年以降だけでも世界で少なくとも15以上の大規模な民衆運動が起きて

おり、そのほとんどの原因の根底にあるものは、汚職の蔓延、失業そして不景気といった経済社会問題である。チュニジアでは、失業中で果物や野菜の街頭販売をしていた若者が警察官への賄賂支払いを拒んだため、販売許可がないと商品を没収され、失望し抗議するため焼身自殺を図った。これが後の「アラブの春」の発端となった。ナイジェリアのエヌグ（Enugu）市では、2005年、トラック運転手が警察官に20ナイラ（15米セント）の賄賂を拒否したため、殺害され、それに怒った何百台ものトラックが主要な高速道路を封鎖した（USAID 2007, 2）。これらを紐解くと、政治の不透明、脆弱かつ非効率な政府機能、法の支配の不在が国家、すなわち政府や政治に対する市民の不満や不信につながっているのである。しかし、一方で民衆運動の増加件数を見ても分かる通り、以前と比べ市民はより汚職・腐敗問題に対し不寛容かつ厳格になってきている。海外では汚職と闘う（fight against corruption）や反汚職（anti-corruption）という、日本ではあまり馴染みのない表現を使うことで汚職・腐敗問題に挑戦しているのである。

　汚職・腐敗は大なり小なりどの国でも存在し、古くから文化と歴史に根付いている。汚職は最も古い犯罪の一つとも言われ（Beiderman 2000, 259）、その種類は下級、中級公務員による日銭稼ぎを目的とした小規模汚職から、政府高官や政治家等による政治腐敗、さらには政府調達を巡る官製談合や企業間談合、政府機関の犯罪組織との癒着まで多様である。汚職・腐敗とは、「私的利用のための公権力の濫用（悪用）」である。公金横領も斡旋利得もそれに該当する。

　汚職の蔓延は特に途上国や新興国で深刻で、それは国家開発の大きな妨げとなり、政府の効率性や構造を脆弱なものとし、貧富の格差を広げている。国連の報告によれば、腐敗や贈収賄、窃盗、租税回避によって、途上国に年間1兆2,600万米ドル（約140兆円）の損害が生じているとしている（国連広報センター 2016）。歴代の国連事務総長は言う。「汚職は民主主義と法の支配を衰えさせ、人権を無視し、政府に対する市民の信頼をなくす」（潘基文前国連事務総長）（UNODC 2013）。「汚職は開発に費やされるべき資金を不正流用させ、政府のサービス能力を弱め、不平等、不公正を生み出し、海外からの投資や援助を滞らせ貧困層に影響を与えている」（コフィ・アナン元国連事務総長）（UNODC 2013）。キム（Jim Yong Kim）世界銀行総裁は、「途上国では汚職は公共の最大の敵（No. 1 enemy）」と述べている（Reuters 2013）。IMFの研究では、汚職が蔓延してい

る国では、そうでない国に比べ海外からの投資率が5％低いことを明らかにしている（OECD 2014）。UNDP（2010a, 16-18, 50-51）は、アフリカ等の最貧国でミレニアム開発目標（MDGs）が進展しない原因は、(1) 脆弱な政府のガバナンスと行政、(2) 参加と代表（議会）の弱さ、(3) 汚職の抑制問題、(4) 紛争後の国家再建の停滞であるとし、また2010年のMDGsレビューサミットでは、目標達成の主たる障害要因として汚職・腐敗問題が挙げられた（UNDP 2011a, 3）。数多くの研究で、汚職の抑制とガバナンスの質は幸福度を含めたほとんど全ての生計を測る項目で強い関連性があるとしている（Rothstein et al 2011; 2017, 5）。今や汚職・腐敗の問題を避けて途上国政治、経済、そして開発は語ることはできないのである。

　途上国で仕事をした日本人の多くはこう思うはずである。なぜ地方自治体ではコネ人事ばかりなのか。教育や保健医療、福祉へのさらなる投資が明らかに必要な国で、なぜ政府はインフラ事業ばかり進めるのか。なぜ舗装されている道路はすぐ穴ぼこだらけになるのか。途上国では税収率が低い理由はなぜか。不正で処罰された公務員がなぜ役所で平然と働いているのか。上級公務員の多くはなぜ豪邸に住めるのか。これら「なぜ」の背景には汚職・腐敗が深く関係しているのである。

　世界の汚職問題に取り組む、国際NGOトランスペアレンシー・インターナショナル（Transparency International、以下TIとする）（2012, 2）による2011年の調査では、公共セクターの汚職・腐敗問題はほとんどの調査対象国（183ヵ国。ちなみに国連加盟国の9割以上の国）において深刻であるとし、また2010年と2011年に行われた英国放送協会（BBC）放送による世界26ヵ国調査では、汚職問題は貧困に次いで最も深刻な社会問題と認識されている[1]。途上国では現地の新聞の一面を飾るのは政治家や政府による汚職事件ばかりであり、テレビをつけると、言葉は理解できなくてもヘッドラインニュースとして取り上げられている様子は、国内の汚職スキャンダルであることが容易に理解できる。筆者は約20年前より、世界各国の汚職事件に関するニュースを電子メールを通じて毎日受け取っている。汚職にまつわるスキャンダルは世界で同時並行的に生じており、一向に減る様子はないのである。

　ミレニアム開発目標（MDGs）の終了から、持続可能な開発（SDGs）に移行

するにあたり、国連は100万を超える一般市民（8割が途上国）が、世の中に何を望んでいるか問う調査を行った。そこでは「より良い教育」「より良い保健医療」に続き、「正直かつ市民の要望に応える政府」であった（UN Development Group 2013）。3番目は、政府の透明性と説明責任を有し、汚職のない政府を期待する意味である。2017年のTI（2017e）世界調査によれば、57%の市民（中近東、北アフリカ諸国は68%、サハラ以南アフリカ諸国は63%）が政府による反汚職取り組みはひどいとし、多くが悲観視している。2017年のTI（2018）の汚職認識度指数によれば、調査対象176ヵ国中、ニュージーランドとデンマークが汚職認識度が一番低く（日本は20位）、ソマリア、南スーダン、シリアの順に高いと発表した。汚職・腐敗と、所得や人間開発とのレベルの間には一定の相関関係が見られるのである。

　ではどの程度汚職・腐敗は社会に蔓延、浸透しているのであろうか。2013年にTI（2013）が行った調査によれば、世界平均で見れば、実に市民の4人に1人が過去1年間に何らかの手段で公務員（警察、学校、病院、裁判所、許認可を行う機関等）に賄賂を支払っているのである。これは単純計算すると20億の人々が過去1年間に公務員に賄賂を支払っていることになる。2017年にラテンアメリカ20ヵ国で実施された同様の調査でも、約3人に1人が賄賂を支払っているとしており、62%が汚職のレベルは以前より増えていると回答している（TI 2017a）。

　世界的に見て市民による賄賂先は警察官が一番多く、裁判官、許認可業務を担う政府職員、医療や教育への従事者と続いている。本来、市民が最も信頼を置くべき職種の人間に対し、賄賂を最も支払わなければならないのは実に嘆かわしいことであり、同時に国や公務員に対する信頼も失墜する。途上国の人々からは、「犯罪や事件に巻き込まれた場合は、一番先に親戚や友人に相談し解決させる。政府や警察はとても信じられない」という話をよく聞く。日本ではどうであろうか。まずは市民は真っ先に警察に駆けつけるのではないであろうか。それは我々は警察を信頼しており、また警察官は市民の擁護を最大の責務とし、市民からの信頼を最大限に重要視しているからである。

　なぜ市民は賄賂を支払う必要があるのか。途上国の多くでは、物資や権利を公平に分配する制度や文化が欠落している。市民はそれを獲得するために不正

や賄賂に手を染めることとなり、許認可手続き等における裁量権を有する公務員は当然の権利の如く賄賂を要求する。途上国では市民は日常生活で何をするにも賄賂が必要であり、賄賂は生きる術とさえなっている。また低所得層の方がより被害を被っているのである。例えば、NHK が放映した「賄賂の実態」では、ケニアの貧困層が病院での受診の予約や、バラック小屋の建築許可、日雇い労働の職を得るためには賄賂を払わなければならず、賄賂が生活のあらゆる局面に入り込んでいる実態を如実に映している。アフリカの市民社会団体 Afrobarometer は、貧困層はより多く政府職員に賄賂を支払っていることを調査を通じて明らかにした（Juslesen and Bjornskov 2012）。ジェシカ・ウィリアムズ（2005）の『世界を見る目が変わる 50 の事実』では、ケニアでは市民は生活費の 3 分の 1 を賄賂に支払っていると説明している。汚職と闘うための政府を支援するために OECD が設置している情報提供サイト CleanGovBiz（OECD 2014）は、汚職のレベルの高い国では、低い国と比較して子どもの死亡率は 3 分の 1 相当分高く、乳児死亡率は 2 倍、そして生徒のドロップアウト率は 5 倍高くなるとしている。Azfar と Gurgur（2014）は、フィリピンを例に取り、汚職が新生児の免疫率を下げ、予防接種を受ける時期を遅らせ、さらに病院での待ち時間を増やし、保健サービスへの満足度を下げている現状を明らかにしている。TI（2008, 2010b）の 51 ヵ国を対象とした調査によれば、安全な水へのアクセスは、市民（世帯）の支払う賄賂のレベルと反比例し、賄賂の額が少ない場合、水道を引く費用は最大 30 〜 45％上昇させるとしている。汚職の増加は、持続的成長を減少させ、貧困削減を遅れさせているのである。

　企業が政府事業等の契約獲得や許認可を受ける際に、公務員への心づけ（現金や贈呈品）や接待を行うことが慣習となっている国はまだ多く存在する。日本もひと昔前までそうであった。アジアでは、世話になった人や、親しい人との間、会社の上司・部下との間ではお歳暮やお土産を交わすのは自然のやりとりであり、生活と文化の一部となっている。しかし、それが公私混同し、公金に手を出し濫用してしまうと、汚職・腐敗行為となって表れ、しばし大型汚職・腐敗が国に大きな損失をもたらすまでに至ってしまう。また商取引において企業側にとっても好き好んで公務員に賄賂を支払うわけではなく、自社の利益のためにせざるを得ないのである。世界経済フォーラムによれば、汚職に

よりビジネスを行うコストは平均10％上乗せしなければならないとしている（OECD 2014）。その資金は汚職にまみれた政治家や公務員が賄賂を通じて受け取り、途上国と移行国だけでも年間200〜400億ドルとなり、それは政府開発支援（ODA）の20〜40％と同額の規模となる（TI 2009a, xxv）。

途上国では汚職・腐敗は政府内の上から下まで浸透し、組織的かつシステマチックな利益分配の構造となっており、途上国特有の文化そして風土病でもあると言える。それはまた文化的要因と社会・政治的要因が相互に複雑に入り組んでおり、国内の大きな社会問題となっている。先進国の人間はまずそのような途上国の置かれている現状を知ることが重要であろう。筆者は過去多くの途上国で汚職に対する市民の意識調査を行ってきた。どの国に行っても「汚職は文化なので削減はとてもできない。やっても無駄」という回答が圧倒的であった。

反汚職取り組みや新たなアプローチの汚職・腐敗研究が本格的になったのは、新制度派経済学の誕生、そして政府のグッド・ガバナンスの重要性が謳われた1990年代のはじめからである。それまでの汚職・腐敗研究の対象領域は一国主義的な分析が主であったが、1990年代以降、経済学、社会学、法学、政治学、さらにそれらを複合的または相互関連させ、国を越境した研究が加わりより学際的なものとなった。また、国際社会はこれら研究成果を基に多岐にわたる反汚職取り組みを立案・実施し、汚職と闘うための国際協定の制定や国際協力を施し、各種ベスト・プラクティスも整えた。ほとんどの途上国政府は、制度改善や法整備、いわゆるガバナンス改革を通じて汚職対策を行い、今日では反汚職取り組みは国家開発を推進する重要項目として位置づけられるようになった。

国際社会とドナー機関は、かつては援助対象外であった反汚職支援に重点を置くようになった。その背景には、途上国への開発援助事業も長年汚職による被害を被っていたからである。元世界銀行（以下世銀）副総裁の西水（2009）は、南アジア（パキスタン）における開発援助の仕事を通じて現状を次のように語っている。「想像を絶する経済の破たんに驚いた。組織が制度化され、マフィア化した汚職のひどさにも驚いた。その汚職が国家経済をここまで追いやった事実に仰天した」。そして、「草の根から様々な汚職形態を知り、政治改革なしには経済改革は不可能」と語っている。途上国の経済発展は、汚職対策を含む制度改革と政治改革抜きには達成困難なのである。

日本では、汚職・腐敗事件というと、古くはロッキード事件（1976年）[4]、リクルート事件（1988年）[5]、山田洋行事件（2007年）[6]等々といった官製談合で、我々一庶民とは異なった時限と空間で生じた事件であるという印象もあり、それがどの程度国民の日々の生活に影響を及ぼしているかを知るのは判断しづらい。途上国支援のためのODA事業においても、日本のゼネコンやコンサルタント企業による汚職事件は散発的に発覚するものの、異国の地の出来事であるためピンとこない。

　これ程世界中に汚職・腐敗が蔓延するということは、汚職は必ずしも悪だけではなく、便益ももたらすのではといった議論や、汚職・腐敗は開発や経済発展おいて機能的な「潤滑油」役となりえる、さらには汚職が民族紛争や内戦を未然に防ぐ役割を果たすのではないかという見方や研究もある。本書では、1990年代以降の汚職・腐敗問題の研究手法に変化が見られ、それに対するアップデートの必要性と、汚職・腐敗問題を開発と関連させ議論することにより、もはやそれは途上国単体のみで解決する課題ではなく、先進国をも含めたグローバル規模に取り組む挑戦であり、それへの協働責務が不可欠であることを読者に理解してもらいたく筆を執った。

　本書は、途上国や新興国における汚職・腐敗問題に焦点を当て、その種類と構造、そしてそれが生じるメカニズムと、国家開発、民主化、経済成長、紛争などに与える影響、さらには国際ドナー、市民社会、企業の汚職取り組みの役割を概観した後、世界各国の取り組みを紹介し、成功、失敗例を通じて汚職対策の有効性について多角的に分析する。また近年の国際社会の動向と研究成果も紹介し、汚職・腐敗対策を巡る新たな潮流と今日的意義について検証する。開発政治学の側面をより重視した形で「途上国の開発と汚職」に焦点を当てることにより、一国研究ではなく、途上国・新興国の開発を促進させるための反汚職の議論であることを明確にすることにより、読者に対し汚職研究は、経済学や法学以外にも開発政治学の範疇でもあり、同時に国際開発学や国際協力論と深く関連していることも理解してもらいたい。

　本書の構成は次の通りである。第1章「開発途上国の汚職・腐敗問題とは」では、汚職・腐敗の定義と種類、途上国特有に見られる汚職・腐敗の構造とその要因、そしてそれが社会経済にもたらす影響について概観する。また政府事

業における汚職の機会を把握したうえで、警察と教育セクターを例に取り上げ、それぞれ汚職の構造が異なった様相を示していることへの理解を深めると同時に、一方で市民も公務員の汚職行為を増大させている要因があることも事象を通じて説明する。第2章の「開発途上国の汚職・腐敗対策への新たな変化と実証研究」は、開発と汚職問題に対する1990年代以降における国際社会の認識の変化と、汚職・腐敗対策の新たな特徴や汚職研究の実績と成果について考察する。汚職を測定することは長年困難であると考えられてきたが、汚職研究が進むにつれ多くの試みがされた。ここでは今日利用されている汚職測定ツールやアセスメント手法も紹介する。

　汚職・腐敗は官と民が混じり合い、癒着して進められる行為であり、従って汚職対策を政府のみに依存することは失敗を意味する。今日の反汚職取り組みは、政府の他にも社会を構成する主要なアクターとの連携作業が不可欠となっている。第3章「国際社会、市民社会、民間企業による反汚職取り組みの役割と活動」は、国際社会の反汚職取り組みの現状と方法論について概観した上で、国際ドナー（援助機関）、市民社会、民間企業の役割と期待される活動内容、そしてそれが国際社会や途上国開発にどう影響を与えてきているか論じていく。また国連やOECDなど、汚職と闘うための各種国際協定や条約にも触れ、それぞれの特徴と効果について検討する。汚職問題は収賄のみではなく、贈賄側からも考える必要がある。ここでは民間企業による贈賄防止策がどう形成されているのかについても確認する。第4章「開発途上国政府による汚職・腐敗との闘い（Part I）」では、途上国4ヵ国（ジョージア、インドネシア、フィリピン、リベリア）の取り組みを紹介し、政府の汚職対策についての方法論と、成功・失敗への手がかりを模索する。そこでのキーワードは、政治的なコミットメント、制度改革、市民社会の役割、汚職対策機関の有効性である。第5章「開発途上国政府による汚職・腐敗との闘い（Part II）と比較分析」ではルワンダ政府による汚職対策を取り上げ、総括として事例5ヵ国の取り組みの有効性と成功・失敗要因を比較検証する。そこでは、ドナーの役割がどう影響するか、市民の支持があるのとない場合の違い、リーダーシップの取り方などといった論点より分析を試みる。第6章「開発途上国が直面する問題点と現状」では、過去30年を振り返り、途上国や国際社会が汚職との闘いを推進する中で直面する困難性と

課題を整理し、何をもって汚職対策が促進され、阻害する要因はどのようなものか議論を展開する。最終章では、今までの努力は汚職削減に貢献できたのか、汚職研究者の評価、開発援助のあり方などを振り返った後に汚職との闘いにおける政治的意志とリーダーシップの重要性についても取り上げ、今後の課題について議論する。

途上国の汚職・腐敗は、行政汚職の他、政治腐敗など様々で、さらにはクライアンテリズム、レント・シーキングの側面からも取り上げ深く分析する必要がある。しかし、それらを一冊の本に凝縮させようとすると大変な作業、かつ内容的に不十分なものとなってしまう。本書では主に行政汚職とその対策を制度面から考察し、政府のガバナンスの在り方を中心に途上国開発を軸に議論を展開し、政治腐敗や個別の汚職事件等の事例研究は行わない。

開発の定義は難しいが、イメージすることは容易である。志賀（2018, 73）によれば、開発は「人々が飢えや疫病に苦しまず、子どもたちは毎日学校に行き、経済活動が自由に行われて人々が豊かになること（経済社会の発展）、人々が社会のあり方に関する意思決定に意見を反映させたり、社会に不可避的に存在する利害対立を平和裏に解決する仕組みがあること（政治の発展）」とし、それは理想状態を目指して政治や社会、経済のあり方を改善していく変化の過程であると説明している。開発途上国「開発」は正に「国づくり」なのである。開発は良き制度を構築することにより促進し、その中で汚職・腐敗はこれらの発展と制度を阻害する大きな障壁となっているのである。

途上国の汚職・腐敗とはどのようなものなのか。なぜ汚職との闘いが必要なのか。開発と汚職との関連性はあるのか。汚職削減のための処方箋と実効的な抑制手段とは何であるのか。経済成長や民主化は汚職の機会を削減するのか。途上国の汚職・腐敗はどの程度削減されているのか。本書はこのような疑問に応えられるよう多くの実証例や統計を用い、幅広い議論を展開した。また途上国での様々な実体験も組み入れ、途上国の汚職・腐敗問題を開発との関係で鳥瞰した。途上国はなぜ途上国であり、そこから脱出できないのか。読者はこの本を読んでいくにつれ、途上国の人々が長年直面している苦悩と模索を共有し、汚職・腐敗対策の必要性について改めて再認識できるのではないであろうか。

注
1 BBC Press Office（2011年12月9日）（TI 2012, 48）．同調査の結果では、貧困（69%）、汚職（68%）、環境汚染（64%）、テロリズム（61%）の順となっている。(//www.bbc.co.uk/pressoffice/pressreleases/stories/2010/12_december/09/corruption.shtml)
2 NHK世界のドキュメンタリー「賄賂社会の実態」2008年5月24日放送。
3 新制度派経済学（New institutional economics）とは、不確実な環境のもとでの合理的な個人の行動を理論化することを通じて、人々の経済活動を支える社会的規範や法的規則などの制度的側面を解明すべく、経済学の対象と方法を拡張しようとする現代経済学の潮流。また「組織の経済学」ともよばれ、取引費用理論、プリンシパル＝エージェント理論、所有権理論などの理論を発展させており、これらを用いて、経済諸制度の分析、現実の企業経営、経営組織、経営戦略などの分析や、コーポレート・ガバナンス問題などに応用されている（ウィキペディア）。
4 米国ロッキード（Lockheed）社が航空機の売り込みに関し、日本の政界に多額の賄賂を贈った疑獄事件。1976年アメリカ上院外交委員会で発覚し、田中角栄元首相らが逮捕・起訴された（広辞苑）。
5 情報関連企業リクルート社が、政財界に巨額の賄賂を行った事件。1988年に表面化し、竹下内閣崩壊につながった（広辞苑）。
6 2007年下旬に発覚した軍需専門商社「山田洋行」に関する防衛庁がからんだ汚職事件（Weblio辞書）。

第1章
開発途上国の汚職・腐敗問題とは

　本章では、汚職・腐敗の定義と種類、途上国特有に見られる汚職・腐敗の構造とその要因、そしてそれが社会経済と諸個人にもたらす影響について概観する。また政府事業における汚職・腐敗が生じる機会を把握した上で、警察と教育セクターを例に取り上げ、そこでの汚職・腐敗の形態がそれぞれ異なった様相を示していることを解明する。

1　汚職・腐敗の定義

　『広辞苑（第七版）』（岩波書店 2018）によると、汚職とは、「職権や地位を濫用して、賄賂を取るなどの不正な行為をすること。職をけがすこと」と定義している。元来「汚職」は、「瀆職」という語よりきており、瀆職とは、「職を瀆（けが）すこと。私欲のために職務・地位を濫用すること」を意味している。ブリタニカ国際大百科辞典（ブリタニカ・ジャパン 2016）によれば、汚職は「私的な利益を得るために公務員がその権限を不当に行使する行為。多くの場合、民間人の要望に応えて行い、その代償としてサービス，金銭，地位などの価値を受け取る。ときには上位の公務員が下位者に対して不当な権限の行使を命令し，その代償を上位者が取り上げることや，上位の公務員の間で監督の緩和とその代償が交換されることがある。汚職は政府機能が広範であって、公務員の採用が情実に左右される場合，また公務員の裁量の幅が大きく、国民の監視が弱いといった場合に多く起きる」としている。

　汚職が比較的個々人の不正行為をさすのに対し、腐敗はそれも含めて諸行為が制度や体制の一部となってしまっている状態を指す。従って、例えば「社

会的腐敗」「政治的腐敗」と言っても、「社会的汚職」「政治的汚職」とはあまり言わず、また政治的腐敗と汚職との間の厳密な区別はなされていない（西原1976, 3）。河田（2008, i）は、政治腐敗とは私的便益のために公的権力を非正当的に行使すること、すなわち「権力の私物化」と言え、そうした行為の「非正当性」の最も明確な基準として法律が挙げられるとしている。法の支配下にある公職者（政治家・行政官）の権力行使が違法な場合、特に「汚職」と呼び、汚職・腐敗は第一義的には「違法性」を特徴とする。汚職は狭義であり、腐敗は広義である。石井（2003, 9）は、広狭両義をカバーするために両語を中黒を介して「汚職・腐敗」と併記する必要も出てくるとしている。

　汚職・腐敗の定義として、ハイデンハイマ（Heidenheimer 1978, 4-6; 2002; 大内 2004, 10-11; Rothstein and Varraich 2017, 12-13）は、次の３つを示している。（１）公職中心型の定義（public-office-centered definition）：これは公職にある者が法規範から逸脱する行為。（２）市場中心型の定義（market-centered definition）：公務員が公職をビジネスとしてとらえ、公職を利用して得られる利益を最大化させる行為。（３）公益中心型の定義（public-interest definition）：市民の側の利益確保の立場からのもの。大内（1997; 2004）は、「自己および自己に関連した私的利益の誘導を目的として、他と差別的、不当に、かつ不公正な手段で、公職あるいは公的影響力を利用する行為」であるとしている。

　途上国開発との関連では、途上国政府や国際ドナー機関や国のほとんどで、「私的利用のための公権力の濫用（misuse of public power for private gain）」「職権や地位を濫用する」、または「私的利益のための託された権力の悪用（abuse of entrusted power for private gain）」といった定義が使用されている（前者はOECDやUNDP等、後者はUSAID、世銀、EU、イギリス国際開発省（DFID）、TI他で利用されている）。国際NGOのトランスペアレンシー・インターナショナル（以下TI）などは、当初「公権力の濫用（misuse）」であったものの、公権力から「託された権力の悪用（abuse）」に定義を変更していることが分かる。一方、アジア開発銀行（ADB）は、「私的利用のための公共あるいは民間の職権を悪用する」と、民間企業もカバーしていることが分かる。OECD外国公務員贈賄協定、国連腐敗防止協定（UNCAC）、そして欧州評議会（CoE）とアフリカ連合（AU）などの汚職防止協定では、汚職・腐敗の定義づけは行っておらず、その代わり

汚職行為について記載されている（OECD Observer 2007; U4 2010; Kerusauskaite 2018, 14)。これに対して汚職・腐敗を防止・対処するための行動として、近年では透明性、説明責任、清廉性（インテグリティ[2]）などが頻繁に使用されている。

　汚職は英語で "corruption" と訳し、フランス語 (corruption)、スペイン語 (corrupción)、ドイツ語 (korruption) は、それぞれラテン語 "corrumpere"（腐る、壊す）からの語源であり（*Oxford Dictionary of English*）、ほぼ同じ意味で使用されている。フィリピンなどでは収賄と汚職 (graft and corruption) と一緒にして表現する場合が多い。インドネシアでは汚職・癒着・縁故主義 (Corruption, Collusion, Nepotism=KKN 〈Korupsi, Kolusi, Nepotisme〉) として、時として3つの種類の汚職を一つの用語として使っている。

　汚職の語源は、国により意味が異なることが分かる。フィリピンでは、汚職に相当する単語は、"pandadaya" "kabulukan" であり、その語源としては、それぞれ「騙す＝cheat」「腐る＝decay」の意味を持ち、この他 "lagay" "tong" となると「買収、潤滑費」を意味する。インドネシアでは、"sogok" "suap"（いずれも賄賂）という語で、"makan"（食べる）という動詞をつけて、"makan sogok" "makan suap" と言えば収賄行為を意味する。パキスタンでは「上からの収入 (ooper ki admani)」、中国語では「貪汚＝貪欲不正な行為（タンウー）」といった言葉があり、タイ語では、"sinbon"（賄賂）であり、"kin"（食べる）という動詞と共に "kin sinbon" と言えば収賄行為を意味する（西原 1976, 3-4, 11）。"Choh rat bang luang" は国家から横領または王室から盗むという意味である[3]。アラビア語では「害を与える＝fasad」が汚職と同語となる。ウルドゥー語では "be-imman"（無意識な行為）であるとしている（Rothstein and Varraich 2017, 46）。ベトナム語の "tham nhũng" も中国語の意味と同じ貪汚＝貪欲不正な行為である。汚職の一部である、「賄賂」は英語では "bribery" と言うが、この語は古期フランス語の "bribe" に接尾語としての "ery"（性質・行状・慣習を示す名詞語尾）をプラスしてつくられた言葉で、古代フランス語では、"bribe"（小さな物、無価値な物を表す言葉）である（森下 2012, 8-9）。

　このように、汚職行為に対して日本のように「職を汚す」という考え方が優先する社会と、「貪欲」といった中国やベトナムの考え方、「職に対する忠誠心を壊す」の欧米的考え方、そして「職を食べる」「騙す」といった東南アジア

的発想、さらには「害を与える」や「上からの収入」というイスラム圏の用語まで、汚職の本来持つ意味はそれぞれ異なった背景から来ていることが分かる。したがって、汚職に対するとらえ方や意味合いも国や地域別に異なり、今日国際社会で利用されている"corruption"という語源を一律に利用すると矛盾が生じる。事実"corruption"とは、本来は西洋の用語であり、ユダヤ・キリスト教の伝統に深く根差して構築されて、罪悪に対する厳格な倫理的抑制であり、これは例えば、世俗的概念の強いアジアの宗教には、どこにも見当たらないのである（Time Magazine 1967; 西原 1976, 14）。仏教の教義は、悪を罰する怒りの神という概念を欠いている。唐代の賢聖、玄奘（三蔵法師）は「正邪をきにかけぬがよい。両者の対立は心の病にあり」と言っている（Time Magazine 1967; 西原 1976, 14)[4]。

　本書の趣旨は、開発の側面からの途上国の汚職・腐敗問題について取り上げるため、国際ドナー機関（＝開発援助機関）の使用している「私的利用のための託された権力の悪用」を汚職の定義として進行する。また日本では、汚職と腐敗の用語を区別せず使用している感があるが、本書では、「汚職・腐敗」ではなく、便宜上「汚職」のみの表現を多く利用することにする。

　汚職・腐敗のタイプには、世界的に普遍性があるものと、国や地域別の特殊事情や文化に根差したものがある。またその国の法律によっても異なる。例えば、刑法の収賄罪、贈収賄の規定には、ほぼ国際的な普遍性があるが、政党または政治家の企業の政治献金受け入れの可否となると、禁止している国や制限している国もあり、汚職の範囲も異なる。そして法律にもその国の文化が投影されていることが多い（石井 2003, 9-10）。一般に汚職を語る際、次の行為が含まれている。収賄、贈賄、脅迫、自らの影響力を利用して金品を受け取る行為、詐欺、迅速料、横領、詐欺・たかり、共謀、事実の歪曲、職権濫用、背任。汚職の概念は広汎なものであり、贈収賄以外にも、途上国では縁故主義、情実主義（民族や他の形態）、クライエンテリズム（恩顧主義）、クローニー（取り巻き）主義、さらには盗賊支配等[5]（Rose-Ackerman and Palifka 2016, 8-9 他）等、途上国で多く見られる形態の汚職・腐敗、もしくはそれと連関する行為も含まれていることを付語する[6]。これだけの多くの種類が汚職の行為とすると、Rider（1997, 1）の説明する通り「汚職は多くの人間にとって様々な側面を有し、その形態

第 1 章　開発途上国の汚職・腐敗問題とは　21

はカメレオンのようにすぐに変化するものである」と、それぞれの行為間の重複や変形が生じる可能性があるのも想像に難くない。

2 途上国の汚職・腐敗の種類と汚職の及ぼす様々な影響

　途上国の汚職・腐敗は様々な顔をもって現れる。国家開発や経済成長に影響を与えるのみではなく、社会発展を阻害し、制度の弱体化、資源配分を不公平にし、非効率性を高める。また子どもや女性、さらには貧困層といったすべての市民に対しても悪影響を及ぼしている。序章で説明した通り、ほとんどの途上国では汚職・腐敗問題を深刻な社会問題として認識しており、政府の取り組むべき優先事項として位置づけている。

　汚職・腐敗の社会・経済に及ぼす影響は甚大である。社会的な影響としては、貧富の格差の拡大や人間開発の低下、公務員、国家、政治に対する国民の不信、公共サービスの質的低下などがあり、経済的影響としては、経済成長の阻害、国家の財政基盤の破綻、海外からの投資機会の逃避、税収不足による公共投資の減少、無駄な公共投資など様々である（UNDP 1997; 1999; 世界銀行 1997; USAID 1999 他）。表1-1は、汚職・腐敗が世界や国家そして市民に与える悪影響を理解してもらうため例を取り上げた。

　汚職にはどのような種類があるか。一般に次の区分が可能であろう。(1) 大規模汚職（grand corruption）と小規模汚職（petty corruption）よりとらえる方法。大規模汚職とは、閣僚、政府高官等がからんだ、多くの場合大企業が関与している組織的な腐敗である。小規模汚職とは、中級、下級公務員などが日銭を稼ぐため、または生活費を補うために行う小規模な汚職行為である。国によっては路上汚職（street corruption）という表現も使用される場合もある。(2) 贈賄側（bribe）と収賄側（graft）に区分する方法。多くのケースで個人や企業が贈賄側となり、政府職員や政治家は収賄側となる。贈賄側を能動的汚職（active corruption）、収賄側を受動的汚職（passive corruption）という言い方もある（森下 2012, 3; Sampford et al. 2006, 9）。(3) 国内の汚職（domestic corruption）と国家間を横断する汚職（cross-border corruption）や国際汚職（international corruption）によりとらえる方法。(4) 行政汚職、政治腐敗、選挙汚職、組織犯罪（麻薬、資金洗浄、密輸の一環としての汚職）等、種類別に分類する方法。Schacter and

表 1-1　汚職・腐敗の及ぼす様々な悪影響例

世界に及ぼす影響	・腐敗や贈収賄、窃盗、租税回避によって、途上国に年間1兆2,600億米ドル（約140兆円）の損害が生じている（国連広報センター 2016）。 ・汚職のコストは世界のGDPの5％（2.6兆米ドル）に上る（World Economic Forum 2013）。 ・汚職により政府開発援助（ODA）の約10倍の公的資金が損失している（UNDP 2016a, 14）。 ・アフリカ諸国では毎年国内総生産の25％（約1480億米ドル）が汚職資金に流れ、200億から400億米ドル（約2.2兆から4.4兆円）が賄賂に費やされる（UNODC 2007）。
国家開発への影響	・汚職が蔓延している国ではそうでない国に比べ成長率が0.5〜1.0％ポイント低くなる（TI 2010a）。 ・多くの国では、政府調達契約における汚職の割合は最大25％に達する（UNDP 2016a, 14）。 ・ロシアで支払われている賄賂は年間300億米ドル（約3.3兆円）とされる（BBC News 2010）。 ・ナイジェリアでは、1960年の独立以降の石油収入の4,000億米ドルのうち、汚職で3,800億米ドルがなくなったとし、市民は独立時より貧しくなっている（木村 2018, 198）。
企業への影響	・例えば欧州の大企業社員ですら、その3分の1以上が契約を獲得するためには現金や贈呈品や接待を行う準備がある等、競争社会の名の下、汚職・腐敗行為を助長している（Reuters 2011）。 ・世界の企業幹部を対象とした調査では、5人に2人が政府機関と商取引をする際、賄賂を求められるとし、回答者の半数は、汚職は事業費を最低10％引き上げるとしている（TI 2009a, xxv）。
貧困層と一般市民に及ぼす影響	・汚職は下層20％所得層の所得増加率を遅らせている（UNDP 他 2007）。 ・ミャンマーでは、市民の半数は警察官のほとんど、またはすべてが汚職にまみれていると考えており、警察は捜査を行う際も被害者側に賄賂を要求する（GAN Integrity 2017）。 ・アフガニスタンで2009年に支払われた賄賂の総額は25億米ドルに達し、その額は同国のGDPの23％に値する（UNODC 2010, 4）。 ・バングラデシュでは毎年約2億ユーロが汚職と不法な支払いでなくなっている（U4 2013, 3）。法執行機関からサービスを受ける際、97％の国民が、そして地方自治体では53％が何らかのハラスメントや汚職の犠牲となっており、その額は収入の平均3.8％（Iftekhar Zaman et al. 2010）。 ・インドでは、貧困層の保健、学校、各種ユーティリティ等、従来無償の11種類の公共サービスに対し支払った賄賂は1億2,000万ユーロ以上となっている（U4 2013, 4; TI-India 2008）。

Shah (2000) は、(1) 小規模汚職、(2) 大規模汚職、(3) 国家の略奪 (state capture) や規則・規制の略奪 (regulatory capture) といった官民の癒着、に分類している。ハイデンハイマ (Heidenheimer) and Johnston (2002, 139-140) は、小規模汚職、日常的な汚職 (routine corruption)、深刻な汚職 (aggravated corruption) に分類している。

大内 (1999; 2004; 2013) は、汚職・腐敗問題を全体として「構造的」にとらえてみると、以下に説明する行政的汚職、小規模政治腐敗、大規模 (もしくは構造的) 腐敗、国際的腐敗への分類が可能となるとしている。

(1) 行政的汚職 (administrative corruption)：登場するアクターは、中・下級公務員と利害関係を持つ市民などで、求められる利権は、少額の賄賂の要求、収受、約束と引き換えに脱税の見直し、交通違反者の見逃し (あるいはそういう嫌疑を故意にかけスピードマネーをとる)、ライセンスの不正発給、公有物の低額払い下げ等が行われるケース。その行為の正当化には、公務員の薄給、社会的慣行などがある。これは途上国全般に共通して見られる行為である。

(2) 小規模政治腐敗 (political scandal)：特定の企業家、政治家、官僚の癒着した小規模疑獄[7]。登場するアクターは、個々の政治家、高・中級官僚、ビジネスマン、その仲介人等である。追求される利権は税の減免、裏口入学の口利き、補助金増額、認可、大規模公共工事の誘致、入札の便宜等と引き換えに政治献金、代議士秘書サービス、選挙運動への便益供与、顧問料、未公開株、不動産、絵画等の供与、接待娯楽の機会、天下り先の提供等が行われる。行為の正当化は省益、企業救済、あるいは社会の利益のためにやった、自分の裁量権でやった、選挙には金がかかる等である。

(3) 大規模政治腐敗または構造的腐敗 (疑獄) (institutionalized corruption)：国家の財政・金融政策に密着し、特定の階級あるいは企業系列に対して他と差別的に利益を誘導する体制的・構造的かつ合法的疑獄。アクターは、大物 (主に与党の) 政治家、財閥、政商、高級官僚等である。アクターたちは権力の頂点にあり、国政に関する重要な決定権を事実上独占している。通常の国家活動のように形式的合法性を充たしながら、現実には首相あるいは大統領およびその側近らが国家機関を私物化して、他と差別的、かつ不当に自己およびその側近や特定業界・企業のために国有財産の払い下げ、金融機関の救

済などを行う行為。彼らの行為の正当化は、自らに権限があり合法的である。景気の回復、産業の再生、金融制度の維持、公共事業による建設業振興などは国益にかなっているとする。また国家体制を安定させるのに役立つ、自らの地位に相応しい蓄財をしたに過ぎない、また自分の子分たちを養うために莫大な資金を要するためと主張する。

(4) 国際的腐敗(foreign sponsored corruption)：上記3つの種類がそれぞれ国際舞台で生じる汚職・腐敗。これには3種類ある。1つ目は例えば税関の公務員に賄賂を支払い、課税額を少額にかつ迅速に査定してもらい、通関業務を早めるようなケース。2つ目は、多国籍企業の海外活動で起こる汚職。他の競争者を押しのけて情報の収集や、インフラ整備事業等の入札での獲得、物品の売り込み等のために地元の政治家、官僚等へ賄賂を支払うような腐敗。3つ目は外国援助に絡んだ腐敗。援助国と被援助国の官僚・政治家・仲介業者・企業人などが絡んだ腐敗。1980年代のフィリピンのマルコス疑惑、インドネシアのスハルト一族などが挙げられる。

この4形態の汚職・腐敗の相互関係は山に例えると、行政的汚職が底辺のすそ野をなし、その上に小規模政治腐敗、頂上に構造的腐敗、それに対し国際的腐敗は、側面の国際的局面ですべてにそれぞれ接触して存在している。構造的腐敗は、自由市場があまり発展していない時期と場所で多発し、小規模政治腐敗は、自由市場が独占、寡占の状態に入ってから見られ、行政的汚職は金融資本主義の支配下あるいは、そこまでに至っていない途上国などで特定の政党の長期支配の維持、あるいは権威主義的政権下に起こりやすい現象となっている。国際的腐敗は、特に第二次世界大戦後に顕著に見られるようになった現象である（大内 1999; 2013）。この他、市場内（民・民型）腐敗もあり、これは市場（民間部門）内腐敗で、民間同志の入札談合、企業内秘密の漏洩など、リベートの授受、談合による不正契約等が行われる。これは行政腐敗の下に位置づけられる（大内 2013, 151-154）。

表1-2は、汚職の型、アクター、利権の種類、影響についてまとめたものである。対策については3章で詳細に議論する。この他国家の政治経済制度の体制や状態により、汚職・腐敗の形態も異なる可能性があり、それを想定できる場合がある。Johnston（2009; 2014a）は、強制選択法を用いて国家の政治体制、経済状態、

表 1-2　汚職・腐敗の種類と要因

型	アクター	利権の種類例	汚職がもたらす影響
1.行政的汚職	中・下級公務員、個人、ビジネスマン	少額賄賂の要求、収受、ライセンスの不正発給、交通違反者に対する賄賂要求、小中学校教員の入学や成績改ざんにまつわる賄賂要求、税関・通関職員による虚偽申告書作成を通じた賄賂の要求、公有物の低額払い下げ	社会的弱者の一層の貧困、物流の停滞、欠陥商品や工事の多発、行政の肥大化による低給与、非効率の蔓延と士気の低下、国民の政治・行政不信、国庫収入・支出の損失、開発計画の失敗
2.小規模政治腐敗	政治家、高・中級官僚、ビジネスマン、仲介人	税の減免、裏口入学の口利き、補助金増額、認可、公共工事の誘致、入札の便宜	同上組織犯罪、資金洗浄の増加
3.大規模政治腐敗	大物政治家、財閥、政商、高級官僚	国家機構と権限を私物化し、財政政策、金融政策、予算配分、開発計画等を通じ利権を獲得。特定階級、企業家群、系列金融機関、親族、仲間への利益の誘導	同上
4.上記1～3の活動を国際的舞台で起こす腐敗	外国政治家、官僚、ビジネスマン、仲介人、多国籍企業、援助関係者	1の型：税関職員に賄賂を支払い課税額を安く査定してもらう。2と4の型：多国籍企業のビジネスマンが役人や政治家に賄賂を支払い、インサイダー情報を入手することで優遇してもらう。3の型：外国援助プロジェクトの私物化によるリベート確保	公正な競争の妨げ。公示価格の操作、低品質素材の使用、手抜き工事などによる欠陥施設と災害の原因。資金洗浄の増加

（出典：大内 1999, 2004, 2013 他を基に筆者が作成）

制度基盤により、その国の汚職・腐敗が (1) 市場への影響型、(2) エリート・カルテル型、(3) 寡頭政治（オリガーキ）と徒党型、(4) 権力者や小規模グループ支配型 (official mogul) に成り得る可能性について言及している。民主主義国家として既に確立し、しっかりした制度の下、市場が活発に動いている国の場合は、市場への影響型腐敗となる可能性があり、その場合、ビジネスやロビーグループなどが個人や企業資産の利益追求をする行為が頻発し易くなる。公務員への直接の贈賄行為よりむしろ、政治家などを通じた（政治献金、個人的な贈答品）レント行為となり表れ、日本、米国、ドイツ、ウルグアイなどに見られるとしている。エリート・カルテル (elite cartel) 型腐敗は、政治家、官僚、財閥、

政商、軍などの政治的つながりを有するエリート間の癒着ネットワークが相互利益のために政治力を利用して国家の財政・金融政策等に密着し、競合相手の払い除け、他者と差別的な利益誘導を体系的に合法的手段で行うもの。選挙、政府調達、民営化・国営化の過程で見られる。主に政府が強い国で発生し易く、イタリア、韓国、南アフリカ、ザンビアなどに見られる。寡頭政治と徒党(oligarchs and clans) 型腐敗は、ロシア、フィリピン、メキシコなどに見られ、特定の人間が強大な政治権力を握っている少数者支配の政体で、制度が脆弱で非民主主義国家で起こりやすくなるもの。官民を区別せず政治的影響力を及ぼす寡頭資本家も含む。警察や裁判官への賄賂、パトロネージなどの行為を通じて、エネルギーセクター、資金洗浄、為替の操作、セキュリティーサービス等を悪用し、国家の不安定、資産逃避、脆弱な資産保有権、経済崩壊等、誰も統治できない状況などを醸し出す。権力者や小規模グループ（official mogul）は、非民主的レジームで生じ易く、国家を牛耳るような権力者や小規模グループ（寡占企業経営者等）が、国家や個人の権力を通じて公共事業、援助資金、採取産業などの資金を不正行為により略奪するもの。脅迫行為、トップレベルの縁故主義、政府高官・軍が企業、メディアの買収をするなどといった特色を有する。中国、ケニア、スハルト時代のインドネシアがその例である（Johnston 2009; 2014a）。

　汚職はどの行為から始まり、何がその基準となるのであろうか。法を犯さない限りにおいては汚職行為でないのであろうか。これに答える明確な定義、区別、限界をどこに求めるべきかは難しい問題であり、判例、学説とも細部に至るまで一致していないのが現状である（Heywood 1997; 2015 in Rothstein and Varraich 2017, 2, 9; Johnston 2014a, 6-9; Kerusaukaite 2018）。特に、途上国では同じ基準で価値を判断したり、明確化することは求められない。その背景には、国家や地域の急速な社会や秩序の変化、そして旧植民地主義における社会的要因なども大きく関係しており、汚職行為に対する社会通念や倫理観が国、文化、社会、慣習、個人により異なっているからである。例えば、「些細な贈り物は感謝のしるし、大きな贈り物は不法な賄賂（small gifts are token of appreciation, large ones are illicit bribes）」「ギフトは公然に受けることができるが、賄賂は秘密裡に行わなければならない（a gift can be accepted openly, a bribe has to be kept secret）」「汚職と特権は相異なり、欲張ってむさぼりすぎると汚職と呼ばれて

しまう」など、汚職・腐敗行為について説明している表現や、「わずかな役得的収賄（honest graft）」「潤滑油としてのお金（grease money）」などの用語は途上国でよく聞く。

　紀元前3世紀のインドの賢人カウティリヤは、公金の横領の仕方に40種類あるとし、それを明示し、時の偽政者に誘惑、すなわち「宗教による誘惑、金銭による誘惑、情愛による誘惑、恐喝による誘惑など」の多い障害を越えて部下を監督指導するよう要請した（Time Magazine 1967; 西原 1976, 13）。フランス語では"pot-de-vin"（ポ・ド・ヴァン）（ワインの壺）が「賄賂」を指す言葉になっている（森下 2012, 10）。リベリアでは小規模の賄賂を"cold water""my Christmas"（Chêne 2012, 2）と表現し、あるフィリピンの研究者は「従来は賄賂は机の下で支払うものだが、フィリピンでは机の上で大っぴらに行う」などという冗談も聞いたことがある。さらについでに言うと、イタリアでは、国内の政界・官界・財界にマフィアが根強く食い込んでおり、マフィアを通して賄賂を贈ることにより、権限のある公務員から許認可を得たり、事業に伴う契約を締結することができるという汚職・腐敗構図が全国的にでき上がっており、最大の商業都市ミラノは「賄賂の都」（tangentopoli）と呼ばれているとのことである（森下 2012, 5）。

　大規模汚職の誘引要因が欲であるのに対し、中級・下級公務員の日銭稼ぎ目的で行われる小規模汚職は、生活ニーズを基礎としているのが特徴で、それが直接国民の生活に甚大な影響をあたえ、特に貧困層にとっては深刻なものとなっている。大規模汚職に比べ小規模汚職では1回の規模は遥かに少額であるものの、総合的に見ると被害範囲と影響ははかり知れず、途上国の市民の大多数が何らかの賄賂を支払わざるを得ない構造になっている。一方、大規模汚職は、その国の経済を破壊し、国民を貧しくさせる可能性もある。また賄賂の額＝汚職・腐敗の影響度ととらえるのは間違いであり、その行為自体が人々や開発にどのような損害をもたらすかといった側面の理解をすることも必要である。序章で述べた通り、途上国の多くでは、物資や権利を公平に分配する制度や文化が欠落している。国民はそれを獲得するため安易に不正そして賄賂に手を染めることとなり、公務員は当然のごとく賄賂を要求する。老若男女を問わず、市民は警察、裁判所、学校、さらには病院ですら日常生活で賄賂が必要なのである。そして多くの途上国では汚職・腐敗は政府内の上から下まで浸透

しており、組織的かつ制度的な利益分配の構造となっている。Mungiu-Pippidi (2006, 88) は言う。「賄賂は、身分の低い者にとって不公平を打破することができ、公正な扱いをされる唯一の手段でもある」と。

3　途上国の汚職・腐敗の特色と要因

汚職・腐敗の特徴は、秘密を伴い、金品、地位、利権等がからみ、贈賄と収賄側の相互間合意に基づき相互便益を伴う。それ故、汚職はしばし抑制された犯罪（control crime）とも呼ばれ、その理由は贈賄側と収賄側が共に犯罪者であり、共に犯罪行為を隠ぺいするためである。賄賂罪は「被害者なき犯罪（victimless crimes）」の典型的なものとされ、また「密室の犯罪」に当たることも多いので、発覚することが少なかった（野坂滋男 1978, 253）。汚職・腐敗は細くて長い風船のようなもので、一か所を握るとその部分は小さくなるが、他のところで大きくなっている。Tanzi (1998, 564) は「汚職は象のように説明するのは難しいが、それを確認するのは簡単である」と説明している。

汚職・腐敗が生じる背景としては様々であるが、大別すると経済（制度）、政治、司法・官僚、宗教および地政・文化に分類可能であり（Lambsdorff 2007）、またさらには文化・社会的そして経済・制度的要因から分類が可能である。文化・社会的要因としては、(1) 貧困、(2) 旧植民地のなごり、(3) 道徳／倫理教育の欠落、(4) 汚職撲滅に取り組む政治リーダーの不在、(5) 汚職を遺憾とする社会環境の欠如、もしくは反汚職行動はやっても無駄という市民感情、(6) 社会構造の変化、(7) 市民社会やメディアの活動制限や未成長、(8) 市民の公務員に対する贈賄行為の社会的慣行化等が挙げられる。経済・制度的要因としては、(1) 公務員の低賃金、(2) 公務員の業務上有する大きな裁量権、(3) 政府の巨大な権限、(4) 懲罰制度の不備、(5) 司法や裁判制度の非効率、(6) 許認可行為等に掛かる政府手続きの煩雑などが挙げられる（USAID 1999, 2005; Hussein 1967; 西原 1976, 309 他）。汚職はこれら複数の要因が複雑に空間、時間、状況下で直接、間接的に影響を与え合って成立していると考えられる（大内 1999）。

新制度派論の誕生に伴い、1990年半ば以降の汚職研究が活発になるにつれ、上記要因に加え次の制度的問題が汚職の蔓延する積極的要因となることが以前

にも増し認識されるようになった。(1) 政府の透明性と説明責任の欠如。(2) 贈賄側（主に民間企業）の政治家や政府高官への賄賂を通じて政府の諸制度を歪める行為。(3) 脆弱な法の支配体制と監査等。

　次に途上国の歴史・文化がもたらす汚職・腐敗の構造を見てみる。途上国の基本構造は新家産制であり、法治の上に人治があり、国民の声や選挙や政党政治の上に人治がある（木村 2018, 196）。トップの政治リーダーがすべてを掌握している一方で、中央集権的であるが故に、より官僚に依存するところもある。官僚は、中央集権的な植民地支配の遺産と、独立後何でも対応しなければならなかった経験からジェネラリスト志向を持つ。公共サービスの提供という社会的動機よりも、給与、地位、安定性、政府という強力な組織への帰属意識が動機になっており、民族、氏族、血縁などへの帰属は能力よりも大きな比重を占める（Peters 1995, 41, 94, 104；木村 2018, 161-162）。これが汚職・腐敗そして後述するクライエンテリズムとも深く関係してくるのである。

　旧植民地の影響の関連から汚職・腐敗の構造問題を見た場合、一般的に社会の複合性のもたらす忠誠心の分裂が指摘されている。例えば、ミュルダー（Myrdal）は南アジアを取り上げ次のように説明している。「南アジア諸国における伝統的複合社会は、西欧の植民地支配の下でその複合的性格をさらに強化された。その結果、地方的・国民的な共同体に対する忠誠心は分裂し、失われてきた。西欧や旧共産主義の諸国家においては、厳格な規制と懲罰的評価に支えられた忠誠心が近代的な社会慣習の基礎となっており、それが諸国民の行動を個人的な利益の観点から切り離してきた。一方、南アジアでは家族、カースト、人種、宗教、言語などで区別された共同体、階級など、排他的な集団への強い忠誠心が縁故者贔屓の形をとった汚職行為を生み、道徳的な規律の弛緩をもたらした（山岡 1975, 138）」。また旧植民地の宗主国がどの国であったかにより、汚職・腐敗の水準は異なるとしている。例えば Treisman（2000）、Swamy et al.（2001）は、イギリスが宗主国であった植民地は植民地でエリートとして君臨し、汚職・腐敗に対して免罪があったため、汚職・腐敗の水準は低く、ヨーロッパ大陸からの旧植民地では高くなる傾向が見られるとしている（in Dimant and Tosato 2017, 339; 溝口 2017, 95）。

　社会変化に関して言えば、これは伝統的社会慣習として、公務員が公的任務

と私的用務を混同し、社会の機能が分化、変化しはじめてもそのまま混合状態が続き、これが汚職行為であるとみなされるに至った考えもある。例えばアフリカにおいては、欧米植民地が残した官僚制は、独立とともにアフリカ人化され、縁故採用が組織的腐敗を生んだ。そこでは行政が公的責任を持つという考えが例外となり、「不正行為が標準となる」となった（木村 2013, 122）[10]。一方、Bayley（1970, 523）は、「アフリカとインドでは、男性（公務員）が公職身分を利用して親戚のために職を確保する行為は社会倫理に反するものでは全くはなく、従来、忠実に拡大家族の一員として行うことが期待されているにすぎない」としている。

　この他、民族の多様性の側面も関連するという研究もある。民族の多様性が高ければ高いほど、人種グループ内での身内ひいきによって汚職・腐敗が増える恐れがある。特にある特定の人種グループが公的な地位に着任すると、その地位を維持し続けようとし（Treisman 2000; Dincer 2008; Dimant and Tosato 2017, 339; 溝口 2017, 94）、これはアジアやアフリカの小さな国ではよく生じ、今日でも見受けられる。Ali and Isse（2003; 溝口 2010, 121）によれば、多民族によって分断化している国家では、官僚による対応に、順序が存在しているという。つまり、身内にまず奉仕し、自分たちの人種グループに奉仕し、最後に国家全体に奉仕するというものである。ヒンズー教徒の随筆家、ニラド・チャウドリは、「忠誠の対象は、大きい集団より小さい集団が常に優先する＝まず親族にはじまり、そこから同じカーストに属する者、ついで同じ地域に住む者、そして最後に国家」としている（Time Magazine 1967; 西原 1976, 14）。

　このように、途上国では、汚職の生じる要因は社会・経済・文化的なものに加え、歴史的経緯も大きく影響しており、内容やその度合いは国の事情によって異なる。

4　クライエンテリズムとレント・シーキング

　クライエンテリズム（恩顧主義）は、私的利益の追求という共通した特徴を有する意味で政治汚職・腐敗と一緒に語られることが多い[11]。途上国においては、有力者（政治家等）が従属者の生活の保障や保護、恩恵を配分する傍ら、従属や支持・協力といった、下からの忠誠の互恵を築く関係が顕著に見られる。こ

れをパトロン・クライアント関係（＝庇護・随従関係、親分子分関係）、パトロンからの利益の供与をパトロネージ（patronage）と言い、この関係が構造化されたものをクライエンテリズム（clienterism＝恩顧主義）という（木村 2018, 196）。政治的汚職・腐敗とクライエンテリズムの問題は、前近代的社会構造の反映であり、政治社会の病理現象として処理する学問傾向があった（河田 2008, 270）。しかしそれ自体は猟官制（公務員の政治任用）に代表されるように、現代も各地で広範囲に残っており、日本を含め先進国などでも見られる。[12] クライエンテリズムは、アクター間、あるいは集団間での多かれ少なかれ人格化された情緒的な互酬関係を特徴とする（河田 2008 i-ii）。そうした意味において Rothstein and Varraich（2017, 18）などは、「社会的腐敗（social corruption）という用語を使用している。

　途上国は基本的に多民族国家であり、各民族、各地方の有力者を手なずけて中央集権的政府を安定させるためにも、選挙以外でも普段から協力関係を構築する。Kitschelt & Wilkinson（2007）は、貧困国ほどクライエンテリズムが強く、先進国ほど政権を争う政治が強くなり、経済発展の低いレベルの国ではほぼクライエンテリズム的関係で構成されているとしている。貧困国では選挙競争がクライエンテリズムを強化するのと同時に、民族・文化的動員を激化させ、民族集団間での競争がクライエンテリズムを促進させる。このことは、途上国とくに多民族国家において、民主化が民族間対立ばかりでなく、クライエンテリズム的関係をももたらすという深刻な問題を示している（Kitschelt & Wilkinson 2007：木村 2018, 206）。政治が経済力を握る少数集団に支配されている社会では、構造的に政治権力集団と経済集団との間に癒着が生じやすいことは容易に理解できよう。クライエンテリズムと腐敗との間の邪悪な循環モデルとして、Della and Vanucci（1999; 小林 2008, 17）は、「クライエンテリズム→投票の交換の増加→政治の費用の増加→腐敗（の供給）→政治家にとって金銭を利用できる→票を買う誘因→クライエンテリズム」と、クライエンテリズムと腐敗が螺旋状に増加することを説明している。

　有力者から従属者への恩恵とは政府補助金、良い条件下の銀行融資、政府調達の契約、情実任用、関連企業への政府融資、各種許認可、親族・仲間への利益誘導と様々である。末端では票の買収資金などが機能する。恩恵はいずれも

利権・利益を伴う。政治学的には、そうした政治利得をレントと言い、パトロンおよびクライアント双方がレントを求める行為をレント・シーキング（rent-seeking）という（木村 2018, 196）。レント・シーキングは、特権獲得をめぐる競争であり、合法的なロビー活動も非合法な賄賂もどちらも同じ活動である。Ades and Di Tella（1999）は、より大きな経済レントが行政内にあるところでは、汚職の機会も大きいとしている。Kaufmann and Wei（1999）は、官僚主義は外因性のものではなく、企業の支払い能力とレント・シーキングを求める官僚の裁量権次第であり、汚職は官僚主義を拡大しかねないとしている。Dix et al.（2012）は、パトロネージのネットワークが少数規模になる場合、汚職・腐敗は不安定性につながるとしている。

　例えば、サハラ以南アフリカに見られる後発開発途上国では、独立後も国家の建設や国家統合が進まず、開発による社会構造の近代化が実質的に欠如し、その結果、人々のアイデンティティは人種・民族・氏族・地域・言語・宗教に高い比重が置かれ、民族等の集団を単位とする多様な公共圏が形成されている（Kjær 2004, 141; 木村 2013, 87）。そこでは、国家が開発・安全等の公共財を供与することに失敗するために、個人は国家よりも民族集団に信頼を寄せ、民族集団に基づくクライアンテリズムを強化し、稀少資源をめぐって激しい競争を展開しながら、国内の統合よりは分極化を一層推し進めることに帰結するのである（遠藤 2006, 56-60）。クライエンテリズム的な状況下では、国家は税収が少なく、公共財の提供が低水準で、経済活動や将来の課税を害するような傾向が生じる（世銀 2018, 10）。

　地方エリートと政治家の力が強く、市民社会やメディアの力が弱いところでは、公務員組織の中にもクライアンテリズムとパトロネージが現存し、健全な政策遂行を困難にしている国も多々ある[13]。そこでは公務員が、その地位を、公僕ではなく、私利をはかる（レント・シーキング）場としている組織文化が根強くある。クライアンテリズムがある限り、人々は個人的利益と保護を期待し、国家利益や開発目標ではなく、宗教・民族・個人的関係に基づいて投票し、政党もその線で組織されるのである（木村 2013, 69）。

　クライアンテリズム、レント・シーキング共々、汚職・腐敗研究を行う際に重要なテーマであるが、本書ではより途上国の行政汚職問題に焦点を当てるた

第 1 章　開発途上国の汚職・腐敗問題とは　33

め、政治腐敗を含めたクライエンテリズムについての考察は別の機会に譲りたい。
14

5 　途上国における汚職・腐敗の現状とその影響

　本書では、汚職・腐敗は通常、官と民が交わる場所で生じる（Rothstein and Varraich 2017, 14）ことを前提に議論を進める。汚職・腐敗は、利益へのアクセスが欠如している場所、公務員の裁量権が大きな場所、法制度が適切に執行されない場所や規則が曖昧である場所に生じやすい。Klitgaard（1998）によれば、（汚職）＝（独占権）＋（公務員の裁量権）－（説明責任）であるとしている。

　汚職・腐敗はどの国、地域でも起きている現象であるが、特に途上国では次のような場所で発生しやすいと言える。(1) 許認可取得（ビジネスライセンスや各種免許等）、(2) 罰金や違法行為、(3) 政府調達契約、(4) 公共投資事業（道路、病院、架橋建設等）、(5) 雇用、昇進、報奨金等（特に縁故採用、公務員ポストの売買等）、(6) 権利取得（補助金、年金授与、国公立学校入学資格）、(7) 電気、水道、電話等の公共資材の設置、(8) 税金申告（資産、所得税等）、(9) 政府の政策決定段階、(10) 選挙他（Rose-Ackerman and Palifka 2016 他）。

　政府内においては、一般的に、中央省庁では財務省、運輸・建設省、司法省、大統領官房等、地方自治体では、税務署、通関、陸運局さらに後述する警察や教育センター等で多く見られる。TI（2013）は、民間企業が商取引を行う際、賄賂を多く支払わねばならない分野として、公共事業に関与する業種（建設業）、公共施設、不動産・資産・ビジネスサービス、石油・ガス等のエネルギー資源セクターの順で多いことを明らかにしている。Manning et al.（2000）は、途上国の政府官庁は、「ウェット（Wet）」と「ドライ（Dry）」に分類可能であるとしている。ウエット省庁は、各種委員会や開発事業の参加を通じて手当や報酬を受ける機会が多く、また海外の研修などにも頻繁に参加できるとし、予算や国家計画、国営企業との関係が深い省庁に多いとしている。他方、ドライ省庁としては、伝統的な行政を主たる業務としている機関で、職員はウェットの省庁に対して常に不公平感を有しており、それが職員の倫理観を低くし、不正行為は他の省庁との不公平を是正する手段であるととらえている。例えば、インドネシアでは全省庁のうち、11 機関（20.8％）がウェット、29 機関（54.7％）が

表1-3　過去1年間で市民が公務員に賄賂を支払った割合（国別）

0〜9.9%	10〜19.9%	20〜29.9%	30〜39.9%	40〜49.9%	50〜74.9%	75%〜
豪州、デンマーク、日本、ジョージア、マレーシア、英国、米国、スロベニア他	チリ、ハンガリー、ルワンダ、パレスチナ、フィリピン、スリランカ、タイ他	コロンビア、イラク、トルコ、ペルー、セルビア、ギリシャ、パラグアイ他	バングラデシュ、インドネシア、エジプト、ネパール、ウクライナ、ベトナム他	アフガニスタン、コンゴ、エチオピア、キルギス、モンゴル、ナイジェリア、南ア他	カンボジア、インド、ケニア、タンザニア、イエメン、ジンバブエ、ガーナ他	リベリア、シエラレオネ

（出典：*Global Corruption Barometer*, TI 2013）

ドライな省庁であるとしている。

　途上国において、市民は一体どの程度賄賂の支払いを余儀なくされているのであろうか。TI（2013）による世界規模（107ヵ国、対象者11.4万人）で実施した調査によれば、調査対象国の4人に1人が、過去12ヵ月に何らかの方法で公務員（警察、司法、許認可、土地関連、医療、教育、ユーティリティ他）に賄賂を支払ったと回答している。中でも、アジアではカンボジア（57%）、インド（54%）、アフリカではシエラレオネ（84%）、ケニア（70%）などは非常に高い率となっている（表1-3）。ちなみに日本は1%未満である。

　それでは市民による主な賄賂の支払い先はどこであろうか。全国平均としては、警察への賄賂の支払いが一番多く（31%）、司法（判事）（24%）、許認可サービス、（21%）、土地関連サービス（21%）、医療（17%）、教育（16%）の順となっている（TI 2013）（図1-1）。賄賂を支払う理由として一番多いのが、官僚主義のプロセスを早めるため（39%）と多く、サービスを受けられる唯一の手段（28%）、ギフトとして（16%）、通常の料金より安くなるため（12%）と続いている（TI 2013）。アフガニスタンで行われた国連薬物犯罪事務所（UNODC 2010, 4, 22）の調査を例にとると、市民が公務員に賄賂を支払う理由としては、官僚主義のプロセスを早めるため（74%）、罰金を逃れるため（30%）、よりよいサービスを受けるため（28%）となっており、過去1年間に支払った賄賂の総額は25億ドル（2,700億円）に達し、その額は同国の国内総生産（GDP）の23%に値するとしている。

　さらに具体的な事例としてバングラデシュで行われた調査結果を見てみる。バングラデシュ市民による賄賂の支払先として例えば、判事（裁判沙汰になっ

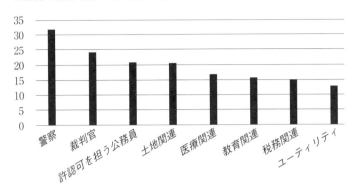

図1-1 市民の公務員への賄賂支払い先（過去1年間に賄賂を支払った公務員の種類（％）：95ヵ国平均）

（出典：*Global Corruption Barometer*, TI 2013）

た場合）に対しては63％が支払ったと回答し、うち88.5％が賄賂なしでは迅速な裁判は受けられないとしている。保健医務官（家族の一員が重病に陥った場合）に対しては39.4％、警察官・交通警察官に対しては68.1％（うち96.3％が賄賂や影響力がなければ警察から支援を受けることは困難であるとしている）、教師に対しては20％、それぞれ支払っていると回答している（Hasan 2002）。Ahmed（1994）の調査によれば、市民は、警察、行政窓口、裁判所では何か必ず要求されるので行くことを怖がるとしている。一方、パキスタンでは、警察官や裁判所とのかかわりが生じた場合、10人のうち7人が賄賂を支払わねばならないとしている（TI 2017d, 15）。

　序章で、BBC（2010）の世界調査を通じて、汚職は貧困に次いで最も深刻な社会問題として高い割合で認識され、また「過去1年間でどのグローバル規模の話題が市民の間で最も話されたか」との問いでも「汚職問題」との回答者が2010年、11年の調査で共に一番高い割合であることを説明した。国別の例を見てみると、例えばアルメニアでは汚職問題を民主主義・経済開発を妨げる三大要因の一つとしており（USAID 2015, 32）、ブルガリアでは、失業、低収入に続いて汚職問題を社会・市民が直面している最も深刻な問題として3番目に取り上げている（Vitosha Research 1999）。世銀の企業サーベイによれば、「商取引を行う場合に何が一番の障壁となっているか」についての問いに対し、インド

では汚職が一番の障壁、ナイジェリアとコロンビアでは3番目に深刻、エジプトは5番目となっており、他の調査対象国ほとんどで汚職が10番目以内に入っていることが分かる。16 これら調査結果を通じ、汚職は世界中で深刻な社会問題であり、それゆえ常に市民の間の話題となっていることを物語っている。

　先述のNHKの「賄賂の実態」では、子どもが教師から心づけ（賄賂）を請求され、支払えないため学校に行けない様子や、病院で診断を受けるために賄賂が必要な様子を映している。また年齢別に見ると、若者はより多くの機会において賄賂の支払いを余儀なくされており、アジア・太平洋諸国での調査では、公共サービスへアクセスするために賄賂を支払う割合は35歳未満（34％）、35〜54歳（29％）、55歳以上（19％）となっている（TI 2017d, 20）。賄賂は必ずしもカネではない。国連の調査によれば、西部バルカン7ヵ国における市民の賄賂の方法は65％がキャッシュで、22％が飲食、9％が貴重品やモノとなっている（UNODC 2011, 56）。汚職による市民の負担はどれ程になっているのであろうか。世銀（1997）は、ラテンアメリカ諸国における低、中、高所得層の全所得に対する賄賂支払い割合で、低所得層の方が賄賂支払いの割合が高いことを証明している。アフリカ諸国においても、市民団体のAfrobarometerの調査を通じて確認できている（Juslesen and Bjornskov 2012; TI/Afrobarometer 2015）。即ち、汚職は貧富の差を拡大するのである。

　このような現状は途上国では共通しており、特段驚くことではない。筆者も途上国での生活が長かったため、警察、許認可サービスを担う公務員、電気・水道等機材の設置、通関、入国管理事務所等々で賄賂を要求された場面に多々出くわし、財務省、建設省、運輸省、税務署、地方自治体、さらにはNGOなどの汚職・腐敗行為を目のあたりにし、汚職は日常生活、そしてありとあらゆる場面において存在することを理解した。インドでは、社会的弱者が教育、宗教やジェンダー差別などなく成功者になるには、ボリウッド映画産業やスポーツ競技で活躍するか、政治家になるか、犯罪を犯すか、または汚職をするかであるという（あるNGO代表の説明）。ジャカルタやマニラ市内の一部地区のストリート・チルドレンが路上で物を売ったり物乞いをしている裏には、警察官の暗黙の了解があり、子どもたちは場所代として、売り上げの一部を彼らに支払っている（筆者の現地調査によるもの）。これら賄賂を受け取った公務員は、同

僚、直属の上司並びに部署長にも贈賄の一部を収めており、組織的・構造的なものとなっている。このような構造は何もフィリピンだけではなく、多くの途上国で見られる光景である。

　一方で、公務員（特に下級公務員）側の事情も理解する必要があろう。途上国公務員に聞くと、汚職の原因について必ず低賃金が真っ先にでてくる。ほとんどの途上国では公務員は薄給とされ、多くがそれだけでは日々の生活すらおぼつかないのである。例えばフィリピンなどでは「飢えるほどの薄給（starvation wage）」、ウクライナのOdessa州では、人々が怒った場合、「彼（公務員）の給料で生活させるぞ」といったの表現方法がある程である（Smith 1976）。モンゴルでは、2010年時の大統領の月額給与は761米ドル、最高裁判所長官は574米ドル、そして裁判官の給与はとても家族を養える金額ではなく、3人に1人の裁判官が郊外でホームレス（1998年時点）状態であるとしている[17]。ラテンアメリカの末端の税関吏や警官や徴税吏の給与は、最低賃金かそれより幾分ましな程度であり（石井 2003, 59）、これは多くの途上国で同じである。また数ヵ月に及ぶ給与の未払いも多くの国で日常茶飯事的に起きている。市民も現状を十分認識しており、公務員（特に下級公務員）は貧しいので賄賂を支払うことに対し許容している者もたくさん存在するのである。とは言え、汚職・腐敗の水準が高い国々の出身の人々は、法や規則を破る傾向があるとしている（Fisman and Migul 2008）というのは公務員賃金とどれ程関連性あるかは定かではない。

　公務員の汚職行為はなぜ悪いのか、といった問いに対し、先進諸国の市民はおおかた「公務員の倫理観がないから」「国民の税金を無駄にするから」などと答えよう。同様の質問を途上国で行った場合、大多数は「開発を損なわせるから」「市民の貧しさが増すから」と、先進諸国とは異なり、公務員倫理が直接的原因と答えるのは一部に限られることが分かる。

　市民の汚職問題に対する許容度もその国の文化や歴史に大きく左右される。アフガニスタンでの国連による調査によれば、調査対象者の42%が公務員の縁故採用や低給与を補てんするため賄賂は容認できる行為ととらえている（UNODC 2010, 31, 35）。反面、72%が賄賂なしには公務員に対し期待することはできないとしている。タイでは、63.4%の市民が政府から便益を供与される限りは政府の汚職は気にしないとし（Bangkok Post 2012）、公務員に対するギ

フトを提供する行為は贈賄とは見なされず、善意の行為であると認識されている（Quah 2006, 177）。フィリピンでは、31％の市民（企業の場合は41％）が賄賂は政府に業務を進めさせるための一手段であると考えている（Social Weather Stations 2012）。幾つかの太平洋島嶼国においては、他のアジア諸国と同様、ギフト文化を有するため、時にそれが贈賄行為と誤った解釈をされがちであるとしている（UNDP 2008c, 8, 20, 25）。またアフガニスタンと同様、公務員への賄賂は、彼らの給与が低く生活に困窮しているといった理由から行われている場合もあり、それは慣習の一部でもあるとしている（UNDP 2008c, 41）。リベリアでは、市民は小規模汚職は政府への信頼をなくし開発への害を招くと認識していても、他の形態の汚職・腐敗（大規模汚職等）は国家の不安定を招き、より深刻のため、それほど憤慨していないことが判明している（Dix et al. 2012）。

6　汚職・腐敗による社会経済的影響

　以上を見ると、途上国の汚職問題は非常に深刻であることが理解できよう。図1-2は汚職の原因と結果をまとめたものである。汚職はインセンティブと制度的問題が交わり様々な経済社会的な悪影響を及ぼすことが理解できる。

　前表1-1の汚職による損失は氷山の一角であり、それ以外にも、汚職は多大な社会経済的マイナス影響を及ぼし、国家の受ける損失は甚大である。政府高官・閣僚レベルの大規模腐敗が国家に及ぼす影響は深刻であり、国家の政治リーダーが汚職事件にからんでいるとしたらこと更である。フィリピンではマルコス、エストラダ、アロヨといった歴代大統領、インドネシアのスハルトとワヒド元大統領の汚職事件、韓国の李明博と朴槿恵元大統領、ブラジルのルセーフ前大統領、モンゴルのエンフバヤル前大統領等、相次ぎ国家首脳レベルの汚職・腐敗問題が発覚し国全体を大きく揺るがしてきた。フィリピンでは、マルコス政権時による汚職行為が尾を引いており、その額は調査中の件も入れると1990年から1998年にかけて1兆1,167億ペソ（約2兆2,400億円）と報告している（Carino 1998）。血縁者を政府幹部に起用する縁故主義もひどい。例えば、近年ではスリランカのマヒンダ・ラージャパクサ前大統領は、大統領就任中に兄を農業開発大臣、港湾航空大臣に、二人の弟を国防・都市開発省次官や、経済開発大臣に任命している（国際開発ジャーナル 2015, 10-11）。このような例

図 1-2　汚職・腐敗の原因と結果

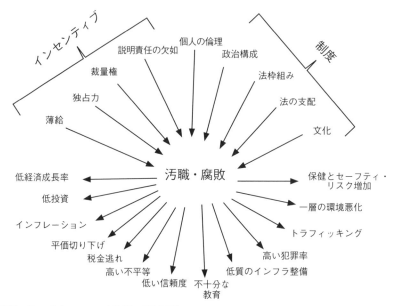

（出典：Rose-Ackerman and Palifka 2016, 28）

は他にも過去多くの国で見られる。TI（2004a, 13; Sandbrook 2016）は、公金横領額の多い世界のワースト政治家ランキングを出している。そこではインドネシアのスハルト大統領、フィリピンのマルコス大統領、ザイールのモブツ・セコ大統領等々そうそうたる元国家元首の名前が連なっている。多くが開発独裁下の政治家であり、汚職政治家としてのレッテルが貼られている。今日において横領資金額だけ見ると、リビアのカダフィ大佐、エジプトのムバラク元大統領はその数倍も資産を有しており、ランキングも異なるのではないであろうか。

ODA 事業も汚職の餌食になっている。インドネシアでは、計 72 の総額 10 億ドルにおよぶアジア開発銀行（ADB）の貧困緩和・保健衛生プロジェクト資金の 40％が汚職で損失したことがコンサルタントにより明らかにされている（de Speville 2000）。ケニヤ、ベトナムやウガンダをはじめ、過去いくつかの国では不正が発覚しており、援助の一時停止措置もされている。

公務員のポストの売買は多くの途上国で見られる。例えば、イランでは、公

務員任用でどのような部署でも公務員に数百から 2,000 〜 3,000 米ドルの賄賂を渡さねば採用されないとしている（朝日新聞 2011）。岡（2017, 34）は、カザフスタンなどでは今日も公務員ポストの売買は横行しているとし、現地公務員への聞き取りで、公務員が次のように説明している。「機関、つまり内務省、国家保安委員会、財務、警察、検察、税関などのことですが、こうした組織に就職するにはカネがいる。相場は 2,000 〜 3,000 米ドル。内務省で働いている私の元部下たちは、昇進するためにも同じような金額を払っている」「内務省や国家歳入庁などの公的機関に就職する際には、しばしば、しかるべき人物にカネを渡さなければならない。首尾よく職に就けたら、今度は自らが賄賂を取る。いわば就職のために支払った『初期投資』を回収するのである。集めた賄賂は仲間と分け合いつつ上司にも上納し、その一部はさらに上の幹部に渡される。幹部はそれと引き換えに、部下の収賄を黙認あるいは奨励する。ヌルランは就職の際、税関に勤務する岳父を通じて 4,000 ドルの賄賂を支払った。毎月 2000 ドルの非公式収入が見込めるのだから、この『投資』は非常に効率が良い」。

　世銀（World Bank 1998）は、旧ソ連崩壊後のラトビア、グルジア、アルバニアの公務員ポストの売買状況を明らかにし、国によってその種類や頻度が異なることを分析した。ジョージアでは 2003 年の改革以前まで警察官は 2,000 〜 20,000 ドルで売買されていた（World Bank 2012b, 13）。アルバニアでは通関事務職の 6 割、税務官の 5 割を超すポストが売買され、ラトビアでは 2 割近い閣僚ポスト、4 割近い裁判官のポストが対象となっていた（World Bank 1998）。これらデータは若干古いものの、先述の 2017 年の岡の論文を読む限り、国によってはまだ同じような状況であることが分かる。インドネシアでも、ポストの売買リストがあると聞いた。[18] カネで売買する公務員の職は有能とは到底言えず、むしろやる気のない人間を大勢生み出し、汚職を通じて開発資金を食いつぶし最終的には国家開発に損失を与えるのは自明である。

　もう一つの例をインドネシアで見てみよう。「Bupati（県知事）になるのはカネが掛かる。まず政党に支持してもらうようにカネを支払わねばならない。そして選挙キャンペーン費も自前だ。コストは掛かるとは聞いていたが、実際に自分が数週間選挙キャンペーンに費やした金額を知って愕然とした。大金持ちでない限り誰かから借りねばできない。それはペイバックを意味する…。当選

しても知事の月給 600 米ドルではとても借りたカネは返済できない。その代わりに採掘権の許可、ポストの任命、新たな病院やバスターミナル建設など、当選した時には既に多額の借金を重ねているため、汚職をしないわけには行かない」(Pisani 2014)。

途上国では政治任命も汚職・腐敗と大きく関連している。フィリピンを例にとれば、特に地方自治体における契約職員、臨時職員の雇用において透明性がないものが多く、縁故採用や政治的庇護の利用の場となっている。世銀（1997, 147）によれば、フィリピンは公務員が最も政治利用される国であることを指摘している。例えば、大統領による省庁レベルに対する政治的任命は、官僚のトップより数段下のレベル下まで入っている（大統領→長官→次官→副次官→局長→地域局長→用務局長）。これはエストラダ元大統領の時期の統計であるものの、大統領は、強大な人事権を掌握しており、閣僚から、各国大使、軍将軍、裁判官を含めた高級官僚、さらには地方自治体職員に至るまで計 3,175 名の幹部ポストの任命権を有するとしている。この他、60 機関にのぼる計 2,488 名の政府関連機関職員に対する任命権も有しており、例えば、社会保障基金だけでも 229 以上のポスト任命件を握っていたとされる（Coronel 1998）。

7　途上国政府や援助機関支援事業における汚職・腐敗の機会

途上国では、政府事業を立案・実施する段階において様々な汚職・腐敗の機会が出てくる。通常、汚職の機会は大別して、事業の立案時、調達時、実施過程、そして財務管理の際に生じる。汚職の形態は多様かつ事業や資金規模に比例して複雑化し、事業規模は大きくなれば下請け企業との契約数も多くなり、必然的に汚職の機会も増えてくる。事実、汚職事件が発覚するケースの多くが、下請け契約をした事業の末端に位置する会社や取引先で生じている。日本でも建設業界の癒着や政府調達における汚職事件は頻繁に生じ、その都度メディアによりクローズアップされているので、ある程度現状は理解できるであろう。例えば、Batalla（2000a, 18）は、フィリピンにおけるいくつかの道路プロジェクトをもとに調査を行ったところ、次の14種類の汚職が発覚したことを報告している。これは入札前と事業実施段階に分類でき、入札段階では次の通り。(1) 入札段階での資格を有さない業者やブラックリストに載っている業者への入札

表1-4 政府事業プロセスにおける汚職・腐敗の機会（一般例）

段階	汚職の機会
プロジェクトデザイン（立案）	・汚職の機会を増やせるようにプロジェクトコンポーネントや必要機材の上乗せ ・予め特定のサプライヤー、コンサルタント、受注業者等に別途利益が行くような事業形成 ・途上国政府職員にプロジェクト資金を調整できるよう裁量権の付与 ・プロジェクトマネージャーが正式な許可なしに資金流用できるような調達や財務管理のアレンジ ・意図的に汚職行為を見逃すような脆弱な監視機能、監督メカニズム、苦情処理システムの作成 ・利益を享受できるような事業のタイミングの設定
調達	・入札時における談合 ・落札者の事前の決定 ・架空の調達プロセス ・許可なしの訂正や変更 ・入札書類の偽造や入れ替え ・設計や仕様（質的、量的）のごまかし ・意図的に質を下げるサービスデリバリー
プロジェクト実施	・質や量のごまかし（低質の物資に変更、契約時と異なった内容のパフォーマンス変化等） ・サービスデリバリーのごまかし（プロジェクト現地に派遣されるコンサルタント（質の悪いコンサル派遣等）の利用、準備されていた現地調査のデータが実際とは異なる等）
財務管理	・請求書等の偽造 ・書類等の無断変更 ・資金の流用 ・過剰な資金流出

（世銀等の資料を基に筆者作成）

許可。(2) 公務員に対する贈賄（接待を含む）。(3) 必要以上のプロジェクトの計上。事業実施過程においては、(4) 幽霊配給業者採用。(5) 幽霊プロジェクトの実施。(6) 労働賃金の上乗せ。(7) 土地価格の過剰評価。(8) 政府機材借り入れの未払い。(9) 政府機材の未購入等。(10) 品質基準を満たしていない資材使用。(11) ダミー業者の利用。(12) 公務員への接待。(13) 基準外の機材調達。(14) 資材の価格上乗せ。表1-4 は、政府の事業を行う際に生じる汚職の機会の例をまとめたものである。

　事業立案時、調達時、実施、財務管理の中でも、取り分け物資およびコンサルティングサービスの調達時における汚職の機会は多いとされ、談合や癒着問題もこの時点で多く発生する。これについては、(TI 2006; Ware et al. 2011; Williams-Elegble 2012; Rose-Ackerman and Palifka 2016) をはじめ、世銀、UNDP、OECD を含むほとんどのドナー機関も問題視しており、様々な予防策を講じて

表 1-5　世銀プロジェクトで発生した汚職・腐敗の種類

種類	件数（2013 − 2017 年）	割合
強要	2	0%
共謀・癒着	57	14%
汚職	226	55%
収賄	126	31%
合計	411	100%

(出典：World Bank ／ INT（2017, 26）

表 1-6　地域別汚職・腐敗事件調査件数

	2017 年度	2013-2017 年合計	割合(%)
アフリカ	8	79	23
東アジア・太平洋	16	74	22
欧州・中央アジア	8	57	17
ラテンアメリカ・カリブ諸国	7	35	10
中近東・北アフリカ	3	19	6
南アジア	8	66	19
その他 (IFC)	1	13	3
合計	51	343	100

表 1-7　分野別汚職・腐敗事件調査件数

分野	2013-2017 年合計（件数）
輸送・通信	70
保健、衛生、人口	54
水資源	53
エネルギー・採掘産業	38
農業	29
ガバナンス	20
教育	18
その他	61
合計	343

(出典：World Bank ／ INT（2017, 24-25）

表 1-8　政府調達契約のうち、企業が賄賂を支払う割合（%）（フィリピン）

割合	事業規模上位1,500社	中小企業	平均
0-5%	41	29	32
6-10	38	38	38
11-20	14	17	16
21-30	3	10	8
31-50	4	4	4
51-100	1	3	2

(出典：Social Weather Station: Corruption Survey 2000)

きてる。多くの国では、政府調達契約における汚職の割合は最大25％に達している（UNDP 2016a, 14）。例えばウガンダでは、公共調達過程における汚職・腐敗が多くの割合を占め、その損失額は年間約1億7百万米ドルとなるとしている（Ware et al. 2011, 65）。調達時の汚職・腐敗が多いのは途上国に限ったことではなく、日本を含む先進国でも同じである。政府調達が汚職・腐敗にまみれている場合、公共投資の生産性の低下、業務やインテナンス等の不十分、インフラの質の低下、政府の歳入の減少につながる（Tanzi and Davoodi 1997, 1998）というのは理解できよう。世銀の公正管理担当副総裁室（World Bank/INT）では、世銀グループにおける不正事件を調査してきており、2013年から2017年の間において343の事件の調査を実施し55件（33ヵ国）、289企業と個人に対し制裁処置を下している（World Bank/INT 2017, 24-26）。表1-5は、世銀プロジェクトで発生した汚職の種類で、表1-6は汚職事件を地域別に分類したものである。汚職が生じる地域は全世界的であることが分かる。また、分野としては、輸送・通信が一番多く、保健・衛生・人口、水資源の事業の順に件数が多いことが分かる（表1-7）。汚職・不正に対する苦情・告発者は、世銀グループのスタッフが34％、外部者（市民、政府職員、契約企業、入札企業等）が66％となっている（World Bank/INT 2017, 23）。

　表1-8は、フィリピンにおける企業（企業規模順上位1,500社と中小企業に分類）が政府調達事業の際、契約額に対し支払う贈賄の平均率を示したものである。それによると、契約金額の6〜10％程度を賄賂として支払う企業が全体の38％と最も多いことが分かる。また、契約金額に対する賄賂額の割合は全体的に大企業の方が低いが、契約規模を考慮するならば、絶対額としては中小企業に比べ大きいと推測される（Social Weather Station 2000）。2016〜30年において、世界で17.5兆ドルもの額の大規模建設事業が予定されており、うち10〜30％が汚職・腐敗で損失する可能性があるとしている（2019年1月のG20反汚職作業部会での報告）。制度的な汚職対策が喫緊に求められよう。

8　セクター別における汚職・腐敗の機会

　先述の通り、世界的に市民の賄賂の支払い先として最も多いのは警察、裁判官、公務員などであり、警察、裁判官、医者、教員などに従事する職種の公務

員は、市民を保護、救済し、尊敬されるべき重要な職務にあると同時に大きな裁量権を有している。彼らに対し市民が賄賂を支払わねばならないということは、最も信頼すべきはずの人間が最も信頼できない存在であるということにつながり、市民の国家に対する信頼も当然なくなってしまう。なぜそのような構図になってしまうのか。個人の倫理的な問題なのであろうか、それとも社会・文化的な影響なのであろうか。ここでは、例として警察と教育セクターを取り上げ、それぞれの有する汚職の機会と現状について理解を深める。

（1） 警察汚職・腐敗

　途上国における警察組織および警官の評判は著しく悪い。前述の通り、世界的に見ても市民は警察官が一番汚職にまみれているととらえている。一般に警察機関は公共の秩序維持のため、市民に命令・強制をなし、その自由を制限する公権力を有し、他の政府機関と比べると、尋問、逮捕や捜査権等といった大きな職務権限を有し、各種秘密情報なども組織的に握っている。そこで警察や警察官はその立場を濫用して、例えば犯罪事件の捜査情報漏洩、証拠隠ぺい、意図的な法の執行・不執行、調査の手抜き、事件のねつ造など、不正行為を行うこともできる。中でも途上国で見られる代表的な例としては、交通警察官が日銭を稼ぐために違反（違反していない場合も含む）した運転手から賄賂を強要するような行為である。これは途上国では当たり前の光景として見られる。例えば2003年の改革前のジョージアでは、交通警察官は、1時間のパトロール巡回で最低2回車を呼び止め賄賂を要求していた（World Bank 2012b, 13）。この他、ストリート・チルドレンや物乞いからの売り上げの一部を徴収したり、露天商の非公式な許可などで賄賂を要求するケースも多くの国で共通に見られる。

　ミャンマーでは、市民の半数は警察官のほとんど、またはすべてが汚職にまみれていると考えており、警察は捜査を行う場合、被害者側に賄賂を要求するとしている（GAN Integrity 2017）。ウガンダでは、市民が警察とコンタクトした際、63％が賄賂を支払う羽目になっているとしている（Government of Uganda 1998）。メキシコでは、一所帯当たり年間収入の14％以上を警官そして他の公務員に賄賂に費やすことを余儀なくされているとし、一回あたりの平均額は11米ドルと、同国における貧困層の一日あたりの所得（4.8米ドル）の2

倍以上となっている（USAID 2001）。筆者の知人が住む、フィリピン、マニラのスラム街などでは、多くの若者が職に就けないため、酒浸りになったり、麻薬常用者も多い。彼らは、警察が麻薬取り締まりのために巡回する予定日時を賄賂を通じて聞き出しているという[19]。アフガニスタンのジャーナリストによれば、ある欧州のPKO軍は賄賂を支払い相手側兵士にタリバンの襲撃予定日を聞いていたとのこと[20]。イランでは、兵士の10〜20％は名前だけの幽霊兵隊で、給与の半分は幹部間で分配する仕組みとなっており、警察や一般の役所でも同様の仕組みが広がっている（朝日新聞2011）。

　多くの途上国では交通警官の賄賂要求は現地の生活の一部に入り込んでしまっているため、警官は賄賂を求める必要はなく、呼び止められた運転手は即座に免許証と車両登録証明書に現金（賄賂）を渡すだけである（USAID 2007, 4）。事実、インドの知人（大学教員）は、交通警察官の賄賂の要求があまりにもあからさまのため、時間と労力を省くため、呼び止められたら、車の窓越しから賄賂（現金）を渡してそのまま立ち去るという[21]。モスクワでは、交通警察官による賄賂の要求額は平均車両一台当たり100ドルで、年間2億ドルが賄賂として彼らに流れているとしている（石井 2003, 61）。警官の制服や銃の貸与も汚職行為につながっている（USAID 2007, 5）。インドネシアでは警官の汚職がひどいため、彼らの退職後は身の危険を案じ住まいを変えるとのこと[22]。ブラジルの田舎では凶悪犯が捕まると、住民が警察署を囲み、「われわれの手に渡せ」と要求することがあり、住民は警察も検察も裁判所も信用していない。賄賂で犯人を逃がしてしまうことがあるからだ。このために、捕まる前に集団リンチを加えることもある（石井 2003, 78）。酔っ払いや問題を起こした市民に警察官が難癖をつけ留置所に入れ、賄賂を支払わせ釈放するといったことも幾つかの国で聞いた。ケニアのナイロビで行われた調査によれば、すべての犯罪のうち30％は警察によるものとしている（UN HABITAT 2002）。ここまでくると、警察汚職は文化的性格を帯びているから慣習であるということでは済まされない。アフリカの一部では、地方の紛争調停役として警察官が入り、その見返りに金銭を受け取っている。これは不正行為であるものの、許容範囲内の行動として受け入れられている（USAID 2007, 4）。これは文化的要素が高いと言えよう。

　警察汚職が他の公務員汚職と異なる点は、犯罪組織との癒着であろう。ロシ

表 1-9　警察汚職・腐敗の種類と例

種類	小規模汚職	行政汚職	犯罪組織汚職	政治汚職
特徴	市民をターゲットにした小規模汚職。主に違反行為に対する見逃し、強要、露店運営等の非公式な許可などを通じた収賄行為。	警察内部規則やプロセスを濫用した、汚職・不正行為。例えば、入札情報や、採用・昇進、カネをもらっての特別捜査、証拠隠蔽、秘密情報の漏洩等。	麻薬ディーラーや犯罪組織との癒着。情報提供に対するキックバック、犯罪者へのゆすり等。	政治家や企業が警察権力を絡めた汚職行為。
例	・市民からの賄賂要求（交通警察官等） ・ギフトと無償のサービス等の受領 ・情報漏洩（犯罪ファイル等） ・裁判資料やエビデンスの意図的な紛失 ・調査時における窃盗 ・押収した密売品の保管 ・囚人の逃避協力 ・警察や警備品の個人使用（車両、銃器等）	・契約等からのキックバック ・給与、各種ベネフィットシステム、下級警察官給与の横領 ・犯罪者ファイルなどの情報売買 ・裁判資料やエビデンス、犯罪記録等の意図的な紛失 ・不法な許認可（銃等） ・内部調査の軟化 ・雇用、研修修了、昇進などでの賄賂 ・ポストの売買	・知り合いの犯罪者からの賄賂やキックバック ・犯罪者グループ等からのゆすり ・犯罪活動に対する協力（銃器、情報等） ・組織犯罪への加担（麻薬、誘拐） ・押収した密売品の横領 ・不法な経済活動への協力	・犯罪調査の操作 ・意図的な犯罪の誤操作 ・政治家への秘密情報提供 ・デモやストライキなどでの抑圧 ・政治的殺人の実行やカバーアップ ・ゲリラや不法な軍グループへの情報漏洩

（出典：USAID 2007 を基に筆者が作成）

アの専門家によれば、犯罪組織の利益の約半分は警察官を含む公務員に費やされているとし、ある調査によれば、96％のビジネスマンが公務員に賄賂を支払う際、4分の1は警察官であるとしている（USAID 2007, 4）。メキシコの犯罪組織であるロス・セタスは、メキシコ国軍特殊部隊を雇用し、地方警察官をスパイや擁護者などに仕立て（USAID 2007, 5）、それ以外にも plata o plomo（賄賂か弾丸か）テクニックを通じて警察、判事、政治家、刑務官など汚職に溺れさせた（Rose-Ackerman and Palifka 2016, 79）。日本でも 2000 年はじめに警察組織の不祥事（捜査費の不正、暴力団との癒着、事件のねつ造、裏金等）が次々と発覚し、国民の信頼を損ねた。[23]

　警察が介入する政治腐敗も深刻である。政治家などが犯罪や事件に関与した場合の捜査結果のねつ造や、政敵への強制尋問などを行う場合、警察を動員させ、その見返りに昇進や金品を渡すなどがある。植民地時代の警察は政権を守

るべき明確な職務上の責任を有しており、今日でも政治と警察の関係が強い国は、植民地時代の警察モデルを踏襲しているとされる（USAID 2007, 6）。植民地時代の警察法を残存させているアジアやアフリカ諸国では、今日も以前と変わらない構造体制を有しており、説明責任が不十分なメカニズムである（USAID 2007, 6）。

　警察汚職を大別すると次の4種類が可能である。（1）小規模汚職、（2）行政汚職、（3）犯罪組織汚職、（4）政治腐敗。表1-9は、4つのタイプの警察汚職とその種類をまとめたものである。警察汚職が生じやすい背景には、他の公務員と同様、低給与と未払い、採用過程の問題、そして警察官の質などが大きく影響する。途上国では、公務員給与は低く、民間と比べても格差があり、国によっては家族を養うことすらできない少額となっており、警官も然りである。これは多くの市民の間でも周知の事実である（USAID 2007, 8 他）。低給与では自分の家族を養うのは困難であり、そのような公務員が市民の命や安全を守れるはずはないのである。

　警察官の質も問題である。縁故採用がまかり通っている途上国では、警察官も当然その恩恵を受けている。そうなると、従来の採用プロセス（共通試験、面接、身元調査等）が適応されず、コネ人事となり、能力、倫理観共に低い警察官が採用されることになる。Chêne（2010）は、いくつかの国では若い層は賄賂をもらう機会が多いといった理由で警官に就職するとしている。これは信じ難いことではあるが、筆者も途上国に住んでいる際に実際に同じコメントを直接若い人から聞いている。メキシコでは、多くの若者が将来の起業を目的に、また小遣い稼ぎのため、警察官の職を選ぶとしている（Anozie 2004）。メキシコ市の警察官11万人のうち、2万人は幽霊職員か勤務せず給与泥棒であるとし、ここから得た利益は幹部職員に潤うようなピラミッド構造となっている（USAID 2007, 9）。このような状況下では、警察官が求められている高い基準の行動と高いレベルのサービスの提供に応えることはできない（Stone and Ward 2000）。日本では採用後の警察学校での厳しい職業訓練と競争的な昇進試験があり、一定の給与は確保され、伝統的な職業へのプライドと高い倫理観がある。このような話を知ると愕然とするであろう。

　警察は自らの捜査権を有するため、見方によれば汚職・腐敗が発覚される可

能性は他の公務員に比べ少なく、汚職事件を取り締まる組織も警察のため、身内が身内を裁く形となる。これは別の側面からすれば汚職行為は容易に見逃されるということである。これが汚職行為へさらに導く誘因材料となる。また政治がらみの警察腐敗や犯罪組織との癒着などは、私腹を肥やす金額は膨大なものとなるため、いくら警察汚職の抑制力として考えられている賃金のアップや報奨制度を設けてもあまり役に立たないのではないか。

　このような中、いくつかの国では改善策が取られている。例えばウクライナでは、過剰な実力行使や賄賂を受ける行為を防ぐため、警官は制服を着て、胸には識別番号の入ったバッジとカメラ付きの録画装置をつける制度を設けた（朝日新聞 2015）。メキシコ北部（Cuernavaca）では、女性警察官の方がより清廉性を有し、正直であるとの期待から、女性警察官を増員している（TI 2000）。コロンビアとペルーでも同じく女性警察官を雇用し、賄賂支払いに対する苦情は少なくなっている（USAID 2007, 9）。第4章ではジョージア共和国における警察（特に交通警察官）の汚職対策について考察しているので参照願いたい。

　以前は警察汚職は個人が起こす問題であると考えられていたが、今日では組織の脆弱性と深く関連していると考えられている（USAID 2007, 1）。対応策としては、法の執行機関である警察機関の説明責任の強化、警察官の倫理の向上、警察活動に対する市民からの信頼獲得努力がまずもって重要であると考えられる。また上記4種類の警察汚職に対する対処策としては次の通りである。

　(1) 小規模汚職：給与体系や社会保障等の見直しと改善（特に警察官内の格差是正）。(2) 行政汚職：倫理改善、人事管理、説明責任。会計検査、内部監査と監督、効率的な苦情制度。(3) 犯罪組織汚職：汚職行為者に対する調査、訴訟、懲戒処分の徹底。現職警察官の関与している汚職事件の追及と明確化と処罰。警察犯罪事件を解決できるようなメカニズムの設置。(4) 政治腐敗：説明責任メカニズムの確立、警察の独立、国会議員や検察官の監査拡大を通じた効率的なチェック・バランス体制の設置、情報公開制度の徹底（USAID 2007 他）。この他、取り調べ時における録音制度導入、苦情処理メカニズム、監督管理メカニズムの改善などもある。

（2）教育セクターの汚職・腐敗

途上国の教育セクターにおける汚職は、警察や保健・医療セクターと同様深刻なものとなっている。例えば、カメルーンでは市民の72％、ナイジェリアでは54％、ケニアでは37％が教育システムは汚職が蔓延していると考えている（TI 2013a）。2017年のTI（2017c, 15）のアジア・太平洋地域諸国の調査によれば、同地域の22％の市民が過去1年間に公立学校関係者に賄賂を支払っているとしており、これは警察（30％）、裁判所と許認可を担当する部署（23％）に続き高い率となっている。汚職の生じる場所は、学校建設や教材等の調達、学位認定、入学や試験、教員採用・昇進時等多様である。小学生の授業料は従来無償であるものの、44％の調査国世帯（ガーナ、マダガスカル、モロッコ、ニジェール、セネガル、シエラレオネ、ウガンダ）は、子供を学校に行かせるため不法な金銭の支払いを余儀なくされており、その額は子供一人当たり平均4.16米ドルとなる（U4 2013, 3-4）。

教育セクター汚職は主に次の3つの原因から生じるとされる。(1) 教育省は教育案件を一元的に管理・運営しているため、その影響力は地方やコミュニティレベルまで国内全土に浸透し、地方でのパトロン－クライアント関係醸成や不正の温床となっている。[24] (2) 教員や地方教育担当官といった「gatekeeper（守衛役）」が各種教育案件に関する決定権を握っており、彼らが権限や裁量権を濫用・悪用する。(3) 教育費が全土に配分されるため、巨額の教育資金が動き、活動資金に対する説明責任やモニタリング機能が脆弱となっている（USAID 2002, 3）。[25]

では具体的にどのような種類の汚職が存在するのであろうか。表1-10は、教育セクターで見られる汚職の機会を中央省庁、地方自治体、学校、教室内別に分類したものである。これを見ると読者はそれぞれの場所で多くの異なった汚職の機会があることに驚くのではないであろうか。大型汚職・腐敗としては、教育資材等の調達時における汚職・腐敗が典型的である。フィリピンの教育文化スポーツ省では、1996～8年分の小中学校教科書の調達で4億1,400万ペソ（約9億円：購入資金の20～65％）が汚職で損失し、また、契約分の30-60％が未納入であり、485万冊の教科書が価格の上乗せ、もしくは未使用であったとしている（Chua 1999, 8-9）。このため、全国の4万の学校で教科書が不足し、その

表 1-10　教育セクターにおける汚職の機会

場所	汚職行為
中央省庁 (政治家、 政府高官、 教育部門職員)	・学校建設や供給物資契約に対するキックバック ・雇用、昇進等における情実・縁故、ポストの売買 ・政府会計からの資金の不正流用 ・幽霊教員・職員 ・不正資金を表沙汰にしないよう監査官に対する贈賄 ・教員免許や許可の売買 ・規定外教材の発注（業者との癒着）
地方自治体 (地方議員、 地方自治体職員)	・賄賂を通じた違反行為の見逃し（教員免許の偽造等） ・学校教材・資材の市場での売買（教科書や制服等） ・進学のための推薦状の売買 ・情実主義・縁故主義（採用・昇進等） ・不正資金を表沙汰にしないよう監査官に対する贈賄 ・より多い政府予算を認可してもらうための生徒数の上乗せ
学校 (学校職員、教員)	・幽霊教員・職員 ・情実・縁故採用 ・学校所有物の個人利用・売買（教材、制服等） ・入学費の不正な上乗せ ・教育省から出される学校運営維持費の流用（修繕費等） ・生徒の入学情報の改ざんや入学させるための賄賂要求 ・本来無償であるべきサービスの有料化 ・コミュニティの寄付や PTA 資金の使い込み ・特に選挙期間など、政治家が支持を得るための特定学校に対する資金提供行為 ・生徒の出身地による差別（特定の場所からきた生徒のみ優遇し、そうでない生徒は追加費を加算）
教室内 (教員)	・学校配給物や教材の対生徒や市場での転売 ・試験の点数上乗せや成績改善行為（賄賂やセックスの強要等） ・家庭教師の強要 ・生徒の無償労働の強要 ・贈答品の強要 ・無断欠勤と副職

(出典：USAID (2002) と U4 (2006) を基に筆者が作成)

配分は 1 科目あたり、小学生 6 人に 1 冊、中・高校生 8 人に 1 冊となり、地方郡においては一層劣悪な状況であった（Chua 1999, 8-9）。ケニアでは、2004～09 年だけで、4,800 万米ドル相当額が教育セクターで不正流用・横領されたとし（教科書にすると 1,140 万冊分の損失）、また 2,650 万米ドルが会計上の数字とつじつまが合わなかったとしている（Kimeu 2013, 46）。バングラデシュの学校では、2001 年には 2,500 万人の中学生が教材なしで新学期を迎えただけではなく、遅れて届いた教材の中味は間違いだらけで、さらには生徒は当初の価格より高額での購入を余儀なくされ、その額は約 1,200 万米ドルに上ったとしている（U4

2006, 5)。このような教材を巡る汚職事件は氷山の一角であり、今日に至るまで途上国全域に見られる。不正に流れていった教材や制服などは、市場に売却されているのである。ノルウェーにある反汚職リサーチセンター（U4 2006, 5）は、学校教材作成における一連の事業は、国家の専売事業で、入札過程は不定期、かつ劣悪な品質、そしてしばしば専門性のない組織が委託されていることを明らかにした。汚職なのか誤った管理なのか判断が難しい場合もある。例えば、ラオスの教育支援プロジェクトのケースでは、ドナー資金を通じて数百万冊の本を教育省の地方事務所を通じて地方の学校に配送したものの、どこに保存してあるか確認することができなくなっており、これは在庫管理不備なのか不正なのかわからず仕舞いであるとしている（ADB 2000; USAID 2002, 5）。

　この他、学校建設事業における汚職・腐敗問題も多くの国で見られる。それに加え途上国では、幽霊職員ならず、幽霊学校まで存在する。パキスタンでは、2012 年半ばで 8,000 もの幽霊学校に対し教育プログラム資金が支払われた（News International 2012）。当然そこに付随する幽霊職員の給与や、教材・資材、運営費も同時に支払われている。また幽霊教員として名貸しした教師は、給与の一部を教育行政官やモニタリングスタッフに支払い、他の場所で仕事をしているのである（Gilani 2013, 41）。同国の国家統計・登録庁によれば、2012 年の幽霊教師は 2,000 名を超すとしている（International News 2012）。フィリピンの退職間近の国立大学のある事務職員は、書類を偽造し生年月日を変更し数年間退職を遅らせていた。[26] 教育セクター汚職として幽霊職員に対する給与の支払いや、教科書や学校校舎建設における不正はあらゆる国で見られる（USAID 2015, 13）。教育セクターの汚職は、件数が多すぎるため、例えばフィリピンの教育省などでは、支出をモニターし、その業務を随時トラックすることは困難であるとし、教育セクター汚職に対する脆弱性を露にしている（Chua 1999, 7）。

　今日約 8 割の国々で初等中等教育は無償で行われている（Hyll-Larsen 2013, 53-54）。しかし、現実は生徒や保護者は様々な場面で汚職・不正を通じて金銭などを要求されている。バングラデシュでは、本来学費は無償で提供しているものの、65.7％の生徒が授業料を支払わざるを得ないとしており、20.3％が教科書代も別途支払っているとしている（Iftekhar 2013, 279-280）。

　過去 20 年において、"shadow education（陰の教育）" という用語が幅広く使

用され、これは学校の授業を補てんするための家庭教師を意味し、世界各国で広がっている（Bray 2013, 83-85）。[27] スリランカの調査では、92.4%のGrade10（高校1年生）、そしてGrade12（高校3年生）の98%が家庭教師を付けている（Bray 2013, 84）。そこでは、学校教員や入試担当者が家庭教師をするケースが恒常化しており（U4 2006, 5）、例えばジョージアの2011年調査では、4分の1の小中高校生が家庭教師を雇っており、彼らの69%が教員、13%が担当教師であるとしている（Bray 2013, 84）。途上国では教師は給与だけで家族を養うことは困難であり、それを補うためにも確実な方法として家庭教師をしているのである（Bray 2013, 84）。しかしこれが不正・汚職行為と深く絡んでしまっている。

　教員が家庭教師になると、金額＝賄賂に応じて試験問題を教えたり、成績を上乗せするケースが頻発する。最悪の場合、教師は学校で指定された授業を意図的に途中までしか教えず、家庭教師を依頼した生徒だけに残りの部分を教えるなどの例もある（U4 2006, 5; Bray 2013, 84）。Jayachandran（2012）は、次のように説明している。「試験に合格するなら、X、Y、Zを知らなければならない。クラスの授業ではXとYをカバーするが、Zを学びたい場合、家庭教師をやってあげるので来なさい」。49%の市民が教育制度における汚職は蔓延していると考えているベトナムでは、教師が家庭教師の場合、事前に試験問題を教えるのが慣習となっており、家庭教師を使わないと不利となると考えている（Chow and Dao Thi Nga 2013, 60; 2013, 84; Vu et al. 2011, 20）。61%（ダナン市では80%）の保護者は、教師や学校に賄賂を支払っており、43%は子どものクラスの担任教師が家庭教師の場合、子どもの内申書の評価を好意的につけるとしている（Chow and Dao Thi Nga 2013, 62）。また、62%の親が子を「進学」させるためにコネまたは金銭（賄賂）を利用しているとしており、賄賂の額は有名小学校では3,000ドル、普通の小学校では300～800ドル程度となっており、ハノイ首都圏での学校などでは賄賂は当たり前の光景であるとしている（Chow and Dao Thi Nga 2013, 60-61）。

　アゼルバイジャンでは、高校最後の学年では、授業時間帯に別に家庭教師をつけたいため、教員や学校職員に賄賂を支払い許可してもらっている（Silvoa and Kazimzade 2006, 128）。口頭試験は一般に評価は主観的であるためモニターすることは困難であり、より汚職がオープンになるという（U4 2006, 5）。このような行為は、アジアのみでなく、アゼルバイジャン、エジプト、ギリシャ、

ケニア、リトアニア、モーリシャス、ルーマニア、トルコ、UAE といった中近東、アフリカ、東欧諸国でも確認されている（Bray 2013, 84）。

　途上国では小中学校の教師は、中卒程度の学歴や、教員資格を有さない人間も多い。その背景にはコネ人事や、教員資格等の証明書を容易に偽造でき、また賄賂を通じた昇進やポストの売買がまかり通っているからである。例えばニジェールでは、2006〜12 年の間に数百名の契約教師が教員証明書を偽造していたことが発覚、Maradi 地区では、249 名の教員が偽物の証明書を有していた（Diallo 2013, 78-79）。フィリピンなどでは卒業証明書偽造を専門にするエリアと職業もあり、希望卒業年を伝えれば、自動的にその時期の学長名とサインのコピーが出てくる仕組みとなっており、正に違法な代書屋である。Diallo（2013, 79）は、ニジェールで偽造の卒業証書（中学卒業証明書）は 175 米ドル、高校卒業証明書はその倍で購入可能と説明している。偽造証明書で教師になる者が多いのはこのようなビジネスが存在するからでもある。

　それ以外として、試験問題の売買などもビジネス化している（U4 2006, 2）。例えば 2004 年の教育改革以前のジョージアでは、大学教員には入学するための賄賂価格表があり、学生は実質的に試験問題なども容易に買うことができた（Gabedava 2013, 156）。これは旧ソ連時代の他の国々で見られた光景であるが、それ以外の国でも見られる。インドでは、試験問題の売買の慣習が続いており、それをなくすための取り組みを大学側が実施しようとした際に、学生は伝統的な権利（rights to cheat）であると抗議したほどである（U4 2006, 5）。既に EU 加盟国となっているハンガリーですら、17％の学生が過去 1 年間の間で試験や入学の際に賄賂を支払った経験があるとしている（Burai 2013, 375）。これらは一例であり、当然多くの大学や学生はそうではないことを付言しておこう。

　情実主義・縁故主義も教育セクターの汚職問題を深刻にしている。例えば、ルーマニアの「大学をクリーンにする連合」の調査で、ある大学の学部では、45 名の教員がいる中で 16 名が縁故採用（3 組の夫婦、5 組の親子関係）であることが判明した（Omotola 2013, 186）。ボスニア・ヘルツェゴビナの学生調査では、大学内で最も汚職が蔓延していることの原因の一つとして情実主義・縁故主義を挙げている（TI Bosnia and Herzegovina 2013, 190-192）。45％の市民が教育制度における汚職・腐敗は蔓延していると考えているネパールでは、公務員委員会

以外は、縁故採用はシステマチックになっており、公立学校も例外ではないとしている (Pokhrel 2013, 81)。インドネシアでは、汚職を表現する際にKKN（汚職・癒着・縁故主義）という用語を使い、これは縁故主義を汚職の一部であるものの、別の性格づけとして同一レベルで問題視している。

　教員の無断欠勤も深刻であり、Patrinos（2013, 70）などは、教育セクター汚職の中でも最も深刻なものであるとしている。世銀は7ヵ国を対象に教員の無断欠勤の現状を取り上げており、その割合はペルーでは13%、インド（AssamとBihar州）では58%の教員が無断欠勤を確認していると報告している (U4 2006, 6)。[29] さらにChaudhury et al. (2006) は、インド20州、合計3700の小学校を対象に調査を行い、平均25%の教員が欠席をしており、インド全体で4人に1人の教員が学校を欠席していることになることを明らかにした。エクアドルでの調査でも、53%の教員は無断欠勤で、18%がその他の公務で欠勤しており、他方、インドネシアでは無断欠勤率は18%となっている (Patrinos, 2013, 70)。途上国では、公務欠勤の中には、選挙活動支援を理由にしたものなども入る。公務員が特定の政治家や政党の支援活動をする光景は地方ではよく見られる。このような教員の欠勤は、子どもの教育と教育セクターの促進を妨害しており、初等教育支出における損失は10〜24%に上り、例えばその額はエクアドルでは年1,600万米ドル、インドでは20億米ドルにも達するとしている (Patrinos 2013, 72)。無断欠勤は、後発途上国になるほど深刻となり、また校長や職位の高い職員ほど欠勤率は高くなる (Patrinos 2013, 71)。無断欠勤の原因は、低給与や給与支払いの遅延からくるものが大きく、教員は生活費を稼ぐため副職を余儀なくされ、その一行為として家庭教師や賄賂・不正を働くことになる。若干話はずれるが、未婚者や女性の教員などは、地方での勤務は避ける傾向があり、一手段として賄賂を通じて赴任先を変更しているとのことである (U4 2006, 6)。[30]

　賄賂が支払えない貧困層はさらなる不運が待ち受けている。世銀の「貧しい人の声調査 (Voices for the Poor Survey)」によると、「パキスタンでは、教師がすべての生徒に授業料の名目で費用を請求する。親が支払えない場合、子どもは叩かれたり、不合格の成績を付けられる」としている (U4 2006, 5; Narayan 1999, 98)。トルコ東部の学校では、母親が子どもを公立（無償）の幼稚園に入

園させようとしたが、入学費（11米ドル）を請求された。父親は失業中のため支払えず、校長はその代償として母親に労働を強要（絨毯洗い）した（Hyll-Larsen 2013, 55）。シエラレオネのある小学校では、生徒が教師に心づけ＝賄賂を持っていかなかったため、家に追い返えされ、学校に行かなくなっていた。[31]

　教師の賄賂が別の形となって現れるケースもある。ボツワナでは67％の少女が教員からセクハラを受けており、10％が成績や評価を悪くつけられるとの恐怖から性関係を余儀なくされているとの調査報告もある（U4 2006, 6）。このような事例はインド、ネパール他多くのアジア諸国でも見られる。奨学金なども汚職のターゲットだ。インドネシアの知人は、米国で有名な奨学金を獲得して米国大学に進学し博士課程を終えた。後日彼は、「せっかく毎月奨学金を受け取っても、面接官にキックバック代を抜かれてしまう。米国ではその額ではとても生活ができず、アルバイトを余儀なくされた」と嘆いていた。このような話は特に地方レベルの奨学金プログラムではよく聞く。

　ハンガリーで若者を対象に行われた調査で、「試験ではなく、友人や親族を通じて学校に合格できるとしたら、どうしますか」との問いに対し、「入る」が6割以上となっており、うち約40％が「みんながやっているから」と回答している（Burai 2013 374）。上記のボスニア・ヘルツェゴビナの調査では、汚職は高等教育制度で最も深刻な問題であると認識している一方で、半数がもし見つからなければ試験で不正すると矛盾した答えとなっている（Heyneman 2013, 102）。ベトナムの調査では、若者と保護者のほとんどが良い学校（または会社）に入るためには、賄賂を支払う意思があり、それは「より金銭的に重要」、かつ「将来への大きなインパクトにつながる」としている（Chow and Dao Thi Nga 2013, 60-61）。賄賂が当たり前となっている国では、学生は安全網として賄賂を通じて不正を行っている。その背景には、不正は皆がやっている行為であり、やらないことにより取り残されたくないと考えているのである（Heyneman 2013, 102）。

　情実・縁故により学校に合格させる光景も通常なものとなっている（U4 2006, 5）。ここでも贈賄側・収賄側がWin-Win状態となっており、正にGive and Takeの社会。贈賄側も見返りとして恩恵を受けるため、汚職がまかり通っているのであり、やはり風土病＝文化というしかないのであろうか。

最後に収賄側の認識の違いもあることを触れよう。2007年にソロス財団がルーマニアで大学関係者と学生を対象に行った調査では、23％の事務職員が贈答品・カネ・サービスを受け取るのは時に、または常に合法であると考えている（Leu 2013, 120）。ボスニア・ヘルツェゴヴィナでの調査では、56％の学生は高等教育の汚職は浸透しているとする反面、61％の大学関係者は汚職は個別のケースとして生じると考えている（TI Bosnia and Herzegovina 2013, 190-192）。このように贈賄側と収賄側の認識のずれがあることも知っておくべきであろう。要するに収賄側は汚職・不正行為はある種の役得であるという認識であろうか。

　教員の質の低下（＝無資格、情実・縁故主義、書類偽造などが原因）、授業の手抜きと教育時間の減少（＝無断欠勤、低給与などが原因）、進学や試験問題の売買（＝家庭教師制度等の悪用）が生徒の質の低下を招き、子どもの教育の機会を不平等にしてしまう。ここで見てきた通り、教育セクターの汚職の影響は、中央省庁で生じている汚職しかり、日々学校やクラスルーム、生活の場で起きている教員や学校職員による小規模汚職の方がより深刻であるかも知れない。このような理由から、一般に途上国の小中校の教師の多くは尊敬はもとより、信頼すらされていないケースが多いのが現状である。教育セクターの不正や汚職は社会構造の深層で常態化しており、単に教師の倫理問題だけでは解決できないのである。

　社会開発の観点からしても、教育分野における汚職は、若者が犠牲者となる分、他のセクターと比較してもたちが悪い（TI 2013a, 5）。教育セクター汚職が社会にもたらす一番の打撃は、子どもたちが教師や学校関係者の行為を見て育つことである。例えばモンゴルの小中高校生の70％は子どもを入学させるため、親が賄賂を支払っていると信じている（TI 2017c, 13）ことなどは実に嘆かわしいことである。日本にいるベトナムの留学生に聞いたところ、子どもの前ではやらないが、このような行為は生徒皆知っているとのことである。

　成功の鍵は勤勉にあらず、むしろ賄賂、情実主義、コネの利用が人生の勝者となるといった誤った認識を植え付けることは危険である。それを経験した子どもたちが成長し、自ら家族を持つようになると、同じ行為を繰り返すことは容易に理解できよう。汚職の誘引となる直接の原因は、他の公務員と同様に低給与、教諭や学校事務員が握る裁量権、教諭の低い倫理観、学校教育に対する

モニタリングの欠如などである。改善策としては、苦情制度の確立、親と教員間のコミュニケーションの場の構築、情報管理の共有と改善、行動要綱の指導と利益相反に対する十分な理解、諸罰則の徹底、教員や教育委員研修、地域社会や市民社会・メディアによる教育セクター汚職削減に対する関心、省庁間の調整、教員証明書等の確認作業そして幽霊教員や教員の欠席状況の把握等が考えられる。

9 市民が起こす汚職問題

　汚職行為は悪いことであることは、当然どの国の市民も認識している。しかし、現実は市民自らが多く贈賄行為、特に小規模汚職に参加し、賄賂は自らの便益のための利用手段であることも知っている。例えば、ペルーでの国民調査（Proética 2010; TI 2011a）によれば、47%の市民は教員を買収できると考えている（買収理由としては成績の改善〈回答者の60%〉、証明書や卒業証明書発行に対する迅速料〈36%〉、罰則則から逃れるため〈34%〉等）。UNODC（2011, 56）の西バルカン7ヵ国を対象とした調査によれば、43%が市民側自らが公務員に賄賂を支払っているとし、公務員が明確に賄賂を要求するケースは14%となっている。ただ調査対象者の53%は公務員が賄賂を明確にほのめかしているからだとしている。市民が自発的に賄賂の支払いを行うケースとしては、運転免許証の発行やライセンスの許認可を受ける行為、税金逃れのため税務官への賄賂の支払いなどがある。これら市民が自ら行う贈賄行為を自発的な汚職（voluntary corruption）と呼ぶ。このように賄賂を通じて各種サービスを取得する行為は必要型汚職（need corruption）とも呼ばれる（Bauhr 2012, 68）。一方、店や事務所などを開くために必要なライセンスを短期で取得するための迅速料の贈賄行為は強要型汚職（extortive corruption）、賄賂を通じて資格非保有者が保有者から権利を剥奪し、仕事のポストなどを獲得する行為は操作型汚職（manipulative corruption）と呼ばれ（Alatas 1999, 11; Rothstein and Varraich 2017, 49）、これら一連の行為は貪欲型汚職（greed corruption）とも呼ばれている（Rothstein and Varraich 2017, 49）。

　自動車免許証取得においても、多くの国で自ら賄賂を支払い簡単に取得している。岡（2017, 29）はカザフスタンでの例を次のように説明している。「免許

図 1-3 市民の汚職に対する考え方（サハラ以南アフリカ 18 ヵ国）

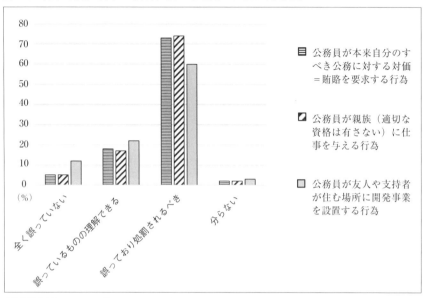

(調査対象国：ベナン、ボツワナ、カーボベルデ、ガーナ、ケニア、レソト、マダガスカル、マラウイ、マリ、モザンビーク、ナミビア、ナイジェリア、セネガル、南アフリカ、タンザニア、ウガンダ、ザンビア、ジンバブエ）

(出典：Rothstein and Varraich 2017, 47-48 Afrobarometer 2006）

は自動車教習所に通い、筆記と実技の試験を受けるのが公式なやり方だ。しかし、実際には賄賂を払って試験にパスした、免許証そのものを買った、あるいはコネを使って入手したなど、様々なパターンが存在する」「賄賂を払った人たちの説明はこうだ。合格するのに必要な知識や運転技術があっても、カネを渡さなければ筆記試験の解答を操作されたり、ごく些細な運転ミスを理由に不合格になる。何度も試験を受け直すよりも賄賂を支払った方が結局、お金や時間の節約になる」。例えば、交通警察官から賄賂を要求され断れば、何かしら違反したと言われ、免許証を取られてしまい、結局警察署などで手続きをする日数と罰金を考えれば賄賂を支払った方が楽というのが現状である。このようなケースは今までの調査を通じて非常に多くの途上国で見受けられている。

図 1-3 は、サハラ以南アフリカ 18 ヵ国（約 2 万 5 千人）の市民を対象に、汚職行為に対する認識度を調査したものである。設問は 3 つあり、①公務員が本

来自分のすべき公務に対する対価＝賄賂を要求する行為、②公務員が親族（適切な資格は有さない）に仕事を与える行為、③公務員が友人や支持者が住む場所に開発事業を設置する行為、そしてそれに対し「全く誤っていない」「誤っているものの理解できる」「誤っており処罰されるべき」「分からない」からの回答の選択となっている。調査結果は、例えば③の設問に対し、3割以上が「誤っていない」「誤っているものの理解できる」と回答し、6割が「誤っており処罰されるべき」としている。また②の設問に対しても2割以上が「誤っていない」「誤っているものの理解できる」と回答をしていることが分かる。①の賄賂の支払いに関しても2割以上の市民が肯定的であることが分かる（Rothstein and Varraich 2017, 47-48）。汚職や賄賂は、低賃金である公務員に対する心づけ的意味合いを持つと同時に、コネを通じて知人などの生活が少しでも改善される可能性があれば、それ自体は悪い行為ではないといった意識を反映するものなのであろうか。

　公務員賃金が相対的に低く、それを補うため副職を余儀なくされている公務員の特権は、賄賂を受け取ることである、という意見も多くの公務員から聞く。少なくとも、以上のケースにおいては、市民側（贈賄側）にとっては、汚職行為がプラスの意味合いをもっており、Leff や Huntington の議論している汚職行為の潤滑油論を裏付けるものともなっているかも知れない。日常生活における問題の解決に賄賂等の手段が通常通り行われる場合、腐敗行為自体が制度化されて組み込まれ、社会規範として安定化してしまう可能性もあるという研究もある（Karklins 2005; Dimant and Tosato 2017; 溝口 2017）。要するに皆がやっているから自分もやるといった行動である。しかし、この理論は、常に汚職研究の際に議論の対象となるものの、一般認識としては、汚職が経済、社会、政治に悪影響を与えているのは周知の事実であり、実際には支持されていないのが現状である。また、市民自らが汚職行為に参加する多くは、それが生活する上での一手段となり、そして政府の構造がそうさせているからであって、好き好んでやっているわけでは当然ないのである。

注

1 日本では、政治的腐敗に関する概念としては、「汚職・疑惑・疑獄・腐蝕」などの用語が用いられ、「天下り・談合・接待」などもこれと密接に関連するものとして用いられてきた（小林 2008, 3）。

2 これは「倫理」や「誠実」の意味と「全体性」「一体性」の両義があるが、汚職研究においては前者を使う。

3 タイでは汚職、贈賄の他、Sin nam jai（親切心から来るギフト）、Kha nam ron nam cha（お茶を飲む程度のお金）、Praphuet mi chob（不謹慎な行動）といった行為も汚職とされるもののこれらは受容範囲内であるとしている（2012 年 11 月に同志社大学で行われた Jon Quah 氏の講義資料に基づく）。

4 この他、林語堂は、「現在の家族や三、四代後の子孫のために国家の財源をごまかす大臣は、ただただ自分の家族に対して『善良な』男であろうと努力しているにすぎない」と述べている（Time Magazine 1967; 西原 1976, 14）。

5 盗賊支配（cleptocrazia）とは、汚職・腐敗の中でも特に国家財政を一人占めする家産制的・収奪的性格が強い、公金追剥的・蓄財的腐敗である（河田 2008, iii）

6 それぞれ英語では次のような訳となる。収賄（graft）、贈賄（bribery）、脅迫（extortion）、自らの影響力を利用して金品を受け取る行為（influence peddling）、詐欺（fraud）、迅速料（speed money）、横領（embezzlement）、詐欺・たかり（swindle）、共謀（collusion）、事実の歪曲（falsification）、職権濫用（misfeasance）、背任（malversation）。縁故主義（nepotism）、情実主義（favoritism）、クライエンテリズム（恩顧主義）（clienterism）、クローニー（取り巻き）主義（cronyisms）。

7 疑獄とは、俗に政府高官などが関係した疑いのある大規模な贈収賄事件（広辞苑）。

8 1990 年代初頭の研究として、主に旧ソ連諸国において大企業側が汚職により国家の諸政策（法律、規定、条令等）を買収し、制定過程を歪めさせ利益を得る行為が多くあることが分かった。これは商取引を行う際の通常の贈賄行為とは異なった性質の汚職行為である。これについては後章で述べる。

9 家産制が家父長制が国家規模に拡大したものであるに対し、「新」がつくのはそれに近代国家的外観が付随するからである。

10 途上国の行政は、低い賃金、汚職、低い能力、繁文縟礼、前例踏襲とイノベーションの欠如、効率性の欠如、ミッションの設定と実施の弱さ、「お上」意識と公僕意識・顧客満足意識の欠如といったネガティブに特徴づけられてきた（木村 2013, 122）。

11 この概念は当初は文化人類学で使われ始め、1970 年代頃から、フィリピンなどの東南アジアや南イタリアなど地中海地域の研究者により比較政治学にも導入された。日本では「親分―子分関係」に相当するが、このような庇護者（パトロン）と随従者（クライアント）の人間関係が、世界の様々な地域に存在することが意識され、クライエンテリズムの概念によって統一的に説明されるようになったとしている（小林 2008, 4-5）。

12 例えば朴喆熙（2008, 180-200）は、韓国と日本の有するクライアンテリズムを比較し、韓国のクライアンテリズムは中央レベルで利益を守るためにつくられ、「一時的で政治リスクが高い」ネットワークになっているとし、一方、日本は地方レベルで利益配分に参加

するためにクライアンテリズムがつくられ、「政治的リスクが低い持続的な」ネットワークになっているのが特徴であるとした。その結果、韓国は政治的に不安定であるが、大胆な改革が行われる。他方、日本では改革を求める声は大きいが、実際の実効は遅々として進まなく、そこでは日本のクライアンテリズムは、韓国と比べ強力でなかなか動かすことができないとしている。

13 したがって、説明責任の実績も、途上国の行政は「誰に対して説明責任を負うのか」という問いに左右されることになる。すなわち、政策過程のアクターは民族・地域別に形成された自己のクライアントに便益をもたらしているかが争点となりうるが、その場合「国民」ではなく、各自のクライアントに対して実績を示すことが重要となる（木村 2013, 98）。

14 河田潤一編の『汚職・腐敗・クライエンテリズムの政治学』（ミネルヴァ書房：2008）では、クライエンテリズムについての様々な角度から事例に基づき説明している。またその中で、近年の研究は古典的パトロン・クライアント関係を離れ、政治的クライエンテリズムを政党や政治家が政治的支持（投票）を調達するための戦略としてとらえる見方が主流となっていると説明している（河田 2008, vi）。

15 そこでは 1 位の失業（64.6%）、2 位の低収入（50.2%）に続き、汚職（38.5%）が 3 位となっている。

16 詳細は次の URL を参照（www.enterprisesurveys.org/data/exploreeconomies/2013/armenia）ちなみに、インドでは 2014 年（9,218 社対象）、ナイジェリアでは 2014 年（2,676 社対象）、コロンビアは 2017 年（993 社対象）、エジプトは 2016 年（1,814 社）が調査対象となっている。

17 汚職研究者である Jon Quah 氏の話によるもの。

18 インドネシアのある大臣秘書官とのインタビューに基づく（2016 年 3 月）

19 2003 年 8 月に行ったフィリピンのマニラで行ったインタビューに基づく。

20 2012 年 10 月にアフガニスタンの元ジャーナリストに行ったインタービューに基づく。

21 2016 年 8 月にインドのニューデリーで行ったインタビューに基づく。

22 2014 年 3 月に行ったインドネシアの政府職員とのインタビューに基づく。

23 古野まほろは、当時を振り返り、4 大不祥事件として、「桶川事件（警察の捜査怠慢）」「神奈川事件（神奈川県警・警察官の覚せい剤使用事件もみ消し）」「新潟事件（女性監禁事件発覚の際、旅館で酒食・麻雀）」「石橋（栃木リンチ殺人）事件（被害者の両親から 9 回もの捜査依頼を受けながらそれを拒絶し続けた栃木県警察の不手際）」を取り上げ各不祥事を検証している（『残念な警察官』光文社、2016 年）。

24 例えば Chua（1999）によると、フィリピンでは教科書購入の際、ある地方政府が民間の卸屋より直接調達する際に賄賂を受け取る仕組みは次の通りと説明している。地域局長は 5 ～ 10%、供給、会計、行政、監査職員は 0.5 ～ 1%、担当係長は 3%、そして一般職員は 2% である。

25 2014 年のユネスコ・世銀の統計によれば、政府支出に対する教育分野への配分は世界平均約 14% となっている。https://data.worldbank.org/indicator/SE.XPD.TOTL.GB.ZS（2018 年 6 月 30 日アクセス）

26 2002 年に筆者がフィリピンに滞在していた際にあった話。

27 別の英語表現として、"supplementary tutoring（＝いわゆる塾）" が使われている。

Bray（2013, 85）は、東アジアにおける陰の教育＝Shadow Educationの典型的な例として日本の塾制度、そしてこの他に活発な国として、シンガポール、香港、韓国、台湾を取り上げている。香港ではこの業種は、中学校レベルにおいて年間2億5,500万米ドル、シンガポールは小中高校レベルで6億8,000万米ドル規模の市場となるとしている。韓国では、2006年における小中高校教育費の中で一世帯が家庭教師（塾）に費やしている割合は約80%であるとしている。（TI 2013a, 5）

28　改革後（統一試験制度導入等）はそのような慣習は一掃され、今日では80%（学生）、79%（親）、96%（職員）が汚職行為はなくなったと評価している（Gabedava 2013, 156）

29　これに加え、学校に来ているものの何も仕事をしない教員もいるとしている（U4 2006, 6）。

30　筆者がジョージアで調査を行っていた際も、カウンターパートの弟は、新卒で教員をしており、地方勤務の辞令が出たため、賄賂を払って市内に変更してもらっていた。

31　NHK世界のドキュメンタリー「賄賂社会の実態」2008年5月24日放送。

第2章

開発途上国の汚職・腐敗対策への
新たな変化と研究

　1990年代初頭に推進されたグッド・ガバナンス論の台頭に伴い、国際社会は途上国の汚職・腐敗問題に対する認識に大きな変化を与えた。同時に一学問領域を超えた新たな汚職研究も活発的に行われ、途上国開発と援助に対する方法論も一変した。汚職を測定する方法やアセスメントツールなども開発され、以前に比べ汚職問題に対する新たな知識や現状を把握できるようになった。今日においては、汚職の蔓延は多面的なガバナンスの欠落もしくは政府内の機能不全の兆候であり、汚職対策はグッド・ガバナンス推進のためには不可欠であるとのコンセンサスが確立している。本章では、国際社会の追求する反汚職への新たな動きを概観した後、近年の汚職研究とその成果、そして汚職の測定方法やアセスメントについて紹介する。

1　汚職・腐敗問題に対する認識の変化

　汚職・腐敗問題は国家の成長を著しく後退させ、貧富の格差を拡大し、海外投資や経済活動にも影響を及ぼすうえに、法の支配、人権、民主主義促進を妨げる阻害要因と認識されてきた（UNCAC 2012; UNODC 2013; World Bank 2000a; Rose-Ackerman and Palifka 2016; Rothstein and Varraich 2017 他）。しかし、汚職対策は開発や開発援助の対象分野とは認識されてこず、またそれ自体に対する研究も少なかった。主たる理由としては、(1) 汚職・腐敗の多くは真相や実態がとらえにくいこと。(2) 汚職は一個人の道徳問題であり、開発との関係における実証研究は困難を伴うこと。(3) 開発援助においては、内政干渉との認識があったためである。

汚職との闘いが世界的に推進されたのは、1990年代初頭に新制度学派がグッド・ガバナンス構築の一環として、汚職問題は開発を損ねる大きな要因としてクローズアップしたことによる。また同時に次の社会構造変化も拍車を掛ける形となった。(1) メディアや国際社会の汚職事件や問題に関する情報収集能力の向上に伴い、途上国政府は、汚職・腐敗問題を以前のように隠蔽することが困難になったこと。(2) 1980年代後半からの民主化の波により、途上国の多くでは国民の汚職に対する問題意識が変化し、汚職と闘う市民社会の活動がグローバル規模のネットワークにより活発になったこと。(3) インターネットをはじめとした、IT技術の飛躍的普及により汚職に関する情報収集や共有が一層可能となり、それに伴い国際的取り組みも可能となったこと。(4) 旧ソ連の崩壊に伴い大規模な汚職・腐敗問題が明らかとなり、それに対処する世界的取り組みが喫緊の課題となったこと。(5) 1997年に起きたアジア金融危機等に見られる金融破たんは、汚職・腐敗が大きく関連していたと認識されたこと（小山田 2018, 138; 2011, 120）。とはいえ、1990年代初めまでは国際社会は、「政府の透明性と説明責任の向上」といった、間接的表現で汚職対策を表していたのであった。

　例えば、日本のODA支援（二国間援助の場合）では、2000年代半ばになるまで、反汚職支援や汚職対策といった援助事業は極めて限定的であり、また「汚職」という用語も意図的に使うことを避けていた。その理由の一つとしては、二国間援助の主たる目的は相手国との信頼・友好関係の構築でもあり、途上国政府や政府職員は汚職はないという前提に立って援助活動を行っていたからである。これは当時の汚職という表現使用についての政治性と援助対象国との間における敏感性を物語っていると言えよう。事実、1990年代半ばまでは汚職・腐敗問題自体を研究トピックにすることはタブー視され、"c-word" として暗号化（coded language）されていた（Shah 2007, 249; Rothstein and Varraich 2017, 2, 10）。それ以前からも同様であり、例えばミュルダール（2015, 256; Myrdal: 1968, 937）などは、「研究テーマにおいて汚職・腐敗の議論はほとんどタブー視されており、それが政府や国家計画において問題視されているという学術議論は全くなかった」「汚職や軟性国家（soft state）はたいてい、外交的配慮から全く分析対象外となってきた」と1960年代から指摘していたのである。

このような環境下、汚職との闘いへの実質的な動きとして3つの行動がグローバル規模の反汚職対策への転機となった。1つ目は、開発援助を通じて長年途上国の汚職問題に悩まされてきた世界銀行（以下、世銀）の「汚職という癌との闘い」へのコミットメントと、それに続くドナー機関の反汚職取り組みへの表明と大幅な援助政策の転換。2つ目は、1993年の反汚職を専門に取り組む国際NGOトランスペアレンシー・インターナショナル（以下TI）の設立に伴う、世界各国における支部の誕生と、彼らを通じた反汚職ネットワークの急速な世界展開。そして3つ目に、経済協力開発機構（OECD）による「国際商取引における外国公務員に対する贈賄防止に関する条約」や国連による「国連腐敗防止条約（UNCAC）」、欧州評議会（CoE）、米州機構（OAS）、アフリカ連合（OAU）などの汚職防止協定の採択を皮切りとした国際・地域協定や条約、さらにはG-8やG-20等に見られる汚職と闘うための共同声明などのグローバル規模の取り決めである。

　このように汚職・腐敗との闘いは1990年代以降、一国の枠内での問題からグローバル規模で取り組む共同課題へと変化、深化していった。そこでは一個人や特定の汚職事件を対象としたものではなく、汚職・腐敗を発生させる構造を改善し、制度を通じて抑制するところに解決策を見出し、それを反汚職行動の主たるツールとして位置づけたのであった。汚職対策がとられるようになった中で、国際社会が訴えた主たる共通メッセージは、各国政府、市民社会、民間企業が一丸となって、汚職行為はローリスク・ハイリターンではなく、ハイリスク・ローリターンであるといった環境と、制度構築を通じた、汚職削減に対する新たな変化への模索であった（小山田 2018, 143; 2011, 135）。

　世界的な反汚職取り組みの歴史的流れとしては次のような時期に分けることができる。(1) 1980年代半ばから90年代半ばの汚職と闘うといったタブーからの脱却努力と、アドボカシーと変革の訴えの時期。(2) 1990年代半ばから2000年前後までの新たな汚職研究、測定方法やアセスメントツールの開発、国際協定等を通じた汚職防止規範の策定と採択、途上国政府による反汚職政策および行動計画策定と実施、そして反汚職の世界的ネットワークの構築。(3) 2003年以降は、世界規模の反汚職の取り組みへの共同活動や、国際協定の履行とフォローアップ活動。(4) 2010年以降は、ポスト紛争国や脆弱国家の平

和構築における汚職対策、汚職行為者（政治家等）からの資金回収、マネーロンダリングなどの新たな分野における対策。(5) 今日では過去の活動と汚職対策の効率性の再考（小山田 2013, 177）、そして持続可能な開発（SDGs）達成のための汚職・犯罪対策。

　国際社会の汚職との闘いに対するコミットメントに伴い、途上国政府、市民社会、民間企業はそれぞれが当事者として参加する必要があるという機運が少しずつ熟してきた。途上国政府のほとんどが自国の国家開発計画の中で、グッド・ガバナンス推進と反汚職をセットとして最優先項目に組み入れてきた。国内で活動する反汚職市民社会の数も少数の国を除き激増した。民間企業、特に多国籍企業はコーポレート・ガバナンスや企業コンプライアンスの一環として反汚職プログラムを設けるようになってきた。2000年に採択された、ミレニアム開発目標（MDGs）では特に明記されていなかった汚職対策は、2015年の持続可能な開発目標（SDGs）の第16項に組み入れられた。今後各国はSDGsを通じて引き続き反汚職への取り組みが期待されている。

2　1990年代以降の新たな汚職・腐敗研究

　1990年代に入ると、汚職・腐敗研究の方法論にも大きな変化が現れ始めた。従来の途上国の汚職・腐敗研究は、多くが刑法学や行政学上の他の研究との関係において取り上げられてきており（Hussein, 1967; 西原 1976, 302）、主として一種の風土病として、例えば家産制、官僚主義、情実主義、縁故主義、恩顧＝庇護主義、クローニー主義（縁故・親族主義）、ファミリービジネスなどとの関連で、いわば一国主義的に分析されてきた（河田 2008, vii）。一方、汚職・腐敗は社会・人間活動全般に関連する事象であり、経済成長に悪影響を与えることも広く認識されていたにも関わらず、汚職・腐敗の性質上、データ作成が困難で、その影響を実証的に分析することは難しく、社会科学と歴史が交差する学術研究として認識されてきた（溝口 2010, 89, 113; Andvig 1991）。Rothstein and Varraich (2017) は、汚職研究については政治学の領域内での議論が多く、開発学や経済学との関連性は薄かったと説明している。しかし1990年代以降は、研究の対象を世界規模に拡大し、経済学、社会学、法学、政治学、さらにはそれらを複合的または相互関連させた一学問領域を超えた学際的な研究が盛んになった。

実際に JSTOR（Journal Storage ＝電子図書館）の統計を見てみると、政治学と経済に関連したジャーナルだけでも汚職にまつわる関連論文数は 1970 年代は 1,945 件、80 年代は 2,277 件、そして 90 年代は 3,278 件と増加の一途を示していることが分かる（Treisman 2007, 212）。また 1990 年代に入り汚職関連出版物や学術誌だけでも新たに、4,000 冊以上が 44 ヵ国語で出版された（TI 2001a, 229）。内訳は汚職を政治、行政、司法、経済の専門分野から取り上げている内容が全体の 87％を占め、民族・文化の側面から取り上げているものは 4％となっている。地域別に見れば、50％が途上国と移行経済諸国に焦点が当てられ、43％が先進国、そして 4％がグローバルなものとなっている。出版物全体の 14％は、汚職と闘うための内容であり、その中で 92％が政治、行政、司法、法律のアプローチより取り上げられている（TI 2001a, 229）。今日では反汚職（anticorruption）、汚職研究（corruption studies）という用語をアクセスすると、実にそれぞれ約 2130 万件、500 万件もがヒットする程多くなっている（2018 年 9 月 18 日に Google を使用した場合）。一方、公務員倫理に関する価値観に関する論文も多く出されており、Van der Wal et al.（2006 in Huberts 2014, 83-84）は、行政の倫理問題を取り上げている 7 種類の書籍と、2 つのジャーナル（「Public Integrity」（1999 年から 2003 年にかけ）と「Public Administration Review」（1999 年から 2002 年にかけ））計 46 の発行物を確認し、その中で最も使用されている用語の上位 30 語を捻出した。そこでは、「正直・誠実さ（honesty）」「人間味（humaneness）」「社会的公正（social justice）」「公明正大（impartiality）」「透明性（transparency）」「清廉性（integrity）」の順となっており、今日汚職対策として使われている概念が多く含まれていることを明らかにしている。

　汚職研究の増加に伴い、汚職問題を専門に研究する研究機関も各地で設置され、オーストリアの国際反汚職アカデミー、英国サセックス大学院汚職問題センター、オックスフォード大学汚職・透明性問題研究センター、香港廉政公署・特別行政区の汚職問題研究センター、さらには 2011 年にオーストリアで国際機関として設立された、国際反汚職アカデミーなどもある。

　汚職・腐敗研究は 1960 年代からいくつかの過程を経て変化してきている。流れとしては 1960 年代後半～ 70 年代、1980 年代以降に分類可能である。大内（1999; 2013）は、汚職研究には、構造主義的アプローチ、機能主義的アプロー

第 2 章　開発途上国の汚職・腐敗対策への新たな変化と研究　69

チ、折衷主義的アプローチ、相互関連主義的アプローチといった4つのアプローチがあるとしており、以下簡単に説明する。

(1) 構造主義的アプローチ：汚職を政治経済の発展段階との照応関係でとらえようとするもので、次の2種類に分類可能である。①政府の経済活動への介入過程において、汚職の機会を生みだすというもの。これは、国営企業の設立、官僚による経営支配と非効率的な管理・運営、公共事業支出の乱発などがその例。②社会経済体制が、計画経済から自由主義経済へ移行する過渡的な混乱期に汚職が起こりやすいとするもの。

(2) 機能主義的アプローチ：「修正主義」的見解で、常に汚職が健全な政治的、経済的発展の阻害となっているとする従来の「道徳主義的」議論に異論を唱え、汚職の果たす積極的機能に注目したアプローチ。これは次の3つに分類可能である。①費用便益比較から捉えたもので、汚職は現存する制度が余りに硬直的であり、制度疲労を起こしているため、行政能率を高める潤滑油役になっているとする議論。②需給関係の調和で見る立場で、そこに汚職への需要があるので、供給（贈賄）があり、両当事者は合意するというもの。③近代化過程に避けられぬものは破壊と汚職であるが、将来の国家統合に結びつきうるので汚職のほうを選ぶというもの。

(3) 折衷主義的アプローチ：汚職問題を原因、影響、対策と3つの側面から総合的に捉えようとするアプローチ。主たる関心は、社会の漸進的近代化にあり、そのための近代化エリートの役割を強調する中で汚職問題を取り上げるもの。

(4) 相互関連主義的アプローチ：1980年代後半以降の汚職研究に対する新たなアプローチ。汚職問題を孤立して捉えるのではなく、他のより大きな理念あるいは価値との関連において論ずるアプローチ。例えば、汚職と民主主義、社会的安定、経済成長、民営化、ガバナンスなど。途上国の汚職問題を語る際、1990年以降は特にガバナンスの枠組み内に民主主義、社会開発、経済開発、民営化等を関連させ研究しているケースが目立つ。

構造主義的アプローチは、汚職の原因究明に最大の関心を示し、その影響、汚職防止対策にはあまり関心を示さず、機能主義的アプローチは、汚職現象を所与のものとしてとらえ、「価値中立的」に汚職の持つ影響の面を中心に考察しており、その原因と対策に対する関心が比較的に薄いように見られる（大内1999）。

これら1～3のアプローチは60、70年代に主流となっていたものである。1980年代は、沈静期であった。反汚職より「構造調整」が主流となる時代であり、汚職・腐敗問題を批判的に取り上げるよりも、構造調整、開発行政の効率化が声高に叫ばれた時代であった（大内 2013, 151）。1990年代以降の汚職研究の特徴としては、相互関連主義的アプローチに焦点を当てているものが大多数である。そこでは、後述する1960～70年代に見られた汚職行為の是非、原因究明、定義に焦点を当てた議論展開は消極的となり、さらには汚職は開発や成長にとって潤滑油的役割を担う、または汚職が紛争や社会困難を未然に防止する役割をするといったハンチントン、レフ、ナイ等に見られる議論、すなわち汚職の果たす積極的機能の側面は取り上げられなくなった。今日の汚職研究の中心は、汚職は一国の政府、経済、社会、さらには国際商取引に至るまで深刻な悪影響を及ぼすとの前提で汚職を相互関連付けしたものが顕著に見られるようになった。

　1990年代に入り、特に反汚職政策においては経済学の範疇における汚職研究（プリンシパル＝エージェント理論）に大きく依拠することとなった（Rothstein and Varraich 2017, 19）、また例えば Jancsics（2014 in 溝口 2017, 90-91）によれば、各領域で行われたきた汚職・腐敗研究は、①合理的個人アプローチ＝汚職・腐敗行為自体が違法であっても、個人の合理的な選択の結果、腐敗は市場取引を通じて生まれるというもの、②構造的アプローチ＝汚職・腐敗は個人的行為ではなく社会的な構造によって規定されるもの、③関係性アプローチ＝人間の社会的な関係性に焦点を当てるもの、に分類可能としている[8]。この他、法学、社会学、文化人類学の分野における汚職問題研究もあり、それぞれ独自のアプローチ[9]（例えば法学研究は法律の枠組み内における研究、社会学は国家と社会の関係をよりリンクさせた研究、文化人類学は社会の歪みの中で個人がどのように汚職行為に至るか等）で汚職・腐敗問題研究に取り組んでいるが、ここでは詳細は取り上げない[10]。

　グッド・ガバナンス論の誕生とともに、新たな汚職研究がなされ、その成果も次々と発表された。その多くが世銀や国連、そしてOECDや二国間援助機関といった国際ドナー機関がイニシアチブを取り推進してきたことが特徴であろう。その背景には、新制度学派の学者たちが背後からドナー機関に知的支援を行い、国際協力と汚職研究を車の両輪にし推進させたことによるものと思え

る。典型的な研究例としては、世銀の『世界開発報告 1997』である。同報告書はノース（D. North）、エヴァンズ（P. Evans）や青木昌彦などをはじめとした数多くの新制度学派の外部専門家をアドバイザーに迎え、ノーベル経済学受賞者スティグリッツ（J. Stiglitz）（世銀開発経済学担当上級副総裁：当時）他による総指揮のもと作成された。そこでは国家の恣意的行動と汚職の抑制について取り上げ（政策の歪み、公務員賃金、公務員の裁量権、能力主義や司法判断の予測可能性と汚職との関連性）、有効な国家なしには成長なしというメッセージを訴えた。国連機関である UNDP も "Corruption and Good Governance（汚職とグッド・ガバナンス）" を 1997 年に発表し、汚職と人間開発そしてグッド・ガバナンスの関連性について初めて取り上げた。例えば、汚職問題を経済学の側面より結びつけた汚職研究の重鎮である米国イェール大学の Rose-Ackerman などは、世銀、UNDP 両方の外部コンサルタントとして上記報告書作成に参画しており、2 機関の報告書は同一研究者が同時期に関与することにより同じ方向性で汚職問題を議論していたことが理解できる。UNDP の『人間開発報告書 1991 年』では、1991 年に汚職対策への重要性を初めて取り上げ、この分野への取り組みに対する新たなアイディアを模索しており、アムネスティ・インターナショナルのような国際組織の設置の必要性を訴えている。また、人間開発の概念を誕生させた、マブーブル・ハク（1997, 41）も同様に、汚職と闘うための正直インターナショナル（オネスティ・インターナショナル）といった新たな NGO の設置を呼び掛けている。これが後年の TI の設立に直接つながっていたかについては不明であるが、この時期は汚職取り組みに対して暗中模索していた様子が伺える。

　1993 年に設立された国際 NGO である TI は、毎年特定のテーマを選び世界各国の事例に基づき汚職との関連性について調査、議論（過去のテーマはスポーツ、教育、気候変動、民間部門、水資源、司法、医療、建設、政治、情報公開）している他、石油・ガス採取企業の透明性、防衛セクターの汚職度、反汚職に関する国際条約のレビューなども行っている。TI の創設者の一人である Peter Eigen は、長年世銀に勤務しており、駐ケニア代表、東アフリカ局長などを歴任していた。

　主に欧州諸国の拠出金により設立された、ノルウェーにある反汚職リソースセンター（U4）は、汚職関連問題を専門に取り上げ、開発援助と汚職、汚職対

策のモニタリング手法、分野別の汚職問題、反汚職の成功例と失敗例、反汚職に関連する条約の有効性等、幅広い研究調査を行っている。そこではColgate大学のMichael Johonston他、著名な汚職問題研究者が委託され、共同執筆の形で発表されている。ケンブリッジ大学で博士号取得後（汚職問題研究）、反汚職センター、その後OECDで勤務しているJesper Johnsønは、ポスト紛争国や脆弱国家の反汚職対策をOECDやほかのドナー機関に広めている。元ハーバード大学教員で現ジョージタウン大学教授のJoel Hellmanは、過去に世銀や欧州復興開発銀行にも在籍しており、旧ソ連諸国において企業が政治家などへの賄賂を通じて国家政策や規則を歪める行動（ステート・キャプチャー）やガバナンス改革についての研究を行ってきた。このように過去20年近くの歴史を紐解くと、ドナー機関と研究者が共同で、または同一人物が実務と研究の世界を行き来しながら反汚職ブームの火付け役となっており、その体制が今日まで続いていることが理解できる。

　1980年後半から90年代前半の汚職研究がはじまった当初は、例えばS. Rose-Ackerman、D. Kaufmann、R. Klitgaard、P.Mauro、M. Johnstonなどが新たな旋風を巻き起こした代表的な論者であった。J. PopeとTI（2000）は、国家の清廉性と汚職に対する脆弱性は、国家を形成する主要な機関やセクター（司法機関、監査機関、民間企業、市民社会等）の有する責任、能力そしてガバナンスのレベルにより異なるため、各機関間のバランスある対策を講じるべきという「国家の清廉性システム」（National Integrity System）を考案した。シンガポールの行政学者J. Quah（2006, 2011, 2015, 2017）は、公共政策からアジアの国々の汚職対策について比較分析し、政治的意志、有効な反汚職組織、優秀な人材が成功要因であることを強調している。Treisman（2007, 212）は、汚職に対する認識度は経済的に発展し、自由かつ幅広く市民に読まれているプレスの存在、女性政府職員割合が高い長期にわたる自由な民主主義を有する国や、さらには長期間貿易を開放する国では低いと分析した。近年になると、上述のJohnsøn（2016）、Johnston（2014）、Rose-Ackerman（2016）など、ポスト紛争国や脆弱国における国家建設や平和構築との関連で汚職対策研究も展開されるようになってきている。

　汚職の測定方法や反汚職取り組みアセスメントも次々と開発されてきた。中

でも市民の汚職に対する認識度合いを国別にランクしている TI の汚職認識度指数（CPI）や、世銀の世界ガバナンス指標の中の汚職の抑制度指数などは汚職の現状を把握するための有用な統計材料となっている。Sampford et al.（2006）は、汚職の測定方法とその有効性について分析している。世銀の『ビジネス環境の現状報告書（Doing Business Report）』は、間接的に汚職の機会の有無を把握するための情報として幅広く活用され、同銀行の「企業調査（enterprise survey）」では、民間企業が政府に支払っている賄賂の頻度やその内容について明らかにしている。この他、汚職対策機関や調達、反汚職プロジェクトに関するモニタリングといったアセスメント等も OECD、UNDP、USAID、世銀などから多数だされている。これらについては後述する。

　今日の汚職問題に関する研究分野をまとめると、次の通りとなろう。(1) 汚職・腐敗に関する概念、(2) 経済と貿易・市場、(3) 法の支配、(4) 政府内の諸制度の有効性（汚職対策機関含む）、(5) 行動科学、(6) 国際基準と条約、(7) 反汚職の戦略、(8) 汚職と闘うための共同行動、(9) 情報公開や通告者保護（公務員制度含む）、(10) 資産回収や資金洗浄、(11) 民間企業の不正と汚職、(12) グローバル規模の反汚職キャンペーン。多くは経済学的アプローチあるが、社会学、人類学、法学的側面を基礎とした研究も数多くある。では具体的にどのような実証研究がなされてきたのであろうか。ここでは主に途上国の汚職問題を経済成長・投資、所得、司法・制度、公務員制度、政府の規模と地方分権、政治体制と民主主義、プレスと市民社会、貧困、ジェンダー、ポスト紛争国と脆弱国家、開発援助、その他に分類し、各々の研究成果について紹介した後、今日利用されている汚職測定方法とアセスメントについて概説する。

（1）　汚職・腐敗と経済成長・投資、経済・産業政策に関する研究

　汚職と経済成長・投資に関する研究は、ガバナンス論台頭とともに 90 年代初頭より新制度経済学者を中心に行われてきた。Mauro（1995）は、国の汚職度が増加すれば、その国に対する海外投資率は減少し、低経済成長をもたらすことを数値を以ってはじめて取り上げた。例えば、ある国の汚職度指数が 2 ポイント高くなれば、その国に対する投資は 4％ポイント低くなり、一人当たりの GDP は 0.5％低くなるとしており、汚職と経済成長との間には負の相関関係

があることを証明した。Mauroの研究は、今日の経済成長と汚職との関連性を語る際、常に引用されている。汚職が低経済成長を招く、もしくは低い汚職認識度が高い経済成長をもたらすといった同様の研究取り組みとしては、この他にShleifer and Vishny（1993）、Ades and Di Tella（1994, 1999）、Treisman（2000）、La Porta et al.（1999）、Knack and Keefer（1995）、Meon and Sekkat（2005）が挙げられる。Mo（2001）は、汚職が1％増加すると、その国の経済成長率は0.72％の減少となり、汚職による経済への影響はほとんどが政治の不安定によるものとしている（政治の不安定による影響は53％、民間投資の削減は20％、誤った人的資源形成に対する影響は15％）。また、GDPの成長は、汚職の「絶対数」レベルでは説明できず、数値の「変化」でのみ実証が可能でり、異なったタイプの汚職は、それぞれ異なった形で成長率に影響を及ぼす可能性があることを言及している。

　Wei（1997）は、二国間の海外直接投資の流れを比較し、多国籍企業に対する税率または政府の汚職度が増えると、その国に対する海外直接投資は減少すること、そして汚職に対する認識度レベルが高い国では経済パフォーマンスが低いことを立証した。Okada and Samreth（2010）は、1995年から2008年にかけ132ヵ国を対象に調査を行い、海外直接投資は汚職のレベルの低い国のみ経済成長に対しプラスの影響があることを明らかにした。Uslaner（2017, 35）は、貿易により依存している国は、取引国との関係が増すため汚職が少なくなるとし、また早い時期に市場を開放している国も汚職のレベルは少ないとしている。汚職が蔓延している国では、企業の直接投資額は多くならざるを得ない。例えば1960～85年におけるインドネシアの汚職レベルがシンガポールまたはマレーシアのレベルであったとしたら、年間経済成長率は従来のそれよりそれぞれ2.55％または1.575％高くなっていたとされ、これを一人当たりの所得率に換算すると80％または44％高くなっていたことになる（de Speville 2000）。汚職のレベルをエストニア（低い）からアゼルバイジャン（高い）にさせることは投資を15％ポイント削減することと同様であるとしている（Smarznyska and Wei, 2000）。Meon and Sekkat（2005）も同様の分析を行ったが、前者と異なるのは政府のガバナンスの質についても考慮しており、汚職は経済成長と投資との関係においてマイナスの影響をもたらすのみでなく、それら影響は投資環境

ガバナンスの質によっても異なることを明らかにした。

汚職の頻度は、国家の経済政策と政府機関の政策策定および説明責任との間に強い負の相関関係が見られる（Anderson 2005, 30）。Tanzi and Davoodi (1997) は、汚職、政府収入、公共投資の質に関する情報を基に分析し、汚職は公共投資を増加させる反面、生産性を下げることを立証した。Ades と Tella (1997) は、積極的な産業政策を設けることは、むしろ汚職の増加をもたらすとした。一方、Mauro らと共に Rose-Ackerman (1978) なども、良好な経済状況下にある国においては、汚職を抑制することは困難であると指摘している。汚職と一人当たりの所得との間には負の相関関係があることは、Goel and Nelson (2005)、Fisman and Gatti (2002)、Ades and Di Tella (1999) など、多くの研究者が分析を試みた。

このように主に 1990 年代以降に発表された新制度経済学派研究者を中心とした実証研究は、汚職は投資や国の成長にマイナス影響を与える事実を明らかにした。2000 年代に入っても引き続き同様の研究はされており、例えば Ugur and Dasgupta (2011) は、低所得国を対象に分析し、汚職認識度が増えると一人当たりの所得の増加率は減ることを検証している。世銀 (2018, 129-130) も『世界開発報告 1997』の 20 年後の『世界開発報告 2017』で、再度一人当たりの GDP と汚職・腐敗の抑制との間の相関関係を証明している。また国家の資源が少ない場合、少数（汚職にまみれた企業や政府職員やその側近）の有力者の投資行為は、多くの市民が少額規模で消費に費やすより国全体の経済にとって生産性は高まるという韓国を例にした Kang (2002, 201) のような研究も出されている。汚職・腐敗の経済理論と実証分析の系譜他については、溝口 (2010) が整理している。

（2） 汚職・腐敗と司法・制度面等に関する研究

汚職は法の支配、公共管理などのグッド・ガバナンスを阻害する最大の要因となっている（Spinellis 1996）。反面、政府組織が安定すれば汚職のレベルは低くなる（Lederman et al., 2005）。世銀 (1997) は、法律を執行させる効率的な司法制度は、経済のパフォーマンスを決定する際の重要な要因であり、資産、特許などの所有権の安全性が低い場合は、海外投資や外国技術導入に対するイン

センティブは低くなることを訴えた。そこでは重要な訴訟に対し独立した裁判が行われる希望がない、または裁判の判決がでるまでに予想外に時間が掛かる等、司法の予測可能性が低ければ汚職は増加するという、汚職と司法の予測可能性との間に相関関係があることを明らかにしている。同時に政府の政策歪みが大きいと汚職は蔓延するといった、汚職と政策歪み指数との間における相関関係も立証した。司法の独立は汚職を削減させるという論争は、Ades and Di Tella（1996）、Goel and Nelson（1998）、Gurgur and Shah（1999, 2000）などの研究を通じて確認できる。

制度と汚職との関連性については1980年代から議論が展開されてきており、市場が厳しく規制されているところでは、国家は追加的なレントを科し（許認可等）、それが過剰な競合を生み汚職・腐敗へのインセンティブとなり（Klitgaard 1998; Krueger 1974）、政府の経済活動への最小限の関与が汚職を削減させるツールとなりえることがKaufmann（1997）やMauro（1995）などから唱えられた。

UNDP（2016a, 65）は、65ヵ国を対象に調査し、政府の有効性、国民の声、法の支配は汚職の抑制と密接な関係を有することを明らかにした。Meon and Weil（2010, 244-59）は、政府組織が脆弱な場合や組織が非効率な場合において、汚職との間には負の相関関係が生じるとし、Shleifer and Vishny（1993）は、脆弱で不安定な政府の下では、企業側が数人の公務員に対し同時に賄賂を支払わざるを得ず、他方、実際には誰もその決定権を有していないといった非常に有害なタイプの汚職につながるとしている。規制や権限の存在は、活動を監視し権限を与える官僚に一種の独占力を与えてしまう。結果、規制が増加すればするほど、民間企業や個人は官僚との接触回数が増加するため、不正行為に遭遇する確率が高まる（Tanzi 1998; Kaufman and Wei 1999; Goel and Nelson 2010 in Dimant and Tosato; 溝口 2017, 93）。政府事業の予算配分や企業との契約時でも、汚職により歪んだ予算配分がされることがある。例えば、汚職の機会は小さな労働契約より大型投資事業の方がより多くみられ、汚職にまみれた政府は、メインテナンス等の事業より、新規投資プロジェクトに予算を配分させる傾向がある（Mauro 1998; Gupta 2001）。Johnson et al.（1998）らは、政府の諸規則が多い場合、また高い税金を課す国では、インフォーマルな経済活動率は高くなり、それが多くなると汚職度も高まるといった、国家制度と経済活動と汚職の関連

性について検証した。Hellman et al.（2000）は、東欧・中央アジアの移行国家を対象に調査を行い、汚職、ステート・キャプチャー（国家の略奪――これについては後述する）、政府への信認は成長、投資、財政の安定性、公共サービス等に及ぼす影響が相互に関連し合っているため、個別に取り扱うべきではないとしている。

（3）汚職・腐敗と公務員制度・賃金に関する研究

公務員の裁量権が増えれば、それがインセンティブとして働き汚職が生じる機会や可能性も大幅に増える。Johnson et al.（1998, 388-392）は、汚職と公務員の裁量権との間には正の相関関係があることを検証した。Murphy et al.（1993, 409-414）は、有能な職員のレント・シーキング（利潤追求）への関与は、その国の成長を遅らす傾向にあるとしている。USAID（2015, 42）は、パトロネージシステムが弱いところでは、公務員改革がより効果的となると援助プロジェクトを通じて明らかにしている。Rauch and Evans（2000）は、猟官制度や専門教育の不在は汚職の機会を増やすとした。

以前より、汚職は公務員の生活のために副収入が必要となる賃金水準の場合、そして公務員賃金は類似の民間賃金のレベルを反映していない場合に特に起こりやすいとされてきたが、世銀（1997）は具体的数値により汚職と公務員賃金には負の相関関係があることを証明した。とは言え、反汚職取り組みとして公務員の賃金を上昇させるのはコストのかかる作業であり、言うは易く行うのは難しである。国際社会は代わりに途上国の公務員にメリット＝実力・能力制度を積極的に導入するよう進めてきた。その背景には、公務員の採用・昇進において実力＝能力主義を採用する場合、汚職は減少するとして、汚職と実力主義採用指数の間には負の相関関係があることが検証されている（世銀1997）。

公務員給与・賃金と汚職との関連性については、世銀以外にも様々な研究が行われてきた。Herzfelda and Weiss（2003）は、世銀と同様、賃金の上昇は汚職レベルの抑制につながると分析した。Gurgur and Shah（1999, 2000）は僅かであるがマイナスの影響があることを証明した。一方で、Van Rijckeghem and Weder（1997）は短期的には何のインパクトもないとし、Treisman et al.（1999, 2000）も何も関連性がないと、世銀の研究成果とは異なった結論を出

した。これら論者は、公務員賃金を変化させた場合を通じた汚職との関連性を検証している。これに加え、USAID（2015, 3）は保健・衛生センター支援事業を通じて、給与の上昇は汚職の削減を保証するものではないと結論づけた。

　縁故主義も汚職・腐敗問題と関連性がある。役所における親族状況指数（Kinship in Public Office=KPO）は、公共機関内において同一親族がどの程度いるかについて評価するものである（U4 2014）。自己報告と、共通の氏名等のトラッキング、インタビュー等を通じて調査されるものを指数化したもので、公的機関に縁故採用・選出された者を通じている割合を示すものである。これは大規模の親族コネクションや縁故主義の可能性のみ確認できるものの、縁故主義そのものの確実性についての明確化については限界がある。

（4）　汚職・腐敗と政府規模そして地方分権に関する研究

　Tanzi and Davoodi（1998）、La Palombara（1994）、La Porta et al.（1997）は、政府機関のサイズの縮小は汚職の削減につながるとした。政府の規模が大きくなるにつれ、個人の説明責任は弱まり、官僚制が複雑になることと、経済活動に対する政府介入が増加するため、汚職のレベルは高くなる傾向があるという研究は、Goel and Nelson 1998; 2010; Goel and Budak 2006; Arvate et al. 2010 で見られる。反対に Fisman and Gatti（2002）は政府の規模が大きければ汚職抑制効果があるとした。Gurgur と Shah（1999）はそれは司法、民主的機関、植民地時代の遺産、地方分権、官僚主義的文化が不在の場合のみに該当するとした。また Kotera et al.（2012）は、民主化のレベルが高い場合、政府規模が大きくなれば汚職のレベルは低くなり、民主化のレベルが低ければ汚職レベルは高くなるとした。通常、政治や経済活動の権限が集中している場合、汚職は増加するとされる（Svensson 2005）。一方、Elliot（1997）は、予算規模と汚職との間には反比例の関係があるとした。Treisman（2000）は、汚職認識度指数（CPI）を使い、連邦制度は高い汚職認識度を招くことを証明した。Fismanと Gatti（2002）は、特に地方レベルにおける予算配分が大きい連邦制度においては、汚職にまみれた政治リーダーに対するチェック機能がよりあるため、汚職のレベルは小さいとしている。Bull et al.（2003）は、政府が中央集権的な制度や構造である場合、また立法・行政・司法・汚職対策機関などの国家権力が

十分近代化されていないところでは汚職・腐敗が生じやすいといった研究もある。

　地方分権は、市民がより政府活動へのアクセスを可能とし、政府や地方政治家の説明責任を向上させ、市民の参加を可能にさせるといった理由で汚職との闘いに有効であるという神話が続いていた（Johnson 2016, 72）。同時に Huther and Shah（2000）、Gurgur and Shah（2000）、Fisman and Gatti（2002）などは、地方分権と汚職もしくは汚職認識度との関係において負の相関関係があることを立証した。また地方分権と連邦政府は、中央集権化されている政府より汚職は少ない（Triesman 2000; Fisman and Gatti 2002）という研究もあり、そのため政府や国際ドナーはこぞって地方分権化を汚職対策のツールとして奨励してきた。UNDP（2016a, 57）も、地方の能力と市民の高い参加度があるところでは地方ガバナンスは特に成功に導くと説いていた。

　そのような中、汚職削減以外にも民主化の大きな柱とされきた地方分権は、地方ボスの支配下にあり、民主的政治運営が期待できない状況では、安易に進めるべきでないし、地方分権を民主化とするのは事実の上にではなく、仮定やイデオロギーといった信念の上に立脚しているという議論も浮上してきた（Hutchcroft 2001, 23; 木村 2011, 237）。また地方分権化で予算や権限が地方に移譲されると、地方レベルでも力を持つ国政レベルの政治家や地方政治家がその権力に任せて「地方の王国」を作ってしまう（東江 2017, 105）。Shleifer and Vishny（1993）や Chabel and Daloz（1999, 105）は、権限の分権化は単に汚職・腐敗の分権化を意味するだけとしている。インドネシアとタイでは民主化の推進に伴い、ネットワークの中央集権化が崩壊し、その結果、汚職の機会も分権化させてしまったといった事例もでてきた（Rock, 2007 1 他）。

　近年では地方分権はローカルエリートによる略奪行為を増大させ、市民の参加や能力が欠如している場所では改革はむしろ非効率となるといったコンセンサスができあがりつつあり、反汚職推進ツールとしての利用は影を潜めてきた（Johnson 2016, 72, 106）。事実、世銀、イギリス国際開発省（DFID）をはじめ、いくつかのドナー機関における開発戦略には地方分権が汚職を削減することは全面的には推奨されていなくなっている。

(5) 汚職・腐敗と政治体制と民主主義に関する研究

安定した政治体制は、法の支配と経済活動を決定する要である。Knack and Keefer（1995）によれば、汚職・腐敗は政治発展を阻害し、低質の国家体制をもたらし、さらにその国に必要な改革への政治的意志を弱めるとしている。政治体制の形態によっても異なった汚職の機会があることも研究されている。例えばPanizza（2001）は、大統領制は議会制より汚職の機会が多いことを証明し、これはGerring and Thacker（2004）、Lederman et al.（2005）、Kunicova and Rose-Ackerman（2005）、UNDP（2008）（in Treisman 2007, 231）などでも確認されている。これら研究を通じ、強力な大統領の下では、広く合法・非合法的手段として様々な権力が使われるため汚職は増大することが合意された。また、汚職は比例代表制度を伴った場合より激しくなる、大統領任期が制限され任期終了に近づくにつれ汚職は多くなりやすいなどといったことも検証された。

専制支配国家は、汚職やその認識度に対する情報を政府の裁量や捜査手段を通じて変えてしまう可能性がある（Rose-Ackerman 2015, 108）というのは理解できよう。専制政治の軟化（アフガニスタンの2013年、タジキスタンの2007年）や、政治的自由度が改善された場合（例えば1990年のハンガリー、ポーランド）は、汚職に対する認識度は低下が見られるが、不完全な民主主義国家や緩やかなレベルの権威主義国家における自由度の改善は、汚職の認識度には反映されない（Treisnman 2007, 228）。過度の専制政治を有する国では、自由度の微増はレントシーキングのレベルを低くし、既に民主主義が確立している国では、自由度の微増は汚職の抑制を可能とする（Rose-Ackerman et al. 2011, 71）。また以前専制支配であった社会においては、自由で公正な選挙、民主的に選出された代表、自由なプレス、政治的権利の導入は、汚職の削減に貢献するといった研究成果もある（Rose-Ackerman et al. 2011, 71）。

民主化推進は汚職を抑制するのか。そもそも途上国政府の多くでは、ガバナンスに問題を抱えており、行政能力の不足や汚職の蔓延から、必要な開発政策や福祉、治安維持などを実施することが出来ず、そのため民主化後も国民の不満は高まり民主主義への幻滅を生じさせてしまう（杉浦 2018, 223）。多くの研究者が民主化のレベルが高いほど汚職の抑制ができると分析している（Rose-Ackerman and Palifka 2016; Johnston 2014; Goel and Nelson 2005; Lederman et al.

2005)。その中で次のような実証研究もされている。Treisman（1999, 2000, 2007）や Rock（2007）は、民主主義の定着度そして民主主義国家としての経験が長いほど、より良い反汚職取り組みができ、汚職の削減が可能であることを検証した。Montinola and Jackman（2002）は政治的自由度の向上は必ずしも汚職の削減にはつながらず、むしろそれは当該国の民主主義への移行度によるとした。Treisman（2000）、Gerring and Thacker（2004, 2005）は、汚職削減は民主主義がしっかり確立し、安定している時に可能で、民主主義レベルが中位の場合の汚職削減は効果的ではないとしている。一方、Rock（2007, 3, 5, 16）は、過去の数々の国の事例から、新たに民主化に着手した国々の初期段階では汚職レベルは高まるが、民主化が定着すれば低くなるとし、また低所得国が民主化の初期段階の場合、汚職は削減されることを立証した。さらに、どの民主化要素が持続的な透明性と説明責任を有する機関として構築が可能で汚職抑制が可能かといった一貫したクロスカントリー・データはないとしている。Widmalm（2008, 166）は、インドの2つの州での調査を通じて、ほとんどの住民は汚職行為は一般的に許容していないものの、汚職・腐敗で蔓延していようがいまいが、民主主義下における規則に統治されている官僚制度を支持するとしている。

　次のような研究もされている。政治競争においては、政治リーダーが政党メンバーの活動を抑制（例えば公正かつ正直な選挙の推進等）させることで汚職のレベルを低めることができる（Persson et al. 2003）。単に選挙を実施するだけでも政治家間のレント・シーキング行為は削減される（Diamond and Plattner 1993; Doig and Theobald 2000）。市民の選挙の参加自体では効果的汚職消滅は期待できない（Treisman 2000, Gerring and Thacker 2004, 2005）。Persson et al.（2003）は、複数代表選挙制度は比例代表選挙制度に比べ汚職は少なく、拘束名簿式選挙制度は非拘束式制度より汚職が少ないことを分析した。小選挙区制は、新規候補者の参入を排除するため、汚職・腐敗が広がり、大選挙区制は政治的な競争をもたらすため、汚職の抑制効果となるとしている（Persson et al. 2003）。

（6）汚職とプレスおよび市民社会の活動に関する研究
　ほとんどの研究を通じて、市民、市民社会、プレスの自由度は汚職削減と強い関連性があることが明らかにされている（World Bank 1997; 2008; Brunetti and

Weder 2003; Rose-Ackerman 2011, 2016; Treisman 2007; 235; Lederman et al. 2005; Adsera et al. 2003; Gurgur and Shah 2000)。市民の自由度が高まるということは、市民による社会活動範囲が広がり、汚職に対するチェック機能が作用することを意味する。市民や市民社会が反汚職政策策定過程に関与すると、彼らはより成果に対するモニタリング活動への参画を行い、予算配分過程において介入する場合も、決定過程における中心役としてより参加を可能とし、モニタリングも一層効果的となる（USAID 2015, 34-35）。政府組織内の汚職が蔓延している場合、政府の合法性と市民の政治への参加レベルは低くなるという研究も Anderson and Tverdova（2003）、Rose-Ackerman（2010）、Seligson（2002）により行われている。

　Adsera et al.（2003）は、民主的自由の下では、新聞の読者層が唯一真の政治的説明責任を醸し出せるとし、無料の日刊新聞の回覧が自由を測定する変数であるとした。ブルガリアの反汚職取り組み団体"Coalition2000"は、同国の汚職指数に関する記事を発表すると、他の報道機関も関連記事を発表し、汚職関連記事掲載数は増加し、引いては市民への情報提供の機会も増えることを証明した（Stoyanov 2000）。Goel and Nelson（2005, 121-133）は、汚職は民主主義と関連した市民の自由度に応じて減るとしている。USAID（2015, 29）のプロジェクトでは、民主主義の度合いが高く、結社やメディアの自由度が高いところにおける市民主導の説明責任・透明性向上推進イニシアチブは、それが低いところより効率的であることが判明している。

　ノルウェー開発協力局（NORAD, 2011）は、2004年にブラジルにおける地方選挙の調査で、2件の汚職事件が生じた監査報告書を開示した場合、ラジオで報道した際、報道しない場合と比較して現職市長の再選率は7〜11ポイント削減されたとし、メディアの有効性を示した。市民社会やメディアによる活動があまり活発でない国ではステート・キャプチャー（国家の略奪）が発生しやすい（World Bank/Hellman 2000; Hellman et al. 2000）。

　一方、Olken（2007）はインドネシアで開発資金が紛失した600村を対象とした道路プロジェクトを取り上げ、反汚職取り組みに対する政府による監査と、草の根住民の参加を通じたモニタリング双方の対応策を比較した。その結果、政府の監査の方がより多くの汚職の機会となる要因を発見でき、草の根住民のモニタリングは限定的なものであり、従来のトップダウン方式のモニタリング

手法が汚職削減には有効的であることを主張した。

(7) 汚職と貧困に関する研究

汚職が増えれば、貧困レベルは高くなり、貧富の格差も拡大させていることも明らかにされている (World Bank 1998; TI 2008; Gupta et al. 2002)。世銀 (World Bank 1998) は、ラテンアメリカ諸国における低、中、高所得層の全所得に対する賄賂支払い割合で、低所得層の方が一人当たりの賄賂支払いの割合が高いことを証明した。IMF (1998) や Gupta (1998, 2002) は、汚職度が上昇すると、ジニ係数も同様のレベルで上昇し、汚職度の上昇は、貧困層の年間所得の減少につながることを解析した。アフリカの Afrobarometer (2012; TI/Afrobarometer 2015) やラテンアメリカ (Carballo 2010) の調査でも、汚職が高まれば貧困レベルも高まることが明らかにされている。UNDP (UNDP and Centre for Policy and Human Development 2007) は、汚職が下層 20% の所得層の所得増加率を遅らせているとしている。Trocaire (2013)は、汚職は貧困層にとっ

図 2-1　人間開発と汚職認識度の関連性

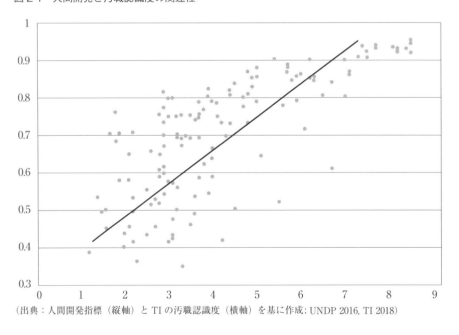

(出典：人間開発指標（縦軸）と TI の汚職認識度（横軸）を基に作成: UNDP 2016, TI 2018)

て追加的な税金であり、特に教育など基本的なサービスにアクセスしようとすると生じるとしている。

Mauro（1998）は、汚職度が高い国では、福祉やヘルスケア、並びに教育に対する政府支出は少なく、最も不利な条件の層が高い費用を課されることを余儀なくされているとしている。Uslaner（2017）は、高いレベルの不平等は低いレベルの社会への信頼となり、汚職を助長するとしている。Dobson and Ramlogan-Dobson（2010）は、その中において、汚職のインパクトによる収入の不平等のレベルは、インフォーマルセクターを通じて緩和されると、インフォーマルセクターの重要性を説いている。Rothstein and Holmberg（2011: U4 2013, 4）は、汚職の削減は貧困の不平等レベルを下げるかといった側面から分析し、その関係性は全般的に低いものの、汚職の抑制と一人当たりのGDPの間においては強い関係性が生じることを立証した。

図2-1は、人間開発指数（HDI：平均余命、教育および所得の複合指数）と汚職認識度指数（CPI）を使い、汚職のレベルが高い国はHDIが低く、低い国はHDIが高くなっており、ある程度の関連性があることが分かるであろう。

（8）汚職とジェンダーに関する研究

汚職と女性やジェンダーとの関連性についても様々な研究や調査がされてきている。女性や少女に対する汚職の影響は特にひどく、社会不平等を深化させている（UNDP 2016a, 15）。東アフリカで最も汚職が少ないとされるルワンダでは、NGOが「職場におけるジェンダーと汚職」調査を実施し、汚職の機会（賄賂が要求されること）は、仕事を見つける場合と民間企業勤務の場面が最も多いとしており、同時に女性は男性よりも賄賂を支払うレベルが低く、それが理由で女性がコンサルタントなどの各種サービスへのアクセスの機会が拒まれる理由となっているとしている（Transparency Rwanda 2010）。また汚職による犠牲者は女性（84.5％）が、そして加害者は男性（83.2％）が圧倒的に多く、汚職の被害にあった者の5.6％しか警察や当局に通告していない。他方、国連薬物犯罪事務所（UNODC 2010）は、アフガニスタンにおいて過去1年間に賄賂を支払った男女別割合について調査しており、女性（39％）より男性（53％）の方が高い割合で支払っていることを明らかにした。一方、2017年にTI（2017d, 20）が

アジア・太平洋諸国16ヵ国を対象に行った調査では、男女おおよそ同じ割合で賄賂を支払っていることが判明した（過去1年間において賄賂を支払った割合：男性30%、女性27%）。また汚職が蔓延している専制政治国家でも、女性の汚職行為は男性と同じレベルというEsarey and Chirillo（2013）の研究もある。

Maryland大学の研究チームは、女性の国会議員数が多い国ではそうでない国と比べ汚職が少ないという結果を出しており、理由は女性は男性より高い道徳基準を有しており、より共通した関心事項があるからとしている（TI 2001）[14]。King and Mason（USAID 2000）やSwamy et al.（2001, 25-55）も同様の研究を行っており、女性国会議員の議席数を増やすと汚職が減ることを検証した。UNDP（2008, 20）は、女性の学齢が高く、サービス部門における女性幹部職の割合が高ければ汚職度は低くなるとした。メキシコ北部（Cuernavaca）では、女性警察官の方がより清廉性を有し、正直であるとの期待から、女性警察官を増員している（TI 2000）。コロンビアとペルーでも同じく女性警察官を雇用し、賄賂支払いに対する苦情は少なくなっている（USAID 2007, 9）。USAID（2000）のジョージアで経営者を対象に行った調査ではビジネス界において女性経営者が政府職員に支払う賄賂は男性経営者の約半分の割合（女性経営者は約5%、男性は11%）であることを明らかにした。

政府機関においては、女性幹部職のポストが多く、労働力の中での割合が高くなれば汚職のレベルは低くなるとし（Swamy et al. 2001）、Stensota et al.（2018, 475-496）は、国の行政府に勤務する女性より立法府に従事する女性の方が汚職は少なく、省庁内の行動規範がしっかりしている場所ではその限りではないとしている。Esarey and Chirillo（2013, 361-389）は、汚職行為が非難されている国や政府では、女性は男性より汚職に対しより寛容でなくなるとしている。ただもし汚職が通常行為として組織内でまかり通り、政治組織から支持されている場合、汚職に対するジェンダーギャップは存在しないとし、女性の政府機関への雇用自体は汚職の削減にはつながらないとしている。

この他、次のような研究成果も出ている。女性は男性と比べ汚職に対し寛容度は低い（Swamy et al. 2001）。男性より女性の方が協調的な行動をとるため、倫理的な規範を守る（Dollars et al. 2001; 溝口2017, 94）、またよりリスク回避型である（女性管理職を除く）（Croson et al. 2009, 448-474）。女性公務員は返礼する傾

向が少ないため、汚職パートナーにとっては信頼度が少ない（Lambsdroff and Frank 2011）。汚職のひどい国では、女性の権利の獲得は困難といった研究成果もある（Swamy et al. 2001; Dollar et al. 2001）。Stapenhurst（2002）は、汚職と女性の経済社会活動における人権問題との間には負の相関関係があり、また汚職の抑制と乳児死亡率との間には関係性があるとした。

（9）ポスト紛争国および脆弱国家と汚職

ポスト紛争国家や脆弱国家は特に汚職の影響を受けやすく（Rose-Ackerman 2009, 6; Johnsøn 2016, 54）、これら地域の人口は 2017 年時点で 17％だったのが、2030 年には 46％と増える見込みであり（World Bank/INT 2017）、汚職対策も不可欠なものとなっている。USAID（2018）は、非効率な政府、汚職の蔓延、脆弱な法の支配を有する国は、国内紛争が生じるリスクは 30 〜 45 パーセント高まるとしている。

ポスト紛争時における汚職関連研究はまだ少なく、ほとんどが援助機関の政策ペーパーなどを通じた分析や報告書が中心である。そのような中、近年になり Johnston（2006, 2010, 2014）、Rose-Ackerman（2008, 2009, 2016）、Le Billon（2003, 2008）、Johnsøn（2016）などがポスト紛争国や脆弱国家と汚職との関連研究を行ってきている。この他、世銀の『世界開発報告 2011：紛争・安全保障と開発』の中で汚職と紛争との新たな研究を紹介している。

Rose-Ackerman and Palifka（2016）は、反汚職取り組みに失敗したポスト紛争国（グアテマラ、アンゴラ、モザンビーク、ブルンジ）を取り上げ、その原因を紛争後の国内体制と状況が汚職取り組みに限界を及ぼしていると解明している。失敗した主たる原因としては、グアテマラは組織犯罪の蔓延、アンゴラは資源レント、モザンビークとブルンジは貧困と大量の援助の流入であるとした。他方、Chêne（2011a）は、ジョージア、リベリア、ルワンダをポスト紛争国の汚職削減成功国として取り上げ、その共通する特徴を分析している。そこでは、それぞれの反汚職アプローチは異なっているものの（ジョージア＝ドナー機関・政府共同作業型。リベリア＝ドナー主導型。ルワンダ＝政府主導型）、これらの国は紛争後に共通して次の社会トレンドが同様に見られるとしている。(1) 改革構築へのモメンタム（勢い）の誕生。(2) 汚職撲滅への強い政治的意志の存在。

(3) 説明責任メカニズムを含む管理体制の強化実施。(4) 市民の協力と反汚職改革に対する要求。また一定の社会トレンドを満たしたときに、今度は次の複合行動が成功につながっているとしている。(1)効率的かつ独立した司法。(2) クローニズム（政治家など親族・知人関係によるえこひいき）と縁故主義を抑制する強靭かつ能力ある行政。(3) 汚職取り組みに対する持続性と合法性の確実化。(4) 効率的な政府の規制と、開かれた市場経済の促進（Chêne 2011b）。汚職度が高い国では過去10年間に紛争を起こした国が多いことも特徴的である。そこでは、紛争は汚職、貧困、そして国家のガバナンスと能力との関係性があることを裏付けることとなる。USAID（2015, 51-52）支援による、ポスト紛争8ヵ国の調査において、財務管理改革の推進は、国家の回復力と汚職の抑制と関連性があるとし、また国の脆弱性（lack of power）と国の略奪（abuse of power）における異なった理解の下、反汚職介入を実施するべきであるとしている。

　脆弱国家に焦点を当てている研究もまだ少なく、既存の研究では脆弱国家に対して反汚職戦略は異なった反汚職改革が必要であると合意しているものの、その改革がどの程度国家の安定性に有効なのか、何が最良な方策なのかといった議論においては、実務家・研究者の合意はなされていない（Johnsøn 2016, xviii, 53-68）。そのような中、次の研究成果も出ている。Pritchett and de Weijer（2010; World Bank 2011, 108）は、脆弱国家において現在の平均水準から「汚職を妥当な抑制下」に達成させるためには20ヵ国平均で27年間掛かっており、最速の国でも16年掛かっていると分析している。Johnsøn（2016, 9）は、脆弱国家における汚職・腐敗により被る社会コストは、権力者や少数グループタイプより寡頭制の汚職・腐敗の方が大きとしている。紛争国・脆弱国家は異なった環境を有するため、異なった汚職ダイナミクスが作用し、制度的アプローチで国家構築をしようとすると紛争を引き起こす可能性がある。前述の1970年代のハンチントンの議論と同様、Le Billon（2008, 344-361）は、汚職は特別な状況下では平和をもたらすツールとして作用すると説明している。脆弱国家では「国の安定と政府の機能をもたらすことが優先、汚職との闘いはその次である」とする場合が多い中、Johnsøn（2016, 68）はこれは誤りであり、汚職の抑制はレジリエンス（回復力）かつ合法的な国家制度構築には不可欠であると説いている。

(10) 汚職と民間企業に関する研究

　1990年代後半に入ると、民間企業の贈賄問題に焦点を当てた汚職研究も積極的に行われるようになった。その背景には1997年のOECD外国公務員贈賄禁止協定の施行と、それに伴う企業ガバナンスの推進が大きく影響している（これについては次章で取り上げる）。贈賄行為は民間企業側にとっても大きな経営上の負担となっている。Kaufmann and Wei（1999）は、59ヶ国で3,000企業を対象に調査を行い、賄賂を多く支払っている企業はより多くの管理時間を官僚と接触していることを明らかにした。[15] Henderson and Kuncoro（2004）は、インドネシアでの調査で、企業は売り上げの平均8%を賄賂に、10%の管理時間を「ビジネスをスムーズに行かせる」理由で地方の役人に費やしているとし、また中央政府から地方への財政支援が少ないため、贈賄行為は地方の財政事情と密接に関連していると説明している。1990年代には、ウクライナで活動しているコカ・コーラやモトローラー社は、公務員の汚職行為があまりに激しいため、一時会社撤退を検討した程である（OECD 1999）。また、同国では会社設立などは、手続きが非常に煩雑で平均55日かかり、その結果、商取引を迅速に進めるため、企業側は贈賄行為を余儀なくされ、それが同国のシャドーエコノミー（闇経済）として表れ、その規模はGDPの最大74%になっていた（OECD 1999）。政府としては、追加の税金を課すよりも、インフォーマルな経済活動から徴税した方が簡単なのである（Johnson et al. 1998, 391; Al Marhubi 2000）。Treisman（2007, 27）は、起業の際に、その許認可プロセスが少ないほど汚職のレベルは低くなるとしている。

　表2-1は、企業の公務員に対する贈賄の頻度と対処できる割合を企業の規模別に示したものである。それによれば、大企業に比べ、中小企業の方が高いことが分かる。また政府上層部への伝達（贈賄行為をしない旨）は企業の規模により異なっていることもここから判明することができよう。表2-2は、企業収益に対する規模別賄賂割合を示したものである。これも企業規模が小さい程、負担率は大きくなっていることが分かる。但し、これは収益に対する割合であり、金額に換算すれば大企業の方が上回ると考えられる。Clarke（2008）は、アフリカの企業幹部を対象に、売り上げに対し賄賂を支払う比率を調査し、多くの国の企業でその率は2.5〜4.5%となっているとした。しかしそれは実際の金額に

表2-1 規模別企業による贈賄行為の頻度と対処

企業の規模	不規則な贈賄行為の頻度	公務員が規則に反する行動を採った際、企業側が政府上層部に伝え、贈賄しないよう対処できる割合
零細企業（50人以下）	40.4%	38.4%
中規模企業(51-499人)	34.0%	48.2%
大企業（500人以上）	30.9%	53.2%
平均	36.0%	44.8%

（出典：TI 2001a, 250）

表2-2 企業収益に対する規模別贈賄割合

	0%	<1%	1-1.99%	2-9.99%	10-12%	13-25%	25%<
零細企業	32.3%	21.3%	13.7%	17.6%	9.4%	3.7%	2.0%
中規模企業	37.6%	26.9%	11.7%	14.0%	5.9%	3.0%	1%
大企業	58.2%	20.9%	6.8%	8.0%	3.7%	1.5%	0.9%
平均	38.6%	23.4%	11.8%	14.6%	7.1%	3.1%	1.4%

（出典：TI 2001a, 250）

換算すると合致せず、比率を基に金額を換算すると支払った額は4～15倍も高くなる計算となってしまい、彼らは過剰に賄賂の支払い率を申告しているとし、実際支払う賄賂額は数段少ないかもしれないという結果を出している。Djankov et al.（2000）は、75ヵ国で起業する企業を対象に行った調査の結果、起業時に追加的に規制を課する国、そしてインフォーマルな経済が多い国では汚職のレベルは高く、民主主義の度合いが高い国の方が規制数は少ないことを明らかにした。

企業側は通常、あくまでも商談や契約獲得のための贈賄行為を余儀なくされるのであり、積極的に汚職行為を行いたい訳ではない。KMPG（2011）は、米国と英国の企業幹部214人を対象とした調査を通じ、28%が汚職のひどい国ではビジネスをしたくない傾向があるとしている。例えばフィリピンでは、企業幹部の多くは今後10年間で汚職が半減するなら収入の2%以上を支払ってもよいと思っているケースが半分以上おり、これはいかに企業の贈賄行為が企業経営に悪影響を与えているかを物語っている（Social Weather Station 2003）（表2-3）。反汚職プログラムと倫理ガイドラインを導入している企業は、最大50%の割合で汚職の機会は減り、それを有さない企業よりビジネスを失う機会も少なくなるとしており、より良いコーポレートガバナンスは、より良い企業パフォーマンスと市場における価値を有するとしている（TI 2009a, xxvii）。

世銀は 1992 年にブラジル Collor 大統領が汚職で弾劾されたときに癒着していたファミリー企業の成長に着目し、大統領が弾劾された情報が流れたときには株価をはじめとした企業価値は 2 から 9 ポイント下落したが、1 年後には完全に戻り、大統領弾劾自体の影響は限定的であるとした (Ramalho, 2007)。Clake and Xu (2002) はクロスカントリー調査を通じて、利益を得ている企業はユーティリティに対する支払いを滞納させ、新たに設立した企業は高い賄賂を支払っているとし、またユーティリティのキャパシティが限定的で同セクターが非競争的、かつそれが国営企業である場合、賄賂の支払い度が高くなることを明らかにした。この他、後述する TI の贈賄支払い度指数 (BPI) や、世銀の「企業サーベイ」でも企業の賄賂問題について触れているので参照願いたい。

表 2-3　国内 1500 社の企業幹部に対する汚職調査 (フィリピン)

問：「今後 10 年間で汚職が削減されるとしたらどの程度の収入を支払ってもよいか」

	%
全く支払わない	17
収入の 1 ～ 4%	30
収入の 5 ～ 10%	21
収入の 10% ～	8
わからない	9

(出典：Social Weather Station 2003)

2000 年に入ると、Hellman et al. (2000) は、国内外の企業が国家の諸政策 (法律、規定、条例等) を歪めるため賄賂を通じて政治家などを買収し、自らの企業を優遇させ利益を獲得する行為についての比較研究を行った。具体的には、旧ソ連の CIS (独立国家共同体) が調査対象国となり、企業がどの程度商取引先国において政治的影響を及ぼすか着目した (これをステート・キャプチャー = SC と呼ぶ)。そこでは、SC と行政汚職度との間では特段関連性は見られないとしている。SC は、特に企業が所有権と十分な経済の自由化と競争力がない場合、そして市民社会やメディアによる活動があまり活発でない国で発生しやすく、多国籍企業に限れば、本社が活動国にある場合は SC 度が大きいことを明らかにしている。これについては後述する。

(11) 汚職と開発援助

汚職・腐敗は援助の効率性を直接脅かすものであり、持続可能な開発も妨害するものでもある (Boehm 2008)。潘基文前国連事務総長は 2012 年 7 月のハイレベルパネルでのスピーチにおいて、海外援助の 30% は汚職で失っていると

第 2 章　開発途上国の汚職・腐敗対策への新たな変化と研究　91

報告している（USAID 2015, 22）。開発援助との関係においては、主にドナー機関が途上国の汚職対策支援にどのような影響を与えるかについて研究が行われており、多くが批判的検証や援助手法論に疑問を投げかけたものとなっているのが特徴である。例えば、Baily（2004）によれば、持続的かつ目に見える成果で汚職削減を可能とする援助成功例は少なく、ドナー支援によるものは殊更だとしている。Alesina and Wedder（2002）は、海外援助の増加は直接汚職の増加につながっているとし、Rothstein（2011a; Johnsøn 2016, 51）は、世銀や UNDP などの「入口だけ操作」し、その積み重ねを通じて成果を出そうという手法では汚職は削減できないことを批判、革新的な改革につながる"Big Bang"アプローチへの必要性を訴えている。一方で、Menard and Weill（2016）は、1996年から 2009 年にかけ、71 ヵ国を対象としたグランジャー因果性による検証を通じて、援助は汚職に影響をもたらさないと同時に、汚職のレベルはドナー国の援助配分に対するインセンティブに影響を及ぼさないことを実証した。

ポスト紛争国や脆弱国家における開発援助を通じた反汚職支援は、特に批判的研究が多い。例えば Johnsøn（2016, 32）は、ドナー機関が汚職行為に対する厳格な不寛容（Zero-Tolerance）政策を設けることは、相手側に厳しいシグナルを与える意味においては有効であるが、汚職が構造的で制度化されている脆弱国家では無意味であるとしている。Shah and Schacter（2004）と世銀スタッフ（Johnsøn 2016, 63-64）は、効率的な反汚職取り組みは相手国のガバナンス能力と汚職レベル双方を考慮すべきと、「汎用不可モデル（one-size-DOES NOT-fit-all 論）」を推奨した。Marquette（2011, 1885-1886）と Johnsøn（2016, 56）は、脆弱国家における国家建設と反汚職戦略の矛盾と両立の限界を指摘し、反汚職戦略は短期型ではなく、間接的かつ長期に信頼を醸成できる支援が必要と、「それなりの反汚職活動（good enough anticorruption）」を唱えた。一方、Johnston（2010, 7）は、脆弱国家においては直接に汚職問題に言及するような支援はやめるべきとし、戦略の単純化のリスクを訴えた。USAID（2015, 4）も早期のポスト紛争国における反汚職介入は平和の維持に貢献するが、害を避けるための特別な考慮が必要であるとしている。Kaufmann（2012）は、大部分の援助が深刻な汚職とガバナンスに問題がある国（アフガン、イラク、ナイジェリア、コンゴ共和国）に配分しているとし、特に 1990 年代半ばにおいては汚職の抑制が「満

足」と「不満足」の両極端に位置している国々への支援が同規模（約 160 億ドル、約 30％）となっており、セレクティビティ（援助の選択性）を悪化させているとしている。この他、開発援助と汚職対策については第 6 章でさらに議論を展開する。

（12）汚職・腐敗とその他との関連性についての研究

　民営化は汚職対策の一つとして奨励されている。例えば、Rose-Ackerman（1996; 2016）やほとんどのドナー機関では、一層の競争、民営化、透明性の確保を汚職防止の策としている。民営化は官僚や政治家が企業家を管理することをやめ、移行市場に秩序と法治をもたらす計画的な戦略と見られていた（石井 2003, 98）。Mungiu-Pippidi et al.（2011, 82-91）は、民営化は汚職に向けるための資金をドライアップさせるための手法として有効であるとしている。他方、民営化により業務の取り扱い数が削減され、効率性が期待されていたものの、現状は東欧諸国などでは、民営化のプロセス自体が汚職の機会を与えることになってしまい（Huther and Shah 2000, 3）[16]、民営化した企業が、今度は賄賂を使って自分たちの行動に都合のいいように議会に法律を作らせ、官庁に政令や省令を出させるという行動にでたといった過去もある（石井 2003, 98-99）。公共セクターの縮小と民営化の促進は汚職を抑制するという議論に対し、LaPalombara（1994, 338）は、説得させる証拠はまだ不十分であるとしている。ただ国営企業の汚職は激しいとされているため、民営化は汚職対策にとって不可欠なものとなっている。これについては第 3 章でも説明する。

　天然資源＝採取産業——鉱山、石油、ガス生産等が汚職・腐敗により略奪されていることは数多くの事例を通じて明らかにされている。一般に石油などの天然資源が輸出に占める割合が高い国はレント活動がより多く、汚職が多いとされる（Treisman 2000；Ades and di Tella 1999; Rock 2007, 9）。天然資源を多く保有する国の多くの政府では、チェック機能が欠けており（UNDP 2016a, 18）、例えば産油国であるナイジェリアでは、石油収入は輸出の 95％、国家予算の65％を占め、1960 年の独立以来の石油収入は 4,000 億ドルと見られるが、汚職で消えたカネは 3,800 億ドルと見られ、人々は独立時より貧しくなっているとされる（木村 2018, 198）。天然資源が豊富な国ほど汚職・腐敗の機会は増え、そ

のため「資源の呪い」現象が生じる可能性が高く、また天然資源の種類は汚職・腐敗の水準に影響する（Sachs and Warner 1997; Korhonen 2004; Leite and Wiedmann 1999; 溝口 2017, 95）。天然資源が豊富で隣国の汚職のレベルが高く、主要な貿易拠点から遠方の場合は、汚職は増加するといった研究もある（Lambsdorff 2007）。この他、汚職とエネルギーセクター研究は例えば、TIと歳入ウォッチ（Revenue Watch 2010）などは石油・ガス・鉱業における情報開示と透明性に関する調査を行い各国を指標化し、国別ランキングを行っている。Lovei and McKechnie（2000）は、エネルギーセクターが貧困層に及ぼす影響について分析している。

　汚職・腐敗と都市化、グローバリゼーション、電子政府、インターネット、ソーシャル・メディア、移民との関係における研究も行われてきている。都市化との関連研究としては、都市化は地域における宗教と家族の社会的な絆やコントロールが失われることや、政府のプログラムと資源が都市に集中することによって汚職・腐敗水準は高まり、また都市は人口が多いため、汚職・腐敗行為が発覚しやすく、都市化の進行はむしろ汚職水準を下げるという研究もある（Goel and Nelson 2010; Meier and Holbrook 1992; Dimant and Tosato 2017; 溝口 2017, 96）。グローバリゼーションは汚職・腐敗水準を低める傾向があるという研究として、Charron（2009; Dimant and Tosato 2017; 溝口 2017, 94）は、国家間の相互依存が深まっていくと、国際機関を通じて政治的に、メディアを通じて社会的に政府の質の向上や腐敗防止の規範が広まっていくことを指摘している。

　国の規模（人口、面積、経済）が小さいことと汚職の抑制との関連性はあるのであろうか。Fisman and Gatti（2002）、Treisman（1999）、Mungiu-Pippidi and Johnston（2017）は、国家管理運営、そして国民が政府の活動を監視するといった意味で、規模の小さな国は汚職問題が取り組みやすい環境となるとしている。汚職消滅を可能としたジョージア、ボツワナ、ルワンダなど、皆小国であり、納得のいくものである。

　この他、次のような研究も行われている。カトリックや東方正教会、イスラム教の国々は宗教が階層的かつ中央集権的な構造をしているため、腐敗の水準が高くなる傾向があるが、プロテスタントの国々では腐敗の水準が低くなる傾向が見られる（Treisman 2000, La Porta et al. 1999; Paldam 2001; Dimant and Tosato 2017; 溝口 2017, 96）。社会主義またはフランス法を起源にしている国では、制度

はおおむね脆弱であり、汚職度が高い（Rose-Ackerman 2006, 80）。当該国に存在するコモンロー制度を有する国の国内での影響について（Treisman 2000, 399-457）や、政治の安定性による影響（Mocan 2004; Rock 2007, 10）なども汚職との関連研究として進められた。[17]

この様に、今日の汚職・腐敗研究は様々な学問領域より分析されてきており、その成果も必ずしも一様でないことが分かる。

3　汚職の測定方法と各種ツール

汚職度が高いとされる国では、不明瞭で不透明な規則やコストが投資や援助の際の大きな妨げとなっている。汚職の測定方法が一般に認知、確立されれば、企業、各国政府やドナー機関の抱える汚職問題が何であるかの新たな解決の糸口を見出すことが一層可能となる。しかし、従来汚職・腐敗の度合いは容易に測定し指標化できるものではないとの共通認識があった（UNDP 2016a, 50 他）。そのような中、1990年代半ばに入ると、企業や専門家を対象とした調査を通じて汚職・腐敗の度合いを国別に測定する方法やアセスメントツールが次々と開発されてきた。さらには市民を対象とした汚職の実態調査も実施されてきている。例えば、汚職の度合いを国別にランク付けした汚職認識度指数（CPI）、外国公務員に対する企業の賄賂の支払い度などを調査している賄賂支払い度指標（BPI）、汚職指標をガバナンス指標の一要因として組み入れている世界ガバナンス指標、市民の日常生活において公務員に対しどの程度賄賂を支払わなければならないか実態を明らかにしたグローバル汚職バロメーター（GCB）、さらには企業贈賄サーベイ、市民社会、選挙、行政、規制、法の支配等に対する説明責任と透明性について指標化しているグローバル・インテグリティ指標など、多種開発されてきている。既存の汚職とガバナンス指標では、プログラムやパフォーマンスのモニタリングにおいて具体的な評価基準を満たすことはまだ大部分欠けているものの、ドナー機関などは既存のツールに依存しているのが現状である（Nawazu 2011, 1）。本節では、今日利用されている汚職測定方法やサーベイそして評価ツールを取り上げ紹介する。またここでは、例えば政府の財政開放度、法の支配、予算公開、ビジネス環境等のガバナンス関連の異なった測定ツールも取り上げているが、これは汚職の度合いを間接的に理解できる

重要なものとなっているため、参考にしてもらいたい。

(1) 汚職認識度指数（Corruption Perception Index: CPI）

世界の汚職と闘うための国際 NGO であるトランスペアレンシー・インターナショナル（TI）は、2003 年の設立以降、汚職認識度指数（CPI）を毎年発表してきている。これは 170 を超す国の汚職に対するレベル（認識度）を分析、指標化して国別にランク付けしたものである。当該国の汚職レベルを測定する目安として、世界中で最も幅広く利用され、各国の汚職レベルの現状を示す代表的な指標と言える。[18] 多くのドナー機関も援助政策決定時に CPI 情報を参考データとして使っている。2017 年度の CPI によれば、汚職が最も少ないと認識される上位国は、ニュージーランド（1 位）、デンマーク（2 位）、フィンランド（3 位）となっており、汚職が最も多いと認識される国は、ソマリア（180 位―最下位）、南スーダン（179 位）、シリア（178 位）、アフガニスタン（177 位）と続いている（表 2-4）。ちなみに日本は 20 位となっている。地域別に見ると、EU／西ヨーロッパ（スコア＝数値が高い方が汚職認識度レベルは低い：66）、アジア・太平洋（44）、アメリカ・ラテンアメリカ（44）、中東・北アフリカ（38）、東欧・中央アジア（34）、サハラ以南アフリカ（32）の順となっている（表 2-5）（TI 2018）。各国ランクについては、Annex 1 を参照願いたい。CPI は、当該国の汚職度に対する認識度の各年の比較が可能となっている一方、汚職の形態や定義が明確でない、他組織（12 機関）の作成した指標を基にしており統一性に欠ける、国外の人間による評価のために実態

表 2-4　汚職認識度指数（2017 年）

順位	国名	スコア
1	ニュージーランド	89
3	フィンランド、ノルウェー、スイス	85
6	シンガポール	84
8	イギリス	82
13	香港、豪州、アイスランド	77
20	日本	73
77	中国、セルビア他	41
81	インド、ガーナ、トルコ他	40
96	インドネシア、タイ、コロンビア他	37
117	エジプト、パキスタン他	32
135	ロシア、メキシコ他	29
148	ナイジェリア、ギニア他	27
161	カンボジア、コンゴ他	21
177	アフガニスタン	15
178	シリア	14
179	南スーダン	12
180	ソマリア	9

（出典：TI 2018 から一部抜粋）

表2-5 地域別に見た汚職認識度指数（スコアが低いほど汚職認識度は高い）

地域	スコア	国名
EU／西ヨーロッパ	66	欧州各国
アジア・太平洋	44	中国、韓国、日本、太平洋諸国他
アメリカ・南米	44	米国、メキシコ、ブラジル、チリ等
中東・北アフリカ	38	中東諸国、チュニジア等
東欧・中央アジア	34	東欧諸国、カザフスタン、ウズベク等
サハラ以南アフリカ	32	ケニア、タンザニア、ウガンダ等
世界平均	43	

（出典：TI 2018 から一部抜粋）

の把握が不十分等の批判もある（例えばSampford 2006 他）。

（2）世界ガバナンス指標（World wide Governance Indicator）

世界銀行研究所（WBI）で1999年に作成され、国家のガバナンスのレベルを測定する代表的指標である。同指標は6つの分野において、20を超える研究機関や国際機関等による調査結果を基に統計分析を行い、国別のガバナンスレベルを数値化している。[19] 各指標の説明は以下の通り。①国民の声（発言力）と説明責任：国民の政治参加（自由かつ公正な選挙など）、結社の自由、報道の自由があるかどうか。②政治的安定と暴力の不在：国内で発生する暴動（民族間の対立を含む）やテロリズムなど、制度化されていない、あるいは暴力的な手段により、政府の安定が揺るがされたり、転覆される可能性がどれだけあるか。③政府の有効性：行政サービスの質、政治的圧力からの自立度合い、政府による政策策定・実施への信頼度、政府による（改革への）コミットメントがあるか。④規制の質：その国の政府が、民間セクター開発を促進するような政策や規制を策定し、それを実施する能力があるかどうか。⑤法の支配：公共政策に携わる者が社会の法にどれだけ信頼を置いて遵守しているか。特に契約の履行、警察、裁判所の質や、犯罪・暴力の可能性など。⑥汚職の抑制：その国の権威・権力が一部の個人的な利益のために行使される度合い。汚職の形は大小を問わず、また一握りのエリートや個人の利害関係による国家の支配も含む。UNDP（2016a, 65）は対象国65ヵ国を取り上げ調査を行い、上記項目（政府の有効性、国民の声、法の支配）は汚職の抑制と密接な関係を有することを明らか

図2-2 世界ガバナンス指標（所得グループに基づく）

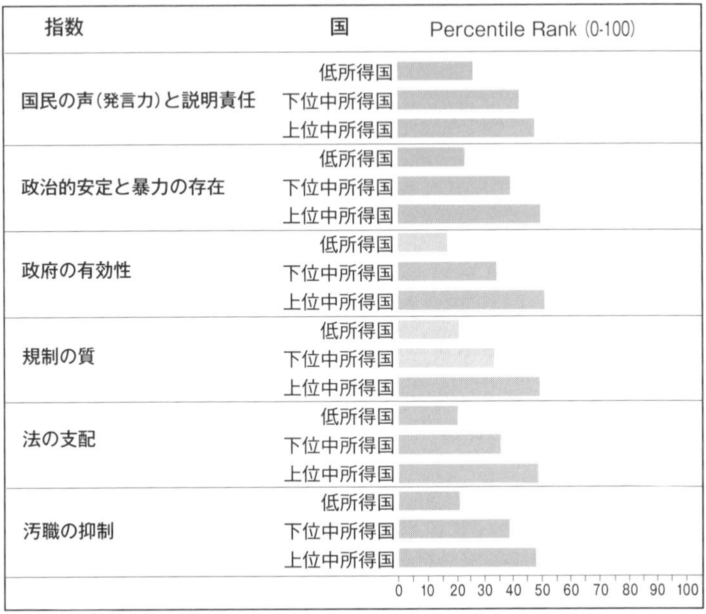

指数	国	Percentile Rank (0-100)
国民の声（発言力）と説明責任	低所得国 下位中所得国 上位中所得国	
政治的安定と暴力の存在	低所得国 下位中所得国 上位中所得国	
政府の有効性	低所得国 下位中所得国 上位中所得国	
規制の質	低所得国 下位中所得国 上位中所得国	
法の支配	低所得国 下位中所得国 上位中所得国	
汚職の抑制	低所得国 下位中所得国 上位中所得国	

（出典：Worldwide Governance Indicator, World Bank）

にした。図2-2は、2017年における低所得国、下位中所得国、上位中所得国のガバナンス項目の指標を示したものである。これによると、所得レベルを基に国をグループ分けした場合と各ガバナンス項目との間に関連性があることが理解できる。つまり低所得国における汚職を含む各項目のガバナンスレベルは一律に低く、中、上位所得国に行くにつれ高まっていることが分かる。

この指標は、各国のガバナンスの全体レベルを測定する画期的指標として注目されるとともに、革新的指標ゆえ、様々な批判にもされた。例えば法の支配といってもどう計測するのか、ガバナンス各項目の評価基準計測の説得力に問題がある、歴史的変化に計測が対応できていない、6項目は同じことを違う言葉で語っている、政府の能力は経済成長でより測られる等々（木村 2013, 46)[20]。ただ回を追うごとに指標と手法は改善、精緻化されてきている。また先述のCPI同様、汚職の抑制の実態やセクター別の特徴を把握するには不向きであると言える。

(3) グローバル汚職バロメーター（Global Corruption Barometer）

TIにより作成された、107ヵ国、計10万を超える市民とのインタビュー結果（個別インタビュー、電話、オンライン）に基づき作成された、主に公務員の汚職が市民の日々の生活にどの程度影響を及ぼしているか、国別、地域別に理解できる調査報告書である。[21] 全国調査は2009年、2013年そして2017年に実施され、地域別の調査報告書としてアジア地域版とラテンアメリカ地域版がそれぞれ2017年に出されている。調査内容は、主に次の項目が中心となっている。①過去1年間に公務員に賄賂を支払ったか。②どの職種に一番支払ったか（警察官、医者、裁判官等々）。③汚職は以前より増えたか。④政府の反汚職取り組みは十分であるか。本書では、表1-3や図1-2などの部分で引用しているのでここではそれぞれの調査結果の説明については取り上げない。この調査報告は、前述のCPIと異なり、直接調査対象国の市民へのインタビューを通じて、汚職の現状（公務員の収賄行為）と、どの分野の政府機関が最も汚職にまみれているかを明らかにしているものである。国別に市民が直面している汚職の実態を把握するための報告書として幅広く利用されている。

(4) ステート・キャプチャー指数（State Capture: SC）

2000年に入ると、Hellman, Jones, Kaufmannと世銀（2000）は、国内外の企業が取引先の国家の諸政策（法律、規定、条例等）を賄賂を通じて買収し、その制定過程をゆがめさせ、自らの企業を優遇させ利益を獲得する行為についての

表2-6　ステート・キャプチャー指数

	A	B	C	D	E	F	SC	レベル	H (%) 行政汚職度
アルバニア	1	7	8	22	20	25	16	低	4
アゼルバイジャン	41	48	39	44	40	35	41	高	5.7
ハンガリー	12	7	8	5	5	4	7	低	1.7
ポーランド	13	10	6	12	18	10	12	低	1.6
ロシア	35	32	47	24	27	24	32	高	2.8

A：企業に有利な法制定を目的とした議会での票買収、B：企業に有利な大統領令の買収、
C：中央銀行に資金誤処理をさせるための買収、D：犯罪がらみの裁判所判決に対する買収、
E：商売がらみの裁判所判決に対する買収、F：政党や選挙キャンペーン時における寄付金
SC：ステート・キャプチャー指数、H：企業収益に対する行政汚職度（％）
（出典："Transition" by World Bank/William Davidson Institute 2000b より一部抜粋）

研究を行った。具体的には、旧ソ連の CIS 諸国（独立国家共同体）が調査対象国となり、企業がどの程度当該国との商取引において政治的影響を及ぼすかについて指標化している（これをステート・キャプチャー〈国家に及ぼす影響力 – SC〉と呼ぶ）。企業が政治家や政府職員にアプローチし、買収しうる種類としては次の通り。①企業に有利な法制定を目的とした、議会での票の買収。②企業に有利な大統領令の制定を目的とした買収。③中央銀行による、資金誤処理をさせるための買収。④犯罪がらみの裁判所判決に対する買収。⑤商売がらみの裁判所判決に対する買収。⑥政党や選挙キャンペーン時における寄付金（表2-6）。この結果によると、SC と行政汚職度（商取引を行う際に見られる通常の贈賄行為）との間では特定の関連性は見られないことを証明している。例えば、ロシアでは SC 指数は"高い"になっているが、行政汚職度は2.8％とそれ程高くない。反面、アルバニアでは、SC 指数は"低い"ものの、行政汚職度は4％と高いのが分かる。SC は、特に企業が所有権と十分な経済の自由化と競争力がない国の場合、そして市民社会やメディアによる活動があまり活発でない国で発生しやすい（Hellman et al. 2000）。また、国内の企業と多国籍企業とでは同程度の SC であるが、多国籍企業に限れば、本社が活動国にある場合は SC 度が大きいことが判明している。このように、企業による汚職が一途上国や新興国に与える影響力は、商取引以外にそれに直接、間接的に関連する法律制定や裁判判決まで及んでいることが分かる。人口、経済規模の小さい途上国などでは、企業の及ぼす影響力が大きいため、SC の可能性は大いにあると考えられよう。本研究は、旧ソ連諸国のみを対象として実施されたもので、データ自体は古く、幾つかの国は既に EU に加盟し、汚職レベルも大幅に改善されている。本研究は今日においても参考文献として多く利用されており、また企業の小国に対する影響力を示す研究成果として活用できるため、あえてここで紹介した。

(5) グローバル・インテグリティ（Global Integrity）指標

米国ワシントン DC に拠点を置く、国際 NGO グローバル・インテグリティが開発した指標[22]。世界の市民社会、選挙、行政、規制、法の支配等に対する説明責任と透明性、そして反汚職取り組みに対する制度的な現状等について国別に測定し、指標化している。例えば、ガバナンスと反汚職の項目においては、

表2-7 グローバル・インテグリティ（ガバナンスと汚職部門）

国名	全体スコア	法的枠組み	執行状況	執行ギャップ
アルジェリア	54.1	67.7	37	30.6
アルメニア	62.7	85.9	39.5	46.4
アゼルバイジャン	63.4	89.2	37.9	51.3
ボスニア・ヘルツェゴビナ	61.1	91.9	34.9	57.0
ブルキナファソ	60.8	63.7	52.0	11.6
中国	63.6	78.1	47.3	30.8
コロンビア	79.6	94.3	66.8	27.5
ジョージア	75.7	88.6	60.7	27.9
ドイツ	78.5	81.0	75.6	5.4
ガーナ	66.9	78.9	54.4	24.6
インド	69.9	87.0	55.0	32.0
インドネシア	80.7	94.7	69.1	25.6
アイルランド	80.1	85.3	77.8	7.5
ヨルダン	56.8	66.6	45.8	20.8
ケニア	68.1	83.6	53.3	30.3
コソボ	76.6	93.3	62.3	30.9
リベリア	70.9	83.9	59.6	24.3
マケドニア	78.2	93.1	63.4	29.7
マラウイ	73.4	86.7	60.4	26.4
メキシコ	68.2	83.4	52.0	31.4
モンゴル	61.0	80.4	42.7	37.7
ニカラグア	57.4	80.5	32.7	47.8
セルビア	73.1	88.3	58.4	29.9
シエラレオネ	63.6	77.5	52.3	25.3
タジキスタン	67.9	81.6	54.5	27.2
ウガンダ	71.8	97.8	51.1	46.7
ウクライナ	63.5	82.6	47.8	34.7
米国	85.4	90.4	78.9	11.6
ベネズエラ	58.9	89.2	33.1	56.1
ベトナム	43.8	52.2	30.8	21.4
ジンバブエ	56.4	76.0	36.3	39.7

（出典：Global Integrity 2016）

100を超える測定項目を設け、詳細に対象国の現状を分析している。表2-7は、2013年度のグローバル・インテグリティ報告書で調査対象国となった国々のガバナンスと汚職スコアである。同機関は、TIと同様、国家の清廉性を確認するための様々なツールや報告書、さらには各国、地域別の報告書を作成している。インデックスや世界ランクを調べるより、各国の報告書や細分化された調査項目を取り上げ活用する方が有効利用できるのではという気がする。先述

の CPI とは異なり、調査対象国が限定的であることと、インターネットを通じてのみの情報提供のため、利用者が限定されてしまう部分もある。

(6) 贈賄支払い度指数 (Bribe Payers Index)

BPI は、汚職を供給側(贈賄側)から取り上げたもので、特に海外に展開している先進国や新興国の企業がビジネスを展開する際の外国公務員への賄賂の支払い状況に着目したものであり、1999 年に TI により開発された。BPI では主要 28 ヵ国(3,000 を超す大企業ならびに外国企業幹部)を取り上げ、企業の外国公務員への賄賂支払い状況を調査し、その企業の母体となる出身国をランク付けしている。2011 年の BPI ランクでは、オランダ、スイス、ベルギー、ドイツ、日本の順で企業が商取引の際に賄賂を支払うリスクが低い国とされ、他方、ロシア、中国、メキシコ等の企業が、賄賂を支払うリスクが高い国とされている(表 2-8)。[23] BPI 報告書は、「どの業種に対し賄賂を支払う頻度が多いか」といっ

表 2-8 賄賂支払度指数 (Bribe Payers Index: BPI)

質問内容:「次に揚げる国の企業が、あなたの国で商取引を行うために贈賄を行うことは、非常に多い、普通、ほとんどない、のどれであるか」

順位	国名	点数			
1	オランダ	8.8	14	ブラジル	7.7
1	スイス	8.8	15	香港	7.6
3	ベルギー	8.7	15	イタリア	7.6
4	ドイツ	8.6	15	マレーシア	7.6
4	日本	8.6	15	南アフリカ	7.6
6	オーストラリア	8.5	19	台湾	7.5
6	カナダ	8.5	19	インド	7.5
8	イギリス	8.3	19	トルコ	7.5
8	シンガポール	8.3	22	サウジアラビア	7.4
10	米国	8.1	23	アルゼンチン	7.3
11	スペイン	8.0	23	UAE	7.3
11	フランス	8.0	25	インドネシア	7.1
13	韓国	7.9	26	メキシコ	7.0
			27	中国	6.5
			28	ロシア	6.1

＊10 ポイントに近いほど贈賄度は低く、0 に近いほど高い。
(出典: Bribe Payers Index, TI, 2011)

た産業界別の調査項目も設けており、公共事業、軍需産業、エネルギー分野が公務員から賄賂を強要される場合が多いという結果を明らかにしている（表2-9）。

（7）世界銀行企業サーベイ（Enterprise Surveys）

世界銀行は、139ヵ国の135,000の企業代表を対象に、ビジネスを行うに際に直面している12の問題（汚職、犯罪、競争、規則・税金、金融へのアクセス等）を集計して、各国別の「企業サーベイ報告書」を出している。[24] 汚職の項目では、企業が公務員に賄賂を支払った割合（ユーティリティ、許認可、ライセンス、税金）、賄賂の割合（インフォーマルに支払ったギフト・現金の合計額に対する割合）、税務官とのミーティングにおいてギフトやインフォーマルな支払いを行った割合、政府事業契約を獲得するためにギフトやインフォーマルな支払いを行った割合となっている。この他、各国の職種別、企業の規模別、国内外企業別の賄賂支払い状況に対する統計なども調べることができる。表2-10は企業調査結果の中で、賄賂の頻度が高い国上位10ヵ国と、ASEAN諸国を取り上げそれぞれ賄賂支払い現状を示した。

（8）国家清廉性システム（National Integrity System: NIS）アセスメント

政府および国内の主要アクターの汚職への脆弱性を把握するためには、国家と社会（政治経済既得権体制）がどのように相互関連しているか理解する必要がある。NISアセスメントは、2000年にJ. PopeとTI（2000）により共同開発されたもので、国を構成する主要な機関やセクターの汚職に対する脆弱性と清廉性を確認するアセスメントツールである。そこでは国家を構成する主要なアクター（軸）間の能力や、内部ガバナンス機能のバランスがどうなっているか、

表2-9 産業界別の贈賄支払い度調査

質問内容：「次に揚げる業界は高級官僚に贈賄を行う、あるいは高級官僚から贈賄を強要されることが、非常に多い、普通、殆どない、のどれか。」）

順位	業種	点数
1	公共事業の請負及び建設業	1.5
2	軍需産業	2.0
3	電力（石油、エネルギー含む）	3.5
4	鉱工業	4.2
5	医療・福祉関係	4.6
6	通信及び郵便	4.6
7	航空	5.0
8	銀行及び金融	5.3
9	農業	6.0

0に近いほど贈賄支払い度が高く、10に近いほど低い。
（出典：Bribe Payers Index, TI, 2011）

表2-10 民間企業の賄賂支払い状況（上位10ヵ国とASEAN諸国）

国名	賄賂の頻度（最低1度企業が賄賂の支払いを経験（%））	賄賂の深度（ギフトまたは非公式の支払いを要求された割合（%））	税務官との会合でギフトを渡すことが期待されている割合（%）	政府との契約でギフトを渡すことが期待されている割合（%）	政府との契約において、ギフトを渡す額（契約額に対する%）	企業が事業を行う際にギフトを求められている企業の割合
上位10位（カッコは調査実施年）						
1 カンボジア（2016）	64.7	59.4	58.7	87.5	0.9	50.3
2 イエメン（2013）	64.3	60.9	62.6	83.8	4.8	61.6
3 キルギス共和国（2013）	59.8	53.6	54.8	55.1	2.4	59.6
4 コンゴ民主共和国（2013）	56.5	51.0	53.9	51.9	4.0	47.1
5 リベリア（2017）	56.1	41.5	41.7	42.8	2.9	44.8
6 アンゴラ（2010）	51.3	42.9	34.2	64.0	9.8	39.0
7 ウクライナ（2013）	50.4	44.7	50.0	99.1	14.2	35.0
8 南スーダン（2014）	48.0	33.8	30.6	34.4	4.7	35.9
9 バングラデシュ（2013）	47.7	43.9	41.0	48.9	2.9	58.0
10 アフガニスタン（2014）	46.8	34.6	34.0	46.9	4.4	31.6
ASEAN諸国（賄賂の支払い割合が多い順）						
カンボジア（2016）	64.7	59.4	58.7	87.5	0.9	50.3
バングラデシュ（2013）	47.7	43.9	41.0	48.9	2.9	58.0
東チモール（2015）	44.2	27.5	17.1	81.4	14.5	22.9
インドネシア（2015）	30.6	27.1	21.6	33.0	2.9	19.3
ミャンマー（2016）	29.3	26.7	20.4	9.8	0.2	37.1
マレーシア（2015）	28.2	21.9	23.7	51.4	3.3	28.8

ベトナム (2015)	26.1	21.7	25.0	56.9	2.8	14.5
フィリピン (2015)	17.2	12.4	14.1	20.5	0.3	10.0
ラオス (2016)	16.4	14.6	13.7	74.3	0.0	8.6
タイ (2016)	9.9	8.7	8.5	41.4	1.1	6.1

(出典:World Bank Enterprise Surveys より筆者作成)

図 2-3　国家の清廉性（NIS）制度

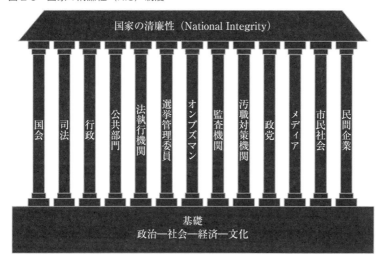

(出典:Pope/TI 2000)

具体的には、行政、立法、司法、主たる監査機関、メディア、企業、そして市民社会等の社会の重要なアクターを取り上げ分析している。ギリシャ神殿の姿を理想モデルとし、汚職を抑制するためには、組織の一部のみではなく、社会を構成する全体像を理解する必要があることを示し、アクター間の能力や機能のバランスが取れることが理想的であると訴えている（図 2-3）。NIS アセスメントは 3 つの側面（①組織としての役割と機能のパフォーマンス、②社会を構成する主要軸間における相互関係、③グッド・ガバナンスを構成する主要な項目（透明性、説明責任と清廉性に対する能力とコンプライアンス）から構成しており、当該国の清廉性、透明性と説明責任の状況を知るための包括的な制度分析と言える。今日、100 以上の国が独自に NIS アセスメントを実施している。[25]

(9) 国防セクター事業における反汚職指標 (Government Defense Anticorruption Index)

国防セクターに対しては、政府並びに一部ドナー機関から毎年巨額の資金が配分されており、その資金運用については特に政府調達や契約等の過程で汚職のリスクが高い傾向にある (TI-UK 2015)。また Gupta et al. (2001) は、汚職・腐敗は GDP と公共支出の水準に比例して、軍事支出を増大させるとしている。近年、市民が国防セクターにおける支出や使用用途について情報開示を求める傾向が高まる中、TI-UK は、同セクターにおける汚職リスク調査を 82 ヵ国(地域)で行っている。汚職に対するリスクを A (非常に低い)、B (低い)、C (中位)、

表2-11 国防セクターにおける反汚職指標(リスク分野一覧)

リスク分野	サブ・リスクエリア
政治的リスク:防衛関連の法律策定が汚職により歪められるリスク	・防衛と安全保障政策 ・防衛予算 ・防衛と国家資産との関連 ・組織犯罪 ・諜報局によるコントロール ・輸出へのコントロール
財政リスク:国防機密とされる予算設定の濫用と収入	・資産処分 ・機密費(予算) ・軍経営企業 ・違法な民間企業
個人リスク:軍内及び省内職員による汚職	・リーダーシップの行動 ・給与、昇進、任命、報酬 ・徴兵 ・給与体系 ・価値と基準 ・少額賄賂
業務上時におけるリスク:国内外の軍事オペレーション時に生じる汚職問題	・国内での汚職問題の軽視 ・国内ミッション ・契約 ・民間の警備会社
調達リスク:国防機材や兵器(武器)購入過程の汚職	・技術的な資格要件と仕様 ・企業の随意契約 ・エージェント・ブローカー ・入札者の共謀 ・資金調達パッケージ ・差引勘定 ・契約、デリバリー ・下請け業者 ・売り手側の影響

(出典:Government Defense Anticorruption Index, TI-UK 2015)

表 2-12　国防セクターにおける汚職に対する脆弱性（国別ランク、2015 年）

グループ	国名	全体の割合
A	ニュージーランド、イギリス	2%
B	豪州、フィンランド、日本、ラトビア、ドイツ、米国、コロンビア、シンガポール他	15%
C	アルゼンチン、クロアチア、ギリシャ、フランス、ジョージア、イタリア、韓国、メキシコ他	13%
D	バングラデシュ、ガーナ、インド、フィリピン、トルコ、南ア、ロシア、インドネシア他	16%
E	アフガニスタン、ボツワナ、ブラジル、ルワンダ、スリランカ、タイ、パキスタン、イラン他	28%
F	アルジェリア、カンボジア、コンゴ、エジプト、カタール、イラク、ソマリア、南スーダン他	26%

（出典：Government Defense Anticorruption Index, TI-UK 2015）

D（高い）、E（非常に高い）、F（危険かつ汚職に対し脆弱）に分類し、国防セクターの汚職に対する脆弱性を国別ランク付けしている。[26] 表 2-11 は、国防センターにおける反汚職指標（リスク分野一覧）であり、表 2-12 は、2015 年度の国防セクターにおける汚職に対する脆弱性を国別にグループ分けしたものである。そこでは例外（例えばカタールなど）は見られるものの、汚職への脆弱性は先進国と途上国の間で開きが見られることが分かる。

（10）国別政策制度評価指数（Country Policy and Institutional Assessment：CPIA）

世界銀行のグループ機関である国際開発協会（International Development Association: IDA）は、被援助国のガバナンス改革がどの程度達成されたかを評価するために、先述の世界ガバナンス指標と並行して、実際の世銀の融資政策とリンクさせ被援助国の政策・制度・ガバナンスに関する評価付けを行っている。[27] CPIA は、被援助国資金配分のために、4 つの分野（①経済運営―マクロ経済運営、財政政策、公的債務政策；②構造政策―貿易政策、対金融部門政策、民間部門の規制・競争環境；③社会的包摂性・公平性のための政策―ジェンダー平等、公的資源利用の公平性、人的資源構築、社会的保護と労働、環境の持続可能性のための政策・制度；④公的部門の運営と制度―財産権とルールに基づくガバナンス、質の悪い予算・財政運営、歳入獲得の効率性、質の高い行政、公的部門における透明性、説明責任、汚職・腐敗）、計 16 項目に関して、6 段階の評価を 95 ヵ国を対象に行っている。そこでは政

府の透明性、説明責任と汚職の項目も設けている。もともとこれは世銀融資事業を目的に作成された評価ツールのため、詳細の説明は外部には提供していない（U4 2011a, 5）。CPIA 評価は世銀職員の主観に拠っており、客観性を欠いているとも言えるが、IDA 対象国全体をカバーしており、16 項目の数値が時系列的に得られることから、低所得国のガバナンス指標として引用されることが多い（黒崎・山形 2017, 196-197）。

(11) 公共の清廉性指数（Index of Public Integrity）

汚職抑制に対する社会の能力構築と、公共資金を汚職なしで確実に運営させることを目的に、ドイツ・ベルリンにある Hertie ガバナンス大学院（反汚職と国家建設に向けた欧州研究センター）により「公共の清廉性指数（Index of Public Integrity）」が開発されている。[28] 同試みは EU 資金のプログラムを通じて実施され、清廉性の構成項目として、司法の独立、行政の負担、貿易開放度、財政の透明性、E-シチズンシップ（市民のインターネット利用度）、プレスの自由度を基に 109 ヵ国を測定し、2015 年と 2017 年に調査結果を出している。調査対象国の中で清廉性が最も高い上位国としては、ノルウェー、デンマーク、フィンランド、オランダ、低位国は低い順にベネズエラ、チャド、ミャンマー、アンゴラとなっている。

以下に説明する指数（法の支配度指数、オープン・バジェット指数、ビジネス環境指数）は、法の支配、政府予算公開、ビジネス環境に対する対応といった政府のガバナンスの度合いを主に測定するものだが、これは同時に政府の透明性と説明責任がどの程度確保されているのか、許認可項目数はどの程度あり、削減されてきているか等、汚職や国家清廉性と直接・間接的に関連性があるため、本書でも取り上げる。

(12) 法の支配度指数（Rule of Law Index）

米国に拠点を置くワールド・ジャスティス・プロジェクト（WJP）により開発され、当該国における法の支配の状況を測定するもの。その前提となっているのは、効率的な法の支配は、汚職を削減し、貧困や病気と闘い、市民を不平

表2-13 汚職の不在、オープン・ガバメント、法の支配指数の国別比較（2017-18年）

国	汚職の不在指標 2017-18年		オープン・ガバメント指標 2017-18年		法の支配度指標（総合指標）2017-18年	
	スコア	国別ランク（113ヵ国中）	スコア	国別ランク（113ヵ国中）	スコア	国別ランク（113ヵ国中）
カンボジア	0.25	113	0.23	113	0.32	112
ベネズエラ	0.30	113	0.3	110	0.29	113
ナイジェリア	0.32	100	0.44	88	0.44	97
バングラデシュ	0.35	93	0.46	75	0.41	102
インドネシア	0.37	90	0.54	47	0.52	63
ロシア	0.43	75	0.48	69	0.47	89
インド	0.45	67	0.63	32	0.52	62
フィリピン	0.47	59	0.52	54	0.47	88
モロッコ	0.47	59	0.44	84	0.51	67
中国	0.55	47	0.45	83	0.5	75
日本	0.85	8	0.7	20	0.79	14
デンマーク	0.95	1	0.86	3	0.89	1

（出典：WJP Rule of Law Index 2017-18 から抜粋）

等から保護し、説明責任を有した政府と人間の基本的人権の尊厳を確実なものにするというものであり、コミュニティが平和かつ平等に暮らせる基盤であるとしている。[29] 法の支配度指数は、①政府の権限、②汚職の不在、③開かれた政府、④基本的人権、⑤秩序と安全保障、⑥規制規則の執行、⑦民事裁判、⑧刑事裁判の8項目を含み測定されている。そこでの「汚職の不在」は、贈賄、公的私的利益追求のための不適切な影響力、公金の不正利用の3つを取り上げ、具体的には、立法機関、司法機関、警察と軍職員そして立法機関支部職員が私的目的のために政府を利用する可能性についての問いが使われている。法の支配度指標のスコアは、10万以上の世帯を対象とした調査等を通じて作成され、これまで102ヵ国と地域で実施されている。WJP職員曰く、「世界で最も包括的データを結集したもので、一般市民の経験と見地から国の法の支配がどこまで厳守されているか確認できる唯一かつ主要なツールである」としている。表2-13は12ヵ国を選定し、汚職の不在、オープン・ガバメント、法の支配のスコアと国別順位を示したものである。

表 2-14　オープン・バジェット（財政開放度）指数（右の列に行くにつれ公開度は高い）

グループ 1	グループ 2	グループ 3	グループ 4	グループ 5
アフガニスタン、アルジェリア、アンゴラ、アゼルバイジャン、ベナン、ボリビア、ブルキナファソ、カンボジア、カメルーン、中国、コンゴ民主共和国、エジプト、赤道ギニア、フィジー、イラク、ヨルダン、レバノン、リベリア、モロッコ、モザンビーク、ミャンマー、パプアニューギニア、カタール、ルワンダ、サントメプリンシペ、サウジアラビア、スーダン、タンザニア、チュニジア、イエメン、ザンビア、ジンバブエ（32 ヵ国）	アルバニア、アルゼンチン、バングラデシュ、ボスニア・ヘルツェゴビナ、チャド、クロアチア、ドミニカ共和国、エクドル、ガーナ、グアテマラ、ホンジュラス、ハンガリー、インド、カザフスタン、ケニア、キルギス共和国、マケドニア、マレーシア、マリ、ナミビア、ネパール、ニカラグア、ニジェール、ナイジェリア、パキスタン、セネガル、セルビア、シエラレオネ、スロバキア、スペイン、スリランカ、タイ、東チモール、トルコ、ベネズエラ（35 ヵ国）	ボツワナ、ブルガリア、チリ、コロンビア、コスタリカ、エルサルバドル、インドネシア、マラウイ、メキシコ、モンゴル、ポーランド、ルーマニア、タジキスタン、トリニダードトバゴ、ウガンダ、英国、ベトナム（18 ヵ国）	チェコ共和国、フランス、ジョージア、ドイツ、イタリア、ニュージーランド、ペルー、フィリピン、ポルトガル、ロシア、スロベニア、韓国、スウェーデン（13 ヵ国）	ブラジル、ノルウェー、南アフリカ、米国（4 ヵ国）

（出典：Open Budget Survey 2017）

（13）オープン・バジェット（財政開放度）指数

　この指標は、米国の国際バジェット・パートナーシップ（International Budget Partnership）により開発されている、国家の財政開放度を確認する指標である。指標の基となるデータは、財政運用に対する説明責任を構成する主要概念である、①透明性およびその経年変化、②財務運用時の市民参加、③財政運用を統括する二大公的機関（立法府／最高会計検査機関）の監査能力、の 3 点から構成している。109 にわたる調査項目に基づき、各国の財政開放度指数を 0 点から 100 点までのスコアで 102 ヵ国（2017 年度）を順位付けして 5 グループに分類し公表する方式が採られている。表 2-14 は、2017 年度の国別財政開放度指数の結果を示した表である。財政開放度が十分満たされている国は、ブラジル、南アフリカ、米国、ノルウェーの 4 ヵ国のみとなっており、一方、ハンガ

リー、スペインなどは下位第2グループと、他の汚職インデックスでの結果とは異なったものとなっていることが興味深い。

（14）ビジネス環境インデックス（Ease of Doing Business Index）

世界銀行による年次報告書「ビジネス環境の現状（Doing Business Report）」の中で作成されている指標[31]。これは海外事業を展開し投資対象国でビジネスを行う際、長期的に比較可能な事業規制と財産権の保護に関する定量的指標を測定するツールとして頻繁に利用されている。事業設立、建設許可取得、電力事情、不動産登記、資金調達、投資家保護、納税、貿易、契約執行、破綻処理に関する10のビジネス規制分野を測定しており、政府のグッド・ガバナンスや汚職事情を間接的に確認する場合にも有用なものである[32]。

許認可取得の日数やプロセスが多い国は、その過程で賄賂を要求される可能性も大きく、また納税、不動産登記などにおいても汚職の機会は多々ある。内容によっては、正式な許認可を取るためには中央政府、地方自治体にわたり数件から中には数十件におよぶ許認可手続きが必要となり、認可が下りるまで数年を要することもある。そのために迅速料として賄賂の支払いを余儀なくされる構造となっている。そういった意味において、同報告書は当該国のビジネスにまつわる汚職の機会を数値等で間接的に把握できるものとなっている。また毎年発行しているため、各国の最新情勢や改革状況を逐次確認することが可能である。2019年度のビジネス環境総合ランキングによれば、調査対象190ヵ国中、ニュージーランドが1位となっており、シンガポール、デンマーク、香港と続いている（日本は39位）。最下位国としては、ソマリア（190位）、エリトリア（189位）、ベネズエラ（188位）となっており、TIの汚職認識度指数や世銀の汚職抑制指数と類似の結果となっていることが分かる（Annex 2）。

以上の測定ツールの他、例えば次のようなものも開発されている。1979年からビジネスリーダーを対象にオピニオンサーベイを行っている世界経済フォーラムの「グローバル競争力報告」[33]。グローバル市場において、各分野での不透明要素を国別に数値化することにより、投資家の客観的な投資の意思決定を可能とさせるため、Milken Instituteが開発した不透明度要因指数（OPAC-

ITY Index)[34]。アフリカ諸国のガバナンスを測定するMo Ibrahim財団の「Ibrahim Index of African Governance」やAFROBAROMETERの各種調査[35]。EU資金によるプログラム、ANTICORRP（Anti-corruption Policies Revisited）を通じた、20のEU諸国とトルコ、セルビア、ウクライナの85,000人の市民を対象とした「政府と汚職の質に関する環欧州調査」[36]。41のEUとOECD諸国を対象に、政策パフォーマンス・民主化・ガバナンス（汚職防止も含む）を基に持続可能な開発を測定するBertelsmann財団の「持続的なガバナンス指標（Sustainable Governance Indicators）」[37]。100を超える国の情報開示に対する法的枠組みを確認し、開示状況を明らかにしている、Access Info Europe（AIE）と法と民主主義センター(Centre for Law and Democracy)による「グローバル情報公開レーティング（Global Right to Information Rating）」[38]、ブダペスト汚職研究センターでは、「汚職リスク指数」「政治的影響指数」「政治的抑制指数」[39]などといった指数も開発されてきた。TI（2017f）は、SDGs実現に向けたモニタリングツールを作成している。また、UNDP（2008d）は汚職と反汚職の測定ガイド"User's Guide to Measuring Corruption and Anti-corruption"など、汚職の測定方法をまとめたレポートも出版している[40]。この他米国や英国企業を対象としたKMPG（2011）やプライス・ウォーターハウス・クーパーズ（PwC）（2018）のサーベイなど、国内や数ヵ国の企業を対象とした調査もいくつかある。

　このように類似した測定ツールや調査はグローバル、地域、国別、そして国内規模レベルで数多くあるが、国家の清廉性そして汚職の度合いを把握するには次の項目が共通と言えよう。(1) 法の支配、(2) 政府の効率性、(3) 汚職の抑制、(4) 規則の質、(6) 市民や市民社会・プレスの自由度、(7) 汚職認識度、(8) 情報公開。また、よりビジネス環境と汚職の内容を加味したい場合は上記に加え、(1) 起業コストと自由度、(3) 包括的経済自由度、(4) 貿易開放度・投資自由度なども重要なアイテムとなる。

　最後に、汚職対策におけるアセスメントーツールについて簡単に触れる。上記測定ツールの誕生と同時期に、ドナー機関を中心に各種アセスメント・ツールも開発されてきた。例えば、UNDP（2011）が開発した、汚職対策機関の効率性や実効性を機能、組織、個人の側面から確認できる「実務者向けガイド：汚職対策機関の能力アセスメント（Practitioners' Guide: Capacity Assessment of

Anti-corruption Agencies)」、OECD の贈収賄防止ガイドブック、公共調達時における汚職防止のアセスメント、反汚職調査と裁判におけるガイド（USAID 2005a)、さらには国会議員のための反汚職セルフ・アセスメント・ツールまで多種開発されている。アジア開発銀行（ADB）などは、調達ガイドライン、プロジェクト行政インストラクション、コンサルタント契約におけるガイドライン、清廉性の原則ガイドライン、マネーロンダリングとテロ対策におけるハンドブック等々、数多くのガイドラインやハンドブックを提供している。これらは主に実務家向けに作成されたもので、途上国やドナー機関により活用されている。

　以上考察してきた通り、汚職行為は通常秘密裡に行われるため、外部者が実態を把握し、汚職のレベルを測定することは難しく、したがって直接汚職の測定を試みるツールの開発は限界が生じる。ここで見てきた測定ツールは、各国や業種別セクターの汚職事情を間接的に判断しようとしている主観的測定ツールがほとんどであり、明確な数値で表すことは困難であるものの、ある程度の汚職レベルの感触や実態はつかめると言えよう。今日利用されている汚職の指標やそれに基づいた国別のランク付けのほとんどは認識度や経験値を基にした調査である。汚職の形態や種類は複雑のため、測定ツールは一種類に委ねるのではなく、より多くを複合的に活用することにより、一層確実な汚職の実態を確認することができるのではなかろうか。

　ここで取り上げた測定ツールの結果を見ただけでも、途上国や新興国は、汚職の度合いが全般に高く、中でも脆弱国家は特に高いことが容易に理解できる。国際的に信頼度の高い汚職測定方法を開発することは、各国政府の汚職対策の一助となり、一方企業にとっては投資国や活動国の汚職の度合いを把握することで、さらに公正で確実な情報を入手でき、明確な企業運営を可能とするため、世界的に合意を得た正確な汚職測定ツールの完成は国際社会にとって重要な課題である。

注
1 ガバナンスとは、国家がいかに経済と社会の舵をとり、共通の目標に到達するかという意味であり、ピエール（Pierre）とピーターズ（Peters）は、「ガバナンスは混乱した用語だが、公共経営、経済部門の調整、官民関係、グッド・ガバナンス（非効率や汚職を減らし、市民の声を反映し、経済・社会開発政策を遂行する）を包含する概念である」としている（Pierre and Peters 2000, 14; 木村2018, 91）。
2 米国ハーバード大学大学院（J. F. Kennedy School of Government）の講師F. Galtung（当時）とのインタビューに基づく（2000年7月）。
3 2006年10月にJICA職員と行ったインタビューに基づく。
4 TIは、1993年に設立されたドイツ、ベルリンに本部を置く国際NGO。アドボカシーを目的とし、活動内容は、世界的な反汚職ネットワークの構築、情報公開や通告者保護などの法整備支援、各種汚職問題研究と調査、汚職問題と闘う市民社会への支援、国連腐敗防止条約（UNCAC）やOECD外国公務員贈賄防止協定のモニタリング等である。詳細は次のURLを参照：www.transparency.org。
5 「平和と公正をすべての人に」を目標16に掲げており、「持続可能な開発に向けて平和で包摂的な社会を推進し、すべての人々に司法へのアクセスを提供するとともに、あらゆるレベルにおいて効果的で責任ある包摂的な制度を構築する」としている。その中で、ターゲット16.5では、「あらゆる形態の汚職や贈賄を大幅に減少させる」、16.6では、「あらゆるレベルにおいて、有効で説明責任のある透明性の高い公共機関を発展させる」としている、（グローバル・コンパクト・ネットワーク・ジャパンhttp://ungcjn.org/sdgs/goals/goal16.html）。
6 他方、Rothstein and Varraich（2017, 6-8）は、政治学における汚職関連の論文件数を1990年代から比較しており、1992年において約1,700あった社会科学系ジャーナルのうち、汚職論文件数（キーワード：政治汚職）は14本のみであったとしている。ちなみに2014年の段階では300本以上書かれている。また政治学における汚職関連の論文件数を1990年代から比較しており、1992年において約1,700あった社会科学系ジャーナルのうち、汚職論文件数（キーワード：政治汚職）は14本のみであったとしている。ちなみに2014年の段階では300本以上書かれている。
7 詳細は次のURLを参照：https://www.iaca.int/。
8 合理的個人アプローチは、汚職・腐敗行為自体が違法であっても、個人の合理的な選択の結果、腐敗は市場取引を通じて生まれるというもの。分析にはPAC(Principal-Agent-Client)モデルが利用される。プリンシパルは政府、エージェントは政府の政策の遂行の権限を持つ官僚、官僚からサービスを求める企業や個人がクライアントとして設定。構造的アプローチは汚職・腐敗は個人的行為ではなく、社会的な構造によって規定される物であり、つまり社会的要因が個人の行動を制約し、規定するもの。関係性アプローチは、人々の社会的な関係性に焦点を当てるものであり、汚職・腐敗の関係性から利益を得ることができるため、非公式な人的相互関係の構築が重要視される。人的なつながりを水平ネットワーク（＝人的ネットワーク信頼を基礎とした関係者内の交流ネットワーク）または垂直ネットワーク（＝パトロン―クライアント関係：上下関係のある関係者間で権力が人的交流に重要な意味をもつ）から見ている（溝口2017, 90-91他）。経済分析の側面からとらえ

た汚職・腐敗研究成果は沢山あり、それらについては溝口 (2010, 2017)を参考願いたい。

9 異なった学問を通じた汚職研究をまとめた本としてRothstein and Varraich（2017）などがある。

10 さらに加えると、例えば、構造―機能主義の観点としては、困った人々を助ける社会的機能を果たすとして、代表的論者としては、Robert K. Merton。市場的定義の観点・費用―便益分析の観点としては、許可やサービスの非公式の制御や規制の役割を果たすとして、代表的論者はそれぞれV. O. Keyとナイ（Nye）がいる。公共的利益の定義・制度論的観点としては、汚職・腐敗は政治的・制度的崩壊の際にはまだましな悪であるとし、論者はハンチントン（Hungtington）がいる。経済成長の観点として、経済成長を促進する場合があるとし、レフ（Leff）、Bayley、ナイ（Nye）、J.Scottなどが挙げられる。最後に社会的政治的統合の観点からすると、社会の摩擦を減らす「潤滑油」として汚職・腐敗をとらえている論者はBayley、McMullan、ハンチントンなどがいる（小林 2008, 10より筆者がまとめた）。

11 詳細は次のURLを参照。このセンターはChr. Michelsen Instituteと共同運営している。

12 インフォーマル経済とは、無許可、無登記、無登録、税金不払いといった、法律、政令、行政命令、条例など一切の法規の圏外で行われる商取引。

13 世銀報告書作成者は次の通りとなっている。政策歪み、司法の予測可能性：世銀スタッフによる作業。公務員賃金・製造業賃金：Van Rijckeghem, Caroline, and Beatrice Weder. 実力主義採用指数：Evans, Peter B., and James Rauch（世銀 1997, 155-172）。

14 Inter-Parliamentary Union（国会議員間ユニオン）（2018）によれば、世界の国会議員の中で女性が占める割合は23.8%となっている。

15 例えば、ウクライナでは汚職を多く支払う経営者が公務員との間で交渉等で費やす時間は、汚職をしない経営者に比べ3分の1程度余分に費やしているとして、汚職と経営者が公務員と費やす時間との間には正の相関関係があるとしている。これらの企業は、年間で75週間分の社員の実労時間を公務員とのやり取りの時間に費やしており、賄賂の度合いが少ない企業は、その時間は22週間分となっている（Kaufmann and Wei 1999）。

16 1980年代に民営化された企業は世界中で6,000社あった。それに対して、90年代の前半だけで、市場経済移行国では、大中の5万社が民営化された。これには中小の何万という企業の民営化は含まれていない。ロシアで75,000社、ウクライナで35,000社、チェコで22,000社が民営化された（石井 2003, 98-99）。

17 Diamant and Tosato（2017）や溝口（2017）は、1990年代以降に行われてきた汚職・腐敗に関する実証分析の成果（決定要因）を分類してしている。

18 指標化には、Global Insight Country Risk Rating、Economist Intelligence Unit、Global Competitiveness Report、Bertelsmann Transformation Index、Freedom House Nations in Transit等、12の研究機関やNGOなどから出されている既存の調査やアセスメントを基に作成している。詳細はTIのURLを参照：http://www.transparency.org。

19 詳細は次のURLを参照：http://info.worldbank.org/governance/wgi/index.aspx#hom。

20 ガバナンス指標については様々な議論が展開された。その後、グリンドル（Grindle 2004; 木村2013, 46）がガバナンス状況は各国によって非常に違い、一概に指標化するのは問題

があると言及した。グリンドルの批判はガバナンスの全面的展開を途上国に期待するのは困難であり、各国のガバナンス課題に焦点を合わせた「それなりのガバナンス（good enough governance）から始めるのが現実的」との議論につながり、その後の国際社会に影響を与えた。

21　詳細は次のURLを参照：https://www.transparency.org/research/gcb/overview。

22　詳細は次のURLを参照：https://www.globalintegrity.org/。

23　質問項目として、企業幹部社員に商取引を行う際、迅速料などの目的で下級公務員に賄賂を支払うか、影響力を行使させるため政治家や政党などを利用して不適切な献金を行うか、他の企業に賄賂を支払う、または受領する等ある。詳細は次のURLを参照：(http://www.transparency.org/bpi2011)。

24　詳細は次のURLを参照：https://www.enterprisesurveys.org/。

25　各国のNIS報告書は次のURLを参照：www.transparency.org。これとは別に、オーストラリアのグリフィス大学では、NISアセスメントを別の角度から取り上げ、権力を行使する際の、価値、目的そして任務は、組織や関係者の間で相互作用していることに注目し、「鳥の巣」の形（組織間、制度間、業務間という形におけるコアの組織間との相互関係）をモデルにして議論を展開している。また、国際NGOのIntegrity Actionは、2007年にポスト紛争国（東チモール、シエラレオネ、ボスニア・ヘルツェゴビナ、コソボ、モザンビーク、アフガニスタン、レバノン）を対象としたNIS調査を行っており、復興再建NIS（Reconstruction NIS＝RNIS）と名付けている。RNISは、従来のNIS枠組みに加え、①紛争による影響と遺産、②復興再建プロセスと民主化に向けた現状、③多角面から見た政治、組織・制度的要因、④再建時のドナーの役割、反汚職促進、そして民主化プロセスにおける権力構造構築といった、ポスト紛争コンテキストを加えるアセスメントとなっている。NISと同様、RNISは汚職防止に関与する主たる機関軸のアセスメントを含んでいる（RNISは、プロジェクトベースにおける活動のため、現在は作成していない）。

26　Government Defense Anti-Corruption（http://government.defenceindex.org/）

27　測定方法については次のURLを参照：https://datacatalog.worldbank.org/dataset/country-policy-and-institutional-assessment。

28　詳細は次のURL参照：https://integrity-index.org/。

29　詳細は次のURLを参照：http://worldjusticeproject.org/rule-of-law-index。

30　詳細は次のURLを参照：http://www.internationalbudget.org/opening-budgets/open-budget-initiative/open-budget-survey/。

31　詳細は次のURLを参照：http://www.doingbusiness.org/rankings。

32　次の算出方法に基づいている。起業（プロセス、許可が下りるまでの必要日数と費用等）、建設許可（プロセス、許可が下りるまでの必要日数と費用等）、雇用（雇用する際の困難度指数等）、資産登録（プロセス、商業資産等を移転する日数と費用等）、融資確保（法的権利、融資情報等指数）、投資家保護（投資家に対する保護指数、情報開示指数等）、納税（税の種類、納税や払い戻し準備に有する日数等）、対外貿易（輸出入における必要書類や必要日数）、契約遵守（商業論争や訴訟などに必要なプロセスと必要日数及び費用）、事業清算（破産した場合のリカバリーレート）。

33 詳細は下記URL参照。（http://www3.weforum.org/docs/GCR2016-2017/05FullReport/TheGlobalCompetitivenessReport2016-2017_FINAL.pdf）

34 これは、キャピタルマーケットまた資本コストに大きく影響を及ぼすと考えられる不透明要因として、次の5分野を統合して算出している。①C=Corruption：汚職関連の影響による不透明度（政府役人に対する贈収賄や、個人・団体への不当な優遇措置などの国政の腐敗）。②L=Law:司法や法律上における不透明度。③E=Economic Policies：経済政策に対する不透明度。④A=AccountingStandards：財務・会計・企業統治における不透明度。⑤R=Regulations for Business: 商取引における規制の不透明度。これら"CLEAR"の各項目に関し、政治・法・政治・会計・管理監督業務の各エキスパートにより作成されたアンケートを基に、各国を数値化している。不透明度要因指数の算出方法は、$1/5*(C+L+E+A+R)$ となっている（Milken Institute 2009）。同指標は2009年の報告書以降出ていない。

35 Mo Ibrahim Foundation "Ibrahim Index of African Governance"（http://mo.ibrahim.foundation/iiag/）。AFROBAROMTER（afrobarometer.org/）

36 ANTICORRP（Anti-corruption Policies Revisited: Global Trends and European Responses to the Challenge of Corruption）：http://anticorrp.eu/wp-content/uploads/2015/06/WP5-Deliverable-5-1.pdf

　2015年の調査では、政府の質、汚職のレベル（教育、保健、警察サービスや法執行、賄賂行為）などを調査している。

37 詳細は下記URL参照：https://www.bertelsmann-stiftung.de/en/our-projects/sustainable-governance-indicators-sgi/

38 Access Info Europe（AIE）と法と民主主義センター（Centre for Law and Democracy）：Global Right to Information Rating（http://www.rti-rating.org/）

　そこでは、メキシコ、セルビア、スリランカの順に情報開示に対する法的枠組みは高く、台湾、ドイツ、ヨルダンの順に低いことを示している。

39 以下のURLを参照：www.crcb.eu/。

40 詳細は以下のURL参照：http://www.undp.org/content/dam/aplaws/publication/en/publications/democratic-governance/dg-publications-for-website/a-users-guide-to-measuring-corruption/users_guide_measuring_corruption.pdf

41 汚職対策機関の能力を測る３つの主要項目は次の通り。（1）汚職対策機関としての機能環境（①政治的意志を含む、社会、経済、政治コンテキスト、②制度的アレンジメントと調整メカニズム、③法的枠組みと任務・業務の明確性、④独立性のレベル、⑤人的・資金面における使用可能性、⑥汚職対策機関に対する監査制度）。（2）組織レベル（①組織理念とミッション、②リーダーシップ、③多年度戦略と年間業務計画、④任務、戦略、業務計画を基礎とした構造、⑤パフォーマンス管理とインセンティブを含んだ人材資源管理、⑥知識と情報管理、⑦パートナーシップ、広報、メディア、コミュニケーション戦略、⑧モニタリングと評価プロセス、⑨職員研修とメンタリング、⑩財務と調達）。（3）個人レベル（①職員プロファイル、②技術的な能力）（UNDP 2011）。

42 これについては多数でている。例えば、OECDの「調達制度をアセスメントする手法（Methodology for Assessing Procurement System）」、"Recommendation of the OECD Council on Fighting Bid Rigging in Public Procurement" (OECD) "Examples of Procurement Compliance Checklists"（U4）（いずれもURLで入手可能）。

43 これは国会議員が自国の汚職との闘いにおいてどの程度効率的に活動できるか確認すると同時に、UNCACのコンプライアンスにどの程度準じているか測るものである。国会議員をランク付けするものではなく、反汚職取り組みにあたり個々人の国会議員の反汚職取り組みを行う際の効率性について評価するものである。次の項目をカバーしている。(1) 反汚職計画とモニタリング（議員のUNCACに対する知識と認識、反汚職戦略やモニタリングにおける関与等）。(2) 財政監査（国家歳入・歳出許可における国会議員の権限、議員による予算監査委員会、承認を招請する議員の権限、行政に対する国会へのコントロール等）。(3) 行動基準（利益相反、国会議員や捜査官に対する苦情、議員に対する法的な免責特権等）。(4) 国会議員のアクセシビリティとアウトリーチ（有権者、情報、ロビー活動の規制に対し）（UNDP/GOPAC 2014）。

第3章

国際社会、市民社会、民間企業による反汚職取り組みの役割と活動

　1990年代に入ると、開発との関係においては、例えば世銀の包括的開発枠組み[1]に代表されるように、経済成長のみならず、人権や民主化、貧困削減、環境保護等への考慮が含まれるものとなり、途上国政府のガバナンス強化に対する重要性が問われるようになった。他方、1990年代半ばまでには、国際社会の途上国のグッド・ガバナンス推進は次のような理由で反発を招き、多くの国で対応困難になっていた。(1) ガバナンスのどの要素に優先順位を置くかで、一貫しない混乱したメッセージになった。(2) 二国間援助のガバナンス条件付けは内政干渉であると理解された。(3) 市民社会指針とNGOとの協働は、欧米モデルの押し付けであるとされた。(4) 特にアフリカ諸国では反汚職対策に重点が行きすぎ反発を招いた（Pomerantz 2011, 165; 木村 2013, 46）。しかし、そのような中においても、国際社会は汚職対策を社会経済的な成長、政治安定そして法の支配を遂行するための不可欠な前提と見なすようになり、途上国に対する汚職対策は勢いを増していった。その背景には、やはり市民の政府に対する汚職への不満が絶えなかったからである。

　途上国の反汚職活動の中心役を担うのは、途上国政府、市民社会そして国際社会（主に国際ドナー）である。世界的な取り組みに対し、国際社会は国際協定や制度の枠組みを作り、汚職と闘うための国際会議の開催、さらには各種の汚職分析と研究を通じて貢献してきた。その中でドナー機関は、途上国政府への技術提供やアドバイスを通じた政策支援、市民社会は、市民や地域コミュニティに対する教育や意識向上を目的とした啓発活動を行ってきた。途上国政府は、国内の反汚職取り組みに対する政治的なコミットメントの取り付けと、国

際条約等への加盟と履行、そして汚職の機会を削減させるための制度的・法的な枠組み構築と内部間調整が期待された。一般に途上国政府や市民社会は、反汚職取り組みに対する経験とノウハウが不十分なため、ドナー機関からの各種助言や技術や資金援助を受け活動しているのが現状である。一方、民間企業の役割も議論され、贈賄をしない内部統制制度の構築と、それを社会に向け明確化することが期待された。

今日見られる汚職との闘いは、一個人や一団体の努力のみでは成果は期待できず、政府、市民社会、民間企業そして市民が一丸となって取り組む必要がある。またそれは一国レベルよりグローバルな規模で行うことにより、互いに何が成功要因となり、ベストプラクティスとはどのようなものか判断する材料を提供し、それを自国のケースに取り入れることにより、一層効率的な成果がでるという認識の下推進されていった。

本章では、国際社会の有する汚職対策の方法論について概観した後、各アクター（国際社会＝ドナー機関、市民社会、民間企業）の役割と、彼らを通じた反汚職対策についてそれぞれ取り上げ、それがどう汚職削減に貢献しているのか考察する。途上国政府による取り組みについては次章で詳しく述べるのでここでは取り上げない。

1 国際社会の汚職対策と手法

汚職・腐敗問題はどの国でも存在する。しかし途上国の行政機構は多くの場合、官僚的の上、脆弱で非効率であり、また不明瞭な制限規定と不十分な監督と監査機能、さらには国民への説明責任と透明性の欠如が様々な部分で汚職の機会を大きく創出している。官僚制は非効率かもしれないが、行政機構が国を管理し、政治経済を安定させる中心的な役割を果たすのである。国際社会は、官僚制を非効率と汚職・腐敗という「現状分析」で片づけるのではなく、官僚制を再構築しないと開発は進まないのだという「政策対応」議論が必要となっている（Turner and Hulme 1997, 12, 234; 木村 2013, 43）。1990年代に入ると、国際社会は途上国の開発を推進するためには、改革を阻害する既得権益を克服するための政治的意志を結集し、ガバナンスと制度問題に対応する必要があると認識するようになった。そして、汚職の機会を削減するための政策対応を含めた

方法論を国際社会が開発し、それを途上国に助言し、技術協力を施すことに焦点が当てられるようになった。また反汚職に対する活動は、政府の組織や制度の質的向上を統合させることを目的としない限り、成果は少ないという共通認識も醸成された（UNDP 2016a, 15）。汚職の蔓延は多面的なガバナンスの欠落、もしくは政府内の機能不全の兆候であるからである（Shah 2007, 6; Kerusauskaite 2018, 53）。従って汚職・腐敗を再考する第一歩は、汚職は根絶されるべき社会的な「弊害」ないし「病気」ではなく、ガバナンスの相互作用の中に組み込まれている特徴なのであるということの認識にある（世銀 2018, 70）。

　途上国に対する汚職対策は、予防、調査、取り締まり、教育等があり、それを多角的側面から行う必要がある。通常、反汚職取り組みを行う前にまず途上国政府は政策面における国家の反汚職政策と戦略の策定が必要である。今日では多くの途上国がそれを設けているが、国によっては反汚職政策が不十分、またはさほど重要視していない場合等がある。そのような国、または汚職レベルが高く、政府の対応能力が脆弱な国、または反汚職にまだ躊躇する国ではグッド・ガバナンス改革が推進されている。一例として政府事業の効率性改善、透明性と説明責任の向上を目的とした法律・司法改革、行政・公務員改革、市民による監視などの取り組みがある。

　OECD（経済協力開発機構）(2008, 63) によれば、汚職対策は、公共機関の透明性と説明責任向上を目的とする公共行政と、規制改革の統合体のような位置づけをもっているとしている。[2] 従来、これらは汚職抑制そのものが直接的な目的ではないが、同改革を通じて汚職の機会を制度的に削減し、公務員の汚職に対するインセンティブ（誘因）を変化させることが対策となりえる。

　表3-1に見られる通り、対策としては、汚職・腐敗の型により異なるものの、規制緩和、情報公開、公務員の裁量権縮小、内部告発制度の奨励と告発者の保護、政府事業モニタリングの住民や地域社会の参加、調達改革、e-ガバメントの推進等が重要とされている。この他、経済政策、財務管理、市民の監視、法律・司法改革、行政・公務員改革などの取り組みも必要とされ、[3] いわゆるグッド・ガバナンス構築の要素とほぼ重なって非常に広範な取り組み内容であると言える。一般に汚職の需要側と供給側を包含した取り組みが最も効果的であるとされる（USAID 2015, 20）。

表 3-1　汚職・腐敗の種類別に見た対策

型	アクター	利権の種類例	対策	共通対策
1 行政的汚職	中・下級公務員、利害関係を持つ住民	少額賄賂の要求、収受、ライセンスの不正発給、交通違反者に対する賄賂要求、小中学校教員の入学や成績改ざんにまつわる賄賂要求、税関・通関職員による虚偽申告書作成を通じた賄賂の要求、公有物の低額払い下げ	公務員の給与・待遇の改善、監視・処罰体制の強化、公務員倫理高揚のための研修、公正な競争試験による採用・考課・昇進制度の構築 e-ガバメントの推進	市民の意識改革と反汚職運動・市民オンブズマン活動の活発化。公共事業、徴税、許認可事務、検査、査定における各種規制の緩和、簡素化、情報公開、公務員の裁量権縮小、内部告発奨励と保護、政府事業モニタリングの市民参加。e-ガバメントの推進
2 小規模政治腐敗	政治家、高・中級官僚、ビジネスマン、仲介人	税の減免、裏口入学の口利き、補助金増額、認可、公共工事の誘致、入札の便宜	高級官僚への裁量権の抑制、情報公開性度の徹底、競争入札制度の透明化、資産公開、汚職者に対する厳格な処分、政治献金禁止	
3 大型政治腐敗	大物政治家、財閥、政商、高級官僚	国家機構と権限を私物化し、財政政策、金融政策、予算配分、開発計画等を通じ利権を獲得。特定階級、企業家群、系列金融機関、親族、仲間への利益の誘導。		
4 上記1~3の活動を国際的舞台で起こす汚職・腐敗	外国政治家、官僚、ビジネスマン、仲介人、多国籍企業、援助関係者	1の型：税関職員に賄賂を支払い課税額を安く査定してもらう。2と4の型：多国籍企業のビジネスマンが役人や政治家に賄賂を支払い、インサイダー情報を入手することで優遇してもらう。3の型：外国援助プロジェクトの私物化によるリベート確保。	上記に加え、入札時における誠実性綱領などの導入。企業の海外送金・入金経路及び使途の監査強化。情報公開徹底。企業コンプライアンスの徹底。e-ガバメントの推進	

（出典：大内 2004: 2013 他を基に筆者が作成）

表3-2 反汚職介入に対する直接・間接的な方法例

直接的な介入例
・国家反汚職戦略策定
・汚職対策機関強化
・汚職に対する国内法設置
間接的な介入例
・財政管理、監査、歳入、中央・地方レベルにおける政府調達規則改善
・保健、教育、水資源、衛生等の社会セクターにおける 　サービスデリバリーの清廉性構築努力
・透明性と情報へのアクセス向上に対する行動
・倫理と良き行動に対する研修プログラム
・公務員の意識向上

(出典：U4 2014a, 20)

国によっては焦点を当てた反汚職取り組みを行う場合もあり、他方、例えばUSAID（2015, 15）が2001-2002年に実施したプロジェクトなどでは、サハラ以南アフリカ23ヵ国のうち、ベナン、ガーナ、モザンビーク、ナイジェリア、セネガル、南アフリカ、タンザニア、ザンビアの8ヵ国は多角面からのアプローチによる反汚職取り組みを実施していることがわかる。

反汚職取り組みには、汚職対策への直接的介入と、汚職削減を第二の目的とする間接的方法がある。反汚職政策や汚職対策機関の強化と反汚職に関する法整備と強化等は直接的な介入であり、監査、調達、サービスデリバリー、公務員教育、情報へのアクセスなどは間接的な介入例である（表3-2）。後者はしばしば「戦略の主流化（mainstreaming strategy）」と呼ばれ、間接的な反汚職関与は政治的かつセンシティブな側面を包含しかねない汚職問題を表立てせず、グッド・ガバナンスという広い傘の下、あいまいにして隠すといった利点がある（U4 2006a; Chêne 2010a）。例えば、USAID（2015, 13）支援のプロジェクトでは、そのような場合、透明性と説明責任向上を通じた反汚職取り組みを目標とするとしている。

この他、Huther and Shah（2000, 12）は、ガバナンスの質、汚職レベルを考慮した反汚職取り組みの必要性に鑑み、対象国の汚職レベルを低・中・高、ガバナンスレベルを良・中・悪に分類し、それぞれのレベル応じた対応策を提唱している。例えば汚職レベルが高く、ガバナンスレベルが低い場合、反汚

表3-3 ガバナンスの質・汚職のレベルを考慮した反汚職取り組み例

汚職レベル	ガバナンスの質	優先されるべき反汚職取り組み
高い	悪い	法の支配と確立、組織の参加と説明責任強化、市民憲章の設置、政府介入の制限、経済政策改革
中位	中位	地方分権[4]と経済政策改革と公共管理
低い	良い	反汚職組織の設置、財政の説明責任の強化、公共と政府職員の意識向上、反贈賄行動の奨励、ハイプロファイル汚職事件の追訴

(出典:Huther and Shah 2000, 12)

職の優先活動としては、法の支配と確立、組織の参加と説明責任強化、市民憲章の設置、政府介入の制限、経済政策改革の実施等が必要である。汚職レベルとガバナンスレベル共に中位のレベルは、地方分権と経済政策改革と公共管理、そして汚職レベルが低く、ガバナンスレベルが良い場合は、反汚職組織の設置、財政の説明責任の強化、公共と政府職員の意識向上、反贈賄行動の奨励、ハイプロファイル汚職事件の追訴などをすべきである (表3-3)。

途上国では、汚職のレベルは勿論、汚職と闘うための政府や市民社会の意識も国によって大きく異なる。政府は、政府組織内をよりオープンかつ透明性を確保させる政策やプロセスを遂行することより、政府機関の監査や監視機関に対し一層のコミットメントを示してきている[5]。一般に、途上国が民主化を推進している場合は、反汚職取り組みも積極的に行っており、反面、権威主義国家や紛争国（もしくはポスト紛争国）の多くは消極的なケースが多い[6]。反汚職対策も政府や社会のコミットメントや、既存の制度的な環境によって異なる。途上国政府が反汚職取り組みに難色を示す場合や、反対に政府が汚職との闘いに理解を示し十分なコミットメントがある場合、取り組みもそれぞれ異なり、段階的に行う必要がある。また中央より地方レベルの政府の方が透明性と説明責任並びに反汚職取り組みに対し抵抗は少ないことも明らかになっている (UNDP 2016a, 47)。表3-4は政府の反汚職行動に対するコミットメントの度合いに応じて行える異なった取り組み例である。改革への可能性が少ないか、ほとんどない場合とある場合では、政府の行う取り組みも異なることが分かる。世銀による460以上の公共セクター改革プロジェクトでは、財務管理や徴税に係る行政支援の方が、公務員改革や反汚職（法と起訴に焦点をあてたもの）や透明性向上に関する支援よりはるかに改善が見られ、財務管理や税改革はより政治的にセ

表3-4 反汚職行動への段階的取り組み例

改革への可能性が少ないか、ほとんどない場合の社会的側面より行う戦略例	改革に対する支援がある場合の制度的、社会的側面から行う戦略例
・汚職への非難に対する支援 ・反汚職行動ネットワークの構築 ・汚職の原因、影響等についての広報活動 ・汚職認識調査 ・汚職がもたらすコストの作成 ・自由なプレス報道推進 ・海外政府、国際機関、投資家などからの反汚職に対するプレッシャー	・汚職が激しく、また政治的意志がある機関に対する汚職支援 ・汚職の原因に対する具体的取り組み方法の提示 ・清廉性に関するワークショップ支援 ・反汚職に取り組む市民社会支援 ・汚職行為のアドボカシー活動の推奨 ・市民による汚職のモニタリングの促進 ・調査報道のトレーニング支援 ・民間セクターの反汚職行動への支援活動 ・国際協力や国際会議でのアドボカシー活動

(出典：Handbook on Fighting Corruption, USAID, 1999)

ンシティブネスが少ないため、効率的であるという報告がある（USAID 2015, 42）。

USAID（2015, 18, 42）は、パトロネージ制度が弱いところでは、公務員改革はより効果的な結果を生むとし、また反汚職への政治的意志が低いところでは反汚職を前面に出すのではなく、ガバナンスの改善とリフレーズさせるべきであるとしている。ステート・キャプチャー（国の略奪）レジーム、オリガルキー（寡頭制）、見込みのない汚職対策機関などへの支援はしない方が良い場合もある。

「国家の有効性」「国家の役割を能力に適応させる」「国家の恣意的行動と汚職抑制」を前面に掲げた世銀の『世界開発報告1997』から20年が経ち、『世界開発報告2017』では「ガバナンスと法」に改めて焦点が当てられている。そこでは制度を有効に機能させるためには、インフォーマルな政治や権力構造ならびに力関係、さらには社会規範などを理解することが政策・規制設定において重要であることを強調している。すなわち権力者がその権力を私利のために悪用しないという、信頼できるコミットメントを確保する必要性、つまり公式ルールの変更や反汚職戦略は、一国の有力な行為主体の利害と整合性があり、社会的期待について広範な変化の引き金になることが出来る時にのみ有効な執行が可能であるのである（世銀 2018, 70）。

これらとは別のグローバル規模の動きとして、1990年代後半より、OECDや国際連合、そして欧州評議会（CoE）、米州機構（OAS）、アフリカ連合（OAU）などの地域機構を通じて汚職や贈収賄を規制、制御する国際条約や規定が策定

され、今日に至ってはほとんどの国が加盟するようになっている（表 3-5 参照）。中でも、後述する 1997 年の「OECD 外国公務員贈賄防止条約」や、2003 年に国連で採択された「国連腐敗防止条約（UNCAC）」は、体制整備を通じて汚職の機会を削減するための具体的なツール、そして先進国・途上国間の協力関係を構築するための重要な位置づけとなっている。国際協定以外にも、例えば、国際商工会議所（ICC 2011）などは 1977 年より、民間企業の汚職・腐敗と闘うための規則を策定してきている。[7]カルテル（企業連合）を守るための採取産業透明性イニシアチブ（Extractive Industries Transparency Initiative-EITI）、医療セクターにおける透明性同盟（Medicine Transparency Alliance-MeTA）[8]、インフラストラクチャー透明性イニシアチブ（Infrastructure Transparency Initiative-CoST）等といったセクター別の取り組みもある。[9]この他、国際合意や国際協定については（2）（汚職と闘うための国際規範）で詳しく考察を試みる。

一般に反汚職への取り組みは、汚職そのものを取り締まるより予防線を張ることがはるかに重要かつコストもかからない。そういった意味において国際社会は、市民社会等に対する協力や支援を通じて、啓蒙活動、人材育成、能力開発、反汚職ネットワーク構築も重要な予防ツールとして推進している。世銀や USAID（2015, 16）などは、法の執行に予防と反汚職教育を加えることが最も効果的であるとしている。反汚職への取り組みは、（1）長期的展望と継続的努力、（2）汚職を許さない文化の構築と教育、（3）政府、市民社会、民間企業からの明確な意思表示、そして相互間の協力関係が不可欠要素となり、これらが活動の基盤を構成すると言える（小山田 2011, 120）。

（1）国際ドナー（援助機関）の役割と汚職対策支援

ドナー機関は、1990 年代はじめより、汚職との闘いは途上国の経済成長と貧困削減を推進する重要な要素であり、汚職対策なしには他の開発努力を台無しにすると益々認識するようになった（Kerusauskaite 2018, 91）。途上国政府や市民社会をバックアップし続けているドナー機関の存在は絶対的であり、彼らはグッド・ガバナンス構築の名の下、長期にわたり途上国へ反汚職支援を継続してきた。今日の反汚職取り組み手法のほとんどは、ドナー機関または彼らが研究者と共にデザインしたものであると言っても過言ではない。

長年国際ドナーは、途上国の援助を行う際に汚職に悩まされており、説明責任を果たさない行政と蔓延する汚職文化のもとでは、多くのプロジェクトも失敗に終わるとの懸念を有していた。潘基文前国連事務総長は、2012年の説明責任、透明性と持続可能な開発ハイレベルパネルで「海外援助の30％は汚職で失っている」と表明しているほどである（USAID 2015, 22）。1997年のOECD外国公務員贈賄防止協定と、1996年にウェルフェンソン元世銀総裁が年次総会で発した「汚職という癌との闘い」と汚職に対する不寛容＝ゼロ・トレランス（zero tolerance）政策の同時期における決定はまさにエポックメーキングなものであった。その背景には世銀の汚職との闘いは、本来は自らの途上国に対する融資事業での汚職による損失を食い止めたいという願望からでたものである。世銀に同調する形で、世銀グループ、国連、国際機関、二国間援助機関（米国開発援助庁〈USAID〉、英国国際開発省〈DFID〉等）の援助機関はこぞって反汚職政策を打ち上げ、多額の資金が反汚職プロジェクト支援に向けられた。例えばUNDPは2008年時点で、過去10年以上毎年1億米ドル（約110億円）以上もの資金を汚職対策に費やしてきた（UNDP 2008c, 13）。米国開発援助庁（USAID 2015, 63）は2007〜13年の間に約67億米ドルの支援を反汚職取り組みに配分している。ドナー機関の反汚職支援戦略と活動内容と援助の歴史はそれぞれ異なっており、アプローチも多様である。以下主要ドナー機関の反汚職政策と取り組みについて概観してみる。

　世界銀行（世銀）は、世界で最初に汚職問題への闘いを宣言した国際機関であり、世銀融資プロジェクトの汚職行為の防止、世銀の支援を求める国の汚職抑制努力の促進、汚職抑制に対する国際的支援と助言、各国への支援戦略の策定、融資のための汚職防止への考慮の明確化などを主たる政策とした（Huther and Shah 2000, 1）。1996年までは正式な反汚職戦略は有さなかったものの、1983年の『世界開発報告 1983年』では、汚職が公共機関のガバナンスの効率性を低め、公共の信頼を失わせると説明し、1991年の同報告書では、汚職の要因を政府の過度の介入、低い競争力の存在、規制に対する過度の裁量権、公務員の低賃金、組織の目標に対する利益相反であることに触れている（Johnsøn 2016, 83-84）。しかしその時点では汚職問題について世銀理事会では取り上げるにはまだ繊細なトピックであった（Johnsøn 2016, 83-84）。

世銀の『世界開発報告1997年』では、汚職が開発に与える影響をはじめて詳細に取り上げ国際社会の注目を浴びた。同時期、世銀研究所（当時）は1996年に開発した世界ガバナンス指標で汚職の抑制の項目を設け、各国の汚職レベルを測定するツールを広めた。この他、商取引をする際の問題点や、企業が公務員に対して行う贈賄行為の実態、ジェンダー別の賄賂の支払いの程度等を明らかにしている企業調査（enterpreneur survey）も発表してきている。融資案件計画時にグッド・ガバナンスへの配慮を行い、公共セクターガバナンス・法規に対しては援助額の17％を配分している（2016年度年次報告書）。主に融資案件における汚職防止策を強化しており、2000年代前半ではインドネシア、ベトナム、カンボジアをパイロット国と指定し、2003年からすべての融資案件に「反汚職行動計画」を被援助国政府に課した。[10]

　2007年にはガバナンスと反汚職を開発推進において主流化させる決定を行い、そこではグローバル規模、国、セクター、さらにはプロジェクトごとに政策立案や実施において、ガバナンスと反汚職に関する配慮を行うことを義務づけた（World Bank 2007, 2012）。融資対象国においては、国別政策制度評価（CPIA）（2章参照）を設け、汚職の度合い等についての評価対象項目も組み入れている。同銀行は贈収賄防止策の調整にも早くから取り組んでおり、1999年以降、詐欺、贈収賄、談合に対して下してきた制裁措置は年々増加しており、贈収賄防止規制を巡る世界環境に変化をもたらし続けている（PwC 2016）（表1-5, 1-6, 1-7参照）。

　世銀のアプローチは、汚職の発生は脆弱なガバナンスが原因であるという経済理論に基づき、経済成長が貧困削減に寄与し、成長を軌道に乗せるのには汚職対策をはじめとしたガバナンス改善が不可欠との明確な考えを有しており、後述するEUやUNDPと比べ直接的な反汚職支援は行っていない（Johnsøn 2016, 14, 167）。汚職予防支援は主に公共セクター強化と改革に焦点を当てているのが特徴と言える。世銀は援助機関の中で最も反汚職に関する幅広い情報を有している機関でもある（Fjeldstad et al. 2008, 9）。

　UNDPは、世銀と同様にいち早く途上国の反汚職支援に介入した国際機関である。1997年に"Corruption and Good Governance"（汚職とグッド・ガバナンス）を発表し、汚職への取り組みの重要性と同時に汚職との闘いに対するコミットメントを明確に打ち出した。特徴としては反汚職取り組みを、情報へのアクセ

ス、法の支配とともに、民主的ガバナンス推進の重要な一要素として位置づけ[11]、反汚職に関する技術的助言や勧告を途上国に提供することをはじめ、政治的公平性、パートナーシップ、ガバナンスへの焦点とともに、市民社会育成、公務員倫理改善、汚職対策機関設置と強化に対する支援等行っている。2016年現在で、UNDPは反汚職イニシアティブを行う65ヵ国を支援し、汚職の抑制努力を試みる124ヵ国の政府機関や制度を支持してきた（UNDP 2016a, xv）。アジア・太平洋局は、汚職と闘うための地域的な行動計画を呼びかけており、例えばそこではすべての汚職問題を解決する万能の答えはなく、国連腐敗防止条約（UNCAC）等の国際規約への参画、汚職対策機関やメディアなどの活動の評価等は国際基準を利用、民間企業の行動要綱、情報公開法の制定等の取り組みが一手段であるとしている（UNDP 2008c）。

　国連機関内の作業分担としては、UNDP以外にも国連薬物犯罪事務所（UNODC）も反汚職取り組みを担っている。UNODCは、「アラブの春」以降、汚職防止以外にも、世銀と国連の共同での途上国で腐敗した指導者の横領資産の回収の支援活動（Stolen Asset Recovery (StAR)）[12]や、「反汚職に対する知識を得るためのツールと情報プログラム（Tools and Resources for Anti-Corruption Knowledge = TRACK）」では、汚職に関する法律、反汚職教育、資産回収、民間セクターと市民社会間の情報提供をインターネットを通じて行っている[13]。国連内の棲み分けでは、UNODCは国連腐敗防止条約（UNCAC）の履行状況のフォローアップや支援といった政府間調整活動、UNDPは途上国の汚職防止支援活動が主な活動となっている。UNDPは、世銀とは異なり特に理論的基盤は持たないものの、汚職予防を重要視している（Johnsøn 2016, 168）。汚職対策が入っている民主的ガバナンスを3つある優先分野の一つと位置づけ、2008〜15年における援助プログラム額の33％、総額で11,418百万ドルを民主的ガバナンスに配分してきた（UNDP 2016a, 23）。その中において、いわゆる直接的な反汚職支援はガバナンス支援全体の約3％程度と少ないものの、反汚職に対する間接的支援は13％となっている。2008〜15年には700を超える反汚職関連プロジェクトを実施してきており、その数はアフリカ（196）、ラテンアメリカとカリブ諸国（158）、欧州・CIS諸国（156）と続いている（UNDP 2016a, 27）。

　SDGs推進に伴い、UNDPは途上国の反汚職と説明責任あるガバナンス支援

へのコミットメントを明確にし、グローバル・リージョナル規模の反汚職プロジェクトに対する追加資金を検討すると同時に、2016 年には今までの反汚職取り組みに対する自己評価を行っており、そこでは SDGs 実行に向けてさらなる反汚職取り組みの必要性を再確認している（UNDP 2016a, 71-72）。

　OECD は、経済成長、政治の安定性そして社会平等を達成するために汚職と闘うメッセージを発している（Johnsøn 2016, 146-7）。OECD の開発援助委員会（DAC）では 1996 年の「援助資金を通じた調達事業に対する勧告」で調達における汚職防止策がはじめて取り上げられ、そこから反汚職取り組みに着手した（国際協力銀行 2007）。2007 年には反汚職に向けての共同活動計画を策定しており、OECD 諸国の担うべき行動として、途上国の汚職問題に対する共同アセスメント、国際条約や協定の履行支援、国レベルにおけるベストプラクティスの設定等、多面的な協力を促している（OECD 2007）。DAC 事務局では、OECD 外国公務員贈賄防止条約、公共セクターガバナンスと民間セクターの清廉性、そして開発援助と輸出信用それぞれの別個の活動を異なった部署が担当している。政府や企業の調達や OECD 条約等のガイドライン作成、ガバナンスや反汚職に関する各種調査報告、OECD フォーラムの開催を通じて汚職問題の情報発信を担っている。

　欧州共同体（EU）も独自の反汚職支援を行っている。汚職は国の経済発展と清廉性を崩し、政治・社会の安定に損失を与える「犯罪」であり、それに対する取り組みを優先し、開発への配慮はその次との考えを有している（Reed 2004）。またドナーの中でも唯一大規模汚職、政治汚職へのコミットメントをしている機関である（Johnsøn 2016, 167）。活動の特徴としては、基本的には EU 諸国もしくは EU 加盟候補国を支援の対象としており、政治対話と改革推進の圧力を与えること、加盟国の組織犯罪や域内市場の機能における EU 融資、国境を越えた汚職取り締まりといった部分に焦点が当てられている。また法的基盤を通じ、直接的な法執行アプローチと司法セクターへの関与を重視している（Johnsøn 2016, 168）。OECD や欧州評議会（Council of Europe: CoE）等に業務委託し、各国の条約や協定の履行状況のモニタリングと、政府への直接支援が主体となっており、市民社会を通じた支援は最小限となっていることが特徴であると言えよう（Johnsøn 2016, 118-121）。

CoE は、「汚職に関する刑事条約並びに民事条約」をそれぞれ 2002 年と 2003 年に発効しており、OECD 外国公務員贈賄防止協定より広い範囲で犯罪化を進めている。国際商取引に関係しない場合でも、外国公務員の贈収賄を処罰することの他、民間部門における贈賄と収賄を犯罪化することを目的としている。汚職と闘うための国家群グループ（Group of States against Corruption: GRECO）がフォローアップ機関として担っており、46 加盟国における反汚職への取り組み状況（法や制度、政治参加、市民社会の役割等の側面から汚職問題対策に対するコンプライアンス）をレビューし、適宜加盟国側に勧告している（Council of Europe 2010）。

　米国国際開発庁（USAID）は 1994 年に初めて援助に関する汚職問題の調査を開始し、その後民主主義とガバナンスのスキームの中で早くから途上国の汚職問題に着眼して支援を行ってきている二国間ドナーである。反汚職政策を海外政策の目的として位置づけており、また米国国家安全保障戦略として、貧困、脆弱な組織制度、そして汚職問題がテロ活動のネットワーク拡大と麻薬問題を助長させ、国家を弱める要因であるとし、反汚職取り組みの必要性を説いている（国際協力銀行 2007）。2011-2015 開発枠組みでは、「民主化改革支援が開発目標の中軸となるグッド・ガバナンス、政府の透明性と説明責任を推進する反汚職取り組みは、保健、経済成長、食糧安全保障、気候変動、人道支援、紛争解決などの開発目標を推進するためのツールである」として重要な位置づけとしている（USAID 2015）。2007 〜 13 年には 74 ヵ国、計 289 のプロジェクトを実施しており、64％が反汚職取り組みをプロジェクト目標として明確に示しており、ほとんどは行政汚職問題に取り組み、66％が成功しているとしている。大規模汚職に絞ったプログラムは少ないものの、これも成果はでているとしている（USAID 2015, 63）。反汚職を具体的に推進するための反汚職戦略や実務家のための反汚職プログラムガイドやアセスメントツールも多く作成されている。

　イギリス国際開発省（DFID）は、貧困を削減させるための清廉性の改善を戦略とし（Johnson 2016, 147）、反汚職支援は、「世界的な平和、安全保障とガバナンス（汚職対策）の強化」と、4つある ODA 重点分野（この他は、レジリエンス強化と危機に対する対応、グローバルな繁栄促進、極貧との闘いと最も脆弱な者に対す

る支援）の一つに位置づけされている（HMT, DFID 2015）。汚職対策支援を自国政府機関の「共通した利益」とも認識しており（Kerusauskaite 2018, 91）、汚職との闘いなしにはミッションを達成することはできないという、汚職に対するゼロ・トレランス政策を有している（DFID 2015, 2）。途上国支援方法は反汚職リサーチセンター（U4）を通じた研究調査に対する資金供与、NGO 支援、カウンターパートへの研修供与、ビジネスセクターにおける経済犯罪や不正に関する調査・捜査等多岐におよび、2018 年 9 月現在で政府・市民社会一般支援分野の 7.4％が反汚職支援に向けられ、その額は 4,230 万ポンドとなっている（DFID 2018）。2004 ～ 20 年反汚職プログラムにおいて、支援対象国はナイジェリア（32％）が一番多く、ウガンダ（15％）、ザンビア（9％）、タンザニア（7％）などアフリカ諸国に集中している（Kerusauskaite 2018, 91）。同国は 2016 年に反汚職サミット（後述する）のホスト国となり、途上国汚職の他、企業の贈賄行為や資産回収、組織犯罪や資金洗浄といった経済犯罪などの不正行為との闘いに対する強いコミットメントと支援を表明している。例えばパナマ文書事件においては、英国政府はインターエージェンシー・タスクフォースに対し捜査・分析活動として 1000 万ポンドを配分する声明を出している（Kerusauskaite 2018, 204）。

　ドイツ連邦経済協力・開発省（BMZ 2012）は、途上国と新興国で汚職により毎年 200 ～ 400 億米ドルが損失しているという現状に鑑み、汚職防止と抑制＝反汚職を政府開発協力の重要な位置づけとし、グッド・ガバナンス推進の戦略の中に組み入れている。開発政策を通じて汚職問題に取り組む二国間ドナーの中でも最も古株であり、様々な支援活動を行ってきている。国別評価枠組み策定の際には、ガバナンスと汚職問題についても考慮している。反汚職リソースセンター（U4）の主要ドナーでもあり、同センターを通じて職員研修や各種反汚職調査研究を委託している。援助実施機関である国際協力公社（GIZ）職員研修もこのセンターを通じて行われており、その数は毎年 1,000 名を超える（BMZ 2012）。また OECD 外国公務員贈賄防止条約、UNCAC などに対する積極的支援やフォローアップ、そしてカルテル（企業連合）を守るための採取産業透明性イニシアチブ（EITI）への参画、UNODC の資産回収プログラム支援など、各種国際協定に対する支援にも力を入れている。この他、近年では

"Anti-Corruption WORKS"という、被援助国職員や幹部職員に汚職のリスクがどこにあり、どのように予防すべきか、2日間のワークショッププログラムを設けている（GIZ 2016）。

世銀をはじめとする国際開発銀行（MDBs）間における反汚職問題に対する調和化も進み、収賄と汚職行為に対する定義の共通化、汚職事件や不正企業に関する情報の共有化、融資および投資決定の際のビジネス倫理に関する分析なども強化されている。MDBs は、国境を越えた贈収賄を防止し、統一的枠組みと定義を設けるために、2010 年に受注資格停止措置の相互執行協定（Agreement for Mutual Enforcement of Debarment Decisions）に署名、受注資格停止共同措置プロセスを採用している（PwC 2016）。これにより、違反した企業は世界中のあらゆる地域で同様の資格停止や入札参加不適格処分を受ける可能性が生じることになった。また MDBs は調査協力、証拠の共有、捜査結果の国境を越えた照会など、各国の司法や捜査当局と協力し、世銀だけで 2011 年には 40 件の調査照会を行っている（PwC 2016）。

日本の ODA 支援（二国間援助の場合）はどうであろうか。先述の通り 2000 年半ばになるまで、反汚職支援や汚職対策に関する援助事業は極めて限定的であり、また「汚職」という用語自体も意図的に使ってこなかった。その理由の一つとしては、二国間援助の目的の一つとしては、相手国との友好関係の構築であり、政府や政府職員は汚職はないという前提に立って援助活動を行っており、グッド・ガバナンスという表現で汚職対策支援を間接的に実施してきた。これは日本に限ったことではなく、被援助国側（例えばジョージア）でも国によっては汚職という用語を使用せず、代わりに透明性と説明責任、グッド・ガバナンスを使用している（USAID 2015, 5, 13）。

2000 年代半ばから援助実施団体である国際協力機構（JICA）は、反汚職に対する支援を行ってきており、例えば近年では、カンボジア、チュニジア、ウクライナ、アフガニスタン等の政府高官を対象とした汚職対策の研修事業の実施や、汚職防止ガイダンスの作成など、汚職という表現を前面に出して活動を実施するようになっている。またバングラデシュでは国家清廉性（National Integrity）システム支援も行ってきた。これとは別に、東京にある、国連アジア極東犯罪防止研修所（UNAFEI）などは、1998 年より毎年途上国公務員に対し、(1)

公務員による汚職の実情、(2) 公務員による汚職に対する刑事司法の対応上の問題点と対策（捜査及び訴追上の問題点と対策、裁判上の問題点と対策）、(3) 公務員による汚職の一般的な防止策、(4) 公務員による汚職防止についての国際協力について汚職犯罪取り締まりに携わる政府職員を対象とした研修事業を設けてきている。[14]

　途上国の汚職が原因による援助中止や、援助資金配分を考慮する機関も出てきている。例えば、IMFはケニアにおける部族抗争の深刻化、政府内部の腐敗等のため、1997年から2000年まで財政支援型援助を停止している。2013年にはウガンダ首相官邸での1,300万ドルの使い込みが発覚し、イギリス、ノルウェー、アイルランドとデンマークが援助の停止を行っている（Reuters 2012）。日本でも、2014年に日本企業がベトナムなどで受注した日本の政府開発援助（ODA）事業に絡みリベートを支払った問題を受け、ベトナム政府に対し新規ODAを一時停止している（日経新聞2014）。アメリカの援助増加計画に伴って設立された、ミレニアム・チャレンジ・アカウント（MCA）では、開発における健全な政策、制度、ガバナンスの役割を重要視し、援助対象国の汚職レベルが直接援助条件として評価されている（USAID 2004）。「持続的な経済成長を通じて貧困削減するプログラム」では、汚職の抑制は援助資金を決定する際、公正なルールの指標の中の6項目の一つとして位置づけし、そこでは世界ガバナンス指標の「汚職の抑制」の項目が使われ、当該申請国がその指数に基づき一定以上の基準を充たした場合、援助要請書の提出が認められている(U4 2011a, 3)。

　国際ドナーの支援形態は途上国のみでなく、ドナー機関向け（ドナー機関スタッフといった実務家向け）も含まれており、汚職対策のガイドラインや研究報告書が多くのドナー機関から出されている。これら成果物は商業目的ではないため、ほとんどがネット等で入手可能である。

　国際ドナー（援助機関）は、開発協力において、汚職と闘うことは独立した目標ではなく、グッド・ガバナンスと貧困削減を行うための国際努力の一部であるという認識があることが分かる。また従来の「反汚職支援は内政干渉であるため援助対象外」というジレンマ枠から抜け出し、直接反汚職に対する政府政策支援を行ったという大きな政策変化であると言える。

　以上を振り返ると、ドナー機関の支援形態は、1990年代後半から2000年に

かけて反汚職への新たな展望への基盤構築と事業展開、2000年から2010年は途上国に対する国際条約履行のための技術協力支援、政府機関や市民社会などとの共同活動とローカル人材育成、2011年以降は従来の支援に加え、受託者責任との関係における内向きな支援体制への移行（World BankやEU等）、今日は反汚職取り組みの有効性のレビューと国際協定のフォローアップ、そして今後はSDGsに向けた新たな協力支援という流れになろう。

（2）汚職と闘うための国際規範

1990年代後半より、汚職と闘うための国際的また地域的な合意が国際条約や取り決めを通じて行われてきた。今日、OECD、国連、欧州評議会（CoE）、米州機構（OAS）、アフリカ連合（OAU）などがそれぞれ国際・地域協定や合意を締結している。この他、例えば、早くは1996年の国連総会での「国際商取引における汚職に対する宣言」、欧州評議会の閣僚委員会による「汚職に関する学術グループ」なども採択されている。

G8やG20の首脳会議等でも汚職との闘いは取り上げられてきている。例えば、2003年のエビアンにおけるG8首脳会合では、「腐敗との闘いと透明性の向上」、2006年のサンクトペテルブルクG8首脳会合では、「上層部の腐敗との闘い」についてそれぞれ取り組み決意を示している。2014年のG20首脳会議（豪州ブリスベン）では、投資環境を強化し、成長を押し上げる観点から、G20腐敗対策行動計画を策定している（表3-5参照）。2019年1月に東京で開催されたG-20の腐敗対策作業準備部会ではインフラ開発事業における汚職・腐敗問題について議論されている。この他、後述する国際反汚職会議の開催なども汚職問題をグローバル規模で議論する場を提供している。

その中で、重要なものとして、OECD外国公務員贈賄防止条約と国連腐敗防止条約（UNCAC）が挙げられよう。この2つの条約は元々異なった流れで条約締結に至っている。OECD協定は、1977年の米国の海外腐敗行為防止法の制定に伴い、米国の国際競争力が不当に削がれることを防止しようとする効果も担うものとして、本協定への検討につながった。[15] UNCACは、汚職との闘いには、途上国政府の汚職の機会を削減させるための制度改革や法整備が必要とのことから、各加盟国に汚職対策機関の設置、調達事業における制度改善、反汚職教

育等を課している。前者は、汚職問題を贈賄側から禁止した規定であり、主に先進諸国の民間企業等を対象に設けられたのに対し、後者は汚職の機会を制度的に減らすための、途上国政府側における制度構築改革への参加と実施である。これら条約を通じて、国際社会の汚職対策はさらに一歩前進し、先進国・途上国双方が今までとは異なった方法で汚職問題へ取り組む必要が増したと言える。

　また、それら条約を適切に実施、執行させるため、各締結国は適宜自己評価チェックや、専属の外部組織を通じたモニタリング等を受けている。例えば、UNCACの履行状況は、国連薬物犯罪事務所（UNODC）が、欧州評議会の「汚職に関する刑事条約・民事条約」では、「汚職と闘うための国家群グループ（Group of States against Corruption: GRECO）」が、OECD条約は、OECDやアジア開発銀行（ADB—アジア地域の場合）等がそれぞれ履行状況のフォローアップ機関として機能を担っており、定期的なモニタリングとアドバイスを行っている。この他、TIも各地域のネットワークを通じて、各条約や協定の定期モニタリングを独自に行っている。以下、OECDと国連の条約について取り上げ説明する。

OECD外国公務員贈賄防止条約[16]：

　汚職、特に外国公務員に対する贈賄が、「深刻な道義的および政治的問題を引き起こし、グッド・ガバナンスおよび経済発展を阻害し、並びに国際的な競争条件をゆがめている」（条約前文）ことを考慮し、すべての国が国際商取引における外国公務員に対する贈賄を防止することを目的に1997年12月、33ヵ国により調印された。2018年9月現在における加盟国は日本を含む43ヵ国である。条約の内容は、禁止行為、具体的内容、罰則の程度等と、条約の効果的な運用のための国際司法共助、犯罪人引き渡し、フォローアップ等、各国の義務に関して規定している。また刑事処罰とは別に、汚職を予防するための規定は、各国の情報開示と相互協力についても盛り込まれ、さらに賄賂を税控除の対象に認めないことも義務づけている。要するに、同条約は自国企業が海外で操業する際、現地の公務員に対して賄賂を贈ることを法律で禁止し、違反者を処罰する体制整備が課されるようになったのである。OECDは、各国の条約施行状況を調べており、それに対する助言や勧告を逐次行ってきている。一方、この条約をきっかけに、企業のコンプライアンスメカニズムも強化、そして反

汚職プログラムの社内実施が積極的に行われるようになった。[17]

国連腐敗防止条約（UNCAC）：[18]

2003年に国連総会で採択（国連決議58/4）された。同条約は、全8章71条から成立しており、公務員等に関わる汚職行為に対処するための防止措置、汚職行為の犯罪化、国際協力、政治家等が汚職や犯罪等から得た財産の回収等について定めた、グローバル規模で汚職撤廃に取り組む目的を有した国際条約である。2018年9月現在、国連加盟国の9割以上の186ヵ国が締結している。本条約のポイントとしては次の通り。(1) 腐敗行為の防止のため、公的部分（公務員の採用等に関する制度、公務員の行動規範、公的調達制度等）および民間部門（会計監査基準、法人の設立基準等）において透明性を高める等の措置がある。また腐敗行為により不正に得られた犯罪収益の資金洗浄を防止するための措置を取る。(2) 自国の公務員、外国公務員及び公的国際機関の職員に関わる贈収

表3-5 汚職と闘うための国際・地域条約等の活動概要

条約・協定名称	機関、採択・発効年	目的と特徴	加盟国数及び現状
国連腐敗防止条約（UNCAC）	国際連合 2003年10月採択、2005年12月発効	国際的な現象となっている公務員等に係る腐敗行為に対処するため、腐敗行為の防止措置（公的部門・民間部門の透明性の確保、資金洗浄の防止）、及びこれと闘うため、腐敗行為の犯罪化（自国及び外国公務員に係る贈収賄、公務員による横領、犯罪収益の洗浄）、犯罪収益の没収、財産の返還等（没収した財産の外国への返還）に関する国際協力等（犯罪人引き渡し、捜査・司法共助）につき規定している。	締約国・機関数186ヵ国（2018年8月現在）
外国公務員贈賄防止条約	経済協力開発機構（OECD） 1997年7月採択、99年2月に発効	すべての国が国際商取引における外国公務員への贈賄の防止を目的としており、禁止行為、具体的内容、罰則の程度等と、条約の効果的な運用のための国際司法共助、犯罪人引き渡し、フォローアップ等、各国の義務に関して規定。また賄賂を税控除の対象に認めないことも義務づけている。	締約国43ヵ国（2018年10月現在）
汚職に関する刑事条約並びに民事条約	欧州評議会（CoE） 刑事条約は2002年1月、民事条約は2003年11月	刑事条約：上記OECD条約より広い範囲で犯罪化を進めており、国際商取引に関係しない場合でも、外国公務員の贈収賄を処罰することの他、民間部門における贈賄と収賄を犯罪化することを目的。 民事条約：汚職犯罪の被害者に損害賠償請求権を認めるよう、締約国に立法措置をとるべきことを義務づけている。	刑事条約批准国－43ヵ国と民事条約批准国－28ヵ国

環米州汚職防止条約	米州機構（OAS）1997年3月	域内の民主化の維持・確立を目指して締結した条約。規制対象は、固有の贈収賄罪の他、関連犯罪、更に拡大された汚職行為を義務づけている。	締約国－33ヵ国
汚職防止条約	アフリカ連合（OAU）2006年8月	公的部門における贈収賄及び民間部門に係る贈収賄のみならず、その関連犯罪も犯罪化すべき旨を規定。	批准国－31ヵ国
国連グローバル・コンパクト	国際機関、民間企業 2000年7月	アナン国連元事務総長が1999年に提唱したイニシアチブ。企業に対し、人権・労働権・環境・腐敗防止に関する全10原則を遵守し実践するよう要請したことに始まる。原則第10に強要・賄賂等の腐敗防止の取り組みについて取り上げており、それに対し任意参加団体は腐敗根絶という課題に取り組む責任は民間にもあるとの見方を全世界に向けて発信している。	2015年7月時点では世界約160ヵ国で1万3,000を超える団体（そのうち企業が約8,300）
G20 G20腐敗対策行動計画 （於：豪州・ブリスベン）	G-20諸国 2014年	G20 腐敗対策行動計画：G20が腐敗との闘いにおいて優先課題として特定した以下の事項について、具体的かつ実際の行動をとることにコミットした。 1．実質的所有者の透明性：金融活動作業部会（FATF）により策定された法人及び法的取極めの実質的所有者に関する国際的な基準の効果的な実施を通じ、更なる透明性を促進することにコミットする。 2．贈収賄対策：OECD外国公務員贈賄防止条約の遵守を検討するという見地から、OECD贈賄作業部会への積極的な参加を含め、贈収賄との闘いにおいて模範を示すことにコミットする。国内及び外国公務員の贈賄を包括的かつ効果的に犯罪化するとともに、法人の責任を確立し、民事及び刑事訴訟を通じ、これら法を執行することにコミットする。 3．高リスクセクターにおける腐敗対策：採取産業をはじめ、税関、漁業、林業、建設セクター等、その他高リスクセクターにおける腐敗リスクに対処するため、実践的な行動をとることにコミットする。 4．公的部門における透明性と清廉性：政府機関等が公的部門の透明性と清廉性のためのベストプラクティスを実施すべく、模範を示すことにコミットする。G20腐敗対策作業部会は、政府調達、オープンデータ、公益通報者保護、訴追からの免除、財政及び予算の透明性、公務員の倫理規範を特に優先事項として特定した。 5．国際協力：腐敗に関連した民事・行政手続上の援助を含め、国際協力は、捜査、訴追及び腐敗による収益の回収に不可欠。腐敗による収益を回収すべく、模範を示すことにコミットする。G20財産回復ガイドを基礎に、効果的な財産回復を促進するためのG20共通アジェンダを策定する。腐敗に関連する犯罪の訴追からの免除に対処する。 6．民間部門における透明性と清廉性：腐敗対策のための教育や企業向け研修、また、企業に法律遵守プログラムの実施を促すこと等を通じ、腐敗と闘うために民間部門及び市民社会と引き続き協働することにコミットする。	

（出典：外務省、通商産業省、国連、OECD、小山田 2013 他。〈各協定等における詳細はインターネットからダウンロード可能〉）

賄、公務員による財政の横領、企業収益の洗浄等の腐敗を犯罪とする。(3) 腐敗行為に関わる犯罪の効果的な捜査・追訴等のため、犯罪人引き渡し、捜査共助、司法共助等につき締約国間で国際協力を行う。(4) 腐敗行為により不正で得られた犯罪収益の没収のため、締約国間で協力を行い、公的資金の横領等一定の場合には、他の締約国からの要請により自国で没収した財産を当該地の締約国へ返還する。

この他、欧州評議会 (CoE)、米州機構 (OAS)、アフリカ連合 (OAU) 他[19]、企業グループのイニシアチブにより設置された国連グローバル・コンパクトに見られる国際規範[20]や、G20 などによる政府レベルにおける声明もでている。これについては表 3-5 を参照願いたい。

国際協定ではないが、汚職・腐敗問題に対する国際会議も今日に至るまで多く開催されている。国際反汚職会議 (International Anti-Corruption Conference: IACC) がその一つである。1983 年に第 1 回目の会議が開催されて以降、2 年ごとに異なった国で開催されている。毎回 135 ヵ国以上、800~2,000 名の参加者を交え様々な汚職・腐敗問題について議論をしている、政府、ドナー、市民

表 3-6 国際反汚職会議の開催国とメインテーマ

開催年	開催国（都市）	メインテーマ
8 回 (1997 年)	ペルー (リマ)	国家と市民社会による汚職との闘い
9 回 (1999 年)	南アフリカ (ダーバン)	グローバルな清廉性：変化している世界における反汚職戦略の開発
10 回 (2001 年)	チェコ (プラハ)	皆で汚職との闘いを：戦略開発、インパクト評価、汚職にまみれた組織の改革
11 回 (2003 年)	韓国 (ソウル)	異なった文化、共通の価値
12 回 (2006 年)	グアテマラ (グアテマラシティ)	より平等な世界へ：なぜ汚職は未だそれを阻止するのか？
13 回 (2008 年)	ギリシャ (アテネ)	グローバルな透明性：持続可能な将来に向けた汚職との闘い
14 回 (2010 年)	タイ (バンコク)	信頼を蓄える：透明性へ向けたグローバル活動
15 回 (2012 年)	ブラジル (ブラジリア)	人々の動員：変革推進者をつなげる
16 回 (2014 年)	マレーシア (プトラジャヤ)	免責の終焉：人々、清廉性、行動
17 回 (2016 年)	パナマ (パナマシティ)	公正の時代：平等、安全、信頼
18 回 (2018 年)	デンマーク (コペンハーゲン)	開発、平和、安全のために一緒になる：今こそ行動あるのみ

(出典：https://iaccseries.org/about/previous-iaccs/)

写真1 国際反汚職会議（IACC）の様子（出典：http://iacconference.org/）

社会、企業の参加を含めた国際規模のイベントである。表3-6は、第8回から18回までの開催地とテーマをまとめたものである。この他、近年では2016年に反汚職サミットがロンドンで開催され、43政府と6の国際機関が一堂に集まり、反汚職に対する648のコミットメントを取り付け、反汚職に対するグローバル宣言を行った[21]。OECDは2013年よりグローバル反汚職・清廉性フォーラムを開催してきており、2013年は「実務における清廉性改善」、2014年は「調査、政策、プログラムにおける調整と協力改善」、2015年には「汚職の抑制：成長への投資」、2016年は「隠された関税：汚職なきグローバル貿易」、2018年には「地球の清廉性：より公正な社会の構築」と、毎年テーマを変え、議論を展開してきている[22]。

2 市民社会の役割

市民社会（＝市民社会組織として以下説明する）の反汚職に対する活動が汚職抑制につながるを証明をしている実証研究は数知れない程多く、汚職対策には市民社会の介入は不可欠となっている。UNCACもその重要性に鑑み、締約国に対し市民社会の反汚職活動に対する参加促進への適切な措置を施すよう要請している[23]。市民社会は政府に圧力をかけ、民間セクターに説明責任と透明性を求め、市民に直接訴え掛けられる橋渡し的プレーヤーである故、特に重要な役割を担っている[24]。彼らは自国、地域特有の汚職問題に日々直面しており、独自の

表3-7 反汚職に取り組む市民社会組織の主たる活動内容と目的

種類	目的
アドボカシー活動	汚職問題に対する国民の意識向上の醸成
ロビー活動	反汚職に関する政策提言を政府に対し行う
調査研究活動	汚職抑制手段や、汚職の影響や情報分析に関する調査活動、並びに世論調査等の実施
モニタリング活動	政府の反汚職活動、公務員や国会議員などの汚職事件の追及や、公共事業における政府調達や援助プロジェクトが適切に行われているかのモニタリング活動
調査報道活動	公務員の汚職事件をメディアを通じて報道し、国民に訴える活動
能力向上活動（反汚職教育）	公務員、地方政府、市民社会を対象とした、汚職取り組み活動に対する能力向上
価値観形成活動	公務員や国民を対象に反汚職に対する価値観を変える活動
反汚職ネットワーク構築活動	政府機関、市民社会、ドナー機関間における情報共有や連携活動を目的としたネットワークの構築活動
制度改革支援と法や規則の見直し活動	政府の制度や法規の見直しに取組む活動

（筆者作成）

対応策を考えることができる。しかし、一般に彼らの活動や影響力は単体では限られている。その主たる理由としては、多くの場合、恒常的な資金不足と、汚職に取り組むための専門知識を有したスタッフの欠如、さらには反汚職活動に対する政府からの制限や政治的抑圧などが挙げられる。他方、本書で既に何回も登場している、国際NGOであるトランスペアレンシー・インターナショナル（TI）のように活動資金規模が大きく、人材が豊富であり、多くの途上国に支部や活動拠点を持ち、一国の反汚職行動に対し影響力を及ぼし、政府や国際機関への政策提言から調査活動、ネットワークによる情報交換、透明性啓蒙のための国際フォーラム開催、国際条約の実施状況の監視等、反汚職活動を幅広く実施できる一種のシンクタンク的組織は例外である。[25]

近年では市民社会は政府との連携も多く見られ、例えばインドネシア汚職撲滅委員会（KPK）では、委員の中に市民社会出身者もおり、幾つかの市民社会とのネットワークを通じて、汚職事件の情報の相互共有、市民社会スタッフの同委員会への出向等、市民社会は政府の実施する反汚職活動にとって重要な役割を担っている。フィリピンのオンブズマン局では、63の市民社会と協定を結び、政府の透明性や反汚職に関する市民教育や意識向上活動を共同で実施し

ている（Office of Ombudsman 2008）。100ヵ国を越す、330以上の市民社会団体が構成する UNCAC 市民連合会（UNCAC Civil Society Coalition）も組織されており、UNCAC 加盟国に対し政府の一層の説明責任と透明性について訴えている（TI 2012, 14）。ナイジェリアでは 150 を越える団体が反汚職における市民団体ネットワークに登録し活動している（Civil Society Network Against Corruption 2018）。

　途上国全体を通じて、汚職対策そのものを専門に取り組む市民社会はまだ少なく、彼らの活動を大別すると、(1) アドボカシー活動、(2) ロビー活動、(3) 調査研究、(4) 政府活動に対するモニタリング活動、(5) 調査報道活動、(6) 能力向上活動（反汚職教育）、(7) 価値観形成活動、(8) 反汚職ネットワーク構築活動、(9) 制度改革支援と法規の見直し活動に分けられる（表3-7）。

　これらを踏まえ市民社会の主な活動範囲を大別すると、社会改革、即ち汚職・腐敗や不正に対する市民や公務員の意識変化と、政府の汚職対策に対するモニタリングと改善のためのアドボカシー活動、汚職問題に対する意識調査などに限定できよう。ここではこれら活動の具体例について説明を加える。

(1) アドボカシー活動：汚職が市民や政治家、企業、マスメディア、学校など、社会全体に与える影響がどうなっているか、そして汚職と闘うための方策についての理解を向上させるもの。反汚職ポスターコンテスト、プレスリリース配布、小冊子作成、ワークショップや会議開催、テレビやラジオを通じた公開ヒアリング実施などがある。国連は、2003年より12月9日を「国際反汚職の日（International Anti-Corruption Day）」と定めており、毎年各国で市民社会や政府を中心にキャンペーンが行われている。写真2はタイにおける反汚職の日の集会である。TI はアドボカシーの一環として、世界で生じている汚職事件を毎日全国より集め、デイリー・コラプション・ニュース（Daily Corruption News）として電子メールにて世界中に発信している。後述するインドネシアの反汚職委員会（KPK）は、人気ロックスターを反汚職親善大使に任命し、彼らの歌やイベントなどを通じて反汚職のメッセージを市民に訴えかけている。この他、You-Tube にアクセスしただけでも世界各国の実施している反汚職キャンペーンの様子が伺える。これらのアドボカシー活動は、特定の汚職事件の追及や汚職者をターゲット

としたものではなく、あくまでも汚職が社会に与えている現状や反汚職取り組みを市民に理解させるための活動としての位置づけとなっている。この他、例えば TI は毎年、果敢に汚職と闘った人や団体に対して与えられる清廉性賞（Integrity Award）なども設けている。
(2) 反汚職教育：活動自体は反汚職キャンペーンと重なっている部分があるが、これは小中高校生や、大学、さらには政府職員にターゲットを絞り施す反汚職・倫理教育などが主である。内容は対象グループによりそれぞれ異なるが、汚職による社会経済的影響、汚職は犯罪であることを植え付けるような倫理教育と、汚職を許さないカルチャーの構築が中心となる。筆者が国際 NGO で活動していたときは、インドネシアのすべての国立大学で汚職問題に関する科目を設置してもらうためのロビー活動とカリキュラム作成支援を行い、後年各大学で実施された経緯がある。TI は、2010 年に清廉性スクール（School of Integrity）を開講し、学生や 35 歳以下の若い社会人を対象に反汚職取り組みや清廉性問題について研修を施し、110 ヵ国、900 人を越える若者が参加してきている。[27] 通常、反汚職を専門としている政府職員はいないため、反汚職教育プログラムは、どの国でも市民社会が関与することがほとんどであり、国によっては政府が市民社会を支援する形で共同で活動している。途上国の反汚職や国家の清廉性問題に取り組ん

写真 2　タイの反汚職キャンペーン（出典：https://www.shutterstock.com）

第 3 章　国際社会、市民社会、民間企業による反汚職取り組みの役割と活動

でいる国際 NGO の Integrity Action は、政府、市民社会、学生を対象とした反汚職や清廉性に関する研修内容を You-Tube に載せており、講義内容を共有している。その前身である Tiri は、政府職員向けに汚職事例を取り扱った短時間ドラマ映像を DVD 化し、公務員向け教材として使用している。[28]

(3) 汚職認識度・実態調査：世論調査等を通じて汚職の実態や市民の汚職による損失を明らかにし、汚職防止への要求に対応する政治的意志を醸し出させるもの。TI の汚職認識度（CPI）は、毎年世界各国の汚職認識度とそれに基づく国別ランクを発表してきている。アフリカ諸国のガバナンス、政党、寛容度、公共サービス等に関する市民サーベイを行っているアフロバロメーター（Afrobarometer）も同地域の汚職問題について様々な調査を行っている。[29] フィリピンでは、社会情勢調査（Social Weather Station: SWS 2017）が企業の贈賄度に関する実態調査や大統領の汚職との闘いに対する評価を通じて、20 年前からの比較を行っている。アフガニスタンの清廉性ウオッチ・アフガニスタン（Integrity Watch Afghanistan）では、市民が公務員に賄賂を支払っている実態を明らかにし、国際社会を驚かせた。[30] ルワンダの Transparency Rwanda (2010) では、女性が職場でどのような形態の賄賂を要求されたかについての、ジェンダー別の汚職実態調査を行っている。インドの「私は賄賂を支払った（I paid a bribe）」では、ネットを通じて市民が実際に賄賂を支払った現状を URL に載せ、市民間の情報提供と交換を行っている。そこではインドの各州でどの程度賄賂が支払われたか件数が計上され、その金額や正直な政府職員が何名いるか、賄賂を支払ったときの状況はどのようであったか等報告できるようになっている。2018 年 9 月現在、同 URL へは 1,500 万回以上のアクセスがあり、1,072 市で、16 万件を超す報告がアップロードされている。[31] 同様の活動は 14 ヵ国で実施されるようになっている。ウクライナ、カンボジア、パレスチナなど、100 ヵ国以上では市民社会が中心となり「国家清廉性報告書」が作成されており国家を構成する主要機関の能力等について評価している。今日途上国政府や、ドナー機関発行の反汚職調査の多くは市民社会に委託して作成しているのが現状である。

(4) ワークショップ・セミナー開催：ワークショップを通じて汚職問題に対する一層の知識と反汚職に関する具体的取り組みや予防策を学習し、汚職行為の削減に寄与させるもの。ワークショップやセミナーの内容も、政府職員を対象にした汚職の機会の明確化や防止方法（政府調達、財務管理、プロジェクト管理等）、企業や市民社会スタッフを対象とした汚職削減ツールに関するセミナー、さらには教員や国会議員を対象としたセミナーまで多種にわたっている。例えば、カンボジア、スリランカやアルメニアなど、多くのTI 事務所では、汚職に直面した市民のための無料法律相談などを提供している。ドナー機関による途上国の市民社会支援はこのケースが圧倒的に多い。

(5) 政府活動や公務員、国際規定等に対するモニタリング活動：これには様々な活動がある。政府の反汚職コミットメントがどの程度実現されているか、公共事業や政府調達が契約通り行われているか、政治家や公務員の汚職事件にまつわる裁判が適切に行われているか等の他、市民社会が裁判所に乗り出し、モニタリングするものもある。TI などは G 20 の反汚職や企業の贈賄防止に対するコミットメント、そして国連や OECD をはじめとした国際協定の履行状況等などをモニタリングする役目も担っている。中央・地方レベルで政府事業や支出に対する情報の透明性の確認や、参加型の公共予算編成なども市民社会の役割として認識されている。政治家や政府高官が給与以外に違法な収入源があるか確認する生活様式チェック（Life Style Check）[32]、政治家が企業と利害関係があるか調査する市民社会団体もある。先述の Integrity Action は、途上国の地方プロジェクト事業において、法律や契約違反、権利、社会通念上問題があると判断した際に、住民がこれらを明らかにし、政府や企業に説明責任や改善策を求める活動を行っている[33]。2003 年から 2017 年末まで、11 ヵ国における 650 のプロジェクトを取り上げ、住民自らが学校、病院などの 158 の政府事業をモニターし、8 億 5 千万米ドルを超える額の開発プロジェクトに対して実施された。その結果、53% の改善率（Fix-Rate）を達成することができ、これは 5百万人以上の住民が道路、クリニック、学校校舎、飲料水、衛生等で生活改善の便益を得たことを示している。

市民社会は汚職・腐敗を非難し、政府に圧力をかけ、国際社会に訴えることによりその役割を果たしており、多くがドナー機関から技術、資金援助を受けて活動している。その意味において、取り組み手法と材料は国際的に受け入れられているツールの利用を基準としていることが分かる。例えば、TIでは、各国の支部間における定期的会合や研修などで、国内外の反汚職への取り組みについての情報交換や、反汚職取り組みの方法などノウハウを共有している。

　反汚職に特化する専門集団は、環境保護、保健衛生、教育等といった他の分野の市民社会に比べ数は圧倒的に少ない。例えばスリランカでは反汚職の市民社会は国内で1団体しか存在しない[34]。2013年時点ではエジプト、2016年時点ではラオス国内には存在しなかった[35]。反面、フィリピンでは概に2000年の段階で国内に500団体以上存在するとされ（実際活動しているのは少ないとされる）（小山田2004, 80）。国の汚職の度合いと市民社会数との間には相関関係は必ずしもあるとは言えない。

　汚職が少なくなれば、市民社会の役割も少なくなる。小規模汚職が激減したジョージアのTIでは、既に10年近く前より反汚職プロジェクトはなくなり、能力向上プロジェクトといった、異なった表現による活動となっている。以前スタッフが10名以上いたエストニアの反汚職市民社会組織では、汚職レベル[36]が少なくなったため、現在では1名のみとなっている[37]。

　途上国の多くでは、以前に比べ政府と市民社会間の協力関係は大きく改善されてきており、前述の通り、政府の反汚職政策の策定時や行動計画実施の際には市民社会の参加も目立つようになっている。他方、国によっては、市民社会やメディアの活動を制限している。例えば、カンボジアのある反汚職市民社会代表は、反汚職報告書の作成後、幾度ともなく政府から脅迫電話やメールを受け取り、電話も盗聴されていると語っている[38]。インドネシアのある市民社会団体は、市民からの汚職事件や行為に関する通報を日々受け取り、汚職事件を追及するたびに恐喝を受け、時には危険な目にあってきたとのこと。反面、ルワンダの反汚職市民団体はアドボカシーに特化し、政府内の汚職事件は敢えて取り組まない雰囲気であった[39]。ウクライナの市民社会団体は、彼らの活動は政府に全く相手にされていないと無力感を訴えていた[40]。以前フィリピンの反汚職市

民社会組織は裁判官が代表を務めていた。[41]政治的利用を目的とした団体や、補助金目当ての実態のない団体なども未だ途上国では多く存在しているのも事実である。途上国では、依然市民社会と政府間の軋轢が多く、また協力関係があるといえども政府側に都合のよい市民社会のみ協力関係が多いことも事実である。活動対象が政府内の汚職・腐敗についてであれば殊更である。市民社会と政府との関係については6章でさらに議論する。

3　民間企業による贈賄防止対策

汚職防止取り組みの傾向としては、長い間収賄側に関心と注意が向けられ、その対象としては、公務員の汚職行為、即ち「私的利用のための公権力の濫用」に限定されており、贈賄側の行為そのものにはあまり着目されてこず（Rothstein and Varraich 2017, 13)、むしろレント・シーキングなどから取り上げられることが多かった。主たる理由は、市民は社会や公共財などを管理する政府へのリンクを直接有しており、汚職・腐敗が生じた際、影響を受けるのは市民であり、また汚職により社会や公共財が個人の所有物となってしまうこと、さらには政府の役割は民間企業の汚職を抑制するということが言える（Rothstein and Varraich 2017, 13-14; Andvig et al. 2001; Booth and Cammack 2013; Rothstein 2014)。本来、汚職は贈賄側と収賄側の共同作業により成立するものであり、民間セクターと公共セクターが交わるところに汚職が発生する。従って贈賄側に対しても同様に重点が置かれる措置が必要である。通常、収賄側は公務員が主たるアクターとなり、贈賄側は企業や個人などが主体となる。本節では、今日の企業（特に多国籍企業）の不正問題と企業による贈賄防止対策について取り上げ考察する。

（1）今日の多国籍企業の不正問題

今日、世界の上場企業の中における多国籍企業の市場価値は14兆米ドルを超えており、ほとんどの国のGDPより大きい（TI　2014, 6)。その中において、特にグローバル企業が途上国並びに新興国の政府、経済、社会に与える影響力と発言力は甚大であることは想像に難くない。2017年度のグローバル企業（中国は国営企業）の収入だけを見ても、例えば、ウォルマート（4,859億ドル)、中国国家電網公司（3,152億ドル)、中国石油化工集団公司（シノペック・グループ）

(2,675億ドル)、中国石油天然気集団公司 (2,626億ドル)、トヨタ (2,547億ドル)、フォルクスワーゲン (2,403億ドル)、シェル石油 (2,400億ドル) の順となっており (FinancesOnline 2018)、これは例えばそれぞれタイ (4,558億ドル)、コロンビア (3,145億ドル)、バングラデシュ (2,615億ドル)、フィンランド (2,527億ドル) の国内総生産 (GDP) に匹敵する規模である (2017年度のIMF試算による)。下級公務員に見られる小規模汚職とは異なり、大型事業に対する企業の収益は大きいため、それを獲得する際の賄賂の支払い額もけた違いとなる。

近年は、企業の贈収賄以外にも「パナマ文書」[42]で見られるような租税回避、マネーロンダリングやサイバー犯罪に関連する不正・犯罪が世界で急増している。大企業を対象とした国際サーベイでは、3社に1社が資産に関連する不正が生じ、10社のうち1企業が過去4年間で会計不正に遭遇したとし、その際上級・中間幹部が経済犯罪問題の半分に関与しているとしている (TI 2009a, xxviii)。表3-8は、プライスウォーターハウスクーパース社 (PwC 2018) が2018年に実施した、多国籍企業を対象とした世界調査で、過去24ヵ月以内に自国で受けたとされる不正や経済犯罪の種類を業種別にまとめたものである。そこでは業種により不正の種類は異なるものの、贈収賄・汚職よりサイバー犯罪や資産の横領の方が高い率で生じていることが分かる。「汚職は歴史とともに古い」と言われるが、その形態は進化と変容を遂げていることが理解できよう。

同企業調査では、「経済犯罪の被害を受けたことがある」と答えた企業は対象企業のうち49％ (日本は36％) で、企業内部の犯行者によるケースも多く、

表3-8 企業による不正の種類 (業種別)

業種／不正のタイプ	小売り・消費 (%)	金融 (%)	工業製品 (%)	専門家サービス (%)	テクノロジー (%)
資産の横領	48	41	48	40	43
事業活動に対する不正	31	31	26	30	31
サイバー犯罪	30	41	26	na	39
贈収賄や汚職	28	na	29	26	na
顧客による不正	26	56	na	na	26
マネーロンダリング	na	20	na	na	na
購買に関する不正	na	na	29	28	23
財務報告に係る不正	na	na	na	32	na

(出典：PwC 2018を基に作成)

表3-9　多国籍企業の透明度の総合評価（抜粋）

合計スコア	企業名	国	業種	反汚職プログラム実施	組織的な透明性	国別報告
7.3	Eni	イタリア	石油・ガス	96%	100%	22%
6.7	ボーダフォン	英国	通信	100%	50%	51%
5.5	フォルクスワーゲン	ドイツ	消費グッズ	88%	75%	0%
4.4	フィリップモリス	米国	消費グッズ	92%	19%	20%
4.3	コカ・コーラ	米国	消費グッズ	77%	25%	6%
-						
2	NTT	日本	通信	35%	25%	0%
1.3	交通銀行	中国	金融	19%	19%	2%
1.3	ホンダ自動車	日本	消費グッズ	19%	19%	0%
1.0	中国銀行	中国	金融	4%	25%	1%

（出典：Transparency in Corporate Reporting, TI 2014）

　その割合は先進国企業で39%となっており、新興国企業では59%になる（PwC 2018, 17）。今日、世界規模で不正に関する認識が高まっており、「不正」という言葉の意味がより明確になっているのである（PwC 2018, 7）。また回答企業の42%が、この2年間で自社の不正・経済犯罪対策費を増加させ、不正に対応するためにこれまで以上に強力な技術とデータ分析ツールを用いており、同時に多くの企業では内部告発プログラムの充実化を進めている（PwC 2018, 8）。新興地域において組織が汚職を経験する可能性は、先進地域の約3倍と高い一方で、贈収賄・汚職防止策に関するリスク評価を実施している組織は全体の3分の1に過ぎない（PwC 2018, 17）。不正対策に革新的なテクノロジーを用いることは、今は全世界的な徴候となっており、企業は対応策として、これまでとは異なった革新的技術に価値を見出し始めている。その手法として、電子メールの監視、定期的分析、データの可視化、パターン認証、データ・サイエンティスト雇用、そしてAIなどである（PwC 2018, 20）。

　TI（2014）は、世界の124の最も規模の大きなグローバル企業を対象に、企業透明性の現況（反汚職プログラムの実施、組織的な透明性、政府への財務状況等の業務報告）を調査し、総合ランク付けしている（表3-9）。そこでは透明性を有する上位企業10社のうち7社が欧州の企業であり、下位10社のうち8社がアジアの企業という結果がでている。Eni（イタリアの半国有石油・ガス企業）、ボーダフォン（イギリスに本社を置く多国籍携帯電話事業企業）、スタトイル（Statoil =

ノルウェーの石油・ガス企業）が一番高い企業透明度を有し、他方、中国銀行、ホンダ（日本）が最下位企業として評価されている。調査対象企業の反汚職行動に対しては、（1）97％の調査対象企業が反汚職法を含むすべての法に遵守するコミットメントを公表、（2）45％がファシリテーション・ペイメント（FP）を禁止[43]、（3）海外で行われた政治献金の透明性は不十分、（4）金融セクターの企業が反汚職取り組みにおいて弱いこと等が確認された[44]。調査を通じ全体的に欧州の企業の透明性が高く（中でもイギリスの企業が一番高い）、中国と日系企業が低いことを指摘している。これとは別に TI（2016a）は、新興国の100企業に対して同じ調査を行っており、そこでは世界のグローバル企業に比べ、新興国の企業は組織的透明度が全般に低いことを示している。

（2）国際社会を巡る政府の摘発姿勢の強化

外国企業が投資で途上国を選択する際の留意点は、投資対象国の安定性、個人と財産に対する窃盗などの犯罪、法執行に対する信頼性、そして汚職の度合いである（世銀 1997, 55-56）。1997年の OECD 外国公務員贈賄防止条約の発効をきっかけに、国際社会は民間セクターの商取引における外国公務員に対する贈賄行為とその防止策に徐々に焦点を当てるようになり、特に OECD 諸国や新興国の多国籍企業では、企業のコーポレートガバナンスの中に贈賄防止策を組み入れるようになってきた。

従来は、企業による公務員への贈賄行為をなくすことが汚職問題への解決策となろうが、現実はそう簡単にはいかない。特に、政府内の透明性と説明責任が欠如している途上国では、企業が裁量権を有する公務員に贈賄する行為が商取引の一部に含まれてしまうケースが多い。先進国の企業に目を向けると、例えば欧州の大企業社員ですら、その3分の1以上が契約を獲得するためには現金や贈呈品や接待を行う準備がある等、競争社会の名の下、彼らが汚職・腐敗行為を助長していることが分かる（Reuters 2011）。例えばチェコ共和国では5人に3人の中小企業のマネージャーは、賄賂やキックバックなしでは公共事業の契約を獲得することは現実に不可能であるとしている（TI 2011b, 39）。2章で見た世界銀行の「企業調査」（Enterpriser Survey）では、ほとんどの途上国で企業による贈賄は高い確率で行われており、その実態と深刻さを露にしている。

企業が途上国で商取引を行う際、汚職行為との関連性としては以下の3グループに分類することが可能である。第1グループとしては、その性質上商取引の賄賂を支払っても何の利益も受けない企業。企業活動が当該国政府との商取引関係がほとんどなく、中小企業や個人経営の多くがこのグループに入る。第2グループとしては、賄賂を支払わなければ同業者と競合してしまう企業。これらグループは、賄賂を支払うことにより通常の商取引ができ、さらなる賄賂を支払うことにより新たな事業展開が可能となる。第3グループとしては、賄賂行為により独占市場を有することができる企業（OECD 1999）。特に（3）のグループは公共部門との密接な関係があり、政府に対する影響力並びに汚職規模も大きいと考えられている。前章で見たステート・キャプチャー（SC）と密接に関係しているのである。

　OECD協定発効以降、世界各国、とりわけ多国籍企業を中心に企業の透明性と法規則遵守（コンプライアンス）に対する意識と重要性はかつてないほど高まっている。近年では日本企業が海外の法令違反等により摘発され（特に贈賄防止法違反とカルテルによる競争法違反）、海外当局との司法取引による多額の和解金を支払う事例が見受けられるようになってきた。その背景には、国際社会の企業の贈賄行為に対する制裁が益々厳格になっており、外国公務員への贈賄行為自体が企業に巨額の罰金や拘禁刑という大損失を与える結果となってきているからである。国連やOECD加盟国の当局間において贈賄やカルテルへの対応について以前にも増し強化し、連携・協調が図られていること[45]、特に米国や英国などが自国の法律を積極的に域外適用するケースが増えていることも挙げられる（KPMG 2014）。

　例えば、米国の海外腐敗行為防止法（Foreign Corrupt Practices Act = FCPA）[46]は、自国の中で行われた贈賄行為でなくても、自国民や自国に影響を与えたり、関与する人間や企業に対して広く域外適用している。また罰金も非常に高額に及ぶこともあり、例えば2008年にはドイツのシーメンズ社で8億ドル、近年ではオランダの通信大手会社が7億9,500万ドルもの制裁金が科されている[47]。現地のローカルパートナーの会社や合併した現地法人が贈賄行為に関与した場合、国外にある親会社が責任を問われることにもなり、安易に贈賄行為ができなくなったのである。この他、英国においても同様に、贈収賄法（UK Bribery Act

2010）が 2011 年に施行され、そこでは外国公務員だけでなく、民民・官民双方の交流を規制し、贈賄および収賄の双方を対象としており、また企業側にも適切な防止策を講じる責任を課すなど厳格となっている[48]。重い刑罰を科しているのは、収賄者に供与された賄賂がテロ集団に渡る恐れがあるからとの見解である。この法律は、FCPA と歩調を合わせるように制定されたと言われている（森下 2012, 44、240）。

　諸罰則を一方的に厳格にするだけでは改善策にはつながらない。例えば米国の FCPA では執行の際に、米国司法省が贈賄行為を行った企業がどの程度適正な内部統制システムを構築しているか、また今後構築する意向をどの程度有するかを考慮して制裁を科している。コンプライアンス体制の構築により法人への処罰が免除された事例もある。例えば、モルガン・スタンレーの不動産グループの上海事務所にマネージング・ディレクターとして勤務していた者が、現地における不動産投資に関し、中国の政府機関の役職員に対して贈賄行為を行った事案である。当該マネージング・ディレクターは、刑事罰として 9 ヵ月の禁錮刑が科せられ、また民事上の制裁として、違法収益の吐き出しとして約 24 万ドルの支払い及び贈賄行為により得た利益の放棄が命じられ、また行政上の制裁として米国証券取引委員会より証券業等への永続的な従事禁止が命じられた。これに対し米国司法省は、モルガン・スタンレーに対しては、従業員が贈賄行為を行っていないと合理的に信じるようなコンプライアンス体制を構築していたこと、米国司法省に本件違反行為を自主申告して調査に全面的に協力したことなどを考慮し、米国 FCPA 違反に基づく執行をしないこととした（経済産業省 2015b）。この他、日系企業のブリヂストン、丸紅・日揮などもコンプライアンス体制や内部統制強化を計測することにより処罰が減額、免訴となっている。また米国政府（米国連邦捜査局）は、この他 75 ヵ国の大使館に法務関係の職員を派遣し、贈収賄事件調査に携わっている（Brzezinski 2010）。

　大企業がからんだ国境をまたぐ贈収賄は、従来は FCPA によって摘発され、発覚する事例が多かったが、近年になり、アジアや南米の新興国などが汚職防止の法規制を相次ぎ強化している。中国は 2013 年度以降、100 万元（約 1500 万円）超の大型汚職事件が年々増え、2015 年度は前年度比 22％増の 4,490 件に上った。習近平政権下で汚職摘発を加速、2015 年には刑法を改正し、公務員の親族ら

への贈賄も新たに禁じるなど規制の網を広げた（日経新聞 2016）。韓国は 2016 年 9 月より汚職防止の新法を施行しており、公務員のほか、私立学校教員やメディア関係者も「公職者」とし、3 万ウォン（約 2,700 円）以上の食事を提供された場合も処罰対象とした。ブラジルは、2014 年のサッカーワールドカップや 2016 年のリオデジャネイロ五輪を前に汚職撲滅に力を入れ、2014 年 1 月に企業への制裁金などを盛り込んだ新たな「腐敗防止法」を施行した。従業員が汚職に係わった場合、ほぼ無条件で企業側の法的責任も問う仕組みになった。その背景には「企業と政府の不透明な資金の流れを絶つことはテロ対策につながる」との米国の考えが国際的に広がり、新興国が汚職摘発に、より積極的になったからである（日経新聞 2016）。

　企業側も贈賄行為に対応するための内部施策を取っている。ゼネラル・モーターズ社（GM）では、外国公務員に対し不正行為を行わない企業政策を 2000 年前から一貫して行ってきている。例えば、ホットラインを設置し、取引先、顧客、従業員などからの汚職絡みによる苦情の受け付けを行うなど、贈収賄行為に対するコンプライアンスを積極的に実施してきた（OECD 1999）。石油大手のシェルは賄賂に応じないことで知られている。例えば西アフリカと中国の財務責任者（当時）によれば、政府高官の話で「私は君に賄賂を求めようとはしない。なぜならシェルは賄賂に一切応じないし、頼んでも断られることは明らかだから」と言われ、自国の経済成長のために大規模な多国籍企業には積極的にビジネスを行ってもらいたい故、彼らは賄賂の要求を止めるように依頼すれば助けてくれるケースが多いとしている（トランスペアレンシー・ジャパン 2014, 40）。

　このような中、日本企業では大きな遅れが出ていた。萩原（KPMG 2014, 3）は、法令遵守として始まったコンプライアンスが、企業倫理の概念を含めるようになり、さらに国内および海外法令対応を経て、その外縁を広げる中、手探りで対応してきたという経緯にも原因があるとしている[49]。このように、日本では国内の法規だけを念頭においてコンプライアンスや内部統制の仕組みをつくってきた企業にとっては、海外の法律に適応できる知識とノウハウの必要性が高まっている。

　今日では、企業のコーポレート・ガバナンス、贈賄防止やコンプライアンス

に関するガイドラインや報告書は数多く出ており、汚職のリスクを減らすために企業文化や従業員の態度を変えようとする場合、容易に行動が可能となっている。OECD（1999; 2011）による「多国籍企業ガイドライン」、国連グローバルコンパクト（UN Global Compact 2013）の「反汚職リスクアセスメント」やトランスペアレンシー・ジャパンと PwC（2013）の「贈収賄に対するリスク診断」では、賄賂の贈り手、受け手両面からの汚職防止ルールを盛り込んでおり、公務員と取引先企業の社員との間の贈収賄に焦点を当てているほか、公務員や取引先社員、親戚縁者、事業の提携相手に対する賄賂の支払い経路として、下請け契約や物品発注、コンサルティング契約を利用することを防ぐことについても注意を向けている。また、財務、税制、監査上の慣行を対象にした経営管理制度を設けることを義務づける条項や、汚職防止策や企業方針を一般の人々や従業員に周知させることを義務づける条項、公職への立候補者や政党、その他の政治団体への違法な寄付を禁じるとともに、企業の政治献金の情報公開をすることも勧告している。一方、米国国務省（USAID 2000）は、海外で活動する企業に対し、法人向け汚職防止プログラムの実施を奨励しており、そこでは汚職防止の社内訓練、企業倫理・行動規範の書面化、監査と内部監査による抑制、幹部社員の全面的な支持の必要性等について取り組むよう説明している。

　日本も自国企業にとって企業価値の毀損に直結する重大なリスクとなっていることを背景とし、経済産業省（2015）が「外国公務員贈賄防止指針」（H16年

図3-1　外国公務員贈賄防止に関するパンフレット（経済産業省 2015a）

5月）を平成 27 年 7 月に改訂した。そこでは、国際商取引に関連する企業における外国公務員等に対する贈賄防止のための自主的・予防的アプローチを支援することを目的として策定しており、防止体制の構築のためのベストプラクティスや過去の事例を例示している。[51] そこでの基本的考え方としては、(1) 国内外の関係法令を遵守し、企業価値を守るために、外国公務員贈賄防止体制を構築・運用することが必要、(2)「法令を遵守する」という経営トップの姿勢・メッセージが重要、(3) 進出国、事業分野別のリスクおよび贈賄提供に利用されやすい行為類型を勘案した「リスクベース・アプローチ」により、高リスク行為への対策を重点的に実施、(4) 親会社は、企業集団に属する子会社において、リスクの程度を踏まえた防止体制が適切に構築され、また運用されることを確保、としている（経済産業省 2015）。そして、それに対し企業が目標とすべき防止体制の在り方、子会社の防止体制に対する親会社の支援の在り方、有事（賄賂を外国公務員等から要求された場合、現地担当者が賄賂を支払った可能性がある場合）における対応の在り方、現地機関への相談事項等が説明されている（経済産業省 2015）。図 3-1 は、経済産業省からでている外国人贈賄防止に関するパンフレットの一部である。

　日弁連（2017）も 2017 年 1 月に改訂版「海外贈賄防止ガイダンス」を発表した。トヨタ自動車（2012）は、2012 年にビジネスパートナーに向けた贈収賄防止に関するガイドラインを設けており、公務員等への贈収賄禁止、FP について、そして調査への協力等記載している。三菱商事（2015）をはじめ他の商事会社も贈収賄防止指針をだしており、公務員に対する贈賄等の禁止、公務員以外の取引先に対する接待・贈答、内部通報制度について記載している。[52] 伊藤忠商事は 2015 年 12 月に社長名で「反汚職ポリシー」を策定した。社長名でのルール化で事業提携先などにも対策の徹底を求めやすくなったとしている（日経新聞 2016）。今日において海外で事業を展開している多くの日本の上場企業が贈収賄防止ガイドラインを設けてきている。楽器大手のヤマハは、社内外にBRICs（ブラジル、ロシア、インド、中国）諸国やインドネシアなどを汚職リスクの高い地域として重視していると表明し、2015 年にはインドネシアの関係会社の不正防止策を強化した（日経新聞 2016）。

　海外での商取引を行う際の倫理プログラムを他の多国籍企業に広めるため、

コンサルタント会社等を通じて各種情報も提供されている。例えば PwC 社は、海外汚職行為防止法の監査、詐欺・汚職防止プログラム、事故対策プランニングサービス、重要なリスクや不祥事・不適切事案に係る調査への対応等、様々なアドバイスおよびコンサル業務を行っている。パナソニック (2018) では、社内教育 e- ラーニング用に、贈収賄の基礎知識をイラストで学べるシステムを法人向けに開発している。[53] 効果的なコンプライアンス体制が構築されない場合、コンプライアンス違反を犯すリスクが高まる。KPMG (2014) は、有効なコンプライアンス体制の構成要素を次の通り分類している。(1) 統制制度（行動規範・全社的方針の設定, 経営の関与・コンプライアンスオフィサーの設置)、(2) 予防統制（リスクアセスメントの実施、手続きとコントローの設定、コミュニケーション・研修)、(3) 発見的統制（内部通報制度、継続的なモニタリング)、(4) 対処的統制（事後対応)。

（3）民間企業による反贈賄対策と現状

現実的には企業による贈賄防止への取り組みは、共同取り組みというより、自らの企業コンプライアンスを主体としたリスク判断、社内教育と社外協力に限定されてしまう。また、その行動自体もかなり抽象的となっている。従来、企業は利益獲得が最重要課題であり、また対政府関係も受動的である。従って、一企業による積極的な反汚職行動や政府への介入は通常困難であり、また、その政治的権限もなく、時間的余裕もない。さらに問題点としては、企業間におけるフリーライダーと、それが原因による囚人のジレンマ（prisoner's dilemma）の発生である。

例えば、ある企業が汚職防止活動を積極的に奨励し、贈賄行為をしないよう他の企業に呼び掛け、そして多くの企業が贈賄行為をしない合意を交わすとする。その際、この場を借りて反対に贈賄行為にでて独占的に利益を獲得しようとする企業が必ずでてくる（＝フリーライダー〈free rider〉）。完全な競争原理の下で、企業は商取引を行っているため、フリーライダーの単独贈賄行為により利益を奪われてしまう（＝囚人のジレンマ〈prisoner's dilemma〉現象）（小山田 2002 21-25）。このジレンマが企業の贈賄防止取り組みに歯止めを掛けているのである。事実、世界の企業幹部調査では、5人に1人が他の企業が賄賂行為を行ったことにより、ビジネスの機会を失ったとしている（TI 2009a, xxv）。この問題に

取り組むには、企業間における相互協力が必要であるが、まずは賄賂を行わないための企業間における清廉性協定などを強化するのも先決であろう。[54]

不正自体は必ずしも悪意や利己的な行動を必要とするものではなく、法的見地からすると２種類存在する。個人的利益を得るために犯した不正＝汚職（横領や報酬を余分に得るための不正）、そして「企業の利益」に起因する不正（企業存続や労働者保護のための不正）である（PwC 2018, 28）。後者は、企業としての成功促進を願う「善意」から発生し得る不正であり、例えば市場シェアおよび収益性増大（従業員の利益のため）を目指して策定した営業戦略のはずだったのが、結局不正な営業機略に変容してしまう可能性もある。目的がどうあれ、最終的には経営陣が責任を取らされるという結果に変わりはない。世界CEO（最高執行責任者）意識調査では、59％のCEOがあらゆる組織上の不祥事について、リーダーに責任を担わせるよう、組織に対する圧力が高まっていることに同意または強く同意している（PwC 2018, 9）。経営陣への責任集中は、企業コンプライアンスをさらに強化させるモチベーションにもつながっているのである。

それでは、企業の社会的責任（Corporate Social Responsibility=CSR）の側面から、「対外的」に取り組むべき具体的汚職防止策とはどのようなものがあるのだろうか。企業の反汚職問題に対する役割としては、大別して贈賄行為に対す

表3-10　企業による汚職防止への取り組み

１．意識向上 ・汚職防止への政府・企業の役割についての公開討議と会議主催 ・汚職防止に取り組むNGO等への資金援助 ・学校教育における道徳カリキュラムの開発支援 ・出版、プログラム、会議を通じた倫理規準に対する情報発出支援
２．政府への助言 ・反汚職改革戦略に対する意思表示と主張 ・政府の反汚職努力に対する支援
３．企業倫理綱領の促進と適応 ・企業倫理・行動規範の作成（特に贈賄の部分）とそれに則った会社経営の運営 ・OECD協定や活動国における汚職防止法の精通と社内教育 ・企業間清廉性協定の締結
４．モニタリング支援 ・NGO、メディア、地域機関、政府、ドナー機関への情報提供 ・国際会議等でのモニタリングにおける積極的役割

（出典：Fighting Corruption in Developing Countries and Emerging Economies: The Role of the Private Sector. OECD 1999 他）

る自主規制と政府や市民社会等との協調の下、汚職の機会を少なくする環境や制度作りの意思表示と協力がある。それをさらに分類すると、汚職問題に対する意識向上、政府への助言、コンプライアンス遵守と企業倫理綱領の促進と適用、そしてモニタリング支援などがある（表3-10）。

この中で考察してきた通り、表の中の「3」は今日企業が特に力を入れている分野である。しかしそれ以外の活動はあまり積極的とは見受けられない。CSR、そして国際協力の名の下、企業のさらなる反汚職行動が期待されよう。

企業主導の国連グローバル・コンパクトもある。これはアナン元国連事務総長が1999年の世界経済フォーラムで提唱したイニシアチブであり、世界の企業に対し人権・労働権・環境・腐敗防止に関する全10原則を遵守し実践するよう要請したことに始まる。原則第10では、「強要・賄賂等の腐敗防止の取り組み」について取り上げており、それに対し任意参加団体は腐敗根絶という課題に取り組む責任は民間にもあるとの見方を全世界に向けて発信している。[55] 2015年7月現在では、加盟国は約160ヵ国、計13,000を超える団体（うち企業が約8,300）が署名し、日本からは279加盟団体（2018年6月現在）が参加（ほとんどが大手企業）している。これは法的拘束力はなく、腐敗防止へのコミットメントを個社だけでなくコレクティブに示すことで、ビジネス環境の改善につなげることを目指しているため、あくまでも自主参加となっている。日本のグローバル・コンパクト・ジャパンネットワークでは、腐敗防止強化のための東京原則コレクティブアクションを宣言し、賛同企業を募っている。[56]

市民社会や途上国政府の役割も期待されている。例えばTI（2009a, xxxii）は、市民社会に対して、企業のCSRに対するモニタリングの一環として企業の清廉性と反汚職アセスメントの推進、民間セクター向けの苦情や通告制度の法的擁護に対するアドボカシー活動、そして市民にとって利益となる企業の清廉性構築に向けた広い連合の設立を求めている。

国営企業にも目を向ける必要がある。米国フォーチュン誌の選択している500の世界企業の約4分の1には、電気、ガス、水道、運輸、医療サービスを担う国営企業が名を連ねている（TI 2016a）。OECD（2018, 11）が28ヵ国の347の国営企業幹部に行った調査では、過去3年間で最低1回の汚職関連の不正が生じた企業は約半数となり（回答者の42％）、調査前年だけでも47％の企業

が平均3％の収益を汚職または不正で損失をこうむったとしている。また石油、ガス、鉱山、郵便、エネルギーと運輸企業は、他の国営企業よりも汚職や不正のケースが多くなっているとしている（OECD 2018, 12）。また1999年から2014年にかけ、調達における政府調達過程における外国人公務員贈賄行為の割合は全体の57％であった。その中において、国営企業が関与したものは78％となっており、そうでない（49％）よりも高い。言い換えれば、国営企業の職員の方が調達時においてより贈賄される割合が大きいのである（OECD 2018, 32）。民間企業と比較し、国営企業は次の要因で汚職に対する脆弱性を有していると言える。(1) 政府、政治家、政府高官、企業理事等との密接な関係、(2) 低いガバナンスと管理能力、(3) 利益相反に対する管理の欠如、(4) 透明性と公表、説明責任の欠如（TI 2017b）。また上述の新興国における企業の透明性報告書では、中国の18社の国営企業のうち、反汚職取り組みに関する情報公開を行っている企業は3分の1以下であるとしている（TI 2016a）。国営企業に対しては異なった取り組みが必要であり、TI（2017b）などは国営企業の役員および管理者に対して10のガイドラインを勧告している。[57] 取り組み策としては、国営企業の透明性と情報公開を通じ説明責任を果たす、コーポレート・ガバナンスに対する明確な枠組み構築と反汚職へのコミットメント、そしてそれに対する外部モニタリング制度の導入などがある。

　民間セクターの反汚職取り組みは、企業自体が反汚職活動に一定の役割を果たすとともに、汚職を温存させている企業文化の変革に向けてさらに取り組むことが重要である。まずは企業目的の中核に透明性を確保すること、それを戦略、コーポレート・ガバナンス、リスク管理、コンプライアンスの統合に用いること（PwC 2018, 30）、そしてそれとは別に、前表に見られるような政府・市民社会・国際コミュニティの汚職防止活動に対する側面的支援を行うことからはじめるべきであると考える。一方で、活動国における汚職防止法、並びにOECD贈賄防止条約や国際協定等での取り決め等を十分理解、認識した上で遵守し、ライバル企業の不正行為に対しても注意を向け、相互が干渉し合うべき環境づくりが重要である。とは言え、多国籍企業に比べ資金的、人的規模が圧倒的に少ない中小企業や途上国企業に対し企業コンプライアンス遵守うんぬんについて説いても、それを管理、運営する資金と人間をだす余裕はないであろ

う。しかし、多くの不正・汚職事件がローカルパートナー並びに末端のコントラクターが起こしている事実に鑑みると、中小企業や途上国企業に配慮した特別プログラムの実施も重要である。企業を通じた汚職防止への取り組み方法は既に幾つも推奨されている。あとは企業側の積極的行動を待つのみとなっている。

注

1 世銀が1999年に提唱した、開発に対する包括的なアプローチ。そこでは援助の効率性と貧困削減を基礎理念とし、長期、包括的開発、成果主義、カントリー主導のオーナーシップとパートナーシップを原則としている（http://documents.worldbank.org/curated/en/936041468779995923/pdf/37OED0ReachJune3rd.pdf）。

2 Bad Governance（悪いガバナンス）という表現もあり、それは世銀がはじめて使い、そこでは悪いガバナンスの国を「権力の私用化、人権の欠如、慢性的な汚職そして説明責任なし政府」としている。(Bøås, Morten 1998, 117-34; Johnsøn 2016, 16)

3 そこではさらに警察力、検察強化、会計検査院、各種監察機構の強化、反汚職法の制定と懲罰の強化、証言法改正、政治資金規正法改正、資産開示制度等の取り組みも挙げられる（大内 2004, 12-21）。

4 ここでは政策決定における分権化も意味する。

5 民主化の対象分野は、自由選挙の実施、人権擁護、ジェンダー平等、市民社会やメディアの独立、法の支配実現等様々である。

6 例外として例えばルワンダなどがある。これについては5章で取り上げる。

7 詳細は次のURLを参照（https://cdn.iccwbo.org/content/uploads/sites/3/2011/10/ICC-Rules-on-Combating-Corruption-2011.pdf）。

8 EITIの詳細は次のURL参照(https://eiti.org/)。MeTAの詳細は次のURL参照(http://www.medicinestransparency.org/)。

9 CoSTの詳細は次のURLを参照（infrastructure. org/)。

10 世銀の内部資料。例えばインドネシアでは、行動計画に組み入れる内容としては、(1) プロジェクト案件の情報公開。(2)市民社会によるプロジェクト案件監視。(3)反談合政策。(4) 苦情処理制度構築。(5) 汚職事件に対する諸罰則の明確化などであった。今日では実施していない。

11 次のURLを参照（//www.undp.org/content/undp/en/home/ourwork/democraticgovernance/focus_areas/）。反汚職に取り組む組織として、説明責任と透明性プログラム（PACT：1996-2007）、開発効果のための反汚職プログラム（PACDE：2008-2013）、グローバル反汚職イニシアチブ（GAIN：2014-2017）と反汚職取り組みに対するプログラム部署が変わってきている。

12 チュニジア、エジプト、イエメンなどでは、元大統領や政治家そして高級官僚らの汚職や横領により着服した資産回収や資金洗浄防止プログラムを通じて反汚職取り組みもさらに多岐に渡り実施される方向にある。

13　詳細は次のURLを参照：http://www.track.unodc.org/Pages/home.aspx
14　詳細は次のURLを参照：https://www.unafei.or.jp/
15　国際商取引に関連して行われる外国公務員に対する贈賄行為の防止に係る国際的な取り組みについては、1977年に米国において、米国企業がビジネス上の利益獲得のため、外国公務員に対して贈賄行為を行うこと等を犯罪とする「海外腐敗行為防止法」が制定されたことがその第一歩とされている。しかし、この法律に対する評価は、企業賄賂という不正の抑制に有効に機能したというプラス面もある一方、米国企業の海外での活動を萎縮させ、結果的に海外市場を狭めたというマイナス面を指摘するものも見られた。その後、米国企業の海外取引に落ち込みが見られはじめ、貿易赤字問題が深刻化するにつれ、そうしたマイナス面への対応が求められるようになった。同法は1988年の改正の際に、外国公務員への不正の利益供与の取り締まりを各国に対して義務づける国際的な取り決めに関する条項が新設された。これは国際的な取り決めの締結や各国制度の改変を積極的に求める内容になっており、国際商取引の汚職防止に関して固有の法律を持たない国も米国と同じ土俵に立たせることにより、米国の国際競争力が不当に削がれることを防止しようとする効果も担うものであった。この改正により米国は、1989年にOECD国際投資多国籍企業委員会（CIME）で外国公務員への贈賄防止条約の交渉開始を提案し、これ以降、OECDにおいて条約締結に向けた検討が進められることとなった背景がある（通商産業省1999）。
16　OECD外国公務員贈賄防止条約：正式名称は、「国際取引における外国公務員に対する贈賄の防止に関する条約」（OECD Convention on Combating Bribery of Foreign Public Official in International Business Transactions）。詳細は下記ウェブサイト参照：www.oecd.org/document/21/0,3343,en_2649_34859_2017813_1_1_1_1,00.html
17　条約締約国は、次の方針に基づき外国公務員への贈賄を犯罪とすることで合意している。（1）犯罪の構成要件。ある者が故意に、国際商取引において商取引または他の不当な利益を取得しまたは維持するために外国公務員に対し、当該外国公務員が公務の遂行に関し行動しまたは行動を差し控えることを目的として、当該外国公務員または第三者のために、不当な利益を直接または仲介者を通じて、申し出、約束しまたは供与すること。外国公務員としては以下のものが挙げられている。①外国等の立法、行政、司法の職にある者。②その他公的機能を果たす者。③公的国際機関の職員または代理人。（2）刑罰。①本罪の刑罰は自国の贈賄罪に対する刑罰と同程度のものとする。②法人の刑事責任を認める国は法人についてもこれを処罰する。③供与された利益および利益供与によって得たビジネス等から獲得した利益の没収入は当該没収に相当する効果を持つ罰金を科す。（3）管轄。属地主義を採用し、属人主義については各国の法原則に従ってこれを採用する。（4）マネーロンダリング。自国の贈収賄をマネーロンダリングの前提犯罪としている国は、外国公務員への利益供与についても同様の条件でマネーロンダリングの前提犯罪とする。（5）その他。本条約の実効性を確保するため、上記以外に、会計、司法共助、犯罪人引渡し、各国実施状況のフォローアップ等を合わせて実施することとしている（通商産業省1999）。
18　国連腐敗防止条約（UNCAC）：正式名称は「腐敗の防止に関する国際連合条約」（United Nations Convention Against Corruption）。
　　詳細は次のURLを参照：http://www.unodc.org/unodc/en/treaties/CAC/index.html#textofthe
19　OAUとOASの反汚職協定に関する概要は次を参照。(http://www.u4.no/themes/conventions/

intro.cfm）

20　グローバル・コンパクト・ジャパンネットワーク（http://www.ungcjn.org/aboutgc/glo_01_10.html）。2018年6月現在日本で279加盟団体がある。同コンパクトは、次の3つの要素を検討するよう参加団体に提言している。①組織内部や事業運営において腐敗対策のための方針とプログラムを導入。②年次会合にて腐敗対策の状況を報告するとともに、具体的な事例とその内容を提示し、経験やベストプラクティスを共有する。③同業者や他のステークホルダーとの連携を図ること。

21　詳細は次のURLを参照：https://www.gov.uk/government/topical-events/anti-corruption-summit-london-2016/about

22　詳細は次のURLを参照：http://www.oecd.org/corruption/integrity-forum/

23　国連腐敗防止条約第2章第13条。

24　市民社会＝市民社会組織（ここではNGOと称する）の種類や名称は数多くあり、例えば先進国に多い国際展開するNGOはINGO（International NGO）と呼ばれ、特定途上国内で活動するNGOはSouthern NGO（SNGO）、草の根レベルで開発の現場を重視するNGOはGrassroots Organization（GROs）、教会が主導するものはCINGO（Church-initiated NGO）、政府と密接に連動するNGOはGONGO（Government-oriented NGO）、政府資金に依存するQUANGO（quasi-NGO）、政治家が企業として設立したものはPINGO（politian initiated/organized NGO）などである。さらには例えばケニアの市民社会の多くは小規模で創設者が率いており、MONGO（My Own NGO）やNGI（Non-Governmental Individual）なども存在する（木村1998, 176-177; 近藤2013, 268）。太田（2018, 124-127）は、フィリピンのケースを用いて、例えば上記以外にも資金供与NGOはFUNDANGOs、ビジネスNGOはBONGOs等さらに分類している。国際的に活躍するNGO全般のQUANGO化がこの20～30年の特徴となっている

25　TIはベルリンにある本部だけで一時は100名以上の専門スタッフを有し、元国連職員をはじめ、国際機関で勤務していた者などもTIのスタッフとして活躍しているほどある。TIバングラデシュだけ見ても、スタッフは150名以上おり、小さな国際機関より大きな規模を有した専門集団となっている。現地における仕事は90を超す国にあるChapterと呼ばれる傘下団体（別組織の市民社会団体）のネットワークが担っており、そのままTIの名称を使う国とそうでない国とがある。

26　国連は国際反汚職の日についてのホームページを作成している。http://www.anticorruptionday.org/

27　詳細は次のURLを参照：https://transparencyschool.org/about-school/

28　事例としては政府調達、許認可・ライセンス取得、海外企業の贈賄等についてドラマ化している。（この団体はIntegrity Actionに名義変更している）

29　詳細は次のURLを参照：https://afrobarometer.org/

30　詳細は次のURLを参照：https://iwaweb.org/ncs/

31　詳細は次のURLを参照：www.ipaidabribe.com/#gsc.tab=0

32　これは、公務員が給与以外に違法な収入源があるか確認するものであり、公務員の生活様式、資産額、親族の縁故採用や利害関係の有無を確認する項目等がある。

33 詳細は次の URL を参照：https://integrityaction.org/resource/annual-reports
34 2018 年 6 月にスリランカ（コロンボ市）の TI 事務所と行ったインタビューに基づく。
35 2013 年 3 月にエジプト、カイロで反汚職 NGO を設立しようとしていた関係者と行ったインタビュー、2016 年 3 月のラオス、ビエンチャンで法律家と行ったインタビューに基づく。
36 2007 年 8 月にジョージア、トビリシで行ったインタビューに基づく。
37 2016 年 8 月にエストニア、タリンで行ったインタビューに基づく。
38 2016 年 3 月にカンボジア、プノンペンで行ったインタビューに基づく。
39 2016 年 8 月にルワンダ、キガリで反汚職 NGO スタッフと行ったインタビューに基づく。
40 2014 年 9 月と 2017 年 8 月にウクライナ、キエフで行ったインタビューに基づく。
41 2001 年 8 月にフィリピン、マニラで行ったインタビューに基づく。
42 パナマの法律事務所、モサック・フォンセカ（Mossack Fonseca）によって作成された、租税回避行為に関する一連の機密文書。
43 ファシリテーション・ペイメント（FP）とは、政府各種手続きの円滑化、スピードアップするため、政府職員に法令の根拠が少ない少額の金銭を支払う行為。詳細は梅田（2011）を参照。
44 質問項目は 13 あり、反汚職活動への社内外へのコミットメント、研修、FP 政策の有無、ギフトや接待等に対する規則の有無となっている。
45 OECD 贈賄防止協定、国連腐敗防止条約（UNCAC）における各国の法規制体系や執行状況を確認する相互審査以外にも、例えばカルテル事案に関しては、OECD の競争委員会で各国の取り組みのレビューや、「国際的通商に影響を及ぼす反競争的慣行についての加盟国間の協力に関する理事会勧告」「ハードコアカルテルに対する効果的な措置に関する理事会勧告」「公共調達における入札談合撲滅に関する理事会勧告」等の勧告がなされている（公正取引委員会他（http://www.meti.go.jp/press/2015/07/20150730008/20150730008-1.pdf））。
46 海外腐敗行為防止法（FCPA）は、米国の連邦法であり、2 つの主要な規定を有する。第 1 は、外国公務員に対する賄賂の支払いの禁止規定であり、第 2 は、証券取引法に基づく会計の透明性を要求する規定である。賄賂禁止規定では、次の行為を禁止している。上場企業、国内企業、またはいかなる者であっても、不正に、外国公務員、外国の政党、もしくは、政治職の候補者に対して、当該外国公務員がその義務に反する行為をするよう影響を与える目的で、または、取引を獲得し、もしくは維持するために、いかなる有価物であってもその支払いをし、もしくはその申し出をするために、州際通商における手段を利用すること。「州際通商における手段」とは、例えば州をまたがっての（米国のある州と外国との間のものを含む）、電話・テレックス・電子メール等の通信手段や電車・飛行機等の交通手段等を指す。また、上記のような違法な支払いや申し出を実現するための行為を、(a) 上場企業や国内企業が米国外で行ったり、(b) 上場企業でも国内企業でもない者（米国に上場していない外国企業や外国個人）が米国内で行うことも禁じられる。直接外国公務員に賄賂を支払うことは勿論、第三者（仲介者、エージェント等）を通じて間接的に支払うことも禁じられている。間接支払いは、支払い者が、賄賂が最終的に外国公務員に支払われることを知っていた場合にのみ適用されるが、賄賂支払を想定させるようなある一定の

事情がある場合にそれに目をつむって第三者に金品を支払った場合には、賄賂禁止規定違反とされる。例えば、「第三者」が外国公務員の親戚である場合や、支払い先が第三国の銀行口座である場合等がこれに該当しうる。賄賂額が取るに足らない場合でもこの法律は適用される。当局は、賄賂の金額よりも、その目的を重要視している。1976年2月のロッキード事件が発端で、米国企業の海外における贈賄行為を防止・取り締まりの必要性から1977年12月にFCPAが施行された。この法律は、①共謀（conspiracy）が広く適応されている、②特殊捜査手法（盗聴、通信傍受、秘密警察官による捜査等）などが採用されていること、③内部告発者に高い報奨金が支払われることにより、捜査の端緒が広げられている（森下2012; 梅田 2011; Wikipedia: JB Press 2016）。

47　過去、最も大きいペナルティは、ドイツ、シーメンズが2008年に受けたもの。米独両国の当局に8億ドルずつ合計16億ドルの制裁金が科された（それだけではなく、内部調査のためシーメンズは14億ドルの費用を支出）。近年ではオランダの通信大手会社が、ウズベキスタンでの通信事業参入と事業免許獲得において政府高官への贈賄行為を行い摘発され、同社は米国当局およびオランダ当局に合計約7億9,500万ドルの和解金（実質的な罰金）を支払うことで米国司法省と合意した。FCPA違反で摘発された日系企業の事例としては、ブリヂストン（罰金2,800万ドル）、丸紅・日揮（それぞれ罰金5,460万ドル、2億1,880万ドル）などに加え、近年ではパナソニックの子会社（約2億8千万ドル）がある（Wikipedia: JB Press 2016.5.12 他）。

48　贈収賄法（英：Bribery Act 2010）は、賄賂に関して定める刑罰法規を内容とするイギリスの制定法。従来の賄賂に関するすべての法令やコモン・ローの条項を廃止し、その代わりに贈賄、収賄、外国公務員に対する贈賄、営利組織の贈賄防止措置の懈怠の罪が規定された。この法律に規定された犯罪を行った者に対する罰則としては、最高で10年の拘禁刑又は無制限の罰金、そして2002年犯罪収益法に基づく財産の没収、さらには、1986年会社取締役資格剥奪法に基づく取締役資格の剥奪の可能性がある。この法律は、世界主義に近く、犯罪がどこで行われたかを問わず、イギリスに関わりのある個人や会社を起訴することができる。この法律は、「世界で最も過酷な汚職防止法」と言われ、世界の市場で容認されている行為を犯罪化し、イギリスでの事業が競争で不利になるとの懸念が生じている（森下 2012; Wikipedia）。

49　日本のコンプライアンス対応の課題として、萩原は以下に対する取り組みの必要性を指摘している。パッチワーク的な対応に伴う現場の疲弊。海外子会社管理体制の不備。国内法が色濃く反映された行動規範・基本方針（萩原—KPMG 2014, 3-4）。

50　例えば、OECDだけ取り上げても、次のガイドラインや報告書なども出されている。"Guidelines for Fighting Bad Rigging in Public Procurement," "Good Practice Guidance on Implementing Specifc Articles of the OECD Anti-Bribery Convention," "G20/OECD Principles of Corporate Governance" 等。これらは次のOECDのURLでダウンロード可能。(http://www.oecd.org/cleangovbiz/toolkit/privatesectorintegrity.htm)

51　例えば経済通産省ホームページでは、事例として以下の2つを取り上げている。事例1：円借款事業である「サイゴン東西ハイウェイ建設計画」のコンサルタント業務受注に対する謝礼として、法人の元役員らが担当局長に対し計2万ドルを供与した事件について、元役員に懲役2年（執行猶予3年）、元常務に懲役1年8月（執行猶予3年）、元ハノイ所長に懲役1年6月（執行猶予3年）、法人に罰金7,000万円の有罪判決が下された。本事

案は、外国公務員贈賄罪における初の両罰規定適用事案である（PCI 事件—東京地判平成 21.1.29）。事例 2：東京都に本店を置く鉄道コンサルタント事業等を営む株式会社の元社長ら 3 名が、いずれも被告人会社が有利な取り計らいを受けたい等の趣旨の下、対ベトナム円借款「ハノイ市都市鉄道 1 号線建設事業」に関し、ベトナム鉄道公社関係者に約 7000 万円の日本円を、また、対インドネシア円借款「ジャワ南線複線化事業」に関し、インドネシア運輸省鉄道総局関係者に合計約 2,000 万円相当の金銭（日本円およびルピア）を、ウズベキスタン円借款「カルシ・テルメズ鉄道電化事業」に関し、ウズベキスタン鉄道公社関係者に約 5,477 万円相当の金銭（米国ドル）をそれぞれ供与した。同事案においては、被告人 3 名に対し、元社長に懲役 2 年（執行猶予 3 年）、元国際部長に懲役 3 年（執行猶予 4 年）、元経理担当取締役に懲役 2 年 6 ヵ月（執行猶予 3 年）、被告人会社に対し 9,000 万円の罰金が科された。（JTC 事件—東京地判　平成 27.2. 4）（経済通産省 2015）http://www.meti.go.jp/policy/external_economy/zouwai/pdf/damezouwaiponchie20170922.pdf。

52　ただこれらは途上国での商取引のみを対象とした贈賄防止ガイドラインではない。

53　詳細は次の URL を参照：https://www.panasonic.com/jp/business/its/hrd/course/compliance-visual10.html

54　これは、入札を応募した政府、地方自治体、公社公団と応札者たちの間で「互いに収賄、贈賄しない」と誓約する倫理・清廉性協定。協定（約款）に違反した者は当該落札者との契約解除、落札者が他の応対者に対して賠償、入札保証預け金の放棄、一定期間の政府関係の入札からの排除などの制裁を科されても異存ないことを誓約するもの（TI 2000; 石井 2003, 43-44）。

55　同コンパクトは、次の 3 つの要素を検討するよう参加団体に提言している。① 組織内部や事業運営において腐敗対策のための方針とプログラムを導入。②年次会合にて腐敗対策の状況を報告するとともに、具体的な事例とその内容を提示し、経験やベストプラクティスを共有する。③同業者や他のステークホルダーとの連携を図ること（グローバル・コンパクト・ジャパンネットワーク（http://www.ungcjn.org/aboutgc/glo_01_10.html）。

56　グローバル・コンパクト・ジャパンネットワーク（http://ungcjn.o rg/activities/tca/index.html）。「東京原則」は、グローバル・コンパクトの第 10 原則（腐敗防止）の内容を米国、英国や日本の実務に鑑みて具体化したものであり、主要国のガイドラインに則した内容となっている。そこでは、「企業がトップ自らのコミットメントのもとに腐敗防止に取り組み、その一連の活動について情報開示することが、企業のガバナンス力を高めるだけでなく、中長期的に企業価値向上につながる」という視点から、日本における「原則主義に基づくイニシアティブ」の確立を目指している。　東京原則は、①経営トップによるコミットメント行動、②リスクベース・アプローチの採用、③基本方針および社内規定の策定、④組織体制の整備、⑤第三者の管理、⑥教育、⑦モニタリングと継続的改善となっている。ちなみに、2018 年 7 月現在においては富士ゼロックス株式会社の有馬利夫氏が代表理事を担っている。

57　10 項目は次の通り。①最も高い倫理観と清廉性を持って事業運営を行う。②ガバナンスに関するベストプラクティスおよび反汚職プログラムの監視を確実にする。③透明性と市民の報告を通じてステークホルダーに対し説明責任ある行動をとる。④反汚職プログラムを後押しするような人事管理と実行体制を行う。⑤リスクアセスメントを基礎とした反汚

職プログラムを企画する。⑥汚職リスクに対応するための詳細な政策と手続きを実施する。⑦第三者との関係においても、国営企業と同水準の反汚職基準を設ける。⑧国営企業内に反汚職プログラムが組み入れられるようコミュニケーションと研修を実施する。⑨安心してアクセスしやすいアドバイスと内部通報のチャンネルを維持する。⑩反汚職プログラム実施をモニター、評価、そして持続的に改善する。（TI 2017b）

第4章

開発途上国政府による汚職・腐敗との闘い
（パート1：ジョージア、インドネシア、フィリピン、リベリアの事例）

　反汚職取り組みの歴史はまだ浅く、途上国の多くでまだ試行錯誤が続いている状態である。その中においていくつか大きな変化が見られる。まず途上国政府の反汚職取り組みへのコミットメントである。これは過去と比べ明らかに積極的かつ確実なものとなっており、ほとんどの途上国は、法の支配、そして制度構築が汚職抑制には重要であることを認識し、ドナー機関の助言とともに新たな政策や行動規範を設けるようになっている。たとえば汚職対策機関の設立や法律の新制定、汚職の機会を減らすための既存の政府機関の権限や諸規則の見直し、監査機能の強化、汚職告発者の保護、苦情メカニズムの明確化、情報公開といった制度構築等、その内容は多岐にわたる。これらはまた国連腐敗防止条約（UNCAC）が加盟国に対して義務づけた活動でもあり、途上国が条約を履行するためにドナー機関をはじめ国際社会が技術支援を行う形となっている。
　本章では、途上国「政府」による汚職取り組みは実際にどのように行われてきたのか、成功・失敗のカギとはどこにあるのか等、ジョージア、インドネシア、フィリピン、リベリアの取り組みを事例に分析する。また次章では一国研究をより詳細かつ包括的にとらえるため、一章を割いてルワンダを取り上げ考察する。これらの国々は、独自に反汚職取り組みを行っており、成果もまちまちである。また地域、国土面積、人口、経済規模、政治社会的背景、そしてガバナンスレベル等、すべて異なっている。敢えて異なったバックグラウンドを有し、異なった反汚職取り組みを行っている国を選定し、比較分析する中から反汚職の取り組みにおける共通点と問題点、そして成功の鍵を見つけだす試みを行いたい。調査対象時期はそれぞれ国によって異なり、またジョージア、フィリピ

ン、リベリアは主に特定の大統領が行った反汚職対策に焦点を当て、インドネシアとルワンダでは汚職対策機関の活動を中心に議論を展開する。

1　ジョージア共和国（サーカシュヴィリ政権下における汚職との闘い：2003〜2007年）

　旧ソ連の崩壊後、1991年に独立した南コーカサス地域に位置する人口430万人の小国。旧体制の慣習を継承しつつ誕生した独立直後のジョージアの汚職問題は深刻であり、警察官や公務員による小規模汚職は恒常化しており、政府の腐敗も深刻であった。1998年における汚職認識度は99ヵ国中84位と高く、またステートキャプチャー指数（2章参照）は22の旧ソ連諸国の中でも下から6番目に高い指数を示していた。

　2003年11月のバラ革命により誕生したサーカシュヴィリ（Mikheil Saakashvili）率いる新政権では、対ロシア関係、南オセチア自治州とアブハジア自治共和国の地域問題、経済問題等を抱えている中、あえて汚職撲滅、民営化政策の推進や外国投資誘致といった、行財政を中心としたガバナンス改革路線を進めることにより国家開発を推進してきた。特に汚職撲滅や機構改革については、西欧諸国やドナー機関の技術・資金援助の下、強行かつ斬新といえる手法で改革を遂行し、僅か数年間で大きな成果が見られている。世界銀行、IMFをはじめ主要ドナーからも、ジョージアは旧ソ連諸国のみならず、途上国・体制移行国家におけるガバナンス改革成功国、そしてNo.1改革国と称賛されるまでになっている。

　ジョージアの国家開発課題は、「経済成長と貧困削減計画」に基づき実施されており、(1) 貧困削減、(2) 経済成長、(3) ガバナンスと反汚職と、汚職との闘いへの取り組みを最優先にしている（Georgia 2006）。そこでは、反汚職対策をガバナンスの一部ではなく、並立した位置づけとし、行政改革の持続と、法律環境への整備、公共資金管理、そして地方分権化を含めた反汚職枠組みの強化を推進している。具体的な取り組みとしては、汚職が最も激しいとされている、警察、裁判所、許認可を必要とする部署、そして税金、通関所管省庁をはじめにテコ入れしている。中でも交通警察官の全員解雇（16,000人）と同時に試験を通じた新雇用制度導入と給与の増額（10〜15倍）、西欧スタイルの警

察官訓練や制度導入、許認可に関する政府規則規制数の9割削減、機構改革（省庁の半減）や司法改革等は目を見張るものがある。この他、政府高官の資産公開、通告者保護の強化、公共財政管理や公共調達にかかわる措置を改善し、さらには贈収賄を犯罪化し、刑法を新たに施行し、反汚職戦略の立案を担う反汚職省庁間評議会を設置した（World Bank 2011, 156）。政府は汚職に対するゼロ・トレランス政策を全うするため、政治家、政府高官、企業幹部等を次々と逮捕しており、例えばエネルギー大臣、運輸・通信大臣、民間航空局長、国営鉄道会社やオリガーキー等が含まれた。新たな司法取引制度を通じて国庫に多額の返納金を納めることも可能とし、企業幹部の一人は1,400万ドルを返納している（World Bank 2012b, 28）。表4-1は、数多くある改革の中で主要な反汚職取り組みと、機構改革、税制改革、規制緩和、司法改革の成果の一例を取り上げる。

　表4-1以外にも、交通警察官を対象とした警察改革について若干補足する。例えば、2000年のGORBI（2000）調査によれば、10人のうち7人の運転手が交通警察官に呼び止められた際に賄賂を求められたとしており、交通警察官は公務員の中でも最も清廉性が低いとして知られていた。交通警察官一掃後、新政府は、新たに雇用された交通警察官の業務遂行状況を確認するため、様々な行動にでた。覆面警察官がパートナーとして装い、巡回中に不正行為を行っていないか確認する作業や、私服警察官が意図的に夜の時間帯に自動車運転中のライトを消し、警察官に止められた際に賄賂を渡す行為を行い、警察官が受領した場合はその警察官は即刻懲戒処分が下された。市民が政府内に設置されたホットライン（24時間営業）を通じて賄賂の要求や不正があった際に即座に苦情を申し入れられる制度も設けた。首都Tbilisiをはじめ、主要な市ではいたるところにビデオカメラが配置され、市民や警官の違法行為を確認できるようにした。交通違反の罰金は銀行を通じてのみ支払い可能とし、警察官を通じた支払いの機会をなくし、ペーパーワーク作業をなくした（World Bank 2012b, 16-17）。

　これらの活動を通じて、新たに研修を受け採用された警察官（女性数は15％）は、政府が反汚職取り組みに真剣であり、以前のような勤務体質では通じないことを再確認させられるようになった。内務大臣（当時）のMerabishviliは「ベストで最も聡明な人材を採用（交通警察官）することにより、教え込むことも容易となる」と述べている（World Bank 2012b, 17）。新雇用された警察官の多

表 4-1　ジョージア共和国の反汚職取り組みとその成果

分野	内容と背景	具体的活動	汚職削減への貢献
反汚職改革	警察改革	・2004 年に 16,000 名の交通警察官を解雇。同時に一斉に新たな警察官採用試験を通じて雇用（多くが大学新卒者）。 ・給与は 10 倍（月額 400〜500 ドル）に増額。 ・交通違反者の違反金は銀行振り込みのみ有効とするなど、警察のペーパーレス業務を推進。	・警察官は新たな制服をまとい、汚職の元凶であった「呼び止め」[2] 制度を廃止。 ・IRI/Gallup 調査によれば、改革後は国民の 70％が新警察官に対し信頼を抱き、バラ革命以前の 5％に比べ、飛躍的に信頼度は上昇。2005〜07 年では交通警察官による賄賂要求の報告は国民から一件もなかった[3]。2010 年の調査では市民が交通警察官に賄賂を支払った割合は 1％（旧ソ連諸国の平均は 30％、欧州ではフィンランドに続いて少ない）。
		・犯罪組織と闘うため、2005 年に組織犯罪処罰法を制定（イタリアのマフィア取締法、米国の RICO 法、ニュージーランドのハラスメント・犯罪組織法、英国の 1977 年刑事法〈共謀罪〉などを見本としたマフィア取締法）。	・2006〜10 年にかけ、180 の組織犯罪者が起訴、有罪判決を受けた。政府は約 10 億ドルの資産をマフィアボスや政府高官などから回収、回収された家などは政府事務所や警察署として利用。 ・2006 年から 2010 年にかけ、犯罪率は 50％以上、拳銃強盗は 80％（2,160 件から 398 件）少なくなった。 ・95％以上の市民は首都 Tbilisi 市の街を歩くことは安全になったとし、70％の市民がマフィア数は激減した。
	教育セクター改革	・汚職の坩堝であった大学入試委員会を廃止、国家共通試験制度を導入。 ・小中学校の校内委員会の設置。事務的な決定権の分権化を行い、教員、父兄、学生、地方政府職員が予算に対し主張できる機会を提供、外部からの干渉を最小限にした。	・新制度導入後、公正な入試制度が可能となる[4]。 ・調査対象の学生（及び父兄）の 81％（父兄の 77％）が入試プロセスで汚職の機会がなくなった[5]。
	政府省庁の統廃合（政府機関の重複、縁故採用の蔓延）	・2003 年当初存在した 28 の省庁を 13 に削減、18 の部局を統合廃止。 ・多くの職員が解雇され、または縮小された部局では再雇用を実施。12 万人いた職員は 2005 年までに約半数に減少[6]。残った職員と新採用職員の給与の大幅増額。	・行政組織として適切な規模と業務の簡素化、そして縁故採用が大幅に減少。 ・直接選挙を通じた市長選出により市民との距離が近くなる。

機構改革		・通関局職員の8割を解雇し、若く経験のない職員を採用。6ヵ月の集中研修の後、適任者のみ通関での勤務を許可された。給与は2003年から2005年にかけ、30GELから約800GELに上昇。 ・地方自治体を1,110から67機関に削減 ・Tbilisi市長は直接選挙により選出。	
税制改革	税制度の簡素化	・一例として、2005年に22の税金を7種類にスリム化し、所得税を12%の均一税率、付加価値税は20%から18%、社会保障税は31%から20%へと引下げ、法人税も最高20%に設定[7] ・税務・通関・財政政策局の統合、地方税務署の機能別な再組織化、税務関連業務の一部IT化導入。 ・各税務署にカメラが設置され、財務省本部ではすべての税務署の様子が確認できるようビデオスクリーンを設置。	・コンピュータ化導入により税務官の裁量権は減少し、また人間同士が交わる機会も減少し、汚職の機会が削減。 ・ビジネス環境の大幅改善。起業に有する額はGEL2,000からGEL200へ激減。世銀のビジネス環境報告書の国別ランクでは、6年間で112位から11位へ飛躍的な上昇。 ・対GDP徴税率は2004年の12%から26%へ大幅増。 ・世界で最も寛大な税制度を有した国の一つであるとの評価がされた。
規制緩和	許認可数の廃止と簡素化（企業の癒着と賄略）	・909種類あったライセンスと許認可規則・規制の90%を廃止し簡素化。	・アンダーグラウンドのビジネス取引と汚職が削減。 ・新興経済国の中で、最も多くがガバナンス改革を達成。
司法改革	刑事裁判・法廷制度改革（裁判官の汚職問題）	・裁判官任命制度の変更。裁判官雇用時のメリット制度導入。 ・刑事裁判制度改革では対審や不当入手した証拠の利用禁止といった西欧法原則を適用。 ・裁判官とのコミュニケーション法が採択。公判中と保留案件においては関係者の裁判官との接触を禁止[8]。 ・2006年より裁判官の給与を公共部門の中で最も高額に設定[9]。 ・贈賄や汚職行為を行った裁判官の懲戒免職、司法機構改革を通じた裁判官の効率的な移転と停職制度の構築、最高裁判所裁判官を対象とした好条件の早期退職制度導入等実施。 ・殆どの最高裁判所裁判官は現職から離れ、代わりに試験と面接を経て14ヵ月の研修を修了した新裁判官を雇用[10]。 ・公判時の録音導入	・裁判官の縁故採用の機会削減。 ・裁判官と関係者間の接触の禁止により汚職の機会が削減。 ・市民への裁判に関する情報公開を可能とした。

（出典：Georgia 2006, 2007; UNDP 2008a ; USAID 2015, 40-41 World Bank 2012b; 2013; 2018 他）

くは大学卒業者（法学部が多い）で、最初の半年は実習期間とした（これは資格過剰とのこともあり、後日高卒レベルの警察官も雇用した）。警察官の外見も重要視し、旧ソ連スタイルの警官服を一掃し、新たな服装（アルマーニによるデザインとの噂もでた）をまとい、最新のコンピュータを装備したパトカーにより業務を遂行した。60ヵ所に及ぶ警察署は改築され、銀行窓口の様相のより透明性ある役所へと姿を変えた。

以前100米ドル前後で「購入」できた自動車運転免許証は、新たな車両サービスセンターを通じて行われるようになり、首都Tibilisiでは、運転免許証発行と同時に車両購入と登録が数分で同時にできるワンストップ・ショップ（One-Stop-Shop）の導入へと様変わりし、そのため中古自動車屋などが隣接して設置されるようになった。2011年には運転する際の運転免許証所持義務をなくし、その代わりに車両の所有者を通じて運転免許情報を確認できるようにまでなった（World Bank 2012b, 17）。

この一連の反汚職取り組み、並びにガバナンス改革の成果は、国際統計にも大きく反映している。TI（2003;, 2009）の汚職認識度指数（CPI）によれば、同国の汚職に対する認識度は、2003年の124位（133ヵ国中）から2009年の66位（180ヵ国中）に上昇（レベルが減るという意味）している。世銀と国際金融公社（IFC）による、ビジネス環境を分析し国別にランク付けている「世界のビジネス環境（Doing Business 2010）」（World Bank 2010a）報告書では、2005年には112位であったものの、2010年には11位と前例がない程飛躍的に上昇し、日本、ドイツ、フランス等先進国諸国より上位となっている。ちなみに2019年度版の報告書では6位となっている（日本は39位）（World Bank 2018）。ビジネス環境は民間・公務員間の汚職（贈賄）や癒着と深い関係もあり、ビジネス環境が良ければ、汚職の頻度が少ないと言える。OECD諸国平均が25位であることから見ても、ジョージア共和国のガバナンスと汚職対策の成果が分かるであろう。また2005年から2013年にかけて、実施された規制関連の改革実施数は、36と新興国の中でも一番多い数となっている（World Bank 2013）。

図4-1は、世界銀行研究所（WBI）のガバナンス指標を2003年と2008年で比較したものである。それによれば、汚職の抑制のみではなく、他のガバナンス項目（国民の声と説明責任、政治的安定、政府の有効性、政府の諸規則における質、

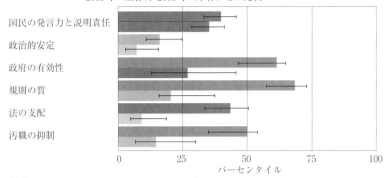

図4-1 ジョージアのガバナンス指標[11]
2008年（上棒）、2003年（下棒）との比較

(出典：World Governance Indicator, World Bank)

法の支配）すべてにおいて大幅に改善されていることが分かる。一般的に政府の汚職度が低くなれば、全体的なガバナンスレベルは高くなる徴候が見られる。従って汚職問題は他のガバナンス要因と密接な相関関係があることが分かる。

短期間で汚職対策に対する改善がこれ程見られ、明確な成果がでている国は他に類を見ない。事実、2007年のIRI/Gallup国民調査によれば、バラ革命以降汚職は少なくなったとの回答者は55％となっており、うち97％の回答者が過去1年間汚職に遭遇していないと、改革の成果を国民が証明している（Papva 2009）。改革後、10年以上経った今日においても、小規模汚職は既になくなっており、若い政府職員は政府内でも汚職はもはや見られないと述べている（職員とのインタビューに基づく）。

成果の背景には次のような要因が挙げられる。(1) 政府内の反汚職と改革に対する強い政治的意思とリーダーシップ。(2) 最も必要とされ、重要な部分からの取り組みを率先して実施（警察や司法等）。(3) 市民の現政権の汚職対策に対する高い支持と期待。(4) 西欧諸国とドナー機関による多種の技術支援と多額の資金援助。(5) 非常に早いペースで断行された改革。これにより反抗勢力が組織される前に物事を進めることができた。この他、反汚職対策をガバナンスと同じ位置づけにし、他のガバナンス向上（制度改革、税制改革、司法改革等）と広く結び付けて横断的に取り組んでいることも一要因となるであろう。閣僚が若いことも特筆できる。当時の閣僚は、大統領をはじめ多くが20代後半か

ら 30 代と若く（大統領は就任時 37 歳）、約 7 割が海外で教育もしくは研修等を受けており、民主主義の価値や西欧諸国との付き合い方を熟知していたことも別の意味で改革を後押ししたのではなかろうか。

　一方、次のようなことが問題視されていた。(1) 強行とも言える斬新な改革遂行。これは成功要因でもあったものの、一方で事前の通報もなく公務員を解雇等し、透明性と説明責任が欠如していると言える。それに対し解雇された公務員からの苦情を緩和するため、政府は 2 か月間の給与と過去犯罪に対する恩赦を行っている（World Bank 2012b, 16）。(2) 大統領をはじめとした少数の閣僚で政策や人事事項を決定。これは透明性の欠如を意味していると言える。(3) 反汚職取り組みに対する公務員の専門知識や経験の欠如とドナーへの過剰依存。(4) メディアの能力不足と独立性の問題（TI 2011c; World Bank 2012b, 102）。(5) 政府内の監視制度の不備など。OECD（2010）によれば、ジョージアでは公務員人事や昇進の際、大臣の裁量権が大きく、行政の政治化が進行する可能性があると指摘しており、TI（2011c, 15-16）は上層部の権力の集中は、抑制均衡能力を弱め、法の支配へのコミットメントの濫用を招きかねないとしている。

　ジョージアの反汚職取り組みは、情報開示や政府の説明責任の枠を飛び越えて、汚職の根源を打破するために政治力を最大限に駆使し強行した例と言えよう。

2　インドネシア（汚職撲滅委員会（KPK）を通じた汚職対策：2003 年〜現在）

　インドネシアは長い間深刻な汚職・腐敗に悩まされており、汚職ランクも 2000 年代半ばまでは常に下位に位置していた。TI の汚職認識度指数（CPI）によると、2003 年は 133 ヵ国中、122 位とケニアと同じレベルであった。今日でも市民が過去 1 年間に公務員に賄賂を支払っている割合は 30 〜 40% に達し（TI 2017d, 8)、賄賂の支払い先は、国会議員、警察、司法の順に多く、72％が企業による賄賂は常習化しているとしている（Quah 2017, 12）。

　インドネシアの汚職対策機関は過去 6 回設置されてきており、いずれの機関も法の執行のみに焦点がおかれ、汚職削減には貢献してこなかった（Jasin 2016）。1998 年 5 月、32 年間続いたスハルト権威主義体制が崩壊し、その直接の原因は、「汚職・癒着・縁故主義」に対する国民の不満にあった。ハビビ、

ワヒド、メガワティとその後の政権では、民主化、分権化とともに汚職撲滅の推進のための最優先項目に位置づけ、汚職撲滅のための新たな法整備と汚職対策機関の設置に向け動き始めた。それは法の執行のみでは不十分であり、予防や政府機関間の調整を有する機関の必要性を唱えたものでもあった（Jasin 2016）。そしてメガワティ政権時に、効率的な反汚職組織として世界的に知られている香港の廉政公署（反汚職委員会＝ICAC）と同等、もしくはそれ以上の機能と権限を有する機関の設置を求め組織基盤が築き上げられていった。[12] 政府は 2002 年に第 20 号（設置法）を設け、汚職撲滅委員会（以下 KPK とする）は独立司法機関として 2003 年より活動を始動した。アジア開発銀行から 80 万ドルの技術協力を受けるとともに、骨格作りは香港の廉政公署の元所長をはじめとした専門家チームの構成により推進された（Schütte 2011）。

　当時のドナー関係者は、筆者を含め、過去の汚職対策機関と同様、KPK の有効性と実績についてはあまり期待できないと、その存在意義に対し懐疑的であった。[13] しかし、前評判とは裏腹に、KPK 設立後、次々と大規模汚職事件が摘発され、政治家、政府高官等、今日に至るまで 500 名を超える大物汚職者（Big Fish）を逮捕し、公訴するに至っている。

　それまで政府機関による警察、検察、裁判所、政治家等の汚職摘発はタブー視または消極的な中、KPK はむしろ積極的に取り組み、例えば違憲裁判所長官をはじめ、ユドヨノ前大統領を率いる民主主義党党首と幹部、連立政党である福祉正義党党首なども逮捕するなど、まさに破竹の勢いで大物事件の摘発件数を増やしていった。表 4-2 は 2004 年から 2015 年に至るまでの汚職事件を通じた職務別摘発者数を示したものである。それを見ると、実に多岐にわたる政府高官が摘発されていることが分かる。

　KPK の果敢な取り組みと成果は、国民や市民社会、メディアに即座に伝達し、彼らの存在価値は一気に高まると同時に、国民の期待も集まり、例えば 2004 年の TI の世界調査（2004）によれば、「向こう 3 年間で汚職は少なくなると思うか」の問いに対し、インドネシアは調査対象国の中で最も高い割合（2004 年度―45％）を示している。ちなみに世界平均ではわずか 3％であり、当時のインドネシア市民の KPK に対する期待度が分かる。汚職認識度に関して 2004 年から 2016 年までを比較すると、2003 年の 122 位（133 対象国中）から 2017

表4-2 2004〜2015年の間における職務別摘発者

職種	2015年	合計（2004〜2015年）
国会・地方議会議員	19	96
中央省庁トップ	3	23
大使	0	4
独立委員会委員	0	7
州知事	4	16
副州知事、市長	4	51
中央政府、自治体高官	7	123
裁判官	3	14
民間人	18	127
その他	5	52
合計	63	513

(出典：岡本2017他)

年の96位（180対象国中）と、「認識度」は確実に減ってきていることが分かる。

なぜインドネシアの汚職対策機関はここまで変化を遂げ、次々と汚職事件を摘発できるようになったのであろうか。そこにはKPKの有する制度的優位性と、独自の戦略が功を奏していると言える。ジャカルタに本部を置くKPKは、職員1,124名（2016年現在）、年間活動予算は9,918億ルピア（2016年度）という、約2.5億の人口を有するインドネシアにおいては、ごく弱小な司法機関である（KPK 2016, 85）[14]。トップは1名の委員長と4名の副委員、計5名の執行部から構成されており（任期は4年、現在は第4期目）、業務の報告先は国会と会計検査院のみと、組織的な独立を有している。KPKの主たる任務と役割は大別して、(1) 汚職問題における政府機関間の調整・監督役、(2) 汚職事件に関する初期調査、捜査と公訴、(3) 汚職予防（反汚職教育含む）に関する諸活動、(4) 政府機関のガバナンスに関するモニタリングとなっている[15]。

これらの活動を担うため、KPKは次のような強大な権限が付与されている。国家要職者が関与し、世間を不安に陥れるか、あるいは陥れた上に、国家に10億ルピア以上の損害を与えた事件に対して、事前捜査、捜査、公訴権限を有する。捜査のための通信傍受権も有し、必要に応じて、出国禁止措置、金融機関に対する被疑者や被告の口座情報請求や口座凍結を求めることもできる。被疑者の上司に対して被告の一時更迭命令、資産・納税情報請求権も有している。さらには、警察や検察が担当している事案については、捜査や公訴が順調に進んでいない場合などに、KPKが代わって捜査・公訴権の執行権も付与されている[16]（表4-3）。

警察や検察が被疑者や被告からカネの見返りに捜査や公訴を中止する事例

表4-3 汚職撲滅委員会(KPK)の有する諸権限

・捜査のための盗聴と会話録音(通信傍受)
・出国禁止措置
・金融機関に対する被疑者や被告の口座情報の提供依頼
・金融機関に対する贈収賄に関与している者の口座凍結依頼
・被疑者の上司に対する被告の一時的遷命令
・被疑者や被告の資産や納税情報提供依頼
・金融・貿易取引やライセンス等の一時的停止処置
・国際刑事警察機構や海外の政府機関への調査や逮捕、没収依頼
・警察や検察が担当している事件に関する捜査や公訴を自ら行う権限

(出典:KPK法(2002年第30号法)を基に筆者作成)

が後を絶たないことから、第30号法ではKPKが捜査や公訴を中止する権限を有している。そのためKPKは2つではなく、贈収賄の現行犯逮捕など、3つ以上の証拠を集めてから公訴するという慎重な対応を取ることで、過去250件以上ある被告の有罪率はほぼ100%を確保している(岡本 2017, 100; Schütte 2011)。これは2005～2009年の半ばまでに検察が公訴した被告人のうち、有罪判決を受けたのは51%しかない状況と大きく異なる。[17]

KPKでの捜査終了後、公訴事案は汚職裁判所(TIPIKOR)で判決される。法律では汚職事件が公訴された時点から最大300日以内に判決をださなければならないよう規定している(Schütte 2011)。インドネシアでは司法機関には司法マフィアが巣くっており、十分な証拠があっても腐敗で無罪判決がでることがある。それを防止するため、中央ジャカルタ地方裁判所に汚職事件を専門にする汚職裁判所が2004年に設置され、5人の判事が判決を下す制度設計とした。[18]しかし2009年には分権化政策が取られ、TIPIKORは34州にある高等裁判所の管轄下におかれるようになった。[19]

KPKは活動を行う際、市民、市民社会・メディアとの対話、協力関係を重要視しており、他の国とは大きく異なっていることが分かる。市民からの汚職に関する通報はSMS(Short-Message-Service)等を通じて簡単にできる制度を設け、苦情(2016年度は7,270件)に対しては内容や信憑性にかかわらずすべて返答するなど、市民に対する説明責任を明確にしている。[20]また幾つかの市民社会とは信頼関係の下、相互の情報も交され、メディアに対しては常に透明性を確保する形で情報公開を行っている。反汚職教育もKPKの任務であり、学校(小中高校、大学)や政府職員を対象に倫理教育や研修事業企画・実施、汚職問

題についての TV 討論等、様々行われている。これら地道な活動と組織としてのコンプライアンスを通じて、KPK は市民の信頼を勝ち得たと言えよう。

　継続的なパフォーマンスと、その非政治性から、今日において KPK は、インドネシア国内で最も信頼されている政府機関の一つとなっている。2018 年 6 ～ 7 月に LSI（Lingkaran Survei Indonesia）により実施された世論調査では、国軍に次いで KPK は最も信頼されている国家機関となっている（KOMPAS 2018）。KPK への高い評価は政府の反汚職に対する努力評価にもつながっており、2017 年に行われた TI（2017e）の調査では、64％の市民が政府の反汚職取り組みを評価していることが分かる。[21] 今日においては最も機能する汚職対策機関として、KPK は香港の廉政公署やシンガポールの汚職査察局（CPIB）とともに海外からも高い評価を受けている。[22] とりわけ途上国においては効率的な汚職対策機関の成功例はほとんどなく、今日においては KPK は途上国のモデルとなりつつある（Oyamada 2015）。

　「汚職が最もひどい国」から「最も機能する汚職対策機関を有する国」へ飛躍できた主要因は次が挙げられよう。組織の独立性、5 名体制の執行部、広い活動範囲と強大な権限、高い自主雇用率と職員の質、[23] 捜査・公訴・裁判・判決というシームレスな流れと短期間の判決確定、市民や市民社会・メディアとの良行な信頼関係など。

　一方、1,200 名にも満たない、規模的にも財政的にも弱小である政府の一委員会が、警察や検察を合わせた権限と同等以上の強大な権限を持ち、次々と大物政治家や警察官や裁判官を含む政府高官を逮捕し、一部の汚職事件の捜査権を警察や検察から奪い、職員は他の公務員より良い待遇を受け、[24] さらには市民から絶大な支持を受け、日々メディアの注目を浴びるようになった KPK は、一部の政治家、警察や検察庁から反感を抱かれ、ジェラシーの的となっているのは容易に想像できよう。過去、元 KPK 委員長の殺人事件ねつ造や、元副委員長の職権乱用の名の下の不当逮捕などの他、同委員会の権限縮小（盗聴を裁判所の事前許可制とする、公訴権のはく奪等）や解散への動きなど、幾度となく KPK の弱体化への目論みが繰り返されてきた。[25] また抵抗勢力も台頭しており、政府内に敵も多い。[26] しかし KPK が政治的な妨害を受けた際に、市民や市民社会・メディアが KPK の擁護者となり政治家や警察・検察、すなわち KPK と市民

対警察に対抗するまでになっていった[27]。

　そのような中、組織としての問題点や課題はまだ数多く見受けられる。上述の通り、KPK は 10 億ルピア以上の大型汚職事件のみに取り組んでいるため、公訴する汚職事件は全体の 3％程度でしかなく、ほとんどの汚職事件が警察と検察により処理されているのが現状である。市民の汚職に対する一般的な認識度は過去 10 年で低くなったものの、年間 50 件前後の汚職事件しか取り扱わないため、国全体の汚職レベルはどの程度減ったのかについての判断は困難である。他方、中・小規模の汚職事件は KPK の対象外であり、そのために逆に若い年齢層（28 ～ 38 歳）の起こす汚職事件が新たに増えているという報告もある。また TIPIKOR の分権化により、求心力も弱くなっているとされる（Schütte 2011, 13）。

　一組織が高いパフォーマンスを長い間維持することは組織にとってはストレスフルなものである。元 KPK 副委員長の Bambang 氏とのインタビューでは、100％の検挙率を維持することは至難の業で、それが達成できなかった時は市民の評価が一変する可能性があり、それが一番の心配事であるという懸念を示していた[28]。また KPK は法律により、国軍の汚職事件についての捜査は可能だが、公訴はできず（Jasin 2016, 150）、1991 年第 1 号法施行前の汚職（すなわちスハルト政権下の汚職）については遡って捜査できないと規定されており、活動範囲は限定的となっている。最後に、例えばフィリピンのオンブズマン局のようには、活動や予算が憲法で保護されていないため、今後政権が変わるたびに KPK は予算、人材、活動等の問題と不安定性に直面することになる。

　とは言え、途上国では汚職対策機関のほとんどが機能せず、多くが政治利用され、また短命に終わっている現状を考えると、KPK の活動を通じて汚職は犯罪であり、ハイリスク・ローリワードであるという認識を社会に植え付けたことは重要である。ガバナンスレベルが一様に低い今日のインドネシア政府機関でもグッド・ガバナンスを有する機関があるということを示し（Quah 2017, 12）、汚職撲滅には KPK の存在は不可欠であるという、市民と国全体に与えた信頼と影響は計り知れないと言えよう。

3 フィリピン（アロヨ大統領による汚職との闘い：2001～2010年）

フィリピンでは、マルコス政権下（1965～86年）のクローニーによる資本主義と、開発独裁のもと進められた国家開発計画としての保護政策がエリート層やテクノクラートのレント・シーキングを助長し、その結果、相互援助やポークバレル政治、政治的庇護が濫用され、深刻な汚職や癒着問題を産出してきた。さらにはエストラダ大統領（1998～2001年）の収賄事件をはじめとした一連の大規模な汚職と不正問題が長年繰り返されてきた。小規模汚職も全土に蔓延しており、政治腐敗、法の支配の不確実性・不透明性、公務員制度や政府機関内の行政制度の歪みによる汚職、そして民間セクターとの癒着が歴史的、文化的に絡み合い汚職を構造的に許容する制度となっており、典型的な途上国の汚職モデルとなっている。2000年当時において、同国では1日で約1億ペソ（2億円）が汚職により損失しており（Batalla 2000）、世銀（Doronila 1999）によれば、汚職による政府の損失は低く見積もっても国家予算の20％に相当し、その額はGNPの3.8％に相当するとしている。またエストラダ元大統領も、市政演説で、1998年の政府事業資金の20％は汚職によるキックバックに利用されていると述べているほどである（Estrada 1998）。このような背景の中、1986年のピープルパワー革命以降[29]、市民、市民社会が数々の反汚職のデモ活動などを行ってきた意味において、反汚職活動の発祥地とも言われている[30]。

エストラダ元大統領の汚職事件による辞職に伴い、2001年に副大統領から繰り上げ就任したグロリア・アロヨ大統領（Gloria Macapagal Arroyo）は、市民の政府に対する信頼を回復するため、グッド・ガバナンス構築、政府内のモラル改善、そして汚職と闘うための行動施策を国家の最重要事項の一つとして位置づけ、反汚職取り組みを試行してきた。

フィリピンでは、長年政府の汚職との闘いに対する強いコミットメントを有し、活発かつ影響力を有する市民社会の存在、メディアや市民の高い自由度、長い反汚職活動経験を通じた市民の蓄積された知識など、反汚職対策へのプラスの材料は多い。また、汚職防止、取り締まりに対する法的基盤、組織基盤、財政基盤の多くが既に確立している。2000年当時、17の汚職に取り組む政府組織が存在し、(1) 憲法により設置された機関、(2) 通常の汚職対策機関、(3) 大統領汚職対策機関と委員会、(4) 政府機関間調整委員会に分類できる（DAP

2001)。他国に比べ様々な角度より反汚職に取り組んでいることが特徴である。他方、法の執行力の欠如、公務員の能力的問題、そして政府の反汚職取り組み手法の在り方などが未だ障壁となって表れており、統計上では汚職レベルが過去20年間あまり改善されていないことも指摘されている。

同国の汚職対策を担う主要政府機関はオンブズマン局であり、1987年に制定された憲法第11章のもと、同局と公務員委員会、会計検査委員会、公務員弾劾裁判所が汚職防止、取り締まりを担う機関として設置された。[31]オンブズマン局の任務は、公務員汚職、犯罪、制度の効率性の調査やこれに関する訴追、予防等となっている(オンブズマン局URL)。Bolongaita(2010)は、予算や調査手法、未解決率等をインドネシアのKPKと比較しており、同局の非効率性について検証をしている。またQuah(2017)も、予算や職員の欠員率(45%)などの現状を通じて非効率性を説明し、汚職対策機関の「Paper Tiger(紙の虎)」の部類に属するとしている。ただここではオンブズマン局の役割や実績については触れない。

政府の反汚職取り組みと成果

フィリピンの「中期国家開発計画2004-2010」(NEDA 2009, 267)では、汚職問題への取り組みは貧困削減における重要な位置づけであるとし、汚職を容赦しない(zero tolerance)立場をとっている。アロヨ政権下では、反汚職取り組みを前期(2001～2004年)と後期(2005～2010年)に分けることができる。前期は次の通り。(1)各官庁への汚職防止の具体策の立案、実施の指示。(2)新たな大統領反汚職委員会等の設置による汚職取り締まり強化。(3)汚職行為者に対する法に則った迅速な処罰。(4)政府業務の簡素化と電子化の早期実現。(5)汚職が蔓延しているとされる国家歳入局や通関局等の監視強化(NEDA 2001)。後期になると次に力が注がれている。(1)国連腐敗防止条約(UNCAC)批准や執行をはじめとした反汚職に対する法的・制度的枠組み強化。(2)オンブズマン局をはじめとした汚職対策機関の役割強化。(3)清廉性、説明責任、透明性等の清廉性推進改革。(4)市民の汚職に対する価値観強化(NEDA 2009, 267)。

公務員の生活様式や職務以外の違法な収入、資産などを定期的に確認する生活様式チェックと政府物資調達における電子調達プログラムも推進している。

この他、政府各機関が汚職に対する組織的脆弱度を分析し、汚職防止制度基盤を構築させる清廉性開発レビュー、そしてそれを具体化させる行動計画策定プログラム、さらには市民憲章の草案などの活動が行われている。また数多くの法規範が制定されている。2000〜2005年までの間、14の汚職対策に関する法律、大統領令、宣言がだされており、それ以降も幾つか制定されている（Oyamada 2005）。例えばアロヨ大統領自らによるイニシアチブの下で行った取り組みとしては次が挙げられる。(1) フィリピン国家中期開発計画において、グッド・ガバナンスと汚職と闘うため、向こう3年間で改善取り組みを強調。(2) 大統領反汚職委員会の新設。(3) 中央政府機関に対し、反汚職取り組みの具体策の提示と、明確な汚職削減の実施を支持。(4) 大統領および大統領の夫、そしてその親族は政府関連事業の商取引を禁止する大統領令を発令。(5) 大統領任命による職員の汚職事件の迅速な処罰と解決。(6) 国内歳入局と通関局の反汚職モデル機関としての重点的取り組み実施。(7) 電子調達制度の導入。(8) 政府書類数の半減による、煩雑な官僚的形式主義（red tape）の軽減。(9) 地方政府業務の合理化とスリム化を通じた官僚的形式主義の軽減。(10) エストラダ元大統領の汚職事件に対する公平かつ迅速な裁判支援実施（小山田 2005, 73）。

　表4-4は、アロヨ政権時代（前期）に推進された反汚職取り組みの一例とその成果である。数多くの制度が構築され、すべての政府機関が何らかの形で反汚職活動に参画していることが分かる。またその成果も具体例や数値にて垣間見ることもできる。一方、それら活動のわりには、汚職レベルは長期にわたり改善されていないことに気づく。例えば、TIの汚職認識度では、調査開始年の1995年から2005年まで汚職認識度がほとんど変化していない。また企業調査（Social Weather Station 2007）によれば、94％が政府内に汚職があると回答しており、この割合は過去10年以上ほとんど変化していない（Social Weather Station 2017）。

　反汚職政策を各種策定し、精力的に実施しているにもかかわらず、アロヨ政権の反汚職努力は歴代大統領の中で最低となっている。図4-3は、歴代大統領の反汚職取り組みに対する満足度である。反汚職取り組みに対し国民からは評価されていないのが分かるであろう。これに対し政府側の認識としては、「反汚職取り組みに対し様々な努力を行ってきており、個々のケースにおける成果

表 4-4　フィリピンの反汚職取り組みの成果（アロヨ政権時）

分野	成果
電子調達[33]	・2003 年調達改革法制定（共和国法 9184） ・電子調達システム（EPS）の利用により、2009 年には 9,290 政府機関、41,528 の業者が登録。 ・入札時の必要書類数は 16 から 6 に簡素化。 ・電子調達制度の利用により 2001～06 年で 414 百万ペソ（約 830 万円）の節約が可能となった。内務・地方政務省管轄の機関では、非公開入札での待ち時間が半減した。また 2005 年には全政府機関での入札書類を統一。 ・大統領令第 662 号（2007 年）により政府と市民社会からなる政府調達透明性グループを設定。
官僚主義（red tape）の削減	・反官僚主義法（2007）（共和国法 9485）を制定。 ・その一環として、政府はすべての政府機関に「市民憲章」を草案作成するよう指示[34]。
国内歳入局と通関局に対する重点的取り組み	・国内歳入局の「税金逃れ追及プログラム」を通じて 2009 年 12 月現在で 126 件を書類送検。 ・通関局の「密輸入業者追及プログラム」実施において追加の法律専門家を採用、105 件の犯罪事件を書類送検。 ・国内歳入局職員のほぼ全員が行動要綱に関するセミナーを通じた意識向上プログラムに参加。 ・マニラ港、マニラ国際コンテナ港そしてセブ港で、国家開発公社より購入した X 線機器による物資の検閲を通じて、職員による検閲機会をなくした。
汚職を抑制する制度の改善	・清廉性開発レビュー（IDR）を 18 の政府機関で作成。 ・収賄を監視、摘発するため政府電子会計制度（E-NGAS）を導入。2008 年 6 月段階で 539 の政府機関で利用。 ・監査委員会は、監査前監査制度を導入。また更なる収賄調査のため収賄監査・調査室を設置。
その他	・オンブズマン局の検挙率は 2006 年の 19%から 2009 年の 76%と上昇。また同局内に汚職事件を通告できるホットラインとウェブサイトを設置。 ・生活様式チェックを全公務員に通達。2009 年には 558 の苦情に対し調査中。 ・大統領反汚職委員会は、大統領任命による政府職員 127 名を汚職・不正行為で解雇、懲戒処分した。 ・2000～2004 年の間、汚職対策に関する 14 の法律、大統領令、宣言等を制定。 ・2009 年度までに、44,412 の小中高等学校が 20 万部の価値形成に関する資料を配布。そこでは誠実、清廉性、簡素な生活を奨励。

（出典：NEDA 2001, 2009; Oyamada 2005; 小山田 2013 他）

は多く見られる」である[32]。他方、同分野間や政府機関間におけるシナジーの欠如が活動の重複を招いており、国家経済開発庁（NEDA 2001, 2/9）はそれは汚職のレベルが改善されていない原因でもあると報告している。でも果たしてそれが要因なのであろうか。

　筆者は市民のアロヨ政権の反汚職取り組みに対する厳しい評価の背景には、長年同じようなメッセージ（汚職と闘うための市民の意識向上と市民教育）が政府から繰り返され、また政権が代わるたびに新たな汚職対策機関が設置され、そ

図 4-2　フィリピン歴代大統領の反汚職取り組みに対する市民の満足度
（1987年3月から2018年9月）

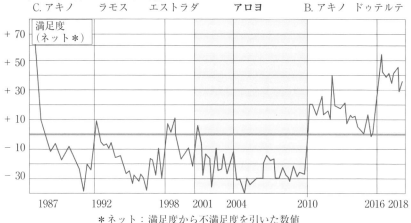

＊ネット：満足度から不満足度を引いた数値
（出典：Social Weather Station, 2017）

の一方で汚職はなくならないことが原因なのではと考える（Oyamada 2005）。事実、汚職対策を担っているオンブズマン局の 2012 年度の運営費の 24％は汚職調査や関連事業費ではなく行政と市民支援費に配当されている（Quah 2017, 11）。また国家独立後、16 もの反汚職委員会や諮問機関が設立、廃止が繰り返され汚職対策の非効率性を表している（Batalla 2001）。政府の汚職対策としての戦略である、市民の意識向上や価値観形成や政府の能力改善は、同じような取り組みを打ち上げては消えており、それに対し市民は「どうせやっても無駄」的感情を抱いているのも事実である。Social Weather Station（2007）の調査では、汚職を発見した場合、55％の回答者は関係当局に通報しないとしており、その理由として一番多い回答（69％）は、「政府は何も行動を取らないから」としている。

　市民はメディアなどの報道を通じて、既に汚職解決手段に対する知識は持っており、いまさら国を挙げて価値観形成は必要ないといった感じであろうか。事実、調査によれば、市民の考えでは、汚職行為者に対する厳格な処罰が一番効果的で、公務員給与の増額はあまり成果はないとしている（Social Weather Station 2000）。制度構築や単発的なイベントをそれぞれ見ると、確かに多数設けられ成果はでており様々な改善は見られている。しかし、全体像を見る場合、

改善されていないのが不思議である。ただここではあくまで認識度を基準に議論しているため、汚職の実情に関する増減については評価することは難しいことを触れておく。

アロヨ大統領は、2005年の時点で、任期が終了するまでに反汚職キャンペーンは実を結ぶとコメントしていた（Philippines 2005）。一方、香港の汚職対策機関である廉政公署（ICAC）の元事務次官は、香港の反汚職モデルを導入すれば、フィリピンの汚職は7年以内に撲滅するとして同国内で反汚職プロジェクトに着手した。結局、2010年5月の段階で、大きな改善は見られず、多数の新制度のみ策定され大統領の任期切れとなった。6月に就任したベニグノ・アキノ新大統領は、汚職撲滅を公約とし、新たな反汚職取り組みを開始した。2016年に就任したドゥテルテ大統領も反汚職取り組みと闘う意志を新たに明確にしている。但しここでは二人の業績については触れない。

4　リベリア（サーリーフ大統領による汚職との闘い：2006年～2018年1月）

サハラ以南アフリカに位置する人口500万人に満たない小国であり、ダイヤモンドや金など鉄鉱石が採掘されるリベリアは、14年に及ぶ内戦により、国内事情は経済問題はもとより、蔓延する汚職と失業に悩まされてきた（Chêne 2011b, 2012）。Afrobarometer（2008）によれば、警察、徴税機関、国家公務員がもっとも汚職にまみれている政府機関であるとし、その認識度はそれぞれ61％、52％、45％と高い（2008年時点）。今日に至っても汚職レベルは非常に高く、TIの調査によれば、国民の7割以上が過去1年間に公務員に賄賂を支払わねばならなかったとしている（TI 2013）。そのような国で、2006年にエレン・サーリーフ（Ellen Sirleaf）が同国で初めての女性大統領として就任した。

就任と同時にサーリーフ大統領は、汚職との闘いを公約に掲げ、明確に市民に訴えた。行政内の汚職に対しては厳格に処罰するメッセージを伝え、大統領就任直後に財務省の政治任命職をすべて解雇した。そして汚職行為をしている公務員はすぐさま起訴すると伝え、数ヵ月で17,000名の政府職員を解雇すると同時に、大統領自身と彼女が任命した閣僚メンバーすべての資産公開を実施することにより自らの透明性を示した（Boucher et al. 2007; IRIN 2006; Clark 2008）。2人の著名な人物を汚職の罪で解雇し、汚職に対する厳しい統制をアピールす

ることにより、市民の人気を集めた（World Bank 2011, 126）。また、反汚職改革の一環として、反汚職委員会の設立と、同委員会と監査委員会の独立を確保し、財務プロセスの透明性を保つために財務管理改革を断行した（TLC Africa 2010）。2010年には情報公開法を制定し、また反汚職に取り組む市民社会に対しては、その設置や活動に対する規制は設けず、汚職と闘うための下準備を行った（Chêne 2012, 8）。

　サーリーフ大統領が取った行動は、他の国と全く異なるアプローチと手法であった。リベリア人以外の外国専門家を政府内の主要なポストに就かせ、政府内の管理・運営を円滑に進めさせた（Chêne 2012; Reno 2008）。政府は歳入支出管理や公共調達改善、国家資源の利権料にかかわる透明性の強化と汚職の抑制を目的として、ガバナンス・経済管理支援計画（GEMAP）を設置し、リベリア政府の能力を構築させるため、援助機関に資産や支出管理に強制的に介入できる権限と許可を与えた（GEMAP; Clark 2008）。この他、各種権限は、政府職員と外部アドバイザーに共有させ、各省庁および国営企業のアドバイザーと財務担当官は、活動報告を援助機関に対し行い、援助機関との共同署名による承認取り付けを義務づけたのであった。具体的には、中央銀行、国家港湾庁、林野庁、海上保安局、Robertsfield国際空港、国有石油製油機構など、国家歳入がある主要機関で外部専門家が雇用され活動した（Clark 2008）。

　市民社会などの一部ではGEMAPは国家主権の侵害との意見もあったが（Chêne 2012, 5）、これは暫定的なプログラムであることを伝えることにより実現を可能とした。GEMAPは、汚職の抑制をはじめ、財務の管理と説明責任、調達、予算と支出管理、主要な省庁の強化、能力構築といった分野に対する活動を改善し、政府活動をモニタリングするものである。表4-5は、GEMAPの特徴をまとめたものである。表に見られる通り、財務管理と説明責任確保の過程においては、IMFが中央銀行の総裁を選定、各省庁では、透明性ある財務管理制度と技術ガイダンスを提供するため、国際的に選抜された専門家を雇用し配置するなど、斬新な行動を断行したのである。省庁や国営企業の運営、および木材とダイヤモンドを含む利権料や契約審査のために、連署の権限を有する国際的な専門家を活用すること、またGEMAPの実施を誘導しモニターするために、監視メカニズムとして経済統治運営委員会（EGSC）を設立し、（World

表4-5 ガバナンス・経済管理支援計画（GEMAP）の概要

項目	特徴
財務管理と説明責任	歳入は財務省に集められ、中央銀行の会計検査官が監視する政府口座より支出。透明性と財務の説明責任を保つため、中央銀行総裁はIMFより選出される。
予算と支出管理	予算形成と執行プロセスや、予算関連情報の公開制度の構築を強化、明確化する改革。
調達とコンセッション	競争入札のプロセス、木材や天然資源関連の資金の流れのモニタリング等。
汚職の抑制	独立した汚職対策機関を通じた、官民共に焦点を当てた汚職抑制制度の強化。
主要官庁に対する支援	会計監査院、一般サービス庁、ガバナンス改革委員会、契約・独占委員会などの歳入管理を担う主要機関の強化。
能力構築	賃金や公務員行動要綱の改定を通じた公務員改革などの行政改革。

(出典：Chêne (2011)、GEMAP 資料を基に筆者作成)

Bank 2011, 126) いわゆる二重の機能を設けることにより、汚職の機会削減に努めた（EGSC は説明責任を共有しているメカニズムであり、サーリーフ大統領が委員長、米国大使が副委員長となっている）。

　この計画の実施により多くの改善が見られるようになった。例えば、徴税機関などは専門性を有するフルタイムスタッフの雇用を通じて政府歳入の増加（2007-8 年度は前年比 47.7％増加、2008-9 年度は 34.5％増加）や予算の透明性向上などを可能とし、これが援助機関の信頼向上にもつながった（Clark 2008; Chêne 2012, 6; US Department of State 2011）。49 億米ドルにまで至った国家の海外債務の削減を可能とし、国際社会にも認められた。また林業の検査と天然資源の利権にも焦点をあて、例えば、違法木材の売却を防止するため、収穫―輸送―販売に至るまで、すべての木材を追跡できるシステムを構築・運用する契約を民間の検査会社と結び、これにより政府は全税収を確保できるようになった（World Bank 2011, 150）。

　これらの活動により、汚職認識度（CPI）のランキングが当初の 158 ヵ国中 137 位から、2011 年には 178 ヵ国中 87 位と大幅に改善された（2017 年は 176 か国中 90 位）（TI 2011; 2017）。2012 年の IREDD 調査（2013）では、46％の国民が大統領を「大いに」信頼しているという結果が出ている。国民の信頼を獲得した理由の一つとしては、例えば 1 年以内に首都モンロビアで電気を回復させる、無償の初等教育と保健ケアを提供するといったように、世論を満足させるため

一つずつ公約を実現したことにもある（World Bank 2011, 130）。

一方、すべての成果と改善は早期にでるものではない。公務員給与は 200％ 上昇させたものの、支払いが滞ったり、反汚職委員会の限られた予算、職員の能力や業務実績（2010 年における汚職事件調査は 8 件、起訴は 4 件のみ）など、問題点は多く指摘されている（Chêne 2012; US Department of State 2010）。また GEMAP では予算作成、調達、天然資源使用におけるコンセッションなどにおいて汚職の機会の削減は可能となっているが、そのインパクトを測定することはしていなかった（USAID 2015, 64）。

同大統領は、また国民融和のために野党の政治家を複数閣僚に任命しただけでなく、アントアネット・サイエ財務大臣（後の IMF アフリカ局長）のような有能な女性閣僚も何人も起用し、「鉄の女」とも呼ばれていた（wikipedia）。

このように、リベリアの取り組みの特徴としては、ある設定もしくは条件の下では、外部アクターも主要な役割を担うことが可能となり、ドナー＝援助機関主導の取り組みが効率的な汚職削減につながることを実証した。

ところで、このような大胆な発想と改革を推進した、サーリーフ大統領とは一体どのような人物なのであろうか。同大統領は米国ハーバード大学大学院（J. F. Kennedy School of Government）を修了し、シティバンク、世界銀行、UNDP（アフリカ局長）を歴任し、2006 年に女性初の大統領となった人物である（Wikipedia）。2011 年にはノーベル平和賞も受賞している。西欧諸国の高等教育を受け、米国の銀行と国際機関に長いこと従事し、その経験と強いネットワークを持って帰国し政治家になったという、一種異なるバックグラウンドを有する人物である。海外での非政治活動が長かった分、民族利益、過去の政治遺産、政治家や派閥間の闘争などの泥臭い問題から一定期間遠ざかれたからできた技であるかも知れない。

写真 4　エレン・サーリーフ大統領
（出典：bing.com/images）

注

1　独立後、ジョージアでは長期の経済の低迷と政府の腐敗を背景として国民の不満が蓄積していた。2003年11月には議会選の結果を不服とする野党勢力が議会及び大統領府を占拠、結果としてシェヴァルナッゼ大統領が辞任に追い込まれた（バラ革命）。2004年1月に実施された大統領選挙では、政変の中心人物であるサーカシュヴィリが圧倒的支持(96%)を受け当選した。

2　警察官が通行中の車両を止め、交通違反行為をしたといった理由で賄賂を要求する行為。

3　Schults et.al. 2007

4　Horoschak 2007

5　Georgia 2007

6　UNDP Georgia 2008

7　三菱UFJリサーチ＆コンサルティング株式会社（2007）

8　関係者（弁護士、検察官含む）が裁判官に接触した際、即刻司法高等評議会に報告義務を有し、それを怠るとライセンスの剥奪の処分となるとしている。(Georgia 2007, 20)。

9　2006年以降、地方裁判所裁判官の平均月給は1,086米ドル、中間上訴裁判所は1382米ドル、最高裁判所裁判官平均は2,040〜2,070米ドルと設定されている（Georgia 2007, 22）。

10　UNDP Georgia 2008, 4.

11　各項目の説明としては次の通り。(1)国民の声と説明責任：国民の自由かつ公正な選挙といった政治参加、結社そして報道の自由があるか否か。(2)政治的安定性：国内で発生する暴動やテロ等、制度化されていない、あるいは暴力的手段等により政府の安定性が揺るがされたり転覆される可能性がどの程度あるか。(3)政府の有効性：行政サービスの質、政治的圧力からの自立度、政府政策策定・実施の信頼度、政府による改革へのコミットメント。(4)政府の諸規制の質：民間部門の開発を促進するような政策や規制の策定実施能力があるか。(5)法による支配：公共政策に携わる者が社会の法にどれだけ信頼を置いて遵守しているか。特に契約の履行、警察、裁判所の質、犯罪・暴力の可能性。(6)汚職の抑制：その国の権威・権力が一部の個人的な利益のために行使される度合い。

12　ICACはIndependent Commission on Anti-Corruptionの略。同機関は汚職の情報収集、防止、摘発、調査、さらには取り締まりまで一貫して行える独立した専門機関であり、機能的な汚職対策機関として常に汚職対策機関の見本として取り上げられている。

13　筆者は、2003年10月から2007年5月まで世界銀行ジャカルタ事務所にガバナンスアドバイザーとして勤務しており、主に反汚職に関する業務を担っていた。

14　詳細は次のURL参照。
（https://www.kpk.go.id/images/Laporan%20Tahunan%20KPK%202016%20Bahasa%20Inggris.pdf）。

15　インドネシア法2002年20号（Jasin 2016, 149），KPK（https://www.kpk.go.id/id/）

16　同上。この他、公務員の資産情報管理、祝儀受領報告書、資産回収、マネーロンダリング対策に関する任務も有しているKPK法（2002年第30号法）。

17 また 2009 年前半に検察が公訴して、一時裁判所で裁かれた 222 人中、有罪判決を受けた 69 名に対しては、平均的な刑期が約 6 ヵ月であるのに対し、KPK が公訴して有罪判決を受けた 32 名の被告の刑期は 4.81 年であり、明らかに KPK の方が厳しい判決を勝ち取ってきたことが分かる（岡本 2017, 103; Butt and Schutte 2014, 607; Schütte 2011）。

18 高等裁判所の判事 2 名に加え、15 年以上の法律分野での経験を持つ特別判事 3 人という 5 人体制。これは特別判事が多数派を構成することで、高等裁判所判事がカネで買収されても不当な裁判結果をもたらさないように制度設計をした（岡本 2017, 100）。

19 2009 年第 46 号法。しかし新政策では高等裁判所の裁判長が汚職事件ごとに特別判事も含めて担当判事を決めることができるようになった。それが後に TIPIKOR の非効率と判事の質的低下を招く結果となっているとされる（岡本 2017, 105; Schütte 2011）。

20 KPK Annual Report（2016, 85-86）。実際には 50% 程度しか初期捜査にならなく、60～70 件のみが本捜査の対象となるとしている。

21 ちなみに世界平均は 30% となっている（TI 2017e）。

22 例えば Quah（2017）を参照。

23 2015 年度の自主雇用は 912 名（79.9%）となっており、これは他の国と比較して高いと言える。また、それがゆえに、執行部への警察などへの対応が弱腰だったりすると、自主雇用スタッフが表立って批判するほどである（岡本 2017, 102）。

24 KPK 職員の給与体系は他の公務員より高い。

25 詳細は岡本（2017）を参照。

26 岡本（2017, 115）は、警察や検察からの出向職員たちも出身母体からの拘束が強まりつつあり、出身母体の意向を無視すれば戻ってからの昇進は難しく、こうして内部からの抵抗にさらされ、近年では大物の摘発に乗り出さない KPK に対し、反汚職 NGO などから不満の声が高まりつつあると説明している。

27 例えば、KPK 職員の増員に伴い事務所移転を政府に要請しいていたものの、なかなか許可が下りず、それに対し 2010 年にキャンペーンを行ったところ、露店商人、社会・人権擁護団体、政府職員さらには海外に居住する市民からの寄付金により 35,000 米ドルを受領している（Quah 2017, 14）。また Quah（2017, 14）は、KPK の最大の敵は警察であるとしている。

28 2015 年 8 月にジャカルタで行われたインタビューに基づく。

29 1986 年にマルコス独裁政権を打倒に追いやった国民による無血の革命。

30 フィリピン大学ロスバニョス校の教員による説明。

31 オンブズマン（ombudsman）とは、「代理人」を意味するスウェーデン語である。議会・市長などより任命され、任命者から独立して行政活動を調査し、国民・市民からの苦情を処理する機関（広辞苑）。

32 2001 年 5 月のオンブズマン Aniano A. Desierto 氏（当時）とのインタビュー。

33 一般に電子調達を導入することにより、癒着や書類の偽造を最小限に抑え汚職の機会を抑制する機能を果たすとされる。

34 市民憲章とは、公共サービスの透明性と手続きの簡素化（例えば公的書類を入手する際

のステップや費用の明確化等）、そしてそれを役所などへの掲示を通じて汚職の削減を目的としたもの。

第5章

開発途上国政府による汚職・腐敗との闘い（パートⅡ：ルワンダ）と比較分析

1　ルワンダ、カガメ政権下におけるオンブズマン局を通じた反汚職対策（2002年～現在）

　ルワンダといえば、アフリカ中央に位置する小国で、1994年に数ヵ月の間に80万人以上もの住民が虐殺されたジェノサイドがあった国として有名であるが、その後のこの国の復興・再建は目をみはるものがあり、汚職取り組みに関しても著しい改善が見られている。汚職のレベルは、アフリカ諸国の中でとりわけ低く、また汚職対策においても国内外で高い評価を得ていることが各種データを通じて分かる。例えばTI（2018）によれば、2017年の汚職認識度は、調査対象180ヵ国中48位となっている（日本は20位）。これはサハラ以南アフリカ諸国の中ではボツワナ、セイシェルに次ぎ3番目（カーボベルデと同位）、そして東アフリカでは一番低いレベルである。Mo Ibrahim Foundation（Chêne, 2011b）は、2002～2007年にアフリカで最も汚職削減を達成した国としてルワンダを評価している。国民の51％が国内の汚職は少ないと回答しており、多いと回答したのは7％に過ぎない。また96.3％が政府の反汚職行動を評価している（TI-RW 2015）。とは言え、ルワンダに汚職がないのかというと決してそうでもない。TI（TI-RW, 2016a）のルワンダ贈賄支払い度指標によれば、24.4％の市民が過去1年に賄賂を要求されたとしている。

　汚職と貧困とは深い関係があることは以前から知られており、より貧困度の高い国が汚職の度合いも高いのが一般的である。ルワンダの貧困率は39.1％（2013）となっており、2000年の58.9％からかなり改善されている（世銀統計による）。図5-1は、ルワンダとサブサハラ諸国における、UNDPの人間開発

指数（教育就学率、平均余命、一人当たりの GDP の要素を統合させた指数）を、世銀のビジネス環境指数（詳細は 2 章参照）、および TI の汚職認識度指数のスコアと比較したものである。ルワンダでは、人間開発度が低いわりには汚職度が低くビジネス環境が良好であることが分かる。これは他の国ではあまり見られない珍しい例であると言える。

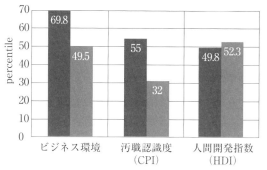

図5-1 ビジネス環境、汚職認識度、人間開発の比較表（ルワンダとサブサハラ諸国）

（出典：TI 2018, World Bank 2012a, UNDP 2016）

　他方、ルワンダに対する汚職研究に関しては必ずしも多くなされているとは言えない。多くがルワンダの汚職レベルの統計を、国民の認識度、制度的な改善、投資環境と関連づけて行っている評価であり、汚職問題の構図を政治社会的な側面から分析したものは少ない。その中で、例えば Bozzini（2014）や木村（2016）などは、政府の透明性の欠如、市民社会やメディアの活動の自由度の制限、政府と政府系企業・軍の癒着関係等の背景にある政治腐敗・汚職、クライアンテリズムのとの関連性について指摘し、異なった汚職構造があることを明らかにしている。

　ガバナンスおよび反汚職取り組みの政策基盤となるのは、ルワンダ政府が 2000 年に発表し、2020 年までに中所得国入りを目標とした「ルワンダ・ビジョン 2020」であり、反汚職改革はその中に位置づけされている。政府は政府内のガバナンス強化のための様々な制度改革と構築に伴い、汚職対策に関連する法律の整備も 2003 年を皮切りに次々と制定した。汚職との闘いに関しては、政府調達、資金洗浄、オンブズマン局設置、刑事訴訟等を含めた 8 種類の法律や大統領令等がある。中心となる汚職に対する防止・抑圧・処罰法（法律 2003 年 23 号）は 2003 年に制定され、そこでは汚職を試みた者は 2〜5 年の刑および贈賄額の 2〜10 倍の罰金を科す等細かく規定している（汚職行為の度合いに

よっては5～10年、贈賄額の2～10倍もしくは5万～100万ルワンダ・フラン）(UNODC 2017)。一般的にガバナンス改革は政府の透明性と説明責任の向上も意図しており、これらも汚職防止に直接、間接的に関係のある制度構築となっている。公務員倫理法（2003年）、情報公開法（2004年）、通告者保護法（2013年）、資産申告法（2003年）等は、反汚職取り組みに不可欠な法制度である（OMB 2011）。その基礎となるのが、政府による汚職を容赦しない（zero tolerance）政策であり、政府はその中で反汚職戦略と行動を設けている。

　2009年には、政府機関、民間、市民社会を含む13機関からなる「汚職と不正と闘う国家諮問委員会」が設置され、四半期ごとに反汚職政策が議論されている。そこで決定される政策や企画そして取り組みは2003年に設置された汚職対策機関（オンブズマン局）が事務局そして実施機関として担うことになる（OMB 2011, 2012a, 2012b）[1]。そこではオンブズマン局が汚職事件を担い、国家警察庁（犯罪捜査局）が詐欺事件を担当する形となる（World Bank 2014, 11）。

　政府は、反汚職取り組みと同時に、公務員の能力主義制度導入、公務員給与のアップ、縁故採用の禁止等、汚職削減に間接的に貢献するガバナンス改革も積極的に行っている。ルワンダの反汚職取り組みは、法的・制度的枠組みの強化、政府の効率性と公共サービスの改善といった、ガバナンス向上を通じたものが特徴であると言える。公共財務管理を含んだ公共セクター改革と、政府手続き等の簡素化といった各種のガバナンス改革により汚職の機会を削減したのである。そこでの成果の一例としては次の通り。503名の司法業務担当者が汚職と能力不足等で解雇（2004年）（Global Integrity, 2009; Chêne 2011）。収賄事件により62名の警察官を解雇（2007年）（Chêne 2011b）。1997～99年の改革では6,000人を能力欠如で解雇し、6,500人の幽霊職員に対する給与支払いを止め、その後小規模汚職の機会をなくすために公務員給与を40％増加した（World Bank 2014, 16）。2002年には、ルワンダ行政法が整備され、公務員の実績評価が毎年行われ、それを給与と昇任人事の基礎資料とすることになった。公務員のうち大卒は1998年の6.4％から2005年には79％に改善された（木村 2016, 51）。

オンブズマン局（Office of the Ombudsman）の役割

　オンブズマン局は、2003年に憲法第182条で独立した機関として設立され

た（OMB 2012a, 2014 他）。オンブズマンと言えば、通常、行政権の行使（または不行使）に対する国民の苦情申し立ての調査を行う機関であるが、ルワンダのオンブズマン局は、従来のオンブズマンの役割と汚職対策組織の2つの複合した役割を有していると言える。オンブズマン局の反汚職取り組みに対する活動は広く、強い権限も付与されている。ルワンダ法 2003 年 No. 76 では、汚職事件の捜査、行政処罰要請、公務員の資産申告管理、汚職犯罪者からの資産回収、起訴、執行力、最高裁判所決定に対する再審請求、汚職の疑いがある者に対する一時的な停職要請（企業・市民社会含む）等、強い権限が付与されている（OMB 2012a）。この他の活動としては、市民やコミュニティ向けの反汚職教育、政府機関間の調整・業務監査等の役割も担うなど広範な活動範囲を有する（OMB 2012a）。ルワンダの汚職政策並びに戦略は、前述の 13 機関から構成する「汚職と不正と闘う国家諮問委員会」により協議、決定され、それをオンブズマン局が事務局として担当し、他省庁に対しては反汚職推進を調整する実施・監督機関となっている。ルワンダの汚職・腐敗問題をすべて担う機関としての位置づけとなっている。

　政府の汚職を容赦しない（zero tolerance）政策の下、オンブズマン局は、汚職に関連するすべての苦情を市民から集め、小さな汚職事件でも調査し、汚職者に対しては妥協を許さないスタンスを取っていると同時に、その活動を対外的に示すことにより、汚職との闘いの成果を逐次アピールしている。例えば、政府は 2010 ～ 15 年までの汚職事件に対し 918 名に有罪判決を下した。そこではオンブズマン局の年次報告及び URL を通じて有罪判決者氏名、職業、汚職内容、処罰内容を 1 件ずつ情報公開している。有罪判決者の氏名や出身地等も同時に明かされ、汚職は罪を犯した者のみならず、その家族に関する情報も公表しているのである。

　市民からの汚職関連の苦情はすべてオンブズマン局が責任機関として受け付け、例えば 2013 ～ 14 年には、汚職関連苦情を含む、1,033 の書面による市民からの苦情を調査し、577 件（56%）が解決、214 件（21%）を関連省庁へつないでいる（OMB 2014, 32）。また裁判所の決定における市民の苦情申請に関しては、2,572 件を受け付け、うち 1,306 件を処理し、47 件（3.6%）を最高裁判所に再審査申請案件として書類送検した（OMB 2014, 15）。ちなみに苦情内容として

は土地紛争にまつわるものが一番多く（39％）、次いで裁判所判決に対する苦情（18％）と続いており、直接汚職が関係する問題については1％にも満たない。

　汚職事件を効率的に調査、そして控訴できるように、2005年のオンブズマン局改定法では職員は司法捜査官としての任務が付与されるようになった（OMB 2011, 286）。オンブズマン職員は、汚職事件のみならず、ジェノサイド後の土地を巡る紛争等のヒアリングや調査を実施する権限も有している。

　厳格さという意味においては、汚職取り組みに限ったことではなく、汚職を予防するための他の活動についても同様であると言える。例えば資産申告制度に関して言えば、オンブズマン局は毎年幹部公務員の資産情報の申告を義務づけ、情報を一元的に管理している。2014年度には、8,742名の公務員と10の政治団体が資産公開情報をオンブズマン局に申告し、うち1,320件をオンブズマン局が調査した（OMB 2014, 15）。オンブズマン局は、申告に基づきインタビューを行い、必要に応じて当該該当者の家族の預金口座へのアクセス等、個人資産情報への介入も可能としている。申告を怠った公務員に対しては、氏名、所属、役職の年次報告等を通じて個人情報を公開するなどの処罰を行っている。各省庁は、オンブズマン局から指摘を受けないように省庁内において各公務員の資産情報の提供の徹底に必死である（オンブズマン局職員談）。

　このような厳格な取り組みが続いているため、2013～2014年における資産情報提出率は96％と高く、未提出者数はわずか32名のみとなっており（OMB, 2015a, 15）、2005年の72％（Chêne and Mann 2011, 7）からは大幅な伸びとなっている。申告者は1年間申告を怠ると、1ヵ月の停職と1ヵ月分の減給（2年の場合は2ヵ月の停職と2ヵ月分の減給）（OMB 2011, 242）といった行政処分が待ち構えている。また同局は例えば2011～2013年にかけ、地方レベルにおける土地担当職員、ルワンダ天然資源庁、省庁で財務サービスを担っている管理職レベルの計100名の公務員の資産額の推移のアセスメントを行い、9名の公務員に対してさらなる調査が必要との結果を出している（OMB 2011, 79）。

　オンブズマン局の重要な任務の一つとして、政府並びに民間や市民社会による国家反汚職政策の実施状況をモニタリングし、より効率的な活動を実施させる役割がある。中でも司法省、財務・経済開発省、教育省などをはじめ、企業連合や市民社会までが、四半期ごとに活動の改善進捗情況報告書を提出する義

表 5-1　反汚職政策実施のためのオンブズマン局から政府機関への取り組み要請

担当機関名	活動内容
オンブズマン局	・年間を通じた反汚職に関する対話の強化 ・リーダーシップと行動要綱の実施状況とインパクトに関するモニタリング ・ニーズに合わせた研修事業政策の強化 ・清廉性向上と成功例となるサービスのために設ける国家表彰スキームの実施 ・中等・高等教育機関並びに地方の青年クラブ向けの社会の特別意識向上プログラムの開発 ・市民の参加、意識向上とオーナーシップを推進するための反汚職年次キャンペーンの強化 ・国家の価値を社会の中心価値にするための推進 ・対話を通じた、反汚職に関する官民パートナーシップ枠組みの構築 ・反汚職法とその執行のインパクトに対するモニタリング実施
公共サービス・労働省	・公共サービスにおけるパフォーマンスと説明責任の達成 ・説明責任問題とサービス・デリバリーに関する市民の対応についてのモニタリング実施
国家公民教育委員会	・省内における反汚職コースの立ち上げ
メディア高等評議会	・反汚職行動キャンペーンへの参画
司法省	・汚職取り締まり特別裁判所の設置 ・汚職事件における協力関係の改善強化 ・資産没収強化の枠組み構築準備 ・国連腐敗撤廃条約（UNCAC）へのコンプライアンス実施 ・海外諸国間における共助アレンジメントの着手 ・「東アフリカ反汚職枠組み」の実施
財務・経済開発省	・電子調達と電子支払い制度の適用 ・財務官の能力構築 ・財務管理と報告業務強化のための内部監査と委員会の効率性改善 ・公共調達における入札、規制、透明性等の改善
東アフリカ共同体省	・「東アフリカ反汚職枠組み」の実施
教育省	・高校授業における反汚職コースの導入
民間企業と市民社会	・行動要綱導入を通じた倫理基準の促進 ・より効率的な公共サービスの提供と説明責任を達成するための官民パートナーシップ推進の継続

（出典：OMB 2014, pp. 56-57 から抜粋）

務が課されている（OMB 2014）。表 5-1 は各機関による反汚職行動をオンブズマン局が策定し、指示したものである。ここでは政府機関のみならず、民間企業や市民社会すべてを含んだ反汚職取り組みに参加させる様子が伺える。2014年年次報告書では、企業連合と市民社会である市民社会プラットフォーム（Civil Society Platform）がオンブズマン局に対し未報告だったことが示されており（OMB 2014, 57）、ここでもルールに従わないものは公表されている。

表 5-2　政府の公共サービス提供の向上のためのオンブズマン局による勧告例

(ニャルゲンゲ（Nyarugenge）地区)
1. 市民憲章の更新と推進
2. 村落地区におけるモニタリング・メカニズムの強化
3. 公共政策の実施責任に対する意識向上のための研修強化
4. 職員の技能と生産性向上のための能力向上プログラムの実施
5. 不正行為を避けるための職員管理規則の遵守
6. 税収改善のための財務管理制度と過程の重視
7. 司法の決定に対する執行の改善
8. 資産のコード化や登録等を通じより良い資産管理プロセスの実施
9. 資金や投資家にとってより良いメカニズムの構築
10. 成功例の実施
11. 地区構築の確実化の実施

（出典：OMB 2014, 105-106）

　オンブズマン局は、またビジョン2020のグッド・ガバナンス推進の一環として、上記機関を含む51政府機関等の政府の公共サービス提供の向上実施状況を確認し、384の行動指導を提供している。それを受けて各機関は、実施状況と達成度合いを年次報告で発表している（OMB 2014, 67-69）。これは業務における監査も含んでおり、各省庁の活動資金の有効活用、昇進・採用・給与、政府の透明性と説明責任、そしてサービス・デリバリーや国家プログラム目標とのかい離状況についての監査も含んでいる。そこでも助言に対するフォロー活動を怠っている機関に対しては、そのパフォーマンスを明らかにし、非協力機関として公表している。行動助言の内容として、例えばオンブズマン局は、ニャルゲンゲ（Nyarugenge）地区に対して、公共サービス改善のため、表5-2に見られるような11の勧告を出している。

　ルワンダの反汚職政策では市民の意識向上が不可欠であるとの位置づけである。オンブズマン局のもう一つの特徴は、反汚職週間の開催や、反汚職ユース・クラブの設置等、住民やコミュニティを含めた様々な反汚職取り組みの企画実施である。汚職と闘うための歌を作曲し、若者層に人気のシンガーが歌う等、インドネシアの反汚職委員会（KPK）と似た、コミュニティ参加型の取り組みを行っている。これらの活動はオンブズマン職員自らがフィールドに赴き指導を行っている。また市民がインターネットを通じて汚職問題等をより廉価かつ効率的に早く訴える場を設けるため、サイバーカフェ（Cyber Cafes）をルバブ（Rubavu）、ルシジ（Rusizi）、ンゴマ（Ngoma）、ニャガタレ（Nyagatare）

写真5 若者のための「反汚職の日」（出典：OMB, Rwanda 2014）

表5-3 汚職対策機関の年間予算等国別比較（2012年時点）

反汚職組織	予算 （単位： 百万USドル）	職員数	人口 （単位：百万人）	一人当たりの 支出額 （USドル）	職員の 対人口比
香港廉政公署 （ICAC）	$112.9m	1,282	7.1M	$15.91	1：5,538
シンガポール汚職査察局 （CPIB）	$20.8m	138	5.2M	$4.00	1：37,681
マレーシア反汚職委員会 （MACC）	$80.55m	2,705	28.9M	$2.79	1：10,684
ブータン反汚職委員会 （ACC）	$1.84m	74	0.72M	$2.55	1：9,739
フィリピン オンブズマン局	$35.88m	1,222	94.9M	$0.38	1：77,660
インドネシア 汚職撲滅委員会（KPK）	$35.72m	667	242.3M	$0.15	1：363,268
インド中央査察局 （CBI）	$72.41m	5,755	1,241.5M	$0.06	1：215,725
バングラデシュ 反汚職委員会（ACC）*	$4.73m	1,073	149.8M	$0.03	1：139,609
ルワンダ、オンブズマン 局（OMB）**	$2.32m	68	11.5M	$0.20	1::169,118

(出典：Quah 2015, 35, (*) Budget Speech 2012, Anti-Corruption Commission Bangladesh 2012, (**) MINECOFIN 2013)

の4ヵ所に設置しており、2013〜14年の間に合計275件の苦情を受け入れている（OMB 2014, 36）。カガメ大統領は、『世界開発報告2011』諮問員会メンバーであったが、その際に「腐敗防止にむけた努力に対する世論の継続的で強力な支持が最も重要である」と述べている（World Bank 2011, 158）。

　こうした広範な活動を行うため、オンブズマン局の機構は6つの部署に分かれている。職員は2016年時点で79名が勤務しており、うち28名は汚職調査関連活動、8名が資産申告室、11名が汚職予防室、5名が汚職特別調査室、4名が評価室、その他渉外や管理等に配置されている。すべての職員は大学卒業者である（オンブズマン局職員談）。予算との関係であるが、2012〜13年にオンブズマン局に配分された年間予算は約20億ルワンダ・フラン（224万米ドル）となっており（OMB 2012b, 74）、この額は単純計算すると一人当たり約0.2米ドルの国家予算からの支出額となっている（2016年度は、約18.2億ルワンダ・フラン（214万米ドル）＝国家予算の0.094％）。これは表5-3に見られるように、政府の反汚職取り組みに対する政治的意志とコミットメントを確認する一つの判断材料ともなりえると言える。

ルワンダの今後の課題

　ルワンダは、国際社会より「アフリカの新たなシンガポール（Africa's New Singapore）」とも評価されるようになっている（Caryl 2015）。特にシンガポールとは過去には文化的にも政治的にも経済的にも特に接触はなく、2007年にカガメ大統領がシンガポールを訪問した際に、シンガポールがいかにしてグローバルなビジネス拠点そしてスマート国家となりえたかを学んだ。特に資源や技術がないにもかかわらず急速な成長を遂げたその方法に魅力を感じたのであった。帰国後、同大統領は、首都キガリのビジネス集会で、「神がシンガポールに与えたものは我々にも与えられている。我々はシンガポールそのものになろうとはしないが、シンガポールのようになることは可能だ」と、幾つかの機関や政策を模倣したのであった。その代表例がルワンダ開発局の創設であり、ワン・ストップ・ショップ（One Stop Shop）等を通じた許認可等の手続きの合理化などが挙げられる（カルダー 2016）。

　今日に至るまでカガメ大統領は、シンガポールの都市計画から警察、街の整

頓、ICT立国、汚職対策までモデルにした。シンガポールは、特に汚職対策においては効率的かつ汚職対策機関の権限が大きいことで世界的に知られており、多くの途上国が反汚職組織を設置する際にシンガポール・モデルを導入している。ルワンダの反汚職対策は、シンガポールと比較した場合、幾つかの共通点を有する。例えば、反汚職への強い政治意志、汚職を容赦しない政策、強い権限を有した汚職対策機関の存在等である。他方、政治スタイル、経済規模、ガバナンス・レベル、貧困率、一人当たりの収入等、相違点も様々であり、必ずしも同じ土俵で議論はできないのが現状である。

ルワンダが反汚職取り組みにおいてさらにシンガポール・モデルを追求する場合、課題はまだ多いと言える。まずは政府内の不透明性要素の存在である。政府は独自に、または反汚職に取り組む市民社会等と連携し、統計や調査結果を積極的に公開することにより、対外的に透明性と政府の反汚職に対するコミットメントをアピールしている。例えば、頻繁に実施される汚職に関する国民意識調査をはじめ、汚職とジェンダー格差を取り上げた女性からみた汚職問題の調査、全国に配置されている苦情ボックスの中味を明らかにする調査、市民憲章、裁判所の専門性調査など多種に及び実施している。

しかし、政府内の透明性については幾つかの指標がその実情を明らかにしている。例えば、財政開放度調査（Open Budget Survey）（International Budget Partnership 2015）では、財務関連情報の開示レベルは100の内36（世界平均は43）、そして予算策定過程における市民の参加は25と不十分（insufficient）なランクとなっている。また財政に対する説明責任においては4レベルのうち一番低い。財務関連の資料等は出版され、改善の兆候があるものの、情報の詳細性と種類は依然制限されていることが指摘されている。

Global Integrity（2016）によると、ルワンダにおける透明性と説明責任の項目（法の支配、説明責任、選挙、公共管理、公務員の清廉性そして情報へのアクセスと開放性）では、全般にアフリカおよび東アフリカのレベルより高いものの、情報へのアクセスと開放性のみ非常に低いレベルであることを指摘している。図5-2のルワンダにおける透明性と説明責任指標を見ると、情報へのアクセスと開放性と、他の項目（法の支配、説明責任、選挙、公共管理、公務員の清廉性）との間にアンバランスが見受けられる。また、Mo Ibrahim Foundation（2016）の

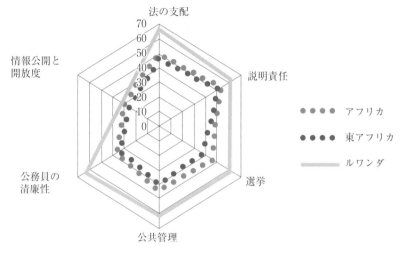

図 5-2 ルワンダの透明性と説明責任指標（2016 年）

（出典：Global Integrity, 2016）

　Ibrahim アフリカ・ガバナンス指数では、「参加と権利」の部分で低く（「参加」はアフリカ 54 ヵ国中 47 位、「権利」は 39 位。ちなみに「ジェンダー」の部門は 1 位）、統計が開始された 2000 年より今日に至るまで一貫して低い数値をだしていると報告している。

　国防における透明性と汚職の機会も懸念されている。TI（TI-UK 2015）の国防反汚職指数によれば、ルワンダの国防と安全保障セクターにおける汚職のリスクは 2 番目に高いグループに位置づけされている。特にリスクの高い部門として、財政リスク（中でも機密予算、ビジネス界との癒着）、業務（その中で抑制部門）、政府調達（その中で政策、能力ギャップ、負債などの差引勘定）などを挙げている。また政府高官の違法なビジネスの展開も指摘されている。そこでは、「高いレベルの機密性と執行部のチェック機能不在は、高い汚職の機会を創出し、脆弱国家につながる」ことを警告している。

　Bozzini や木村は、透明性の欠如がもたらす不安材料の一例として、政府と主要民間企業との関係とその構造を取り上げている。ルワンダの主要企業は、政府与党と軍関係者の企業で牛耳られており、経済界はそのなかにあり、その周りに血族などで結びついた民間企業群がある（木村 2016, 26）。政府（与党）は

この部分において透明性はなく、特に政府調達過程で大きな汚職が存在するとし（Bozzini 2014, 21）、それが故にレントの集権化により政府高官の個々の汚職は影を潜めているとしている（木村 2016, 25）。Bozziniの調査によれば、次の通り報告している。「裁判官や検察官は比較的小さな汚職案件のみ取り扱い、与党の幹部メンバー、政府高官、軍の絡んだ汚職案件は取り組まず、万が一検挙された場合はラインから外れた人間に対する処罰である」「実際政府の裏で何が行われているのか知ることが非常に困難である」「会計監査院の年次報告では、汚職の深刻度についての指摘はあるものの、最も政治的にセンシティブな問題については記載されていない」「監査については国内では非常にセンシティブであり、いくつかの地方NGO代表者たちは『それは国家最大の利害となるため』と答えを避けている」「政府の裏で実際何が起きているのかを知るのは非常に困難である。幾つかのケースでは、市民向けの政府資料と内部向けの『本当』の政府資料がある」(Bozzini 2014, 14-24)。あるルワンダ研究者はこう言う。「下々の市民がする汚職は摘発されるが、軍や政治の要人による汚職については不問に付されており、それは仕方ない、という態度が身についている。権力を持つ者には適用されえないものだという二重基準があることを多くのルワンダ人は理解している。政治汚職のレベルはむしろこの20年間で増えているのではないか」[3]。権威主義や独裁国家、また文化的にクライアンテリズムが蔓延しているところでは、汚職・腐敗が生じやすいと分析している研究は数多くある。また例えばRose-Ackerman et al.（2015, 108）は、専制支配国家は、汚職に関する情報や認識度の政府の裁量を通じ、また捜査手段を通じて変えてしまう可能性があるとしている。

　2番目は、市民社会とメディアの活動制限と政府との関係であろう。本来、両アクターは反汚職活動の大きな担い手となるべき存在である。しかし権威主義体制下のルワンダでは、独立し、自由に発言し、国民の声を反映させるような市民社会の存在は許されず、政府に対する影響力はないと言える。政府内の汚職問題と闘う市民社会などはことさらであるという感じである。そういった背景もあり、反汚職に取り組む市民社会組織の存在は国内で非常に少なく、唯一活発なのは、TIのルワンダ支部である、TI-RWであろう。TI-RWの主たる活動は、アドボカシー活動であり、他の国の反汚職市民社会と異なり、政府の

反汚職取り組みに対する個別の汚職事件の追及などは行わない。そのかわりに国内5つの支部を通じて、汚職関連の苦情を受け付け、オンブズマン局等につなげる役を担っている。彼らは、オンブズマン局、警視庁、検察、ルワンダ調達庁、国会議員反汚職ネットワーク等、政府機関との間で協力関係における協定を有し[4]、それが政府の汚職取り締まり活動の一部に組み込まれている。また調査報告書の作成者一覧の中に政府職員も見受けられる。このような協力関係はこの国の特徴であると言えよう。

市民社会組織自体の存在や役割も国民の間にはあまり浸透していないかも知れない。例えば、国内の市民社会を調整しているルワンダ市民社会プラットフォームのスタッフは次のように述べている。「最近ある有識者が市民社会組織について全く知らないと言っているのを聞いた。我々はまだやらなければならないことが沢山ある」(Transparent 2016a)。

ルワンダでは政府が反汚職活動の基本行動内容をトップ・ダウン式に決め、それに対し市民社会組織が同調し、協力する構図である。市民社会組織は政府活動や汚職に対する番犬というより、Bozzini (2014, 5)の言う、政府のパートナー的存在の位置づけである。政府の反汚職取り組みに賛同する形で市民社会組織が協働作業をする場合、彼らは保護、賞賛され、反汚職取り組みはさらに効率的になる。それがルワンダの市民社会の形、いわゆる自国で成長させるアイデンティティ（home grown identity）であると言えよう。

一方、メディアの影響力も弱く、しばしば個別の汚職事件を新聞に取り上げるものの、政治的にセンシティブな内容の場合、または政府上層部の関与した汚職事件の場合は、政府による報道規制が入ってしまう。政府に批判的な報道をする場合の弾圧も激しい。Bozzini (2014, 15)は、「個々人の汚職事件は新聞等のヘッドラインに載るが、政治的にセンシティブ、またはトップリーダーが関与する汚職事件は完全に排除されている。政府高官は汚職犯罪で取り締まりされてはいるものの、それが政治腐敗の場合、どの程度合法的なものか政治的なものか判断は困難である」としている。2013年7月に警察官が関与したとされる汚職疑惑を調査追及していたNGOのスタッフが何者かに絞殺された際、その事件に対する報道はあまりされず、捜査も打ち切られ、ほとんど市民の関心は呼ばなかったとして、国際NGOのHuman Rights Watch (2014)は声高

に訴えている。

報道の自由度を国別に測る、フリーダムハウス（Freedom House）(2016）の2016年のプレス（報道）の自由度では、ルワンダは"Not Free"のカテゴリーに属し、サハラ以南アフリカ50ヵ国中、43位と自由度が低い。汚職認識度指数で同じレベルに位置づけされているカーボベルデの1位（Free）やモーリシャスの3位（Free）と比較すると、ルワンダのプレスの自由度の低さが一目瞭然であろう。ここでは、例えば世銀（1997）やRose-Ackerman et al.（2011）が証明している自由なメディアと汚職削減との間のポジティブな相関関係は見られないことになる。

メディア内の汚職も存在しているとされる。TI-RW（Transparent 2016b, 6-7）調査によれば、調査対象のメディア関係者の全員がメディアの分野における汚職は存在するとし、メディア業界の実務者（29.1％）と関係者（16.7％）それぞれが汚職を経験しているとしている。これは現地語で"Giti"、"Imyanzuroy'inama"と呼ばれ、会合やイベントの後にジャーナリストがイベント側に金銭や交通費を請求する行為で、Gitiが提供されない場合は、意図的に歪曲された報道がされるとしている（Transparent 2016b, 6-7）。

3番目は汚職事件の取り締まりの公開と定義に関することである。表5-4は、2010～2015年に918件の汚職事件で有罪となったケースを種類別、汚職規模別、性別、逮捕者の職業別、そして判決別に分類したものである。特徴として、役人に少額の賄賂を渡す行為の小規模汚職（規模でいうと5万ルワンダ・フラン＝59米ドル未満）が多く（全体の約70％）、100万ルワンダ・フラン（1,177米ドル）以上の規模の汚職は2.4％に留まっている。処罰を受けた者の半数以上が農民や運転手の賄賂行為で（56％）、ビジネスマンによる汚職は5％に過ぎない。また受刑者の95.8％が男性となっている。全体に収賄は少なく（10.5％）、贈賄側に対する処罰が圧倒的に多い（86.7％）ことも調査から明らかになった。これは汚職の定義は横領が除外されていることにも起因しており、この点は国連腐敗撤廃条約（UNCAC）(2013）からも指摘されており、近い将来この行為も汚職の定義に含まれる予定とのことである（オンブズマン局常任書記長談）。

政府はごくわずかな金額の汚職事件（1ドル規模以下の贈賄事件）でも取り上げ、汚職者に対しては厳しい有罪、実刑判決を下している。例えば極端な事例

表 5-4　汚職による処分に関する種類別統計（2010 ～ 2015 年）

年度	件数	賄賂の種類 (%)			職種				
		贈賄	収賄	非特定	農民	運転手	民間企業	政府職員	自営業他
2015 年	216	89.8%	9.7%	0.5%	47 (21.8%)	103 (47.7%)	7 (3.2%)	44 (20.4%)	15 (6.9%)
2010-2015 年合計	918	86.7%	10.5%	2.8%	298 (32.5%)	217 (23.6%)	47 (5.1%)	301 (32.8%)	55 (6.0%)

年度	汚職事件（賄賂支払い）の規模（ルワンダ・フラン：RwF） (100RwF=US$0.118)							男女比 (%)	
	1 ～ 9,999	10,000 ～ 49,999	50,000 ～ 99,999	100,000 ～ 499,999	500,000 ～ 999,999	100 万以上	その他	男性	女性
2015 年	116 (53.7%)	63 (29.2%)	21 (9.7%)	13 (6.0%)	2 (0.9%)	0 (0.0%)	1 (0.5%)	98.1%	1.9%
2010-2015 年合計	324 (35.3%)	328 (35.7%)	92 (10.0%)	118 (12.9%)	8 (0.9%)	22 (2.4%)	26 (2.8%)	95.8%	4.2%

年度	汚職事件による刑期				
	1 年未満	1 ～ 3 年未満	3 ～ 5 年未満	5 年以上	その他
2015 年	111 (51.4%)	45 (20.8%)	20 (9.3%)	34 (15.7%)	6 (2.8%)
2010-2015 年合計	303 (33.0%)	208 (22.7%)	97 (10.6%)	265 (28.9%)	45 (4.9%)

（出典：オンブズマン局の資料を基に筆者が作成）

を見ると次のようなものがある。500 ルワンダ・フラン（約 59 米セント）の贈賄行為により 5 年の禁固（投獄）とその十倍の罰金。農民による 2,000 ルワンダ・フラン（2.35 米ドル）の贈賄行為により 5 年の禁固と贈賄額の 2 倍の罰金。8 万ルワンダ・フラン（約 94.2 米ドル）の贈賄行為が 20 年の禁固と 60 万ルワンダ・フラン（706 米ドル）。運転手による 17,000 ルワンダ・フラン（約 20 ドル）の贈賄行為が 15 年の禁固（いずれも 2017 年 4 月 15 日換算レート使用）。いずれのケースも 6 ～ 8 ヵ月で判決が下されている。公務員による汚職事件も 32.8％と多く、収賄事例も数多くあり、例えば次の事例がある。(1) 警察官による 2 万ルワンダ・フラン（23.5 米ドル）の収賄——刑期 5 年と罰金 10 万ルワンダ・フラン（118 米ドル）。(2) 政府調達担当官による 50 万ルワンダ・フラン（590 米ドル）の賄賂要求——1 年の刑期と罰金 300 万ルワンダ・フラン（3,540 米ドル）。統計を見る限り、政治家や政府高官による汚職事件はほとんど見られない。また、ガ

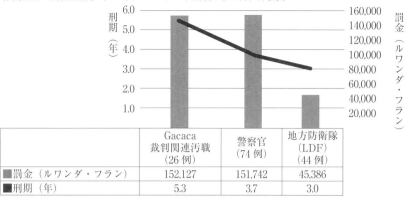

図 5-3 汚職犯罪に対する判決（罰金と刑期）の比較
（警察官、地方防衛隊（LDF）、ガチャチャ裁判の担当官を対象）

（出典：オンブズマン局の資料を基に筆者が作成）

チャチャ（Gacaca＝コミュニティ戦争犯罪裁判）を巡る汚職事件も少なくなく（26件）、例えば警察官（74件）の関与した汚職事件と比較すると、汚職行為に対する罰金の単純平均額はほとんど同額のレベルであるものの（152,000 ルワンダ・フラン＝179米ドル）、刑期はガチャチャを巡る汚職事件が平均5.3年であるのに対し、警察官による汚職は3.7年（地方防衛隊は3年）と短いことが分かる（図5-3）。これに対する回答は得ることはできなかった。

すべての汚職事件を対象とした捜査と処罰、そしてその情報公開は、市民に対する政府の説明責任と透明性につながるが、数ドル規模の賄賂行為に対する個人情報や家族名のURL等での公開は世界中の人間がこの情報に容易にアクセスできるため、若干処罰は重すぎる気がする。オンブズマン局の事務局長とのインタビューでは、確かにその部分は指摘しており、議論の余地はあるが、ルワンダでの汚職との闘いにはそこまでやる必要があることが、政府の考えている強い意志の表れであるとのことである。

4番目に法律の有効性が挙げられる。例えば2003年以降、情報公開法や通報者保護法は新たに制定されたものの、ルワンダのようなジェノサイドを経験した紛争経験国では、市民がこの制度をどの程度利用するかは想定できず、むしろ他の国の例を見る限り、これらの法律は別目的で政治利用される可能性が大きいのではないかとの懸念も残る。実際、TI-RWとのインタビューでは、

市民が汚職を報告しないことがアドボカシー（啓発）活動を行う上での一番の挑戦であると説明している。また企業は政府との契約を失うとの恐怖から、殊更報告などはしないのである（World Bank 2014, 8）。通報者保護制度については、導入して成功した途上国の例はほとんど聞かない。その背景には、多くの国で通告は非社会的行為という社会通念があり、また報復が怖いということである。いずれにせよ、2013 年に施行されたばかりのため、成果が見られるにはまだ時間を要するであろう。

　一方、資産申告と公開は、汚職を発覚させるためのツールとして存在するものの、市民がそれへのアクセスをするために存在するのではなく、汚職対策と政治利用のみに設けられているのではとの印象もぬぐえない。ちなみにオンブズマン局は、資産申告担当室での調査官だけでも 8 名を有しており、この分野に対する力の入れ方が分かる。今後は情報公開制度や通報者保護がどの程度効果があり、また政府側で市民からの申請をどのように取り扱っているかを把握する現状調査を行う必要があるかもしれない。

　最後に、オンブズマン局の役割についても触れる。ビジョン 2020 の達成状況をモニタリングしているルワンダ・ガバナンス局（RGB）(2014, 74) では、オンブズマン局のさらなる役割の拡大と、汚職抑制への関与を深める必要性を訴えている。インドネシアの汚職撲滅委員会（KPK）に見られるように、強力な権限や裁量権を付与された汚職対策機関の存在は、時に政治家、警察や検察庁との関係悪化の原因ともなる。またオンブズマン局の大きな権限を維持することは重要であるものの、Rose-Ackerman and Soreide (2011, 542) などは、オンブズマン局への起訴権限の付与は検察の過小評価と同国の司法制度の弱体化にもつながる可能性もあると警鐘を鳴らしている。今日のルワンダにおいては、オンブズマン局の役割は不可欠であり、当面そのような心配事はないのではと考えるが、他方でその独立性の保証や、オンブズマンの任命人事にまつわる問題点の指摘もあるのも事実である（Money, Politics and Transparency 2014）。この他、会計監査院は汚職と詐欺についての情報を検察に報告する義務を有するものの、複写をオンブズマン局に提出する必要はなく、世銀などはこれを問題視している（World Bank 2014, 13, 51）。

　以上考察してきた通り、カガメ大統領の強力なリーダーシップの下、ルワン

ダの反汚職取り組みは主に各種の法整備と制度改革を通じて大きな成果を上げ、統計上は汚職レベルも 20 年前と比べ明らかに減少し、国民の間の汚職に対する認識も変化した。汚職の削減、そして Mo Ibrahim (Claudine 2013) の言う「最も成功した物語の一つ」、そして世銀の言う「アフリカ大陸で最も安定した国」(World Bank 2012a in Bozzini 2014, 5) を可能とする前提条件としては、安定した経済成長が必要である (Caryl 2015)。事実、ジョージア、インドネシア、ボツワナ等、反汚職取り組みに成功したとされる途上国のほとんどが長年良好な経済成長を享受していた。ルワンダでは 2003 年以降、平均年 7 ～ 8% の安定した長期経済成長を維持しており、政府の努力と活躍を抜きには語れないと言えよう。

国家による支配の原理には、実力 (force) によるものと、法を基礎にした権力 (power)、そして下からの自主的に従われる、正当性 (legitimacy) による権威 (authority) の 3 つがある。ルワンダを第一に特徴づけるものは実力 "force" であり (木村 2016, 61)、レフトウィッチ (Leftwich) (2000, 191) の言う「政治が国家を作り、国家が開発を作る」典型的な例であると言えよう。

ルワンダは、1994 年のジェノサイド後、経済社会構造、政府内の制度等すべてが崩壊状況になり、その中において他の多くの国と同様、汚職・腐敗が蔓延する環境は本来十分あった。しかし、同国における開発政策は、開発を推進させる前に、やるべきことはまず必ずやっておくべきとの考えがあり、政府はハーバード大学の開発政治学者グリンドル (Grindle) (2011) の提唱している「それなりのガバナンス (good enough governance)」としての発展段階に応じた政策と、反汚職改革から着手し、さらには開発のプロセスで賞罰を道具に、あめと鞭を上手に使いこなしてきたことを理解することが重要である (Pillay 2015, 229)。

西欧的価値における独立したメディアや市民社会の自由な発言、いわゆる政府活動に対する番犬役は、むしろ汚職削減に成功している現政権にとって、パートナー的存在、もしくは下部的存在である以外は必要ないかも知れない。また市民の中に「汚職は犯罪」「汚職による処罰は厳格」という認識がすでに十分植え付けられている環境では、政府としては番犬役としてのメディアや反汚職市民社会の存在と、彼らに対する育成は優先課題ではないであろう。

ルワンダは紛争後 20 年以上経過したとは言え、「ツチを殺せ」という、メディアの言動がジェノサイドの引き金となった歴史を有する国ということも忘れてはならない（当時ジェノサイドを煽ったメディアは、政治権力に奉仕する形でそれを行った、あるいは政治権力に利用されたとされる）。ルワンダはメディアと市民社会を消極的役割に位置づけ、かつ彼らを政府管理下（もしくは協力関係）に置きながらも汚職削減を可能とした、今日他に類をあまり見ない国でもある。いわゆる欧米社会の推進する One-size-fit-all（汎用モデル）を適用しないまま汚職対策を可能とした、開発国家・権威主義国家における「ルワンダ型モデル」と言えよう。

　反汚職取り組みに限って言えば、民主的な要素を積極的に組み入れた場合（例えば自由に報道、発言するメディアや市民社会の推進、そして人権に配慮した汚職者に対する厳格な処罰等の見直し）、果たして今以上の成果は期待できたのかは分からない。行政・経済的ガバナンスと、2000 年以降国際社会で推進されている民主的ガバナンスの間における相克が生じているのである（木村 2016）。また、途上国の反汚職取り組みでは、行政汚職、もしくは小規模汚職のみ強化し、政治汚職や大規模汚職への取り組みをあやふやにするケースがほとんどである。行政汚職と政治汚職は異なった種類の汚職でもあり、それに対する理解が必要である。従って行政汚職の削減は必ずしも政治汚職の削減につながるとは限らないのである。ルワンダでもその懸念は残る。

　カガメ大統領の反汚職への断固とした取り組みと信念は、国際社会で高い評価を得ている（Brinkerhoff 2010, 3）。汚職との闘いに関して言えばルワンダは数少ない成功例と言える。今日カガメ大統領は、"Singapore of Africa" を目指し独自の路線で新たな開発モデルを作り上げている。2015 年末の憲法改正に関する国民選挙では、大統領の任期延長が確定した。その中において次の課題も残る。今日の権威主義体制下で、大衆の利益を代弁する独立した社会組織、市民の声を政治に反映させるメカニズムが今後どう改善するのか、もしくは必要とされるのか。国際社会の環境変化や圧力に伴い、どの程度民主主義体制の要素が組み入れられ反汚職変革をしていくのか。権威主義体制がジェノサイド後のルワンダという移行期体制として必要だったという議論はあるにしても、今後そのような権威主義体制の維持や強化が持続可能な平和と発展にとってどの

程度好ましいものなのかとの国家形成自体にまつわる議論の展開についても論争の的となろう。

いずれにせよ国際社会はルワンダの反汚職取り組みの行く末をさらに長期にわたり注目すべきであろう。ジェノサイド後に生まれた新たな世代の多くは既に成人を迎えており、徐々に国家形成の担い手の中心グループになりつつある。彼らはIT世代でもあり、また汚職の文化もあまり知らない。彼らによるルワンダ国家造りが、この国の反汚職取り組みに今後どう影響を与えるかも興味深々である。

以上をまとめると、ルワンダの汚職取り組みにおける成功物語を語る際、次の3つが重要な鍵となっていると言える。

政治的意志と強いリーダーシップ

汚職との闘いは、それに対する継続的な政治的な意志と政府のリーダーシップなしには、多くの途上国に見られるように単に政治的なプロパガンダにすぎなくなる。カガメ大統領は、大統領就任当時より一貫して反汚職政策はガバナンスを改善し、開発と経済成長に不可欠であるという信念のもと最優先項目としてきた。大統領の強いリーダーシップの下、政府は次の活動を可能とした。①政府調達、資金洗浄、オンブズマン局設置、刑事訴訟等を含めた反汚職に直接、間接的に関連した8種類の法律や大統領令を制定。②政府機関、民間、市民社会を含む13機関から構成する、「汚職と不正と闘う国家諮問委員会」の設置と定期的な会合の実施、そしてそこでの各種行動計画と政策の決定。③効率的かつ機能的な権限を有した汚職対策機関の発足。④政府主導による、市民とコミュニティを巻き込んだ反汚職活動への参画。⑤汚職は大小問わず犯罪であるという徹底したメッセージのルワンダ市民への伝達。そして⑥汚職行為者は法により例外なく厳格に処罰を科すという一貫した姿勢。この一連の行動を通じて、カガメ政権は汚職を容赦しない（ゼロ・トレランス）政策を全うした。汚職の削減に伴い、ルワンダへの反汚職取り組みに対するドナーの支援は今日ほとんどなくなっている。その中において、カガメ大統領は海外援助に依存せず、反汚職取り組みを依然開発の優先課題としており、その過程においてドナーから左右されない、反汚職への独自のオーナーシップ、並びにHome-grownイ

ニシアチブを確立したと言えよう。事実、World Bank（2016c）が行った、『ルワンダ・カントリーオピニオン調査2016』によると、「世銀はルワンダに対しどのような支援を行うべきか」との問いに対し（複数回答）、雇用（43％）、地方・農業開発（41％）、貧困削減（31％）となっており、反汚職はほとんど回答なしであった。

オンブズマン局の役割と積極的な活動

ルワンダのオンブズマン局は、汚職調査や訴追の権限を有するのみでなく、反汚職教育の企画と実施、公務員の資産申告管理、省庁が実施する汚職防止活動とグッド・ガバナンスのパフォーマンスに対する定期的モニタリングとアドバイスを担う責任監督組織である。「汚職と不正と闘う国家諮問委員会」で決定された政策を受け、オンブズマン局が行動計画を実施に移すといった、国内全体の汚職問題と事件を網羅する組織である。同局は政府より適切な活動資金を受け、職員は高い給与を確保されているなど、業務を心配なく遂行できる体制が整備されている。多くの途上国ではこれらが欠如しているため反汚職取り組みが失敗する原因となっているのである。オンブズマン局と同様の権限と任務を有する汚職対策機関は世界でも数少なく、シンガポール（汚職査察局＝CPIB）、香港（廉政公署＝ICAC）そしてインドネシア（汚職撲滅委員会＝KPK）等、効率的汚職対策機関として見本的かつ世界的に評価されている機関と同じスタイルとなっている。同局の活動の成功は、汚職対策に関して調査権、訴追権そして政府機関への監督権といった強い権限が付与されていることと、幅広い活動任務、そして政府からの全面的支援であると言えよう。この他、TI-RWなどの反汚職に取り組む市民社会組織と連携し、情報入手や調査等を通じた協働作業を行うということもオンブズマン局の活動をより効率化させている要因であろう。

効率的なガバナンス改革

汚職の抑制はグッド・ガバナンス推進の前提条件となる。ルワンダにおける汚職削減の実現は、様々なガバナンス改革の成功が大きく寄与している。ルワンダのガバナンス改革と改善努力は国際社会でも高く評価されている。ルワン

ダは新興国の中でも最もガバナンス改革を達成した国である。ルワンダの汚職防止の成功の一つには、法律、制度、財政改革等を含む国家開発の枠組みの中に汚職対策を位置づけ、総合的なガバナンス改革の成果が直接、間接的に汚職の削減にもつながっていると言えよう。

この他に、反汚職取り組みを行う際の政府諸機関内のグッド・ガバナンス環境の存在（オンブズマン局の努力の成果でもある）、そして前述の持続的な経済成長の維持も反汚職取り組みの効率化を後押しする役割を果たしていると言える。

今日、権威主義とされる国家は世界に51ヵ国と30.5%（人口比率としては世界の34％）の割合で存在する（Economist Intelligence Unit 2016）。それらの国家には、北朝鮮やジンバブエのように経済成長に向けた国家建設を無視した体制もあれば、「我が国に民主主義は早い」と明言してきたシンガポールや中国、1986年民主化以前の韓国など、経済成長を推進してきた権威主義体制もある。ルワンダも同様である。反汚職を推進する場合、援助機関の推進している民主化の諸条件を十分整えている途上国はほとんどなく、なかには中国のように民主化を限定的にしか求めていない国も積極的に汚職対策に取り組んでいる。ルワンダの民主主義レベルは167ヵ国中139位と低く、権威主義レベル自体は過去20年あまり変化が見られない。開発のパフォーマンスが堅実に高くなってきたルワンダにおいて、政治体制と開発との非相関性を表している。ルワンダは、権威主義国家グループの中で汚職削減を可能とした数少ない国の一つであると言える[5]。

最後に教訓として次を挙げさせて頂きたい。

- 権威主義（競争的権威主義[6]）・開発国家に焦点を当てた、汚職・腐敗そして反汚職取り組みの特徴に関する分析と政策研究が必要。また権威主義のレベルの高低がどの程度反汚職に影響するかといった分析も重要である。
- 権威主義国家では、政府が反汚職にコミットする場合、それに対する強い指導と汚職者への厳しい懲罰は存在するものの、反対にそれが政治利用（反対派弾圧の手段等）されない注意が必要。また政府の透明性欠如（政権支配者関係の汚職は圏外）の部分の解明作業も必要である。
- 上述の通り、ルワンダでは反汚職に対する海外援助がなくても、引き続き反汚職取り組みに対するオーナーシップの強さが表れており、そのような

国に対する異なった種類の国際協力の在り方について研究が必要。
- ルワンダでは開発ガバナンスと民主的ガバナンスの相克が顕著である。従って、汚職研究をする際、これらを別に取り上げ行う必要があろう。
- 国家の清廉性（national integrity）という側面から、ルワンダを構成する主要な国内アクター（司法、民間セクター、市民社会、メディア、監査委員、オンブズマン局等）を取り上げ、おのおのの機関としての能力や組織内のガバナンスの現状を把握し、この国を構成している主組織の汚職への脆弱性や反汚職取り組みに対する積極性について再確認する作業が必要。
- ポストコンフリクトと汚職の関係における研究はまだ少ないため、それに加えた権威主義との関係においての汚職問題についての研究が必要。

2　比較分析

ジョージアはコーカサス地域に位置する旧ソ連の国の一つであり、人口 500 万人に満たない小国である。汚職は世界でも最もひどかったものの、サーカシュヴィリ大統領のトップ・ダウン的なリーダーシップの下、交通警察官雇用制度の刷新、公務員のメリットシステム導入や公務員人員と許認可件数の大幅削減、機構・司法改革等を通じた斬新なガバナンス改革を断行し、結果、小規模汚職の大幅削減につながった。人口 2.5 億を有する東南アジアの大国インドネシアでは、スハルト政権崩壊後に設立された KPK の強大な権限をフルに活用して、政治家や高級官僚の大型汚職事件を捜査、訴追を可能とすると同時に、広範な活動を通じて市民を味方につけ汚職との闘いに臨んできた。もう一つの東南アジアの国である、人口1億を超すフィリピンでは、2000〜2010 年のアロヨ大統領時代の汚職対策を取り上げ、政府の数多すぎと言える取り組みと、市民の間における反汚職への意識のギャップが市民の大統領支持の低下を招いたことを考察した。

サハラ以南アフリカに位置する小国リベリアでは、サーリーフ大統領は自国の公務員より外部専門家や国際機関からの人材を主要政府機関の監視役に据え、反汚職プログラムを含むガバナンス改革を推進した。権威主義国家として位置づけされている東アフリカのルワンダは、カガメ大統領が汚職を容赦しない政策を取り、強い権限を有するオンブズマン局を通じて、汚職行為者は例外なく

厳格な処罰を科す姿勢を続けることにより、行政汚職の削減を可能とした。

　この5ヵ国は、異なった政治社会的背景を有する中、異なった政策とアプローチで汚職との闘いを推進した。それぞれ成果はまちまちであり、変化をもたらした期間も異なる。その中で共通点もいくつか見受けられる。まずはこれらすべての国において汚職問題は非常に深刻であり、それが反汚職取り組みへのきっかけとなったことである。そして、反汚職問題を国家開発課題の最優先項目に位置づけたのと同時に、政府が汚職との闘いに明確な政治的意志を表明し、各種の取り組みを行っていることであろう。その手法は制度構築、いわゆるガバナンス改革が主軸となり、政府主導の形で反汚職取り組みが推進された。いずれの国においても制度改革にはドナーの技術・資金援助があり、ドナーが推奨するモデルを導入していると言える。通常、政治腐敗や軍・警察、司法にターゲットを絞った反汚職取り組みは困難を伴い、ほとんどの国は敬遠する傾向にある。そういった意味において、ジョージアとインドネシアは汚職が最も激しいとされる警察や司法へいち早く介入し、斬新な取り組みを行ったことは、汚職を削減するのみならず、市民の期待に大きく応える結果ともなったと言える。反汚職取り組み自体の成功、失敗にかかわらず、これらの国の大統領の強いリーダーシップが大きな牽引力となったことも共通点と言える。この他、いずれの国も良好な経済成長を長期に渡り遂げており、ある意味汚職対策に力点が向けられたと想定できる。筆者はこれが重要な鍵を握っていたと考えている。

　相違点としては多く見られるため、それぞれ分けて分析してみる。まずは汚職対策機関の有無と、その権限から考察する。途上国の汚職との闘いに不可欠なのは権限を有した機能的な汚職対策機関の存在である。インドネシアのKPKと、ルワンダのオンブズマン局は、ともに、汚職事件の捜査、行政処罰要請、公務員の資産申告管理、汚職犯罪者からの資産回収、訴追、汚職の疑いがある者に対する一時的な停職要請（企業・市民社会含む）等、強い権限が付与されており、国内の汚職問題を一元的に担当・管理している。フィリピンのオンブズマン局も汚職問題を担う専門機関として位置づけされ、ルワンダのオンブズマン局程の権限は有していないものの、活動範囲は同様に広い（ただ効率性については別問題である）。

　一方、ジョージアでは汚職対策機関は存在せず、リベリアでは2008年に設

立されたものの、むしろ大統領が自ら各省庁に直接指揮する形で反汚職取り組みを実施していた。通常、汚職問題に特化した組織の不在の中での汚職対策は、省庁間の利害関係や調整作業の欠落、専門家の不在、さらには政治的関与により情報等の一元的管理が困難となり、効率性に欠けるケースが多い。また反汚職教育、市民への情報発信なども省庁ベースとなってしまい、中途半端なものとなってしまう。ジョージアとリベリアでは大統領の強いリーダーシップが汚職対策機関の必要性を最小限に留めたのではないであろうか。ただこれは政権の変化や、活動の一元化や組織的記憶（institutional memory）の不在を考慮すれば一時的な処方箋であると言えよう。

　この他の相違点としては、既存の制度を一度解体もしくは再編させ、汚職機会を抑制した国ではジョージア。一つの組織に強靭な権限を集中させ、汚職防止、調査、教育、政府間調整を担う機関を中心に反汚職取り組みを実施している国はインドネシア。既存の制度と組織を基盤にして特に機構改革等行わず推進した国としてはフィリピン。復興・再建の一環として、新たな制度構築と法整備を行ったのがルワンダ。そして新たなプログラムを通じて反汚職強化を図ったのがリベリアである。またルワンダとインドネシアは政府機関と職員が反汚職活動自体に参画しているのに対し、ジョージア、リベリアではあまり見られない。Chêne（2011a）は、ジョージア、リベリア、ルワンダはポスト紛争国であるが、その側面から共通した特徴としては、次の社会トレンドが同様に見られるとしている。(1) 改革構築へのモメンタム（勢い）の誕生。(2) 汚職撲滅への強い政治的意思の存在。(3) 説明責任メカニズムを含む管理体制の強化実施。(4) 市民の協力と反汚職改革に対する要求。

　事例国の政府の反汚職取り組みに対する市民の支持はどうなっているであろうか。フィリピンのアロヨ政権の反汚職政策では、市民への啓発活動が優先行動となり、過去の歴代大統領と同じアプローチであった。しかし市民は、それ自体は政府内の汚職が改善されるわけでなく、むしろ一人でも多く汚職事件の取締りを行うなど、目に見える成果を要求していた。同国の反汚職取り組みへの歴史は長いが故に毎回政治家が選挙時に反汚職政策を唱えるのが常とう手段となり、結局は汚職削減につながらないといった市民の苛立ちと諦めが不支持という形で表面化されたのではなかろうか（Oyamada 2005）。

他方、ジョージアでは、サーカシュヴィリ大統領は「Georgia without Corruption（汚職のない国ジョージア）」のメッセージを掲げ、市民とともに汚職と闘うため最大限の協力を訴えた。そこでは単なる法的枠組みの見直しだけでは変化は限定的なため、公務員の入れ替えと、職員のインセンティブの付与に力を入れ、同時に贈賄者に対する厳格な処罰も科された（例えば通関など）。また汚職の機会を最小限にするため、人と人が交わる場所をなくすためのITを駆使したガバナンス改革を優先した。この諸改革は民主化というより、国家作りとして推進されたのである（Mitchell 2006, 674-5）。これに対し市民は政府を全面的に支持し、貧困や失業等、様々な痛みを伴う覚悟のもと改革を容認した。しかし、政府としては反汚職教育や市民社会との協力関係構築などの取り組みは特段設けていない。フィリピンの政治ツールで繰り返し使われる反汚職メッセージに対する市民の辟易感とは対照に、ジョージア市民はこの機会を逃せば、汚職は削減できないとの焦りと同時に大きな期待感があったのであろう（World Bank 2012b, 92）。それはインドネシアでも同様であると言える。2004年のTI調査では、「汚職は3年後には改善されるか」との調査の問いに対し、フィリピンでは54%の回答者が「さらに酷くなる」と回答しており、この数値は平均調査国の21%に比べかなり高い率になっている（TI 2004, 11）。一方、インドネシアでは45%、ジョージアでは23%が「さらに良くなる」と回答しており、平均の3%より非常に高い数値となっている（TI 2004, 11）。特にジョージアでは、前年の1%から僅か1年間で市民の意識の中で大きな変化と期待が現れていることが理解できる（インドネシアは14%）。

　インドネシアのKPKは、市民の支持を何よりも重要視しており（KPK職員談）、様々な対話を通じて信頼への獲得を試みている。一方、ルワンダでは、市民は定期的な反汚職活動への参加が課され、政府の反汚職取り組みに対し高い評価を獲得しているものの、上述した通り市民や市民社会の声が上げられにくい権威主義体制の下では、実態は判断しにくい。

　市民社会の役割も国により異なっていることが分かる。ジョージアやルワンダでは特に活発な市民社会は見受けられなかった。反汚職取り組みが完全に政府主導で行われたジョージアでは、メディアを通じて汚職犯罪者逮捕時における報道を積極的に利用し市民にアピールしていたが（World Bank 2012b）、市民

社会との連携はあまりなかった。必要なかったのであろうか。もしくは政府の取り組みが意図的に市民社会を排除していたのかは明らかではない。一方、ルワンダでは市民社会と政府間の協力関係は強く、言葉を換えれば市民社会は、政府の厳重な管理の下、政府のために活動している組織であると言えよう。インドネシアは、市民社会やメディアとの協力関係は強く、例えばメディアにKPK事務所の前での報道を許可し、そのためのスペースを確保したり、信頼できる市民社会に対しては情報や協力依頼を行うことにより、相互関係の信頼を構築している。市民社会大国と言われるフィリピンでは、反汚職に取り組む団体は全土で500登録されているものの（2000年度時点）、実態はマニラ近辺で活動的な組織は限定的である。ただオンブズマン局との連携体制は整っており、同局から認定されている市民社会は、頻繁に会合などを開き情報共有を図っている。

　ドナー機関の関与が一番多いのはジョージアであろう。ドナー機関は、この国のガバナンス全体を改革させるために一時期は計300以上にも及ぶ反汚職を含むガバナンスプロジェクトが同時期に各ドナーで実施され、政府内でも混乱が生じた程である[7]。EUや米国国際開発庁（USAID）などは、政治的アジェンダも含めた形でジョージアへの支援を行っており、他の国とは若干異なった理由と目的を持った関与となろう。ジョージア側も、反汚職をはじめとした広範なガバナンス改革の実施の背景には、NATOやEUへの加盟の希求を見越して、EUやドナー諸国に戦略的にアピールしてきた節もある（Horoschak 2007）[8]。フィリピンも世銀やADB、さらにはUSAID等を通じて様々な反汚職支援を受けており、例えば反汚職政策を策定する際に世銀に支援依頼するなど、重要部分でドナー支援を受けている。インドネシアは設立当初はドナー機関からの技術支援を多種受けていたものの、活動が軌道に乗り自分たちで反汚職対策と運営が可能となった段階でドナーからの意見より自らの方針を明確にしており、海外からの援助は機材提供や汚職犯罪捜査手法研修、ワークショップ開催支援などが多くなっている。ルワンダは、反汚職政策を立ち上げた当初は多くのドナーからの技術・資金援助を受けてきたものの、近年では受けていない。ドナー側によればもう必要ないとの判断である（例えばイギリス国際開発省〈DFID〉職員談）。リベリアは、主要ドナーが政府省庁の中枢部にまで入り込み、人事権や

政策決定権まで有している。そこでの汚職対策は、汚職そのものとの闘いではなく、ドナーが目を光らせて、汚職の機会を抑制する方法であると言える。

　成果がでるまでの期間と、その特徴としてはどのようなものがあるか。ジョージアでは "Big Bang" 改革（Kupataze 2017, 96）を通じ成果は非常に短期間で表れ、今日では小規模汚職問題はある程度解消したとされる。[9] フィリピンでは統計上の活動成果は多く見られているものの、汚職認識度レベルは過去20年間以上変動せず高い（アロヨ政権時）。ルワンダでは、ガバナンス改革が実施されるとともに、年々着実に汚職度のレベルも改善されてきた。インドネシアでもKPK設立後、年間50～60件の汚職事件をさばき、反汚職教育や公務員資産公開制度等を管理することにより、汚職認識度については徐々に改善されている。リベリアでは、汚職のレベル自体は依然高く、あまり改善されていない様子だが、大統領への信頼度は高く、汚職認識度のレベルは着実に改善されている。また汚職は削減されていなくても政府内の予算の明確化、財政の流れの改善、政府の資金活用使途の透明性の向上、徴収保護等において汚職が生じにくい環境を確実に作り上げた（USAID 2015, 44）。

　一般に国の規模（人口、面積、経済）が小さいことは国家管理運営、そして市民が政府の活動を監視するといった意味で、汚職問題への取り組みやすい環境となることが証明されている（Fisman 2002; Treisman 1999）。また過去20年においてみる限り、汚職削減を短期間で実現した国のほとんどが人口1,000万以下である。そういった意味で、小国ジョージア、ルワンダ、リベリアでは汚職対策を行いやすい環境下にあったと言えよう。またルワンダ、リベリアは紛争国であったことも、復興・再建の一環として何もないところから反汚職取り組みに着手でき、比較的短期間で実施しやすい環境にあったと言える（ルワンダ政府職員談）。政治的観点から見れば、野党の存在とその勢力も反汚職活動に影響してくる。ルワンダやジョージアでは敵対政治勢力は少なく（ルワンタにおいては皆無）、自在に政府主導による汚職との闘いに没頭できたのである。

　図5-4は、各国の汚職の抑制度の推移を示したものである（それぞれの調査対象時期に限る）。これを見る限りはジョージア、インドネシア、ルワンダは堅調に汚職の抑制度レベルは高まっていることが分かる。反面、フィリピン、リベリアはあまり変化は見られない。ただ例えばTIの汚職認識度指数などを取

図 5-4 各国の汚職の抑制度の推移（研究対象期間のみ）

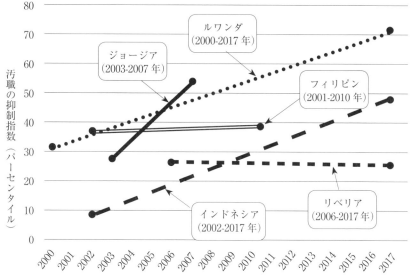

（出典：世界ガバナンス指標を基に筆者が作成）

り上げると、先述の通り、リベリアなどでは市民の汚職「認識度」は一時かなり低まっているため、世銀とTIの統計の間に離齬が生じていることが分かる。

　フィリピンの反汚職取り組みが失敗して、インドネシア、ジョージア、リベリア、ルワンダの例をもって一般的な成功モデルとして決めつけるのは時期尚早でかつ誤りである。例えば前述の通り、ジョージアでは強硬かつ不透明な政策決定プロセス、ドナーへの過剰依存、市民社会や民間セクターの消極的参加、そして脆弱な野党勢力など、例外的な政治社会的条件を有しており、このような要因は政権交代時に制度基盤が未完成、かつ公務員能力が不足している場合はむしろ不安定材料ともなる。ルワンダでは、権威主義国家ならではの、政府の強権的な反汚職取り組み手法は、市民のコンセンサスを得ず、透明性のない形で一方通行的に進められた。リベリアの外国専門家主導による反汚職・ガバナンス改革は、自国民の人材育成は期待できない。事実、サーリーフ大統領は、国連安保理で持続性に向けた能力開発の欠如を認めており、「この欠点が専門家でも外国人と現地人の間における緊張を招き、オーナーシップと主権の問題を醸し出している」と述べている（Sirleaf 2007）。

この中で何が成功の要因かとなると、やはり市民からの強い支持、汚職の機会を効率的に抑制する制度構築、そして汚職と闘うための強いリーダーシップと政治的意志と言える。政府が能力不足だと開発は推進されない。優れた政治と行政が開発の障害を解決していくことになり、まさに「政治が国家をつくり、国家が開発をつくる。異なった政治は異なった国家をつくり、異なった開発をつくる」(Leftwich 2000, 191)に帰結する。

　最後に、各国のリーダーのその後の姿を見るのも興味深い。カガメ大統領は2015年の憲法172条の改正により、2034年まで大統領職にとどまることが可能となり、向かうところ敵なし状態で、さらなるガバナンス改革を推進している。汚職認識度はさらに改善され、2017年の調査では、180ヵ国中48位となり、ビジネス環境も190対象国・地域の中29位と、スペイン30位、日本の39位より良い結果を出している（World Bank 2017a）。リベリアのサーリーフ大統領は、兄弟が汚職疑惑で閣僚辞任するなどの不祥事もあり、汚職を完全に撲滅することは難しい現状であった。また実子 Robert が国家石油公社、Charles が中央銀行、継息子 Fombah が国家安全保障庁の幹部職員をはじめ、親族が政府職員の要職に就くなど縁故主義が問題視された上、Fombah と国家安全保障庁による不正犯罪事件の調査に介入したとして告訴されていた（Wikipedia）。自身の憲法の多選制限により2017年の大統領選挙には出馬できず退任に至っている。

　サーカシュヴィリ大統領は悲惨である。2012年の総選挙で統一国民運動は野党連合「グルジアの夢」に過半数を奪われ、サーカシュヴィリ派政権は内閣総辞職に追い込まれた。代わってイヴァニシヴィリ政権が本格的に始動すると、サーカシュヴィリ大統領体制下での様々な不法行為（汚職、言論弾圧、拷問等疑惑）についての政府調査委員会が設立され、それに怯えた元大統領は、2013年にウクライナに亡命。そこでウクライナ国籍を取得して、元学友であったウクライナのペトロ・ポロシェンコ大統領の最高顧問・ウクライナのオデッサ州の知事を務め、ジョージアで培った汚職撲滅活動に専念した。しかし後日、ポロシェンコ大統領との路線対立が激化し、2017年7月にはウクライナ国籍を剥奪され、無国籍状態となった。アロヨ大統領は、任期終了翌年2011年11月、上院選に絡んだ選挙法違反容疑で逮捕された。2012年10月には公金の不正流用の疑い

で警察に再逮捕されている。ジョセフ・エストラーダに続き、連続して大統領経験者が逮捕されたこととなる（2016年に最高裁より無罪判決が下された）。

　様々な功績を残してきたリーダーたちの結末は、必ずしも皆がハッピーエンドとは言えず、汚職撲滅を掲げていた人間（またはその親族）が汚職を含む犯罪事件を引き起こしていることは何とも皮肉な結末であると言えよう。

注
1　この他、ルワンダ公共調達庁、ルワンダ歳入局、国家検察庁、国家警察庁等も汚職取り締まりを担う組織として位置づけされている。
2　組織のトップは、オンブズマンと2名の副オンブズマンで、任期は4年（副オンブズマンは3年）、1回限りの再任が許されている（OMB, 2011 55）。
3　ルワンダ在住の大学教員とのインタビューに基づく（2017年5月）。
4　2016年9月のTI-RW事務所とのインタビューに基づく。
5　政治体制との関係では、改革のイニシアチブを発揮しやすいのは、民主制よりも権威主義体制（トルコ、チリ、ガーナ、メキシコ）であったという議論もある（木村 2018, 252）。
6　競争的権威主義とは、「形式的に民主的な制度が存在し、広く権力を獲得する主な手段と見なされているものの、国家機構の濫用によって現職者が反対勢力に対して著しく有利になっている文民の体制」（Levitsky and Way; 2010, 5; 木村 2018, 241）。言い換えれば、政権を選ぶ競争的な選挙は行われているものの、投票が操作されたり、メディアが政権よりだったり、与党が国家資産を利用したりと政権側に有利になっており、民主的手続きが様々な形で侵害されている政治体制のこと（木村 2018, 241）。
7　筆者が2007年8月に現地で調査したときのドナー機関からの情報。
8　志賀（2013, 155-156）は、同ようなことをボスニアを例として次の通り説明している。「強力な権力エリートがいつ、なぜ法の支配の構築を認容するかについては、その戦略的計算を考慮することなしには説明できない。たとえばボスニアでは、欧米の主導下で法の支配が平和構築の指導理念とされ、法・司法制度改革、戦争犯罪の追訴、犯罪汚職対策として具体化されていったが、同国の政治指導者がこれに従った背景には、法の支配構築に努力する姿勢を見せることが経済支援の受領やEU加盟に有利だとの戦略的計算があったことは想像に難くない」。
9　例えば、TIジョージア支部では、反汚職プロジェクトは不要となり、活動としてはキャパシティビルディング（能力向上）プロジェクトに移行したとしている（TIジョージア事務所所長談）。

第6章
開発途上国が直面する現状と問題点

　これまで国際社会と途上国政府は、反汚職取り組みを通じて数多くの教訓を得てきた。それに基づき主に成功例もしくは有効とされる対策を各国の事情に合わせ適応させてきている。そういった意味において、90年代の新たな挑戦や失敗から学ぶ時期は過ぎて、今日ではより効率的な汚職対策が可能となっている。

　市民の汚職と闘う意識にも大きな変化が見られている。例えば南部アフリカ諸国を対象とした調査（TI 2012a）によれば、80％の回答者は汚職と闘うために一丸となって行動すると答えている。74％が一般の市民でも汚職との闘いを通じて変化をもたらすことは可能であるとし、実に93％が知人や友人が闘っている場合は支援をするとしている（TI 2012a）。アジア太平洋諸国でも同様に高い数字が出ており、また東南アジア諸国のインドネシアでは78％、カンボジアは73％、ミャンマーは72％であった（TI 2017d, 24）。これらは明るい兆しであり、人々の意識の変化の表れであろう。

　他方、今までの活動を振り返ると、投入量に比べ成果はまだ限定的であり、市民の満足度はまだ十分とは言えず、実務家はもとより研究者の間でも汚職は減っていないという声も多く、反汚職方策に対し疑義を抱く見方も多くなっている。汚職改革の成果は指標だけでは見えにくく、また成果がでるまでは時間のかかる作業のため、全体的に汚職が削減したかという議論を国際社会で展開させるのは困難であり、現状は既存の汚職認識度を通じて把握するのが精一杯である。しかし、汚職の削減自体が反汚職改革の最終目標である以上は、汚職対策の成果と具体的削減との関連性に対する一層の積極的議論が交わされるべ

きであろう。

　本章では、世界的規模の反汚職改革が推進される中において、制度的な改善と実質的な汚職削減との間、そして先進国と途上国との間の行動や考え方にかい離が生じている事実に着目する。なぜそのような事態に陥っているのか。ガバナンス改革推進と汚職の削減との間にどのようなずれが生じてきているのか。1990年代以降の改革内容と成果を振り返り、途上国の反汚職改革に対する全体像を確認した上で、分野別に現状を把握し、問題点を明らかにする。

1　途上国の反汚職改革に対する現状分析

　反汚職改革に対する評価は、(1) グローバル規模で見た反汚職取り組みの成果、(2) 途上国自らの反汚職対策努力、(3) 途上国「政府」の汚職対策に関する制度構築の成果、(4) 先進国政府や民間企業による贈賄防止努力の成果、(5) 汚職研究がもたらす国際社会への知的貢献、そして (6) 汚職削減への実質的効果といった6つの側面から行うことが可能であると考える。ここではそれぞれについて検討する。またこれとは別にドナー機関による援助手法と組織的問題点についても分析する必要があるため、それについて (3) で議論する。

　まずはグローバル規模の反汚職改革の成果について分析する。繰り返しになるが、1990年代半ば以降、国際社会は汚職を容認しない社会の構築に向け、ドナー機関や市民社会を中心に世界規模の反汚職行動ネットワーク構築を推進した。その影響は次第に途上国政府に連動し、政府間ネットワークや南南協力関係も形成され、今日では様々な進展が見られている。汚職対策は、行政汚職の他、贈収賄行為の犯罪化、市民社会や企業との連携等の側面からも先進国、途上国の協働作業が可能となった。国連や世界銀行をはじめ、多くのドナー機関は、途上国政府の汚職政策をグッド・ガバナンス推進の枠組み内に組み入れ、開発アジェンダの最優先事項として国際社会に訴え、各種事業を展開してきた。

　グローバルそして地域規模における反汚職条約や協定、G-20諸国による腐敗対策行動計画、さらには任意団体や民間企業による活動を通じ、汚職対策に関する国際基準や協定執行メカニズムが設けられ、先進国、途上国双方の汚職問題に課された役割と責務が一層明確になった。1990年代はじめでは、反汚職に取り組む市民社会は限定的であったものの、90年代半ばより各国で雨後

の筍のように急増し、活動内容もアドボカシーのみから、予防教育、調査研究、政府との連携作業まで大幅に拡大された。民間企業もコーポレートガバナンスの枠組みの中で反汚職や贈賄防止強化に努めるようになった。

　汚職との闘いは、一個人や一団体の努力のみでは成果は期待できず、政府、市民社会、民間企業そして市民が一丸となって取り組む必要があることが世界的なコンセンサスとして確立した。またそれは一国レベルよりグローバルな規模で行うことにより、互いに何が成功要因となり、ベストプラクティスとはどのようなものか判断する材料を提供し、それを自国のケースに取り入れることにより、一層効率的な成果がでるという共通の認識の下、反汚職取り組みの推進が可能となった。同時に一人の汚職犯罪事件や犯罪者のみ追及しても解決にはつながらず、汚職・腐敗は構造的なものであり、汚職からの自由（corruption free）は犯罪からの自由（crime free）との考えから、まずは汚職の機会を削減する試みが重要であるという共通認識が誕生したのである。以前は多くの国でタブーであった反汚職取り組みは、ほとんどの国々で実施されるようになった。この期間、数多くの国内外の政策機関が各種反汚職取り組み策を策定をしてきたが、ようやくそれが国際的な反汚職枠組みとして認識されるようになったのである（Rothstein and Varraich 2017, 9; Mungiu-Pippidi 2011; 2015 他）。ウォルフェンソン世銀総裁（当時）は言う。「私が就任（世銀総裁）した時は、世銀は汚職問題については決して議論しなかった。だが今日では100ヵ国以上で反汚職プログラムを実施してきており、普通にディスカッションするようになっている」（World Bank 2010）。政策策定組織としての世銀がタブーであった汚職問題に取り組み、社会科学分野はもとより、他のほとんどの学際的研究も後を追って進められたことは注目すべきことである（Rothstein and Varraich 2017, 12）。改めて国際ドナーの国際社会に及ぼす影響力を痛感せずにはいられない。

　グローバル規模における反汚職活動は、その成果を論じる前に、ほとんどの途上国で汚職が国家開発に深刻な損失をもたらしている事実を明らかにし、それへの協同作業への必要性があるという共通認識を植え付けられたことが何よりも最大の収穫であったと言えよう。

　第2は、途上国自身による反汚職取り組み努力についてである。これは明らかに積極的かつ確実なものとなっており、汚職との闘いへの宣言や、汚職に対

するゼロ・トレランス（不寛容）政策など、国家開発政策の中で汚職対策を優先するコミットメントをしている国も多くなっている。それは反汚職政策の構築や、国際条約の批准国数、そして活発的な南南協力等を見てもある程度明らかとなっている。但し、それがどの程度国内で認知され、市民の要望に応えているか、さらにその持続性については国により異なっているため一概に言えない。例えば中東諸国の多くでは、「アラブの春」以前は、国家開発計画に反汚職取り組みは優先事項としては組み込まれていなかった。他方、アジア諸国ではほとんどの国が1990年代後半より、グッド・ガバナンスの下反汚職政策を長年国家開発の優先事項として位置づけている。そこでは、戦略としてほぼ例外なく市民教育、政府と市民社会との連携、そして反汚職に取り組む政治的意志の必要性について強調している。また現地の反汚職市民社会は、政府へのプレッシャー役（Watchdog）となり、ますます重要な存在となっている。

　一方、市民の評価はまだ厳しい。TI（2009）の世界調査によれば、56％が政府による反汚職取り組みは非効率的（31％は効率的）であると答えており、この率は2017年の調査ではさらに高くなっている（57％）（TI 2017e）。途上国内における汚職との闘いは、グローバル規模の反汚職ネットワーク、そしてドナー機関の支援を通じた現地の市民社会から発生、浸透し、彼らが自国の汚職事情を市民に伝達し、同時に途上国政府にプレッシャーを与える国が多い。政府はドナー機関からの技術協力を通じて汚職対策を推進している。その構造が後述するドナー機関への従属や、政府―市民社会間の見せかけだけのパートナーシップを醸し出す要因ともなっているのも事実である。また大型汚職事件の追及や、政府、民間企業との癒着などに対する政府の取り組みは依然消極的であり、多くの途上国にとって課題も多い。構造的に汚職が蔓延する国では、市民による積極的汚職（active corruption = need corruption）がまかり通っているのも現状である。

　第3に、途上国「政府」のガバナンス向上の観点から見た制度的改善に関してである。ほとんどの途上国の政府は、各種ガバナンス＝反汚職改革を推進し、法整備、汚職対策機関の設置や公務員改革、制度の簡素化、監査機関の強化、情報公開、さらにはe-政府や電子調達導入などに見られる技術改革を達成してきている。例えば次のような成果例もある。古くはセネガルでは、税務

構造の簡素化、税関職員の裁量権の縮小、そして税務関連手続きのIT化により、1990年から95年までに汚職は85％削減された（Hors 2000）。ジョージア、タンザニア、ザンビアなどでは各種反汚職取り組みにより小規模汚職と行政汚職が減少し、ザンビアでは、土地配分、通関やビジネス登録における許認可過程が大幅に簡素化、そしてIT化されたため、汚職の入り込む余地も少なくなった（Hussmann 2007, 24, 34-35）。アルバニアでは電子調達、ワン・ストップ・ショップ（one-stop-shop）の設置などを通じて汚職の機会を大幅に減らした。エジプトでは資産登録（プロセス、商業、資産等を移転する必要日数と費用）手続きが193日から72日に、費用は68％から0.9％に改善した（USAID 2015,19）。これらは汚職の機会を間接的に削減させることとなっている。インドネシアでは、国税局の行政改革で、大口納税者の各種税の一本化、その担当部署職員の給与を4倍にし汚職を厳禁し、倫理規定と監視部をつくり、告発センターとホットラインを設け、さらにはe-政府を通じて自動車の所有やクレジットカード使用実態などから潜在的納税者・事業所を割り出すようになり、納税者・企業は2001年の252万から2009年の1,547万に増加した（木村 2013, 121）。ウクライナでは、メリットシステムを通じて、汚職対策に携わる幹部公務員を2015年より採用し始める一方で、ワン・ストップ・ショップ導入により汚職の機会を削減した（USAID 2015, 40）。第4章ではジョージアにおいても同じ取り組みを考察した。

　反面、ベネズエラのように、国際社会で規定した反汚職枠組みや行動計画に対応できていない国や、アルメニアのように政府の不十分な協力（USAID 2015, 87）、マレーシアのように反汚職委員会の汚職・不正公務員に対する処分勧告が十分に適用されていないケース、レバノンに見られる長期戦略の欠如（USAID 2015, 17）さらにはドナーの資金および技術協力に全面的に依存し、実際機能していないといった国も多々ある。

　第4章と第5章で考察した、ジョージア（制度簡素化）や、インドネシアとルワンダ（強力な汚職対策機関の設置）では、制度構築が汚職抑制に大きく役に立っていることを証明した。ガバナンス改革の中でも、ワン・ストップ・ショップ、電子政府、規制規則の簡素化などは反汚職において多くのケースで効果的であるとの結果がでているとされる（USAID 2015,3）。コンプライアンス（法令

遵守）の一環としての制度構築や改革の推進はある一定の条件を満たせば比較的可能である。しかし、一連の制度改善はどの程度政府事業の透明性向上につながるのか、そしてこれら制度をどう効率的に利用し、システマチックに執行するか等評価した場合、依然多くの国で課題が蓄積されているのが現状である。Andrews（2013; 木村 2018, 177-178）の調査によれば、1998年と2008年を比較した145ヵ国の政府の効率性実績指標では、すべての国が制度改革を実施しており、そのうち73ヵ国で効率性が低下しており、72ヵ国で改善しているとしている。また60%の国は財政管理面で改善したものの、汚職、透明性、説明責任で改善した国は50%にとどまり、行政の質的改善は40%以下、すなわち40～60%の国は改革の成果をだせていないと分析している。また、すべての国で同じ手法の反汚職対策を使う、一国の政治経済分析を怠る、政治汚職には深入りしない、制度改善のみの名の下のアプローチなど、限定的な反汚職活動の限界も指摘されてきた（これについては後述する）。反汚職を含む、グッド・ガバナンス論に基づく広範な活動を要求される改革が、「途上国にとって実効ある政策目標でありうるか」については判断するのは現実的には非常に困難であり、経済発展の持続に不可欠なのは、高度のガバナンスではなく、Pomerantz（2011, 173）の言う、「それなりのガバナンス（good enough governance）」であるべきという議論もでた。その中において、制度改革自体が汚職削減を保障するものではないものの、途上国「政府」による汚職の機会を削減させるための制度改善努力は明らかに見られ、今日に至ってはほとんどの国で制度面における反汚職枠組み自体は構築されており、その点においては大いに評価できよう。

　第4に、先進国政府や多国籍企業による贈賄対策についてである。1997年のOECD外国公務員贈賄防止条約の発効以降、民間企業は外国公務員への贈賄行為が単に違法ということ以外にも、その行為により被る損失は、企業経営にとって脅威となるまでのものとなってきており、近年ではそれが企業内部のコーポレート・ガバナンス改善とコンプライアンスに向けたインセンティブとなってきた。企業による反汚職対策は、統制メカニズムの中に組み入れられるようになり、真の進展が見られるようになった（TI 2009a, xxiv）。従来、伝統的汚職の中核をなすのは、公務員に係る贈収賄であり、それも当初は内国公務員に係る贈収賄の罪とそれに起因する不正行為であった。OECDやCoE他の

条約は外国公務員への贈賄を犯罪化したところに画期的な意義を有することとなった（森下2012, 26）。またOECD条約は、ロシアやブラジルといったOECD諸国以外も締結するようになった。同条約以外にも、米国の贈賄防止法（FCPA）など、域外適用の積極活用により、贈賄行為に対し厳格な制裁を科す国も出てきており、違反企業は巨額の罰金や個人の拘禁刑も科されるようになり、企業による外国公務員への贈賄行為への罰則はさらに厳しさを増してきている。2008年のシーメンズ事件などに伴い、外国公務員への贈賄行為に対する国際環境が一気に変化してきた。

　中国、ブラジル、韓国をはじめ、多くの国が贈賄防止法の強化策を図ってきている。多国籍企業は自社の統制システムの見直し、贈賄防止指針等の社内規則への盛り込み、そして例えばFCPAなどはコンプライアンス等徹底すれば減刑も考慮されるとの配慮から、対外的にも反汚職プログラム活動をアピールする行動に出た。贈賄側から汚職を断ち切ろうという試みに対する成果は近年ようやく表れ始めてきたと言えよう。とは言え商取引において企業が賄賂をする様子はまだ多く、企業幹部を対象とした調査では、5人に2人が政府機関と商取引をする際、賄賂を求められるとし、回答者の半数は、汚職は事業費を最低10％引き上げているとし、また3分の1以上が状況は以前よりさらに酷くなっていると考えている（TI 2009a, xxv）。現状は、OECD諸国の企業幹部の約半数が、非OECD諸国での政府事業契約獲得には、個人的そして親しい関係者を通じて行っているのである（TI 2009a, xxvi）。

　先進国側政府の国際条約に対する積極的活用はされておらず、多くの締結国ではまだ非協力的であるのが現状である。特に外国公務員贈賄事件の政府捜査の側面から見ると、まだまだ消極的であると言わざるを得ない（これについては後述する）。一方、多国籍企業は贈賄防止を明確にするため、内部統制システムを改善しているものの、中小企業や新興国の多国籍企業はまだ追いついていない状況である。企業を通じた反汚職取り組みの「国際協力」などは実質ほとんどなされていないため、制度的に「絵に描いた餅」状態となっている。この点についてはさらなる努力が必要であると考える。また贈賄対策がどの程度途上国の開発にプラスの影響を与えたかについての検証はあまり行われてきていない。

第 5 に、汚職研究がもたらす反汚職改革への貢献はどうなっているのであろうか。1990 年代に入ると汚職研究は短期間で一気に膨大に蓄積され、法律、政治、経済、社会等々との関連で研究が行われるようになった。途上国や援助側としてはより理論的実証に基づいた具体的な反汚職改革の実現が可能となった。今日の汚職研究は、汚職が経済、社会にマイナスの影響を及ぼすことが前提となり、多くが国家開発との関連で、もしくはそれを含めた形で議論が展開されている。経済や貿易以外にも汚職が貧困、ジェンダー問題、民主化、紛争、開発援助などに及ぼす影響や汚職との関連性についても世界各国の研究者や研究機関を通じて幅広く検証されてきた。近年では今までの研究成果が反汚職改革に有効なのかというレビュー作業も行われてきている。例えば、以前反汚職対策の一環として推進されてきた地方分権は、一部の国ではむしろ汚職・腐敗を増大させる事例がでてきていることが判明された。また公務員給与の上昇などは巨額の資金投入のわりにはあまり成果を伴わないとのことも指摘されてきた（2 章参照）。国の政治体制や人口、経済規模、リーダーの資質、さらには取り組み内容等により、成果や効率性も異なるため、「それなりのガバナンス」ならず、「それなりの反汚職活動」「汎用モデル（One-size-fit-for-all）」ではなく、「汎用しない（One-size-NOT-fit-for-all）モデル」などといった用語も誕生した。反汚職の有効性に疑問を投げかける研究も多く見られるようになった。Johnston (2014) は、特に脆弱国家などでは反汚職活動は市民や政府に負担を与えるだけで有害であるとすら訴えている。これらについてはさらに後で議論する。

　汚職・腐敗測定・調査方法の開発も画期的である。2 章で考察した通り、TI の CPI（汚職認識度指数）や世銀のガバナンス指標など様々な測定ツールが開発され、ある程度世界的な認知を得ている。しかし、多くの測定ツールは認識度ベース（perception base）となっており、そこでは様々な問題が指摘されている。例えば、調査団体の信頼性、モニタリングのメカニズム（国によってレベルの差が生じる）、正確性、市民の回答内容に対する信頼性（特に権威主義国家など）など。またある国では日々行われている贈賄行為はある程度ギフト程度の意味合いを有し、ある国では賄賂はいかなる理由をもっても犯罪であるという主観性や認識の違いもある。調査方法によっても回答は異なる可能性もある（調査が少数人数を対象かオープンで行われている場合等）。政府職員を対象とした場合、何も

表6-1 「汚職の抑制」の改善度の国別比較（2004年と2015年の比較）

順位	国名	2004年（スコア）	2015年（スコア）	改善値
1	ジョージア	28.78	72.60	43.82
2	ルワンダ	39.02	75.00	35.98
3	モンテネグロ	33.17	56.25	23.08
4	サントメプリンシペ	30.73	52.40	21.67
5	インドネシア	17.07	38.46	21.39
6	エチオピア	25.85	42.79	16.93
7	バングラデシュ	29.30	18.27	15.34
8	ベトナム	24.39	39.42	15.03
31	インド	43.41	44.23	0.82
36	カンボジア	14.15	12.50	-1.65
38	ボツワナ	80.00	77.40	-2.60
42	マレーシア	70.24	65.87	-4.38
50	タイ	51.71	43.75	-7.96
65	モーリタニア	45.37	16.35	-29.02

(出典：UNDP 2016a, 115-6)

インセンティブはないので、本音は言わないかも知れない（Sequeira 2011, 147-157; Sampford et al. 2006, 49-53; Brown 2006, 56-79）[4]。

　ガバナンスレベルが高くなると汚職レベルは低くなり、民主主義の推進は権威主義より汚職の機会が減る、議院内閣制より大統領制度の方が汚職の機会が多くなる可能性がある等々検証されてきた。このように短期間で幅広い形で行われた今日の汚職研究は、国際社会および各国に大きな知的財産を生み出す結果を与えたと言える。

　最後に、汚職・腐敗削減への実質的効果に対してはどうであろうか。第4章と5章で見たジョージア、リベリア、インドネシア、ルワンダでは、市民の汚職に対する認識度は減少してきたことが分かる。バルト3国（エストニア、ラトビア、リトアニア）やトルコなどでは長年蔓延していた交通警察官による賄賂要求はなくなった[5]。Mungiu-Pippidi や Johnston（2011, 58-71; 2017）は上記に加え、チリ、エストニア、ガーナ、スロベニア、韓国、台湾、ボツワナ、カタール、ウルグアイも汚職削減が実現された国として位置づけしている。表6-1は、世銀の世界ガバナンス指標を基に2004～2015年の間で汚職の抑制を改善した上位国と下位国のリストと、その改善度を示したものである。指標上は、ジョー

表6-2 業務遂行における障壁（途上国政府幹部職員とのインタビュー結果）

業務を遂行するにあたり障壁となる問題点	最も深刻な問題（多い順）
公務員の能力不足、未熟な開発計画、地方分権化、公務員の倫理観・清廉性、透明性・説明責任欠如、汚職、サービスデリバリー、政治的介入、モニタリングと評価の欠如、ジェンダー格差、低賃金、法の執行問題、調整、e-ガバメント、予算不足、不十分な財務管理、リーダーシップ、公務員研修、雇用と任用、ドナーの介入、諸罰則・処分の不履行、政策・戦略不足、不明瞭な規則規制、やる気なさ、監査能力、人材不足	1. 汚職 2. 公務員の倫理観・清廉性 3. 政府の透明性・説明責任欠如 4. 低賃金 5. 政治的介入 6. リーダーシップ不足 7. 公務員の能力不足 8. 法の執行問題

（筆者作成）

ジアが最も汚職の抑制レベルを改善できた国としており、続いてルワンダ、モンテネグロ、サントメプリンシペ、インドネシア、エチオピア、バングラデシュ、ベトナムの順に続いている。反面、改善されていない国としては、モーリタニア、タイ、マレーシアなどがある。もともと汚職レベルが非常に高いところからある程度改善された場合は、比較的容易に改善度は高まり、他方、もともと汚職度が低い国はそこからさらに改善するのは困難を伴う可能性もある。また同表からは実質的な汚職の削減（具体的に何がどう削減されたか等）を見ることはできないが、制度的な側面から汚職の抑制がなされたことに対する改善は見ることができよう。一方で市民の知らないところで生じる政治腐敗や企業との癒着などの実態は定かでなく、それを明らかにすることは依然技術的に困難を伴い、それに全面的に対処可能な明確なツールも見当たらないのが現状である。ここで言えることは、開発やガバナンスレベルが低い国でも汚職抑制は活動如何により改善可能ということであろう。

　市民は汚職の現状に対して楽観的に考えているとは言えず、TI（2013）が2013年に107ヵ国を対象に実施した汚職認識度調査では、過去2年間で汚職が減ったと回答したのは、11ヵ国に過ぎない。その4年後にラテンアメリカ20ヵ国を対象に実施された昨今の調査でも、62％が汚職は以前より増えていると回答し（TI 2017a）、アジア・太平洋諸国（16ヵ国）では40％（33％が同じ）（TI 2017d）と、多くが汚職は減少するどころか増加しているととらえている。2017年のインドネシアでの調査によれば、65％が以前より増えたという結果になっている（TI 2017d）。表6-1の結果とは相異なるものとなっているのは何

故であろうか。

　TIスタッフは、国際社会の努力にかかわらず、汚職は削減されず、むしろ以前より増えていることを認めていた[6]。バングラデシュの汚職撲滅委員会並びに現地NGOにインタビューした際も、長年の反汚職取り組み努力にもかかわらず汚職そのものは減っていないと悲観視しており、この他、筆者の行った20ヵ国を超える上級国家公務員を対象とした調査でも数ヵ国を除き、皆国内の汚職レベルは変わらないか、むしろ増えていると回答し、減ったという国は限定的である[7]。2015年、2016年にウクライナ（キエフ市）でNGOスタッフや汚職対策機関職員に行った調査でも同じ回答であった。表6-2は、筆者が今まで途上国の政府高官約150名を対象に、業務遂行するにあたり障壁となる問題点について行ったインタビュー結果表である[8]。20を超す問題点を挙げており、中で最も深刻なものとして汚職を挙げている。続いて公務員の倫理観・清廉性、政府の透明性・説明責任の欠如、低賃金の順となっている。これらを見る限り、残念ながら汚職は世界的に削減されたとは言い難い。ただ既に説明した通り、制度面における改善は数多く確認されており、またインドネシアなどに見られるように、汚職のレベルとは別に、汚職対策機関に対する国民の信頼は厚くなった国も存在する。

　汚職が削減された国から、変化していない国、さらには以前に比べ増えているとされる国まで多様であり、一様に語ることはできず、何をもって削減や増加を決めるのかといった世界的な合意基準もない。そもそも汚職に対する合意された定義がないことも問題を複雑にしているのである（Heywood 1977; 2015; Rothstein and Varraich 2017, 2, 9）。

2　分野別に見た反汚職取り組み成果に対する分析

　ここでは、以上を踏まえ、反汚職改革の中でも重要とされる、途上国の反汚職政策と戦略、汚職対策機関の役割、公共サービスの質と公務員の清廉性向上のための制度改革、市民社会の反汚職行動への参加、汚職・贈賄行為の犯罪化における改革現状と有効性、そして国際・地域間条約と協定について分析を試みる。最後にドナー機関による援助手法と、組織内部で生じている問題が秘めている特殊性と援助の際に生じる困難性についても議論を展開したい。

(1) 途上国による反汚職政策と戦略

　国際合意や協定等を通じて、途上国は反汚職政策の策定とその実施を奨励されており、ほとんどの途上国では何かしらの反汚職政策を設けるまでに至っている。反汚職政策とは、当該国が直面している汚職問題を分析し、何が汚職を蔓延させており、どのような処方箋が必要とされるか等を国家開発政策等に反映または組み入れる作業である。そして、それを推進するために反汚職戦略を設け、具体的指針、モニタリングを伴った行動計画により実行に移す。反汚職政策や戦略は、包括的なもの、政府内の透明性や説明責任の改善のみに焦点をあてた限定的なもの、公共部門改革の一部として組み入れられているもの等、国によって様々である。例えば、ブータン、インドネシア、マレーシア、モンゴル、ネパール、パキスタン、韓国、タイなどは、国家開発政策と連関して包括的な反汚職政策が設けられている。アフガニスタン、バングラデシュ、モルジブやスリランカでは、国家開発政策そのものの中に組み入れられている (UNDP 2008c, 15)。パキスタンの国家反汚職戦略は、全7章、159項からなる大きな計画書となっている (Government of Pakistan 2002)。2012年3月に策定されたインドネシアの反汚職戦略書 (Government of Indonesia 2012) では、短期 (2012～2015年) と長期 (2012-2025年) の計画について2種類設けられている。

　途上国では、専門知識が不足している場合が多く、反汚職政策策定にあたり、ドナー機関に技術協力をを求めているのが現状である。例えばフィリピンでは、具体的な反汚職取り組みについての助言を世界銀行に依頼しており (World Bank 2000a)、インドネシアでは汚職撲滅委員会 (KPK) 設置また反汚職関連法草案作成に関してはアジア開発銀行 (ADB) や香港廉政公署 (ICAC) 元幹部職員などがはじめから入り込んでいる (Bolongaita 2010, 8)。カンボジアでは、反汚職法制定に関する戦略については、法案が承認される前に既に協議されており、これは承認プロセスを早めるためのドナー側の配慮であるとしている (Hussmann 2007, 19)。政府の反汚職取り組みへの着手のきっかけは様々である。例えば、ニカラグア、タンザニア、ザンビアなどでは、反汚職改革に対する要請はドナー機関からでてきたとし、ジョージアやインドネシアでは国内の改革アジェンダから来ているとしている (Hussmann 2007, 23)。いずれにせよ途上国にとってはまず反汚職への意志表示とそれを実行に移すこと自体に意義が

あるのではと考える。

　反汚職政策の策定過程においては、数々の課題が残されている。一例としては次のようなものがある。政策に対する実施が伴わない。政策を策定すること自体が最終目的化となり、その後の具体的活動まで辿りつかない。政策そのものが宣言的で具体性に欠けている。政権が替わった段階でフォローされなくなる。この他、単にドナーの要求を満たす程度の位置づけとして策定している国もあるとの報告もある（OECD 2008, 23; 小山田 2013）。

　改革と引き換えに援助をもらえるという誘引付きの手法（コンディショナリティ）を用いることが途上国の改革の促進に有効との知見もあるが（Haggard & Kaufmann 1992; 木村 2018, 251-252）、途上国側から見たら改革の有効性とは別に、無償で技術協力が提供され、長年悩まされてきた汚職への対策が可能となるのであれば万々歳であろう。ポスト・コロニアル国家の脆弱性に加えて、国際機

図6-1　チリにおける反汚職政策策定の推移

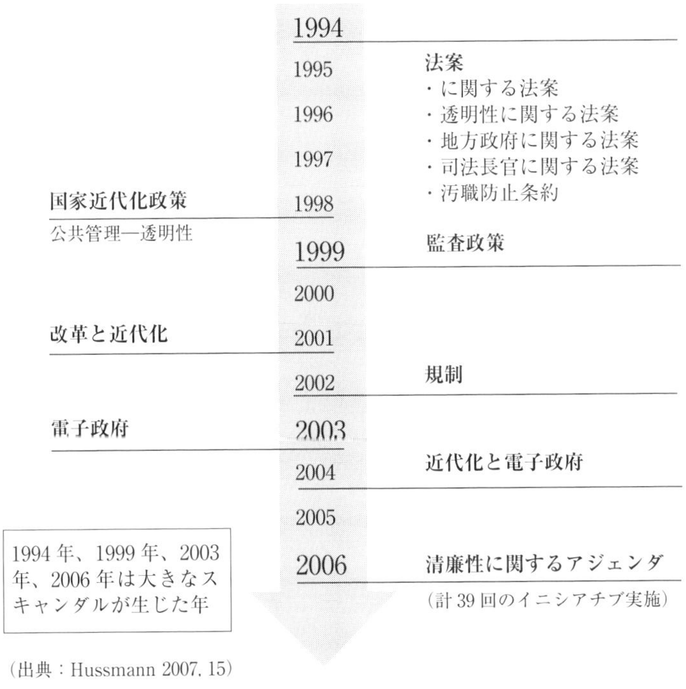

期間区分	年	政策・法案
	1994	
	1995	法案 ・に関する法案
	1996	・透明性に関する法案 ・地方政府に関する法案
	1997	・司法長官に関する法案 ・汚職防止条約
国家近代化政策 公共管理―透明性	1998	
	1999	監査政策
	2000	
改革と近代化	2001	
	2002	規制
電子政府	2003	
	2004	近代化と電子政府
	2005	
	2006	清廉性に関するアジェンダ

1994年、1999年、2003年、2006年は大きなスキャンダルが生じた年

（計39回のイニシアチブ実施）

（出典：Hussmann 2007, 15）

関やドナー国・国際 NGO の政策提言自体は途上国の政策過程に強い影響を及ぼしている。近藤（2013, 87）は、途上国の政治家・官僚・市民社会・学者は先進国で訓練されるか、援助最大化のためにドナー機関の流行に合わせ、途上国の現実・ニーズを超越した規範的発想で政策を考える傾向が強く見られると説明している。現実に見合わない反汚職改革が多くの国でまかり通っている現状を見ると、これは納得できるものである。

　汚職のレベルが高い国では、反汚職取り組みの必要性は高いが、通常そのような国の政府は実務、実施ともに様々な問題を抱え、政治も不安定かつ予算面における制限もある。政府や市民社会の能力等を十分把握した政策立案が必要である。例えばエジプトでは、パトロン・クライアント関係、通告者保護法、オンブズマン制度などに関する調査を行い、反汚職政策策定に役立てた（UNDP 2016a 49）。前表 3-2 で見た通り、政府の反汚職に対するコミットメントに応じて取り組み方策も変える必要がある。

　反汚職政策の策定には、汚職問題を自らが主体的に取り組まなければならないといった意識に基づく自国のオーナーシップとコミットメントの存在、利害関係者の参加と協力、知識や経験を基にしたデザイン、優先事項の決定、反汚職のモニタリングと評価等が必要であるが、現状は多くの途上国でこれらが欠如しており、それが実施過程において困難性を帯びてしまい、非効率な取り組みとなってしまう。これについてはさらに後述する。

　図 6-1 は、チリにおける 1994 年以降の反汚職政策への取り組みの流れである。同国における反汚職政策（汚職を予防するための直接的・間接的な法規則）は 10 年以上かけ段階的に進められており、政治スキャンダル等が発覚すると、その都度反汚職政策策定において多少ならず影響がでることが分かる（Hussmann 2007, 14-15）。同様に他の多くの国でも汚職スキャンダルがきっかけで反汚職取り組み規制の強化や法律改定や新法の制定がされるケースが見られる。重要なことは、その努力がどこまで持続的で、かつ政府がフォローできるかである。日本でも 1990 年代はじめのリクルート事件等の汚職スキャンダルの直後に政府は公務員倫理法や調達法などを制定し、汚職の機会をなくす法的枠組みをつくり上げた歴史を有する。

(2) 汚職対策機関[10]

　途上国の汚職対策に欠かせない重要な組織として汚職対策機関がある。アジア諸国で汚職対策機関を設置していないのは日本、ニュージーランドとパプアニューギニアだけのため（Quah 2017, 6）、読者にとっては聞きなれない機関であるに違いない。本題に入る前にここでは若干汚職対策機関についての説明を加える。

　汚職の予防、摘発、調査、取り締まりを専門に担う機関が、汚職対策機関である。日本ではこれは警察の任務であり、他国においても同様、警察を通じて取り組みが期待されるべきなのではと思うかもしれない。しかし、第1章で見た通り、警察そのものが汚職・腐敗の巣窟となっている国が多いのが現状であり、とりわけ途上国では、汚職が蔓延している政府機関として、ほとんどの途上国で警察と司法機関を上位に挙げている。警察や裁判所内での汚職が多いということは、当然汚職摘発は難しく、別途それに取り組む専門機関がなければ反汚職への取り組みは期待できない。汚職防止策には強力、かつ警察や他の国家権力から独立し、汚職問題のみを一元的に取り扱える汚職対策機関の存在が必要なのである。

　途上国の汚職問題への取り組みは、汚職対策機関の有効性が成功の鍵を握ると言っても過言ではない。汚職対策機関の機能的な国は、より一層汚職取り締まりを可能とし、汚職の削減にもつながる。反面、同機関が政治利用されたり、資金不足や人選が適切でない場合、その国の汚職自体は減るどころか、増える可能性も出てくる。国連腐敗防止条約（UNCAC）では、加盟国に機能的な汚職対策機関の設置を義務付けており、今日においてはほとんどの加盟国（特に途上国）が設置している。では、汚職対策機関とはどのような特徴と性質を有しているのであろうか。理想的に言えば、汚職の情報収集、防止、摘発、調査、取り締まり、さらには反汚職教育や市民社会との協力まで一貫して行えるような、法により権限が守られている独立した専門機関である。

　今日の汚職対策機関は、大別して（1）汚職・腐敗の予防のみを専門とした機関、（2）法執行：予防に加えて、汚職事件起訴機能を有した機関、（3）予防・執行機能：汚職予防、調査、起訴、教育すべての機能を有する機関、（4）汚職対策機関とオンブズマン事務所等が共同作業を行うといった、複合的な組織、そし

て(5)暫定的に組織された汚職等の調査機関に分類可能である(UNDP 2011)[11]。中でも一番強力かつ効果的とされているののが上記(3)である。香港の香港廉政公署(ICAC)、シンガポールの汚職査察局(CPIB)、インドネシアの汚職撲滅委員会(KPK)などがこの部類に属する[12]。

汚職対策機関は、独自の包括的権限と行動許可が付与されているため、警察や他省庁に職務を委ねないところに特徴がある。これは警察や他省庁の活動と存在をある意味否定することになり、新たな機関設立の際には確固たる政治的決断と、それに伴う法整備が必須となる。しかし、一機関への多大な権限付与は、法の支配や制度があまり徹底していないシステム内では逆に悪用される可能性がある。徹底した法の支配と独立機関としての権限があってはじめて汚職対策機関としての独自の機能が円滑かつ効率的に作用する。

反汚職機関の活動内容をさらに細分化すると、反汚職政策の立案、汚職に対する苦情受け付けと対応、汚職関連情報収集と提供、反汚職活動に対するモニタリング並びに汚職の実態調査、汚職事件の起訴、公務員倫理の見直し、広報と教育活動、反汚職取り組みに関する省庁間の調整等ある。汚職の蔓延している途上国では、同機関の役割は極めて重要であり、それゆえに市民の期待も大きい。例えば、4章で見たインドネシアでは、汚職撲滅委員会(KPK)設立翌年に行われた市民調査によれば、向こう3年間における汚職のレベルは低くなると期待している割合は調査対象国中最も高かった(45%。調査対象国平均値は3%)(TI 2004)。カザフスタンの経済・汚職犯罪撲滅庁では、2006年だけでもメディアに約4,500回取り上げられており、それだけ汚職対策機関の活動が市民の注目度を浴びていることがわかる(OECD 2008, 28)。UNDP(2011b)は、2005年に設立したブータンの反汚職委員会を効率的なチェック・アンド・バランス制度等を有し、実績を伴った(設立後2,500件を超える苦情を受け、80件の調査、260万ドル相当の資産回収等実施)良いモデルであると紹介している。バングラデシュの反汚職委員会は、TIバングラデシュ支部の技術協力とアドバイスにより、組織機能の詳細を作り上げた[13]。ウクライナの腐敗対策局の職員採用はメリット制度を採用した[14]。

OECD(2008, 31)は、汚職対策機関強化に対する進展は一部見られているが、次のような現状であることを指摘している。国際基準にどの程度則っているか

不明。外部干渉からの独立メカニズムが不在。専門職員数の把握が困難。また、機能や特徴は国により異なっているものの、同機関を通じた政府高官や政治家を含めた大規模汚職に対する起訴件数は一様に少ないとしており、これは執行制度が脆弱であり、汚職と闘うための政治的意志の欠落の証でもあるとしている（OECD 2008, 38）。Kaufmann（1997 in Hurther and Shah 2000, 7）は、汚職が蔓延している国の公務員は、汚職対策機関は効率的なツールとは考えていないとしている。

　途上国の汚職対策機関に対する評価は一様に厳しい。例えば Doig and Williams（2005, 10）は、調査国においてほとんどの汚職対策機関は成功していないとし、Quah（2017, 10）は、アジア・太平洋諸国の汚職対策機関は成功より失敗例の方が多い、Williams and Doig（2007）は、汚職対策機関の活動は少数の例外を除き期待外れと批判している。Bryane（2011, 381）は、市民社会の汚職対策機関への参画それ自体では同機関の独立性につながらないとしている。Shah と Schachter（2004, 41）は、汚職の蔓延している国の汚職対策機関への支援や意識向上キャンペーン効果は限定的であり、意識向上は主に市民の冷笑的な雰囲気を醸し出すだけのものとしており、汚職と闘う社会基盤や市民社会が弱い国ではそのような状況下になる可能性も秘めているとしている。さらには、Mungiu-Pippidi（2011, xiv,56）は、汚職対策機関やオンブズマン局の設置、そして UNCAC 加盟による汚職削減へのインパクトは統計的に見られないとしている。EU も汚職対策機関の設置は資金の無駄もしくは不安定を招くだけとのスタンスであるとしている（Doig et al. 2007; Johnson 2016, 141）。国の汚職が蔓延する中でリーダーたちも汚職にまみれている場合の汚職対策機関への支援は特に難しい（Kerusauskaite 2018, 105）。とにかく汚職対策機関の有効性に疑問を投げかけるばかりの研究結果である。筆者も数多くの汚職専門機関への調査を行ってきたが、効率的、機能的と言える汚職対策機関は数少なかった。ある国の汚職対策機関の代表は軍人で、自国の汚職事情はもとより、自らが属する組織構造すら把握していなかった。さらには汚職は削減されたかの問いに対し「分からない」という始末である。またある国では、汚職対策機関は大統領室内に設置され、これでは汚職取り組みに対する正当性に市民からの疑問が生じるのは止むを得ないであろう。

一般的に、汚職対策機関は次の理由にて従来の目的に反した結果となっているケースが多い。(1) 政治利用される。(2) 政権が変わるごとに統廃合が繰り返される。(3) 機関の権限が途中で骨抜きにされる。(4) 人事決定のみされ活動そのものがほとんど機能していない。(5) 実績が伴わない。(6) 活動範囲を広げすぎて能力的に対応できない。(7) 省庁間調整と役割分担が不十分。(8) 活動資金の確保が持続的でない。この他、例えば汚職対策機関そのものが汚職にまみれている場合、その活動は制限、阻害されてしまう（USAID 2006; Doig et al. 2005; Kwok 2001; World Bank 2008; UNDP 2005, 2016a; Bolongaita 2010; Hussmann and Hechler 2008; Basu and Cordella 2018; de Speville 2008; 2016）。

　実際に途上国の汚職対策機関のほとんどでは予算や人員欠如などに直面しており、活動に支障がでている。汚職対策機関の設置は比較的容易であるが、運営は困難かつ高くつくのである。またハイ・プロファイルの汚職事件の調査の場合などは、捜査員や機関長への恐喝や傷害事件が各地で報告されている。最近の事件では、2019年1月に何者かがインドネシアの汚職撲滅委員会（KPK）正副委員長宅に自宅に火炎瓶や不審物を投げ込むなどの事件も発生している（じゃかるた新聞）。また、意図的に政治家が絡んだ汚職事件の捜査費用を途中でカットする横槍行為もある（Dixit 2018, 28）。

　汚職対策機関を語る際、裁判所の役割についても理解する必要がある。例えば、ウクライナでは腐敗防止局が機能しても、訴追された事案は裁判所で止まってしまい、先に進まないとの不満がでている。多くの途上国において裁判所は権力者や支配政党の統治の道具となってきた歴史があり、その実態は中立・公正からほど遠いのが現実である。裁判の対審と判決が非公開で行われたり、判決理由が明確でないこともある。旧社会主義圏では、判決の基礎となる法例が国家機密に指定されて非公開ということすらあった（志賀 2018, 129）。多くの途上国では、裁判官は原告・被告双方から収賄できる旨味の大きい職業と見なされている（志賀 2018, 130）。事実、TI（2013）では市民は警察に次いで裁判官に対し最も賄賂を支払っているとし（全国平均24％）、20ヵ国では裁判官が最も汚職にまみれているという認識を有している。また検察も時にはそうであり、政治家など事情聴取あるいは検挙まではするものの、立件しないケースが途上国では多々あるのである。

いくつかの国では斬新的な司法改革を実施してきている。ジョージアのガバナンス改革は、悪評高き高齢の裁判官に対しては早期退職勧告や事実上の首切りを断行した。インドネシア、ウガンダ、タイ、フィリピンでは、汚職犯罪を専門とした裁判所が設けられており、ウクライナでも 2018 年 6 月に汚職裁判所設置の法案が可決し、少しでも裁判所の汚職の機会を構造的に少なくさせるための工夫が見受けられる。汚職対策機関と裁判所の連携活動の効率性についても十分理解して反汚職に取り組む必要性がある。
　汚職対策機関を機能的なものにするには、政治的影響を受けにくく、独立した位置づけを有し、汚職取り組みに伴う法的権限を持ち、高度の専門性を有した職員と潤沢な活動資金の持続性の確保が不可欠である。現状はほとんどの国においてこれらが欠けているのである。

（3）公共サービスの質と公務員の清廉性向上のための制度改革

　公共サービスの質的向上と公務員の清廉性は、汚職削減と深い関連性があると言える。許認可制度の簡素化、メリットシステム（競争原理に基づいた採用と昇進＝能力制度）の導入、利益相反に関する基準の明確化、倫理要綱と反汚職研修、資産公開、内部告発者保護法や、情報公開法の制定、政府調達における透明性などは、グッド・ガバナンスの構成要素、そして公共サービスと公務員の清廉性を向上させるツールとして一般に考えられている。従来これらは汚職抑制そのものを主目的としているわけではないものの、それら改革を通じて汚職の機会を制度的に削減し、公務員の汚職に対するインセンティブを変化させることが対策となりえる。これら一連の改革の一環としての規制緩和・法整備を行うこと自体に対する技術的困難性は少ないと言える。また、情報公開法制定、賃金上昇、メリットシステム導入等は既に多くの国で実施されてきた。UNCAC では、公的部門（第 7 条）と公衆への報告（第 10 条）として、公共行政を高めるため、締約国に対し改善とレビュー要請を行っている。
　しかしこれら制度を途上国で導入する場合、様々な問題に出くわす。とりわけ情報公開制度、内部告発者保護制度、資産公開制度等は当該国の文化的要因が大きく影響しており、制度基盤を設けても直ちに社会に浸透させることは容易ではないことを物語っている。例えば、情報公開制度関連の法律は 2013 年

の時点で既に 95 ヵ国以上で導入されている[17]。アフリカでは 2011 年時点では情報公開法を施行している国は 10%以下であったが 2016 年時点では 25％と急増している（UNDP 2016a, 54）。だが透明性の向上は必ずしも政府の説明責任向上に直結するわけでもないことも理解しなければならない。現状は市民のアクセスと開示情報が限定的、市民に周知されていない、請求方法が不明瞭、法的枠組みで問題がある等、完全に浸透しているとは言い難い（OECD 2008, 77）。タイでは情報公開法は既に 1997 年に制定されており、これはアジア諸国の中で最も早い導入であった。しかし、市民はもとより、政府職員もその存在すらあまり知らなかった（TI 2012, 19）。2018 年にフィリピンで情報公開法が制定されたが、同法の制定は 20 年以上も前から進められており、長年頓挫していた。インドネシアでは、情報公開法は 2008 年に制定され、各州では情報公開委員会などを設けているが、具体的に何をやっているか見えてこない。バングラデシュのある政府高官は「半数以上の市民が読み書きできない中で、この制度の有効性がどこにあるかわからない」と嘆いていた。この他、TI（2006, 3）は、情報公開制度が構築されても職員研修の不足（ボスニア）、担当職員を任命していない（クロアチア）、劣悪な情報管理制度（セルビア）等を指摘し、まずもって政府の情報公開の文化を構築することが不可欠であるとしている。

　公務員の資産公開制度も既に多くの国で設置されている。また近年ではオンラインでの資産公開申告制度導入を行っている国も数多く出てきている。しかし、実施するだけでそれ自体をチェックする機能は有さない、資産や金品受領に関しては自己申告制、資産情報を取りまとめする管轄機関の不在、資産公開の市民への開示が限定的、国により資産申告情報に対し省庁がアクセス権を有していない等、多くの問題がある（OECD 2008, 66-69）。ルワンダ政府は、公務員以外にも家族や親族への資産情報にアクセスできる[18]。タジキスタンの公務員は年間で月額最低賃金の 50 倍までの値の金品を受領することができる（OECD 2008, 69）。ロシアの国家反汚職計画では、公務員収入の 3 年分を超える額、または 300 万ルーブル以上の土地、車両、有価証券を購入した者は、その資金の出所を説明しなければならず、できない場合には財産の没収や免職等の処分を科す規定が盛り込まれている（小泉 2012）。これら規定は反対に政敵等に政治利用されるケースもあり、本末転倒になる可能性を含んでいる。反面、インド

ネシアの KPK のように、KPK 職員が金品を受領した場合、それを展示する場所を設け透明性をアピールしている機関もある。

　内部告発者保護制度に関しては、依然多くの国で非社会的行為という社会通念が広がっており、導入国は少なく、また法律が施行されていても効果的利用までには至っていない。[19] TI の調査（2012b, 45）によれば、欧州25対象国のうち2ヵ国しか内部告発者に対する十分な保護制度を設けていないとしている。また例えば、ルワンダ（TI 2012, 56）では、ジェンダー問題が関連した汚職事件では、その中で僅か6% 程度しか通告されていないとしている。これらの背景には、同制度についての理解が乏しいこと、市民が証言者保護制度と混同していること、匿名による報告は調査対象外の国が多いこと、報復からの脅威が拭えないこと、政府機関のホットライン等の効率性と調査メカニズムに対する市民の抱く疑問の他、通告しても無駄との意識、通告先が不明など、制度を利用するにあたり課題は多い（TI 2017d 26; OECD 2008, 71）。実際、2013年の TI 世界調査（2013）によれば、通告しないと回答した45%が、内部告発しても無駄、35%が報復が怖い、そして15%がどこに通告すべきか不明といった回答となっている。過去の筆者が実施したインタビューにおいても、内部告発者保護が有効と考えている者のほとんどは先進国の人間であった。告発者はどの国でも個人的な思惑が動機になっていたり、怨恨や腹いせによる告発などもあり得るため、審査や調査には信憑性についての判断もあり、困難を伴う。また内部告発者（whistleblower）の用語そのものも時にネガティブなイメージをもつため、Dussyer et al.（2011, 433）や Brown（2008）は、公益通報（public interest disclosure）を使用するのも一案としている。因みに日本は公益通報者という用語を使用している。ホットラインや苦情に対する制度は多くの国で設置されているが、それから先の処理メカニズムが不明瞭の場合、結果的には何も解決されないケースが多い。USAID（2015, 4）は、そのような国の場合は市民へのアピールは避けるよう勧告している。

　利益相反に関する規則や倫理要綱の設置、反汚職研修は、どの程度汚職抑制に対し機能的で実質的効果があるか明らかではない（OECD 2008, 65）。ここでも筆者の今までの聞き取り調査では、有効と答えた者は限定的であった。ただ USAID（2015, 20）の報告書などでは、インドネシアの裁判官を対象とした2,251

人の研修において、83％が研修受講後に彼らの態度と行動を改めたという例もある。

縁故採用に関しては、依然慣習的にまかり通っている国が圧倒的に多いことは本書を通じて理解できたと思う。メリットシステム＝能力主義については高級官僚は対象外であり、すべての公務員が競争原理の下採用されるわけではないとの認識である[20]。採用過程における透明性の欠如（候補者審査基準や人事委員選定過程において）、公務員配置転換制度がどの程度反汚職に有効かは不明である（OECD 2008: 64; UNDP 2008）。公務員の賃金と汚職との間における相関関係についての研究もあるが、賃金を上げることが汚職削減に直結しているかというと必ずしもすべて連関性があるとは証明されていないことは前章で述べた。

政府の汚職対策におけるモニタリング活動は重要である。しかし政府自らの活動をモニタリングする行為や汚職行為者が捕まる可能性が低いところでは、諸罰則の強化を行っても非効率にすぎない（Hanna et al. 2011）。政府の行う許認可数の削減も反汚職に有効な方策として推進されているが、例えば許認可プロセス数が20から1つ2つ減っても一度の賄賂ですべてがスキップできるため贈賄側から見れば全く関係ないものとして映るのである。

汚職関連法制定においては、ドナー機関が起草した法律が国内の抵抗に遭遇して制定・施行できなかったり、法律の制定には成功しても実際に運用してみると、法文上のそれとは全く異なったものになることも多々ある（Kaufmann et al. 2010, 244; 志賀 2013, 142）。さらに法律が制定されても、次にはそれに対する執行問題がある。どの途上国に行っても法の執行が厳格にされていないというのがバッド・ガバナンスの見本とすらなっている。反汚職法は司法制度が機能している国のみインパクトがあるのは当然のことである。法の支配がもたらすとされた経済成長や民主主義、治安の安定や汚職防止については、法の支配との間の因果関係を測ることすらおぼつかない状況にあるという見方もある（志賀 2013, 142-143）。

（4）市民社会の反汚職行動への参加

汚職との闘いにおいて、市民社会は政府に圧力をかけ、民間セクターに説明責任と透明性を求めることができ、市民に直接訴え掛けられる橋渡し的プレー

ヤーである故、特に重要な役割を担っている。反汚職のための市民社会連合への支援は彼らをエンパワーし、持続的なものであるとドナー機関も力を入れている（USAID 2015, 3）。3章で考察した通り、市民社会の活動は、啓発活動の他、政府の反汚職活動に対する協力と参画、モニタリングと評価等が期待されている。国際社会では、政府、企業、市民社会（メディアを含む）、地域コミュニティとの反汚職のパートナーシップ推進を不可欠な要素として位置づけ（Tay 2003, 63; Recanatini 2011, 42）、USAID（2015）、UNDP（2016a）、OECD（2008, 23-28）などは、市民社会の政府の反汚職政策の策定への参加は、以前に比べより多く見られると報告している。

その中において、市民社会と政府間との関係において問題を抱えているケースも見受けられる。Hussmann（2007, 28）は、ジョージア、インドネシア、パキスタン、タンザニア、ザンビアでの調査で、ザンビアを除き反汚職政策立案過程における市民社会の参加度は低い、もしくはほとんどないと報告している。Tsine and Smilov（2004）は、市民社会連合結成後の持続性に対し疑問を投げかけている。筆者が実施したアゼルバイジャン、アルメニア、トルコで行った市民社会との調査では、政府が推進している反汚職活動への市民社会の参画は形式的、かつ「偽りの協議（fake consultation）」でしかないと苦言を発していた[21]。また政府やドナー機関は、政府・市民社会間の汚職防止セミナーや定期会合の機会を設けることにより「パートナーシップ」と称しているが、それは民主的手続きのみで、その活動自体は果たしてそう言えるのか疑問である。事実、アルメニアのある反汚職市民社会は、「それはドナー機関が勝手にしかけたもので、我々は政府をパートナーとは特に思っていない」と言っていた[22]。OECD（2008）は、政府が名目上のみパートナー機関として市民社会の名を連ねている、政府寄りまたは政府の利用しやすい特定の市民社会のみに継続的に政府事業が受注され、少数グループが市民参加を独占化している、市民社会そのものが汚職にまみれている等、問題点を指摘している。

途上国では政府とのパートナーとなるべき市民社会は、当然政府側にとっては非攻撃的、協力的かつ彼らのお気に入りであることが望ましく、それは「イエスマン」を意味し、本来の政府・市民社会関係の理想像をなしていないケースが多々ある。例えばインドネシアのある反汚職市民社会は、毎回政府の反汚

第6章　開発途上国が直面する現状と問題点　245

職事業に参画してきており、その団体の理事は数名の政治家などから構成され、完全に政府がらみの団体であった。ドナー機関は政府からこの団体を紹介され、多くが業務委託を行っていた。活動内容自体は別として、これは利益相反となるものの、全く指摘されていなかった。また公共事業省 OB（役員の多くが政府職員）が設置した調達をモニタリングするある市民社会は、毎回政府から随意契約されていた。

　政府と市民社会との関係は本来多様であり、市民社会の目的・戦略の性格、彼らが関与するセクターや政府政策、ドナー行動等の影響といった文脈的要因次第で、両関係は好意的にも敵対的にもなる（Turner et al. 1997, 210; 近藤 2013, 272）。また従来政府と市民社会の関係の基本はしぶしぶ（reluctant partner）であり、相互不信が根強い。彼らは常に効率的という証拠はない。貧困層との接触度は高いが、技術や説明責任では問題がある。さらに市民社会の規模拡大には官僚化の懸念もあるという指摘もされている（Turner & Hulme 2015, 212；木村 2018, 168）。

　市民社会の活動にはドナー側の責任も指摘されなければならない。特にドナー機関は評判の高い特定の市民社会団体のみと連合パートナーシップを形成し、多額の援助資金を投入することがある。その結果、他のドナーも同じ団体を支援し、活動の重複が生じ、市民社会の能力を超える過剰な資金を配分することになると同時に、資金潤沢な市民社会団体は途上国政府から優秀人材を引き抜き、政府官僚の能力を低下させることにもつながってしまう（Chege 1999: Maina 1998 158: 近藤 2013, 277-278）[23]。恥ずかしながら筆者も汚職事情に精通している、専門性を有する者を採用した方が即戦力になるという理由から、途上国政府スタッフを引き抜いたことがある。また、現場での需要と供給のバランスが崩れ、市民社会スタッフの賃金が一気に上昇することもある。2004年のインドネシア、スマトラ沖地震の津波で被災を受けたアチェ地区ではまさにその状況になっており、援助と援助団体が短期間に集中して入り込み、もともと存在数自体少なかった反汚職団体の需要が急激に高まり、現地スタッフの雇用レートが通常の数倍にも跳ね上がってしまう状況に陥ってしまい、特に英語が堪能な現地スタッフに関しては殊更であった。市民社会を介した反汚職支援はドナー機関で主要活動の一つに位置づけされているが、通常これは個別プロ

ジェクト実施の一環であり、また首都圏で活動している市民社会を対象にする場合がほとんどである。地方部の市民社会はキャパシティと活動資金が少ない上、地方自治体に与える影響も限定的であるのが現状である（UNDP 2016a, 52）。

　一般に、市民社会は、資金面での依存関係で国際機関や政府の「下請け」になることが懸念され、また現地政府との対立をさけるために人権や民主化といった分野を避け、環境や教育といった「非政治的」分野に活動が集中する傾向も見られる（杉浦 2018, 221）。反汚職の分野に限っては、国際ドナーの援助は数少ない評判高い反汚職市民社会に集中的に行い、その内容もワークショップ、アドボカシー、調査、反汚職教育とだいたい決まっている。市民社会の活動目的自体はある意味政治的かも知れないが、やっている内容に対する支援は非政治的なものとなっている。

　Ivanov（2007, 37）は、世界規模で反汚職ネットワークを構築している TI などは、世界銀行や USAID など多くのドナー機関から多額の資金援助を受けており、その説明責任は市民よりドナー機関への対応を優先する必要性があるとしている。ドナー機関の多くは予め支援国に対する市民社会の役割や活動計画を練っており、そのシナリオ通り市民社会に動いてもらうケースが多いのが現状である。少数の市民社会を除き、現地の市民社会は受動的である。そうなると、Carothers（1999, 210）の言う、ドナー機関の声を市民社会が代弁する結果につながってしまっているというのは、反汚職の世界でも当てはまる。ただ反汚職市民社会が育っていない国では、すべての活動を委託するには、内容、成果、資金管理等の側面からリスクを伴うことも多々あることも事実である。以前あるインドネシアの研究者は、米国ドナーが反汚職市民社会に対し支援をしているといった形を取りつつも、現状はドナー側がすべて管理していたことに言及し、非難していた。ドナー機関の担当者は後日それに対し、「米国市民の税金を使っている以上、管理運営体制が未熟な市民社会を信じないのは当然のこと」と説明していた。

　市民社会側の管理問題も懸念材料として存在する。途上国の市民社会はアマチュア的で、会計制度・専門性が低く、会計を粉飾し、業績に対して責任回避することがある。より極端な場合、レント・シーキング・水増し請求、不正請求を通じた蓄財手段と化している事例もある（Maina 1998, 161, 163: 高柳 2007, 48-

49: 近藤 2013, 277-278)。実際、筆者も途上国の反汚職 NGO と数多く仕事をしてきた上、自らも NGO の一員であったが、いずれも管理体制はお世辞にもしっかりしているとは言い難い。また市民社会内部での汚職問題も多く、インドネシアの反汚職 NGO に勤務していたあるスタッフは、内部の汚職事情があまりにもひどく幻滅し、辞職したケースもあった。フィリピンではドナーから委託されたプロジェクトをそのまま他の団体に丸投げし、次から次へドナーから業務委託されるといった組織もあった。ある国の市民社会は、ドナー機関から資金援助をもらった直後に、自らを反汚職専門団体であるとアピールしていた。

　政府が強い場合は、市民社会への活動制限が当然入る。3章で見た通り、例えばカンボジアのある市民社会では政府より目を付けられており、政府から常時盗聴され、恐喝電話なども受けていると説明していた。[24]一方、ウクライナでは、市民社会がいくら騒ぎ立てても政府は知らぬ顔であるとのことと不満を露に表していた。[25]エジプトでは、市民社会が活動を行う際には、制度的に常に政府機関を関与させなければならない。[26]セルビアのある反汚職団体代表は、「政府の意向に沿うため、自分の意に反した内容の年次報告書を作成せざるを得なかった」と不快感を表していた。[27]

　汚職と闘うための市民社会は、アドボカシーや反汚職教育活動以外にも、汚職事件の暴露や政治家等の汚職問題の追及により時に危険な目に遭遇したり、市民の苦情に対処するための法律や制度に関する理解と専門知識も必要となってくる。組織としては、危険を覚悟する以外にも、専門スタッフを育成するには持続的な資金確保と活動計画が不可欠である。高い専門性と清廉性を有した反汚職市民社会は、途上国においては依然少なく、また組織としての持続性も不安定である。木村（2013, 47-48）は市民社会重点支援を実施して分かったことは、組織の規模が限られた市民社会では援助が増えても過重負担になるということ、彼らの開発はプロジェクトを行う複数のコミュニティというドット（点）であり、全国的には展開されないということ、市民社会も大きくなれば官僚的になり、しかも選挙の洗礼を受けることはなく、民衆に対して説明責任がないこと、彼らに人材を高給で抜かれると官僚組織はますますだめになるということであったと説明している。

　政敵を倒すために政治家や、裁判官自らが代表になり設置した反汚職組織、

実質何も活動していなく援助資金のみ受ける団体の存在等、異なった目的と誤ったインセンティブを伴った反汚職団体を掲げる場合も途上国全域に見受けられる。例えば、中央アジアにあるある国の反汚職NGO代表は、もと政府高官であったものの、政権争いに巻き込まれ失脚した。同氏いわく、「市民社会代表となった今、俺を首にしたやつらを倒す」と荒々しい息で語っていた。

そのような中、ドナー機関は信頼できる、もしくは英語や仏語でコミュニケーションがとれる市民社会に対し、より多くの支援を与え、絶えず彼らを汚職と闘いの表舞台にあげ、大きな期待とプレッシャーを与え続けてきている。これが反面、ドナーから支援を受けられない反汚職市民社会のジェラシーの的ともなってしまう。組織が活動するための基盤や専門性はもとより、反汚職に取り組む市民社会といった一見特異と見られる団体が政府以外にも市民から一層理解と支援、そして認知されることが途上国では必要なのである。

(5) 汚職の犯罪化

汚職・腐敗は捜査や起訴を行うにあたり最も挑戦的な犯罪の一つである (USAID 2015, 47)。汚職や贈賄行為をどの程度犯罪化するかについての法的解釈と行政処理は国によって異なっており、UNCACやOECD条約では、汚職行為を犯罪化させるための必要な立法、そしてその他の措置を取るべきことを規定している。OECD (2008, 11,12; OECD Observer 2007) は、汚職の犯罪化に関する進展は限定的であり、また贈収賄に関しては、多くの国で不当な利益の申し出、約束、要求、供与、さらには受領等の用語に関して明確な定義や情報はないとし、口頭での賄賂の約束のみでは贈賄罪に問われない国や、資金を銀行口座から引き出す等の証拠がない限り収賄罪と見なさない国もあるとしている[28]。中国のように汚職行為が死刑判決につながる国もあるが、多くの途上国の場合、贈賄行為は軽犯罪的に考えられており、また刑事法と行政法が重複している国も多い (USAID 2015, 47; OECD 2008, 12)。そのような背景から、途上国では汚職事件はより罰則の軽い行政処分として取り扱う傾向が多く（特に小規模汚職）、本来刑事法で処罰すべき者に対し悪用されることも多々ある (OECD 2008, 31,71)。このような法や規則の重複と調整不足が汚職取り締まりの非効率の原因となり、汚職を抑制する機能の弱体化を招いている。贈収賄に対する処分規定は国により異なっ

ており、例えばアルメニアでは、贈賄、収賄罪ともに最大5年の刑である一方で、カザフスタンでは15年、またアゼルバイジャン、キルギスタンそしてジョージアでは、贈賄より収賄による刑が重い等様々である（OECD 2008, 51）。

　汚職の犯罪化を進めても、それを取り扱う法務官や裁判官が汚職にまみれていれば何も変化はもたらさなく、「法あれど罰する者が不在」な状態となる。途上国では諸罰則に対する執行力以外にも、法的枠組みが曖昧で、裁判官に委ねられているケースも多い（Huther and Shah 2000, 4）。先述の通り、TI（2012, 34）の調査によれば、46%の市民は司法における汚職は非常に多いとしており、アフリカを対象としたTI（TI/Afrobarometer 2015, 19）では裁判官、司法官に対する賄賂の支払い率は警察以上で、一番多い割合（28%）となっている。バングラデシュでの調査では、裁判沙汰になった場合、88%の人々が汚職に遭遇したとしている（TI 2012, 34）。しかし認識度と犯罪化との関係においては、一般に汚職による刑罰を5年から10年に延ばしても、市民の汚職問題に対する認識度への変化はないのである[29]。

（6）汚職・腐敗と闘うための国際条約並びに地域間協定他

　汚職と闘うための国際、地域条約としては、国連腐敗防止条約（UNCAC）、OECD外国公務員贈賄防止条約をはじめ、欧州評議会（CoE）やアフリカ連合（OAU）等の地域協定、G-20諸国における腐敗対策、さらには国連グローバルコンパクトを通じた任意の民間企業主導による行動まで数多く設置されるようになった（詳細は第3章参照）。これらを通じて、先進国と途上国はともに公的部門に民間部門、さらには犯罪収益の資金洗浄防止等も加えたより総合的な不正行為の中に汚職対策を位置づけ取り組む時代に入ったと言える。

　途上国側としては、とりわけUNCACが汚職との闘いにおけるマイルストーンとなり、反汚職に対する舵取りが明確になった。UNCACは、公務員等に係る汚職行為に対処するための防止措置、汚職行為の犯罪化、国際協力、政治家等が汚職や犯罪等から得た財産の回収等について定め、条約締結国数は、2006年2月の47ヵ国から2018年7月現在の186ヵ国と急増し、国連加盟国のほぼすべての国が参加するまでに至った。条約を締結した途上国政府は、UNCACの履行に有効に対処するために、法整備や制度構築をはじめとした各

種取り組みに優先的に着手している[30]。

　そのような中、途上国が条約を推進するにあたり、問題点や課題はまだ多く、例えば次が指摘されている。条約と国内現行法との関係における位置づけの不透明性、批准後進展のない国の存在、66% が技術協力を必要、実施過程に重点が置かれていないなど（UNDP 2008c, 22 他）。Hechler（2011, viii, 25）は、UNCAC の位置づけはより広域なガバナンス改革の中の一つの要素でしかないとし、説明責任、透明性、参加、法の支配そして政府の効率性といった、主要なグッド・ガバナンスの側面を広く考慮しているものの、透明性と政府の効率性のみ詳細に取り上げていると批判している[31]。

　UNCAC は、多国間条約を考慮に入れ締結されたもの（森下 2012, 49）で、あくまでも汚職対策の重要項目の集約のみである。従って、それ自体は途上国の政治的意志としての意味合いは持たない。Hechler et al.（2011, vii）は、途上国では UNCAC そのものが国際合意であり、国内事情や優先権を置き去りにする傾向があると指摘している。たしかに多くの途上国では UNCAC をミレニアム開発目標（MDGs）や持続可能な開発目標（SDGs）と同じような位置づけでとらえている印象がある。とはいえ途上国にとって、UNCAC は汚職対策に関する法律改革への触媒的機会を提供し、途上国が自国の反汚職政策策定や法整備等おいて何が必要か、国際社会は何を求めているのか、そして何が自国で適応可能か等について、一専門分野を超えた側面から国内で協議できる場を提供した画期的条約であると言えよう。

　もう一つの強力な国際条約である OECD 外国公務員贈賄防止条約は、決して順調に進んでいるとは言えない。OECD や TI（2011, 5）は、同条約の国別進捗状況を報告しており、それによれば締約 38 ヵ国中、日本を含む 21 ヵ国（2011 年 5 月時点）が条約を全く執行していないかほとんどしていないとしており、同条約そのものの継続性と有効性について危惧している。その理由としては次を指摘している。(1) 不適切な法的枠組み（例えば外国公務員贈賄に対する不十分な定義、取り扱う省庁の管轄の問題、抑止のための不十分な法的制裁措置等）。(2) 不適切な執行制度（分権化または調整不足のままの執行、調査と検察側との間の調整不足、専門訓練不足、苦情受け付けや通告者保護の不備、意識向上不足等）。(3) 外国公務員贈賄事件に関する情報へのアクセスの制限やシステムの不備。またこの他、政府のリ

表6-3 OECD贈賄防止協定締結国における外国公務員贈賄事件に対する執行レベルの現状

国名	世界輸出総額における率(%)	罰金等の制裁つきで終結した件数(2014-2017)			総合得点(2014-7年)
		件数	主要件数	その他件数	
捜査に対し「積極的に執行している国」(7ヵ国)					
米国	9.8	98	66	32	858
ドイツ	7.7	49	6	43	308
英国	3.7	11	9	2	166
イタリア	2.7	6	3	3	111
スイス	2.0	11	4	7	191
ノルウェー	0.7	3	2	1	33
イスラエル	0.4	1	1	-	27
捜査に対し「適切に執行している国」(4ヵ国)					
オーストラリア	1.2	1	1	-	37
スウェーデン	1.1	3	-	-	29
ブラジル	1.1	1	1	-	23
ポルトガル	0.4	-	-	-	8
捜査に対し「限定的に執行している国」(11ヵ国)					
フランス	3.5	2	1	1	58
オランダ	3.1	4	3	1	45
カナダ	2.3	1	1	-	24
オーストリア	1.0	1	1	-	18
ハンガリー	0.5	1	-	1	23
南ア	0.5	-	-	-	15
チリ	0.4	1	-	1	15
ギリシャ	0.3	-	-	-	10
アルゼンチン	0.3	-	-	-	9
ニュージーランド	0.2	-	-	-	8
リトアニア	0.2	-	-	-	2
捜査に対し「ほとんど、または全く執行していない国」(22ヵ国)					
中国 (*)	10.8	-	-	-	0
日本	3.8	1	1	-	14
韓国	3.0	6	-	6	29
香港 (*)	2.8	-	-	-	0
シンガポール (*)	2.3	1	1	-	10
インド (*)	2.1	-	-	-	0
スペイン	1.9	1	-	1	16
メキシコ	1.9	-	-	-	3
ロシア	1.9	-	-	-	0

ベルギー	1.8	2	-	2	16
アイルランド	1.6	-	-	-	0
ポーランド	1.2	2	-	2	8
トルコ	0.9	-	-	-	0
デンマーク	0.8	-	-	-	6
チェコ共和国	0.7	-	-	-	1
ルクセンブルク	0.6	1	-	1	4
スロバキア	0.4	-	-	-	0
フィンランド	0.4	-	-	-	0
コロンビア	0.2	-	-	-	1
スロベニア	0.2	-	-	-	1
ブルガリア	0.1	-	-	-	0
エストニア	0.1	-	-	-	0

(* は OECD 外国公務員防止協定非加盟国)（出典：TI 2018a, 10-11）

表 6-4　外国公務員贈賄規制についての認識（日本企業を対象とした企業規模別調査）

	認識している	認識していない	合計
100 人未満	18（75%）	6（25%）	24（100%）
100 人以上 500 人未満	30（62.5%）	18（37.5%）	48（100%）
500 人以上 1,000 人未満	7（50%）	7（50%）	14（100%）
1,000 人以上	7（63.6%）	4（36.4%）	11（100%）
合計	62（63.9%）	35（36.1%）	97（100%）

（　）の数字は、それぞれの企業規模カテゴリー（横計）のパーセンテージを示す。
（出典：梅田 2011, 233）

ダーたちによる政治的コミットメントの欠如も指摘している（TI 2011, 5）。

　外国公務員贈賄事件の捜査の積極性や件数は国によってばらつきが見られる。2018 年に TI（2018a）より発表された『汚職の輸出報告書（プログレスレポート 2018）』によれば、世界貿易（輸出）の約 4 分の 1 程度の規模しか、外国公務員贈賄防止法に対し積極的な執行が行われていないとし、39.6% の世界貿易を占めている 22 ヵ国（日本含む）の捜査当局は「ほとんど、もしくは全く執行していない」位置づけとなっている。表 6-3 は、2018 年の主要国における外国公務員贈賄事件に対する執行レベルと捜査件数を示したものである。これによれば、計 44 の国と地域の中で、捜査当局が「積極的な執行」を行っているのは米国、ドイツ、英国、イタリア、スイス、イスラエル、ノルウェーの 7 ヵ国しかないことが分かる。また 2015 ～ 2018 年において、8 ヵ国（イスラエル、イ

タリア、ノルウェー、ポルトガル、スウェーデン、ブラジル、アルゼンチン、チリ）が改善し、反面、4ヵ国（カナダ、オーストリア、韓国、フィンランド）がより消極的な国に格下げ評価をされている（TI 2018a）。日本は、捜査に対し「ほとんど、または全く執行していない国」としての評価である。

　OECD贈賄防止協定に対する知名度もまだ低く、2002年ギャロップ調査によれば（835のサンプル）、「よく知っている」が7％、「若干知っている」が12％、「聞いたことがある」が32％、「聞いたこともない」が42％という状態であった（石井 2003, 38）。それから10年近く経った2011年に東南アジア5ヵ国で活動している日本企業を対象に実施した梅田（2011, 232-233）の調査では、「認識している」との回答は63.9％で、36.1％の企業は「認識していない」と回答している。以前より知名度は高くなっているが、まだ十分浸透しているとは言い難い。一方、2009年のTI（2009a, xxvii）の『グローバル汚職報告書』では、フランス、ドイツ、英国、米国を含む主要な海外投資家と輸出企業、そして80％以上の企業幹部は、OECD協定について全く知らないとしている。それからある程度年数が経った今日においては、認識度は改善されていることを期待する。

　表6-4は、外国公務員贈賄規制についての企業規模別認識度（日本企業を対象）を示したものである。企業規模が大きくなればそれだけ、コンプライアンスの体制が整っており、本国の立法状況にも明るいという一般的なイメージがあるように思われる。しかし、この表を見る限りでは必ずしもそうでないことが読み取れ、梅田（2011, 233）によれば、従業員500人以上1,000人未満の企業に関しては、外国公務員贈賄行為が不正競争防止法で禁止されていることを知っている企業と知らない企業が同数であったことを指摘している。[32]

3　ドナー機関による援助手法と組織的問題点

　反汚職取り組みは、センシティブかつ政府内や日々の公務員行動に対するテコ入れにもつながる問題であるため、総合的な反汚職取り組み支援を行うことは途上国政府から懸念や反抗が伴う（UNDP 2016a, 67）。むしろ政府の透明性と説明責任の向上を目的としたものや、地方レベルにおける汚職対策に焦点を当てた方が反対されることは少ないのである（UNDP 2016a, 67）。一般にドナー機関は、汚職削減を少ない資金で比較的短い期間で成果をだす想定の下、支援を行って

おり（Johnson 2016, 34）、それも通常経済成長を目的としている（UNDP 2016a, 67）。

ドナー機関の有する反汚職プログラムは、業務用モデルやマニュアルが作成されているケースが多い。しかし反汚職に対する包括的取り組みは、実際に現場で機能する実証がないまま推奨されてきているのが現状である（Michael 2004, 381）。そして成功モデルや先進国のモデルを普遍主義的にそのまま途上国に適応させるといった、「一つのサイズですべてに適応させる汎用的モデル（one-size-fit-all）」的な万能型手法、そして世界の「ミニチュアモデル（world-in-miniature）」[33]化が主流となっているのが現状であり、それが時に問題を複雑化させ、失敗するケースを生んでいる。アジア開発銀行（ADB）の反汚職戦略によれば、「強力なエビデンスに基づいた基盤と汚職対策に取り組む人材がいない限り、一般的にドナー機関の反汚職取り組みは汎用的アプローチを導入している」（NORAD 2011）と認めている。Johnsøn（2016, 63,116）は、汎用的アプローチは僅かな成功しか達成できず、国別の汚職要因解明や汚職のどの部分にターゲットを絞るか等決める必要があるとし、国別の反汚職戦略がプログラム策定や実施段階で十分反映されているかについて疑問を呈している。Hussmann（2007, 29）は、世銀のニカラグアのケースを取り上げ、単に最新モデルや手法を各国で広め、複製する行為は実際には機能せず、またやるべきではないとしている。ドナー機関ではないものの、国連グローバルコンパクト（UN Global Compact 2013, 11）でも、企業の反汚職リスクアセスメントを作成する際には汎用的アプローチは避けるよう伝えている。Pierre et al.（2000, 207-8: 近藤 2013, 99）は、そのような画一的な処方箋を疑問視しつつ、ガバナンス改革には次の3つの視角を持つ必要性を論じている。(1) 異なる国家の文脈・異なる政策分野でのガバナンスの在り方の模索。(2) ガバナンスの失敗の存在を想定すべき。(3) ガバナンスは紛争管理の視点を持つべき。一方、政治経済分析[34]の利用は、世銀の支援対象国の反汚職支援を決定する手段であったが、その手段をもっても反汚職支援の改善策を策定するのは困難であった（Johnsøn 2016, 107-108）。

ドナー機関内部に潜む問題も反汚職対策の効率性を大きく左右する。一例として本部と現地間における戦略と実務の温度差が挙げられる。欧州評議会（CoE）（2006）の実施したグッド・ガバナンス支援の包括的評価によれば、本部で決定した政策枠組みと現場での実施現状の間には主たるギャップが生じて

おり、これが反汚職プログラムにも悪影響を及ぼし、本部の意向が必ずしも自動的に現場に行き渡っているわけではないとしている（Johnsøn 2016, 141, 213）。UNDP（2016a, 70）も同様の自己評価を行っている。

　ドナー機関はコンセプトや政策を作り上げることはできても、それが現場での実施段階時において問題が生じてしまう可能性がある。Johnsøn（2016, 169）は、世銀、UNDP、EUの取り組みを比較し、EUは決定事項については中央集権でトップダウン式の官僚機構であるとしている一方、UNDPと世銀は職員個人の裁量権が大きいなどの理由から、戦略と実務の間における「組織化された無秩序（Organized Anarchies）」タイプであることを指摘している。これは非合理および異常な組織の行動様式を説明する際に使用されるコンセプトで、不明確な選択、不明瞭な技術、流動的でしっかりしない参加の3つの要素によって特徴づけられる（Cohen et al. 1972; Johnsøn 2016, 169）[35]。

　これは具体的にどういった意味であろうか。例えばUNDP（2010, 70）は、2010年に各国現地事務所に対し反汚職アプローチを戦略的に推進するよう伝えた。しかしJohnsøn（2016, 160）が行った元UNDP職員とのインタビューを通じ、「具体的内容を分析するようなガイダンスは組織的にほとんど受けておらず、それが多数のプロジェクト書類の作成や、紛争国や非紛争国で類似の活動内容となっているのではないか」と、現地での実情を露わにしている。また反汚職の主流化を国レベルで打ち上げているものの、これをどのように国連開発援助枠組み（UNDAF）に統合させるかといったガイダンスも現地では限定的となっているとしている（Johnsøn 2016, 159）。UNDP自身もその辺の事情は理解しており、2016年の自己評価報告で認めている（UNDP 2016a, xvi）。

　これはUNDPに限ったことではなく、筆者のインタビューからも、また自らの経験から通じて、ほとんどのドナー機関の共通問題として、組織的な明確なガイダンスの不備、反汚職に取り組む人材不足、政府や組織間との調整不足、個人裁量による反汚職取り組みの実施の限界、資金不足と期限内の資金活用への圧力が支援活動の非効率を招いていることが判明している。組織的な明確なガイダンスの不備が、個人裁量で反汚職プロジェクトの運営を余儀なくされ、包括的＝汎用的なプログラムを産出しているのであろう。

　Johnston and Johnsøn（2014）は、脆弱国家で活動するドナー機関の担当者

を対象とした、反汚職取り組みと社会のストレスの関係性についての調査を行っている。そこでは、「汚職対策を導入することは支援対象国社会にストレスをもたらすだけか」の問いに対し、ほとんど（23 名中 21 名）が合意していることが分かる。反面、「たとえ途上国側に大きなストレスが生じたとしてもドナー機関は反汚職取り組みを実行するべきか」については、5 名は「そう思う」、18 名が「わからない」と回答し、誰一人も「そうは思わない」とは回答しなかった。Johnston and Johnsøn（2014）は、これは自己組織の援助資金を汚職から守ろうという表れであり、社会の能力や状況の判断を優先させるというものではないと結論づけている。

　ドナー機関は、しばし反汚職事業を相手政府機関、市民社会、コンサルタントに委託しているが、その活動自体がうまくいっているかモニターするための資金が少ない。世銀は、紛争、ジェンダー、環境など、クロスカッティングな分野別業務政策を有しているものの、汚職に関しては存在しない。UNDP（2016a, 70）は貧困、保健、環境等プログラム策定の際に汚職リスクマッピングを使わず、途上国政府側に対してもそうさせておらず、明確な理論的基盤が不在のまま貧困削減、民主的ガバナンスの号令の下、反汚職対策に取り組んでいる（Johnsøn 2016, 87, 168）。このようにドナー機関の反汚職プログラムがスムーズにいかない原因は、理論的な失敗よりむしろ実施過程段階に多いかも知れない（Johnsøn 2016, 217）。実施段階における失敗は、具体的な活動に対するパフォーマンスがだせなかったことで、理論的な失敗は、うまく実施できたにも関わらず、期待通りの成果がでなかったことである。もしそうなら反汚職ツールを次々と新たに開発するのではなく、実施段階で失敗した原因を把握し、改善する努力が必要である。しかし、うまく実施されなかった取り組みをもって理論的な失敗と一般化させることも注意が必要である（Johnsøn 2016, 217）。後述する「企画─現実ギャップ」という問題も存在するからである。

　この他、例えば de Speville（2016, 116）は、途上国の反汚職に対する政治的コミットメントは重要であるが、同時に時に持続性がなくなりやすい中、ドナーは毎回同じように政治的リーダーシップを唱えるとし、同アジェンダは不可欠であるものの、その事実を知りながら進め、反汚職をだめにするのはドナーの責任でしかないと述べている。このようにドナー機関自らの組織戦略が不十

分で、職員への指導が不足している場合、反汚職に対する支援は、不十分な調整かつ異なったセッティングや背景により、不適切かつ中途半端なものをつくり上げる可能性があることが示唆されよう。

注

1 例えば次の国がゼロ・トレランス政策を有している。アンゴラ、ウガンダ、ガーナ、ケニア、ジャマイカ、コソボ、ブルンジ、ルワンダ、パキスタン、ブラジル。先進国・地域では英国、アイスランド、ノルウェー、香港。

2 米州機構（OAS）の環アメリカ反汚職協定では、ベネズエラの汚職対策に関し113の技術勧告をしたが、97種類に対し進展なしとしている。その理由としては、政府資金の動きをモニターする行動計画の実施の不備にあるとしている（Sucre 2010）。一方、マレーシアの反汚職委員会（MACC）によれば、2009年に汚職や不正を行った公務員182人に対し、懲戒処分を各省庁に勧告したが、約半数の90人が戒告処分程度の軽い処分にとどまった。また懲戒免職処分は10人、降格処分も1人だけで、12人については処分保留となった。これについて、国会の汚職対策特別委員会は、同委員会に懲罰内容を決める権限がないためだと指摘、公共サービス局に懲罰内容を決めるガイドライン作成を求める提案を指示するとともに、人員増強などを通じて組織強化する必要があると提言している（Malaysian Anticorruption Commission 2009, 37-39; アジアエックス「懲罰対象の汚職公務員、半数が戒告のみ」(2010年7月15日版))。また、2012年の英字紙「ニュー・ストレーツ・タイムズ」によると、捜査対象となった1,026人の公務員のうち、所属の部署の懲罰委員会での取り締まりを受けたのは380人にとどまっていることも明らかになっている（アジアエックス「公務員の汚職、所属部署での処分は警告書発行にとどまる」(2012年8月29日))。

3 例えば下村（1998, 3）は、サハラ以南アフリカ諸国にも画一的かつ包括的に求められる高度なガバナンス水準は、アフリカ諸国の現状からかい離しており、アフリカの経済を成長軌道に乗せるためのガバナンス確保という目的には不適切と考えられていると説明している。

4 Sequeira (2011, 150) は、この他認識度サーベイはバンドワゴン効果（bandwagon effect=多数がある選択肢を選択している現象が、その選択肢を選択する者をさらに増大させる効果）やハロー効果（halo effect: 認知バイアス=ある対象を評価する時に、それが持つ顕著な特徴に引きずられて他の特徴についての評価が歪められる。例えばビジネスマンや国際専門家が貧しい国は汚職・腐敗にまみれているのではというバイアスを持つ）をもたらす可能性があると指摘している。

5 2012年8月でのトルコ（イスタンブール）、2016年8月にバルト3国で反汚職NGOを対象に行ったインタビューに基づく。

6 2007年3月のTIアルメニア事務所、2012年8月にTI本部(ベルリン)とスロベニア事務所、2011年1月にキルギス事務所で実施した聞き取り調査に基づく。

7 2009年8月にバングラデシュ、ダッカ市で実施した聞き取り調査に基づく。反面、ブラジル、ガーナ、ボツワナの政府職員とのインタビューでは汚職のレベルが低くなったと回答している。

8 　調査期間は 2000 年 3 月から 2018 年 10 月まで、20 ヵ国を超える計 150 名を超える途上国幹部職員とのインタビュー調査結果に基づく。

9 　TI スタッフ、ドイツ政府職員、オーストラリア政府職員、UNDP 職員等とのインタビューに基づく。

10 　通常英語では、Anti-Corruption Agency という用語使われており、日本語訳として多くが「汚職取締機関」と訳されているが、国によっては汚職取締り以外にも反汚職教育などの活動も担っているため、本書では「汚職対策機関」として統一する。

11 　汚職・腐敗の予防のみを専門とした機関として、アルメニア反汚職評議会やアルジェリア国家汚職防止庁等があり、法執行 − 予防に加えて、汚職事件起訴機能を有した機関として、ケニア反汚職委員会、ルーマニア反汚職室等がある。予防・執行機能 − 汚職予防、調査、起訴、教育すべての機能を有する機関として、香港廉政公署（ICAC）、インドネシア汚職撲滅委員会（KPK）、シンガポール汚職査察局（CPIB）等が存在し、汚職対策専門機関とオンブズマン事務所等が共同作業を行うといった複合的な組織として韓国反汚職・人権委員会事務所、ガーナ人権・行政公正委員会等がある。そして暫定的に組織された汚職等を調査する機関としてチュニジア前国家汚職・贈賄に関する実情調査委員会等がある（UNDP 2011）。

12 　CPIB と ICAC ともに設立は古く（1952 年と 1974 年にそれぞれ設立）、汚職取り締まりにおいて強大な権限を有している。インドネシアの KPK については第 4 章を参照。

13 　2015 年 8 月のダッカでのバングラデシュ反汚職委員会委員長とのインタビューに基づく。

14 　2016 年 11 月のウクライナ腐敗対策局職員とのインタビューに基づく。

15 　過去の例では、ケニアでは反汚職組織が最高裁判所を通じ廃止（2000）、南アフリカでは特別業務局が廃止（2008）、イタリアでは汚職と闘うための高等弁務官が Berlusconi 総理大臣を通じ廃止（2008）された（de Souza 2009）。フィリピンでは戦後、汚職取り組みに関する政府機関は今日に至るまで 15 回以上（小山田 2004）、インドネシアでは 6 回設立と統廃合を繰り返してきている（4 章参照）。

16 　2017 年 8 月にウクライナ、キエフで反汚職市民社会団体、汚職防止局職員と行ったインタビューによる。

17 　Open Society Justice Initiative: Access to Information Laws: Overview and Statutory Goals（http://right2info.org/access-to-information-laws）(2018 年 11 月 10 日アクセス）

18 　2016 年 9 月にキガリの RGB（ルワンダガバナンスボード）職員とのインタビューに基づく。

19 　英語では "whistle blower（口笛を吹く人）" であるが、転義して「内部告発者」の意味にもなっている。米国で公務員の不正告発者を保護する特別の立法は 1970 年代にその起源がある（石井 2003, 175）。

20 　その最たる例は米国であり、新大統領は約 3,000 人（連邦職員全体の 0.15％）の政治任用者を配置する。フランス、イギリス、ドイツなどは 100 〜 200 人程度である（デイビッド・ルイス 2009, 2, 66）。

21 　2009 年 7 月から 2012 年 8 月まで行った反汚職 NGO を対象とした調査に基づく。

22 　2007 年 3 月にアルメニア（エレバン市）にある反汚職 NGO とのインタビューに基づく。

23 例えばケニアにおけるドナーは英語を話す都市部門の市民社会結社を経由した支援を偏重し、結果的に農村の市民社会を軽視することになる。市民社会間で支援に格差が見られることは途上国の民族・地域・宗教単位の社会的亀裂を是正するどころか深刻化するリスクがあるとしている（Maina 1998; 159; 近藤 2013; 277-278）。

24 2016年3月にカンボジア、プノンペンでTIカンボジア事務所長と行ったインタビューに基づく。

25 2014年9月と2017年8月に行ったTIウクライナ事務所スタッフとのインタビューに基づく。

26 2013年8月にカイロで政府アドバイザーとのインタビューに基づく。

27 2015年8月にセルビア、ベオグラードでのNGOとのインタビューに基づく。

28 OECD報告書は、アルメニア、アゼルバイジャン、ジョージア、カザフスタン、キルギスタン、ロシア、タジキスタン、ウクライナを対象とした調査結果であるが、他の多くの途上国でも同様の状況であると言える。

29 例えばHuther and Shah（2000, 4）は、1997年のマレーシアを例に取り上げている。

30 例えばUNODCを通じたUNCACレビューメカニズムとしては次のURLを参照。(https://www.unodc.org/unodc/en/corruption/implementation-review-mechanism.htmlURL)。また、市民社会によるレビュー機関としてUNCAC市民社会連合もある。(UNCAC Civil Society Coalition)（http://uncaccoalition.org/en_US/following-up-on-the-uncac-review-process/）

31 ここで言う透明性とは、資産公開、国民への報告、調達、雇用であり、政府の効率性とは財務管理と監査である。

32 質問としては次の通り。「貴社は、日本の不正競争防止法に、外国公務員贈賄禁止規定があり、違反者（日本人）が処罰される規定があることを会社として認識していますか？」。フィリピンで操業する日本企業が「認識」していると回答した割合は62.5%（不認識は37.5%）、インドネシアは68.8%（31.2%）、マレーシアは57.1%（42.9%）、タイは68.4%（31.6%）、ベトナムは62.5%（37.5%）となっている。（梅田 2011, 232-3）

33 世界で導入されているモデルを共通化（技術、価値観、組織文化、業務等）させ、各国にミニチュア版を作るといった喩。

34 イギリスの国際開発省（DFID）は、これまで制度構築の政治性（経済・政治制度の構築は政治プロセスであり、そこに多様なアクターの利害関係が絡むこと）が無視されていたとの反省に立ち、被援助国の政治を分析する「政治経済分析 = Political Economy Analysis（PEA）」の理論と手法を導入した。PEAは世銀やUSAIDなどでも利用されている。

35 不明確な選択は、誤った定義かつ一貫しない選考（優先）によって組織が展開される行動を通じて選考を見つけだす行為。不明瞭な技術は、規則や手続きは存在してもほとんど理解または実施されない状態で、その代わりに試行錯誤や事故等の経験から学習して実践する作業。流動的でしっかりしない参加は、参加者は決定プロセスにおいて異なった時間と努力を異なったところで費やし、観衆や決定者は異なった組織の選択を気まぐれ的に変更してしまうとしている（Johnston 2016, 79, 169）。

最終章
過去からの教訓と今度の課題

　途上国では反汚職改革が推進される一方で、様々な場面で活動そのものが機能せず中途半端になったり、頓挫してしまう現実に直面し、これが開発自体をも妨げる要因となっている。その原因は様々であるが、主に政治的、技術的、資金的そして文化的要因から捉えることが考察できた。最終章では、前章の問題点を踏まえ、反汚職改革を促進する要因と阻害する要因をまとめた上で、汚職との闘いは成功であったのか、そして筆者が不可欠と考える政治的意志とリーダーシップの重要性について簡単に触れた後、開発と汚職問題全体について振り返る。

1　反汚職改革を促進させる要因

　反汚職改革を促進させる要因としては様々考えられているが、中でも明らかに有用かつ効果的とされうる条件としてはある程度コンセンサスがでている。それらは次の通りである。反汚職に対する政治的コミットメントと、それを後押しする信頼できるリーダーの存在。政府の反汚職取り組みに対する市民からの支持。反汚職に取り組む市民社会の存在と市民教育の実施。汚職の機会を少なくする規則や制度の存在と確実な執行。市民、政府、メディア、市民社会、国際ドナーとの反汚職連合構築。強力な内部統制メカニズム構築（Pope and TI 2000; Rose-Ackerman and Palifka 2016; USAID 2015; UNDP 2016a 他）。

　これらを実現可能とするためには、反汚職改革の持続性や政権の安定性、活動資金の持続的確保、市民社会が自由に活動できる場の提供、専門性を有する人材の確保等が不可欠な要素となる。De Speville（2010）は汚職との闘いにお

いて 7 つの重要な原則があり、それは政治的意志と決意、汚職の犯罪化のための十分かつ改正された法律、国家反汚職戦略の存在と、それに対する執行、活動資金の確保、活動努力に対する市民の支持、そして汚職解決への近道はないことに対する理解であるとしている。これらの促進要素をすべて有し、反汚職を中心としたガバナンス改革を推進可能とし、汚職を削減させた国は多分見られない。一部もしくは多くの要素を有して汚職削減を達成可能とした「途上国」としては、世銀・IMF から改革成功国と称賛され、4 章で考察したジョージアやルワンダ、サハラ以南アフリカ諸国で最も汚職が少ないとされ、「グッド・ガバナンスの模範生」と称されているボツワナ、バルト 3 国（エストニア、ラトビア、リトアニア）などが挙げられよう。

　今日の反汚職対策の数ある教訓の中で、上記の他、筆者は実施にあたり次の事項が重要であると考える。第 1 に反汚職改革は包括的である一方で、明確な優先づけが必要である。例えば対象機関別（国家全体、地方政府、各省庁別等）、機能別（調達、財務管理、サービスデリバリー等）、アクター別（政府、メディア、市民社会、企業、ドナー）、種類別（政治腐敗、選挙汚職、行政汚職、個別の汚職等）に関する優先づけである。第 2 に反汚職への取り組みに対する意識は政府から内発的に発生すべきであり、ドナーはそれに対する積極的な後方支援が必要である。第 3 に汚職・腐敗を問題視する政府職員（政治家除く）に対する支援枠組みの構築が必要である。政府内の汚職問題に疑問を持つ公務員は非常に多くいることは理解すべきことである。特に彼らが省庁の課長、局長といった管理職である場合、彼ら自らが担当する部署内の清廉性向上や透明性確保を推進するだけでも他の公務員の態度や士気を変化させ、汚職の機会を減らすことができるのである。第 4 に汚職対策機関のみに依存する取り組みは避けるべきである。同機関の設置は、国内のすべての汚職対策を担うべきと勘違いしがちである。実際には他の省庁との連携作業が重要なのである。第 5 に幾つかの市民社会と反汚職連合を組んで推進する取り組みはより効果が表れるといった証明もされており（USAID 2015, 21）、これに企業も加わり連携することも重要と考える。第 6 にポスト紛争国や脆弱国家など、異なった反汚職取り組みが喫緊に必要な国では、市民や民間部門の不満を早期に解消させるため短期で成果がでる取り組みが別途必要である（例えば政治家の汚職事件の早期着手、資産回収等）。

反汚職改革を促進させるためのさらなる汚職・腐敗研究としては、次の分析作業も有用であると考える。汚職取り組みに対する政治的意志と市民へのコミットメントがどの程度信頼できるか、判断基準を開発する研究[2]。反汚職対策に対する援助の有効性とリスク分析。中東諸国やミャンマーのような新たな民主化推進過程にある国や、権威主義国家に焦点を当てた汚職対策研究。汚職対策機関の人事構成と効率性との関係。縁故主義が反汚職取り組みに及ぼす影響に関する分析。汚職対策機関と汚職裁判所をセットにして考えた場合の制度的改善に関する分析。途上国で反汚職に成功した国の中で同ような社会経済問題を有している国との間における比較研究などが考えられる。

2　反汚職改革を阻む要因

　Pope and TI（2000, xx-xxi）は、反汚職改革が失敗する理由として次の要因を挙げている。上層部の権限が制限される。政治的意志の欠如。非現実的かつ野心的すぎる取り組み。未調整かつ組織化されていない改革。法の執行のみに頼っている改革。下級公務員のみターゲットにしている改革。改革リーダーたちが長期間にわたり活動できない組織構造になってしまう改革。市民社会や民間セクターの関与なしに推進される改革。プロセスや成果に対するモニタリングが欠如している改革。技術的に適切に実行できない改革等々。要するに多くが反汚職改革を促進させる要因が阻まれる場合であると言えよう。

　この他、技術的要因も反汚職改革を阻むものとして指摘されている。例えば、先述のJohnsøn（2016）、Persson et al.（2010）、さらにはde Speville（2010）は、反汚職改革を阻む要因は実施段階において問題があると指摘している。一方、Heeks（2006）は、それは企画段階にあるとしている。これは「企画時と現実の間におけるギャップ（design reality gaps）」と呼ばれ、改革立案時に成果として期待していることと、実施段階に現場で起きる事実との間に理想と現実のギャップが生じ、このギャップの大小が成功のカギを握るとされている。

　国内の政治社会の構造的問題も反汚職活動を頓挫させる大きな要因であることを理解しなければならない。例えば、「バングラデシュでは政治家の半数以上が実業家であり、彼らは開発事業の美味しい部分の事情に精通しており、汚職のない政府をつくり上げるとは到底思えない」「2,100万の人口しか有さない

スリランカで、大臣レベルの閣僚が 80 名以上もおり、政府内調整だけでも大変」といったお国事情もある。タイでは、地方における経済エリートの買収構造から選出される議会議員、軍事クーデターによる金権政治のタクシン首相の追放、その後の政治経済既得権をめぐる支配エリート間の深刻な亀裂、79%の実業家が贈賄を事業成功の正道とする体質、大型公共プロジェクトに巣くう汚職など、90 年代の民主化以降も深く根差した構造汚職体質が続いてきていた（木村 2013, 62-63: Ake 2011）。「アラブの春」直後、チュニジア政府高官は「汚職対策が最優先だが、今の国内情勢は経済発展が明日にでも見える形にしない限りはまた暴動が起きてしまう。経済成長が達成できるような汚職対策を至急手伝ってほしい」と日本政府に要請があり、ODA を通じて研修事業を施したが、間もなく政権が替わり彼らの努力は水泡に帰することになった。インドでは、縦割り行政の中で、上からの指示待ち職員体制として完成された行政組織に対して「これが民主主義だ」と地方分権の上から（ドナー機関）の押しづけ、さらに公務員組織改革は遅々と進まず、汚職撲滅はほとんど成果を生まなかった（Pomerantz 2011, 173：木村 2013, 62）。レバノンでは、国家行政改革局の大部分は UNDP スタッフであり、彼らが改革事案に向けての開発計画支援を行っている（UNDP 2016a, 53）。いくら政府の要請と合意に基づいて推進されていても、これでは、途上国の公務員制度を軽視し、政府の説明責任を軟化し兼ねない。このような場合、ドナーが一方的に反汚職政策を策定しても、長期的に機能するとは思えない。

　近隣諸国の動向も反汚職を行う際に影響してくる。例えばアルメニアでは、ウクライナ、ジョージア、キルギスなどの国内の汚職スキャンダルによる暴動がアルメニア政府の懸念材料（飛び火）となり、それが反汚職支援に対するドナープロジェクトへの非協力的な態度として表れた（USAID 2015, 32）。反汚職が途上国側の打算や新たなインセンティブを産出する場合がある。先述のジョージアの反汚職取り組みと大規模なガバナンス改革の背景には、ドナー支援（特に EU や米国）の技術協力をそのまま受け入れ、パフォーマンスをよくすることが、NATO や EU 加盟への入り口となる戦略的計算があった（4 章参照）。ボスニアも同様である。ウクライナは、ロシアとの関係が悪化すると同時期に巨額の反汚職プロジェクト支援を EU やデンマークなどから貰っている。

技術移転がどの程度現地の価値観に当てはまるか理解することも重要である。例えば、カメルーンの公共サービス・行政改革省は、ドナー機関の支援により幽霊職員の問題を含めた反汚職取り組みの一環として、IT技術を駆使した新たな人事、給与管理制度を導入した。しかし、職員の間では不評で、システム利用そのものが拒否され、その事業は失敗したとしている（Heeks 2007, 259）。これは最新技術を通じた新システム導入という大義名分で、一般職員の不正を暴こうとする行為に対する反感であると言える。リベリアでは、世銀支援プロジェクトの教育管理情報システムを導入し、当初は成功していたものの、2年間で失敗に終わった。これは学校のヘッドマスター（校長）が正確な情報提供を拒否したからであった（Chapman 1991）。縁故採用やギフトカルチャーが罷り通っている社会では、このような取り組みは段階的に行う必要もある。特に新たな制度を導入する場合、ドナー側の技術支援に依拠されるため、単に技術を移転するだけではなく、それが当該国の文化や社会のコンテキストにどう適応するか等、検討し十分理解する必要がある。

　汚職を容認する文化が途上国ではまだ多く存在することも、反汚職改革を阻む大きな原因となっている。一般に汚職や贈賄行為がどの程度文化的な価値観として容認されているか地域・国ごとに判別するのは困難である。例えば、ブータンでは2009年に国家反汚職戦略枠組みが策定されたが、問題点として、オーナーシップ欠如、不十分なモニタリング、説明責任が低い文化、汚職対策機関に従事する良い人材確保ができない等を挙げている（Asian Development Bank 2011, 15-17）。アフガニスタンでは42％の市民が縁故採用を容認している（UNODC 2010, 34）。フィリピン、バングラデシュ、パキスタン、ラオス、東チモールなどの政府職員と話をした際、皆、汚職は文化だから取り組んでも解決にはつながらないと言っていた。汚職を文化としてとらえている国では、反汚職への動機づけはトップダウン方式でなければ難しい。

　政府や市民の異なった認識が反汚職取り組みを難しくすることもある。例えばアフガニスタンでは、2005年までは反汚職に対する議論は取り上げられず、「治安確保がまず最初、そして次にガバナンス問題について心配しよう」「外国人コンサルタントの高い給与、コントラクターの大きな利益、市民社会の多額の経費が汚職をつくり上げる」という認識を醸成してしまっている（Johnsøn

2016, xvii,5)。

　汚職取り組みに対する先進国＝ドナー機関は途上国側、そして途上国は先進国側に対するそれぞれ異なった認識を有していることも注目したい。先進国側としては、改革推進支援の大きな障壁として、途上国政府機関のガバナンス能力の欠如（透明性と説明責任の欠如、法の支配の欠落や執行の不徹底等）、政府職員の能力不足とやる気の欠如、汚職と闘う政治リーダーの不在、汚職対策への知識不足、優先づけの不在（何でもドナーから支援されるままになる）を取り上げている。他方、途上国側、特に途上国政府や現地市民社会などは別の認識を有していることが分かる。先進国側の言い分は認識しているものの、彼らは次の意見を持っている。国際社会からの既存の反汚職モデル使用の強要、ドナー側（先進国）の一方的な主導による支援（途上国の能力や技術力を無視した支援、短期成果主義、外国人コンサルタントの過剰使用）、先進国間の調整不足によるプロジェクトの重複、ドナー機関の専門知識の不足、文化的側面を尊重しない上からの押しづけ等。

　世銀は2000年代前半より数年間、インドネシアすべての融資プロジェクトに対し反汚職行動計画を組み入れる決定をし、それを相手側政府に条件として課した。しかし、多くの政府職員が難色を示し、その背景には汚職という言葉そのものを公文書類に組み入れることに対する抵抗があり、それ自体の行為は文化的配慮に欠けるものであった。世銀側としては汚職が生じた場合の政府の責任ある対応と汚職との闘いに対する意思表示を期待しており、相互の思惑が異なっていたことが分かる。

　援助の重複例としては例えばウガンダがある。Doig et al.（2005, 76）によれば、同国では反汚職委員会に対し英国、アイルランド、デンマーク、オランダなど、幾つかの先進国ドナーが同時期に支援していると指摘している。また筆者による2009年8月に実施したジョージアでの調査では、援助機関による政府に対する反汚職を含んだガバナンス関連の改革支援は実に300種類以上存在し、ドナー間調整はもとより、政府職員も全体像を把握していなかった。ドナー側としては途上国側はキャパシティーがないのに何でもやりたがると言い、途上国側は一方的に押しづけてくると議論がかみ合わなかった。途上国側の不満は政府のみではない。アルメニアのあるNGOからは「ドナー機関はNGOを

図7-1 汚職の促進要因と阻害要因

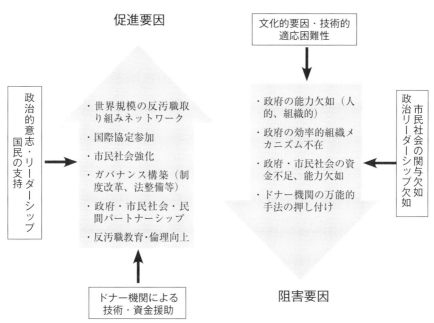

散々利用して政府内の汚職問題を非難させるようけしかけておいて、その後資金が枯渇したからこれ以上支援できないのであとは自力でやってくれと、梯子を外される」などいった話もある。[7] Johnson (2016, 32) は、現地の市民社会などは、単に汚職の疑惑があるというだけで先進国ドナーが援助を中止すると苦情を漏らしているとしている。これらは、途上国側の事情を考慮せず先進国ドナーからの押しつけによることから噴出する途上国側の不満と、途上国側の能力ややる気不足、政治的意志が欠如しているという先進国側の不満が混在しており、この問題は特に反汚職だけではなく、援助がある限り生じる問題であると言えよう。

　ドナー機関の行っている援助がそもそも良いのかという議論にも立ち戻る必要があるという研究者もいる。Mungiu-Pippidi (2015, 208-209; Dixit 2018, 31) は、西欧の研究者とドナーは、汚職は病気もしくは社会病理であるという明確な線引きをしており、解決手段はそれを治癒することであり、部分的な改善は実質

的に意味がないと見なすとしている。それに対し、同氏は汚職への容赦ない（ゼロ・トレランス）アプローチは誤りであり、「途上国の汚職・腐敗は逸脱行為ではなく、寧ろ一般的な社会規範である」とし、従ってやるべきことは汚職・腐敗に対する考えと社会規範を変えることであるとしている。同様に、西欧的価値と考えを以って行われる汚職との闘いは、非西欧諸国にそう簡単に適応できるものではないと苦言を示している研究者も多数いることを付言しておく。

図7-1は、以上をふまえ汚職削減における促進要因と阻害要因をまとめたものである。

3 汚職・腐敗との闘いは成功であったか

今日実務家や研究者の中で、反汚職改革のどの部分が最も効果的で、何が安定をもたらすのかなどの合意がない中（Johnsøn 2016, xviii）、途上国の汚職対策は失敗に終わっているという研究が徐々に増えつつある。例えば、反汚職リソースセンター（U4 2011, 1）は、ほとんどの反汚職イニシアチブは失敗しているとし、Johnsøn（2016, 37）やJohnston（2014）などは、グッド・ガバナンス推進のための反汚職改革は良くても非効率、最悪の場合は有害である（特に脆弱国家では）とすら痛烈に問題視している。De Maria（2010, 117-122）は、アフリカに対する国際反汚職努力は失敗とし、Hussmann et al.（2008）は、反汚職の政策はほとんどの国において成功していないとし、Mutebi（2008, 141-171）は、反汚職政策とメカニズムは多くの場合失敗し、悲惨に終わるといった証拠が山積みになっているとしている。さらには、Naim（2005）は、過去10年間を振り返り、「今日、汚職との闘いは民主主義を蝕み、誤ったリーダーを当選させ、社会を緊急の問題からそらしてしまう」と批判し、世界規模の汚職と闘う努力は非効率であったとしている。長期に渡り反汚職支援を試みてきたUNDPの職員ですら、「実質的な投資のインパクトについて話すにはあまりにも小さなものである」としている（UNDP 2012a）。なぜこのようなことになってしまったのであろうか。

今日、グッド・ガバナンス論を含めた政策過程の改革が進められてきているが、その方法は先進国のモデルを適用する普遍主義的で非政治化されたアプローチである（近藤 2013, 98）。途上国は多様であり、途上国の政策環境は特有

である以上、政策環境から切り離して改革パッケージを導入しても有効に機能する保障はない。Turner et al.（1997, 22）が批判しているように、本来先進国を想定したモデルを、先進国の組織環境と異なる途上国に導入しても、改革は失敗する可能性が高い。したがって、先進国の政策環境（入力）と大きく異なるにもかかわらず、システムのみを変容させて、望ましい出力が得られると想定するのは、あまりに楽観的であろう（近藤 2013, 98）。

　例を取り上げると、汚職対策機関の設置においては、香港の廉政公署（ICAC）やシンガポールの汚職査察局（CPIB）のモデルを導入することが成功への早道と考える国もあり、多くの途上国で検討または実際に導入してきた。しかし、多額の資金を投入し、外国人コンサルタントやアドバイザーを通じた技術協力により機関を設立し、はじめは国民の期待を背負い目立った活動をするものの、多くの場合、短期間で機能しなくなってしまう。その理由は、導入した国は、政府の能力、人口規模、予算配分方法、経済規模、社会環境等がモデル国と異なっており、制度だけそのまま同じ設計で導入しても当然失敗を招くことになる。香港やシンガポールモデルは、人口 1,000 万以下を有する国のみが効果的で、さらにこれらの国と特別区は既に先進国、先進都市入りしており、そもそも社会経済的基盤自体が異なるのである。以前、元香港反汚職委員会（ICAC）の次官が香港モデルをフィリピンで導入しようと試みた。が地方自治体や市民社会団体の協力を得られず失敗に終わったという異なった原因もある。

　汚職防止の一つの手法として、国際社会は汚職が蔓延しているとされる省庁（例えば国土交通省や歳入局等）への重点的な取り組みを奨励している（USAID 1999, 17）。しかし、中央アジアのある国では、「汚職の蔓延している特定の省庁を名指しし、市民の前で公にすることは政府内では許されない行為である。もしそのようなことがされた場合、名指しされた省庁の長は即座に辞任しなければならない」と説明している。これはある意味において、国によっては上層部からの反汚職取り組み努力に対する期待と信頼性は低い（OECD 2008, 74）ことに加え、政府内の政治関係や価値基準が異なっているため、一概にマニュアル通りの方法論は適用できないことを証明している。これらは技術的困難性以上に文化的、能力的、政治的要因にも大きく影響し、失敗を招くことは言うまでもない。このように、途上国側の過大な期待や安易な決定が失敗を招くケース

は多々見られる。従って改革はポジティブとネガティブの双方のインセンティブを有することを理解しつつ推進されるべきである。

　汚職と闘うための国際協定や条約の草案は国際ドナーが作成し、途上国の反汚職政策立案を行う際はドナー機関が技術的支援や助言を行うか、または途上国からドナー機関への支援依頼がほとんどの場合行われている。汚職対策機関の設立は、ドナー機関の技術アドバイスや既存のモデルがない限りは困難である。途上国の反汚職市民社会は恒常的な資金不足と、それに伴う頻繁なスタッフの入れ替わりに悩まされ、ドナーからの資金援助が必至であり、また政府職員や市民社会スタッフに対する専門知識や最新の反汚職ツールに関しても、ドナー機関の支援は不可欠である。政府の反汚職活動資金が欠如している場合は、ドナー機関からの活動資金が必要となり、政府が活動資金を有する場合でも、人材育成や技術支援は必要となり、どちらに転んでもドナー機関や国際社会の支援抜きには語れないのが現状である。そうなると、支援を受けた市民社会や政府の資金や技術支援における説明責任はドナー機関にあるという構図となってしまう（図7-2）。その結果として、市民社会の特徴としては、社会の番犬（Watch dog）や監視役というより、寧ろ反汚職専門家集団となってしまっている（Mungiu-Pippidi 2011, xvii）。即ち、過去25年間の汚職との闘いは、ドナー機関＝先進国が中心となり、彼らが政策的枠組みを開発、構築し、それを基に途上国に対し技術、資金援助が提供され、途上国の政府と市民社会はその恩恵を受け、自国に適応させるといった流れに集約できよう。そして多くが最後の過程、すなわち途上国での適応と実施段階で困難性が生じているのである。

　今日、ほとんどの途上国政府は何らかの反汚職改革を実施してきている。改革効果はまちまちであるが、部分的または断片的な改革、そして持続的でない改革は、その成果も部分的かつ非持続的である。公的な取り組みは推進されたものの、非公式の公務員の行動様式や意識、その集合体としての組織文化はなお過去の遺産を引きずっていることも理解すべきである（木村 2013, 122）。

　汚職・腐敗にまみれた国では、法律や政府機関の欠如のみに汚職の原因があるのではなく、市民の反汚職行動をやっても無駄という考えがあることも一つである。これは市民を反汚職に参加させるより、むしろ「汚職疲れ（corruption fatigue）」を生み出す結果となってしまう。他方、汚職行為者（特に権力者・小規模、

オリガルキ―タイプ・徒党汚職）にとって、いつ捕まるか、どこまで出来るかといった焦りと不安が、短期間で出来る限り大きな利益を得ようとする汚職インセンティブにつながってしまうのである（overdrive corruption）(Johnston 2014a, 115)。

さらに、反汚職が途上国に及ぼすストレスについても認識する必要性がある。Johnston (2014) は次のように述べている。「良い政府の構築そして汚職削減には巨額の費用が掛かるのと同時にリスクも増やし、また組織に新たな要求を与えることとなる。これは社会の政治力学やリーダーとフォロアーとの関係も変化させかねず、新たな不確定要素を生産するとし、その中においてしばし汚職は削減されず、結局市民は政府やリーダーに不信任を投げつける結果となってしまう」。特に途上国では先進国のように制度化された政府と強い市民社会が存在するわけではなく、改革のためにストレスと不安定要因を課すのは、「良い結果よりむしろ害を及ぼすだけである」と、マイナスの影響を訴えている。これは特に援助に依存している割合が大きい国ほど憂慮すべきことである。

一概にグッド・ガバナンス推進＝汚職削減という単純な方程式に対する疑義がでているのも事実である。しかし一方でガバナンス改革を行うのと行わないのでは汚職の機会においては明らかに大きな違いがあるということも合意されている。これまで世界規模の反汚職取り組みを実施してきたにもかかわらず、何故汚職は減らないのかということに多くが疑問を抱いているのではなかろうか。そこでは汚職の実質的な減少と汚職に対する認識度とは異なったものであることも理解する必要がある。反汚職キャンペーンやメディアが報道する汚職事件などは、その報道自体が国全体の汚職に対する市民の認識度を高くする要因をもたらすこともある（USAID 2009; 2015, 55)。

幾つかのドナー機関の反汚職担当官とのインタビューを通じて次のような共通したコメントがあった。「90年代より推進されている世界的な反汚職ネットワークで、今まで水面下に隠れていた各国の様々な政治、行政汚職・腐敗の実態を市民に伝達することは一層可能となった。それ故に、公務員などの汚職行為に対する容認度は社会全体で低くなり、汚職行為そのものに対し過敏になりつつある。汚職は減っていないかもしれないが、汚職を減らすノウハウは蓄積され、今後は実質的な汚職削減につながると期待している」。UNDP (2008b, 38) は、「（汚職に対する）認識度は、ゆっくりと変化する。従って我々の行動

と国際評価、さらには時間との間に大きなギャップが生じている」としている。これに対しては筆者も同感である。また、汚職認識度調査をする場合は、通常発表される 12 〜 18 ヵ月前に収集されるデータが使われるため、そこでもタイムラグが生じることも考慮に入れたい（U4 2011a, 4）。

4　汚職・腐敗と闘うためのリーダーシップと政治的意志の重要性

　汚職との闘いは、政府の透明性と説明責任の確保、法の支配、政府機関の効率性が前提となるが、それらを確実に推進するための方向づけや最終判断は、政治的意志とリーダーシップに大きく委ねられる。政策改革は多大な困難を伴うことが多い。なぜならば、既存の政策が存在している下では、その政策によって利益を享受している既得権者が生み出されており、改革への反対勢力となりうるからである（ピアソン 2010）。今日、市民社会育成と同様、政治的意志は反汚職取り組みに不可欠な要素となっており、例えば Quah（2006, 179）や USAID（2015, 8）などは、政治リーダーの意志抜きには反汚職戦略は望みがないとしている。USAID（2015, 63）の事業では、政治的意志が強い場合、9 割近い反汚職プロジェクトは成功しており、市民社会や司法のカウンターパートが関与している反汚職プロジェクトの 71％は成功していると報告している。

　とは言え、政治的意志の表明は時に短命であり、人事が替われば簡単に途切れてしまう。また政治的な是認や宣言があっても行動が伴わなければ意味はない。途上国におけるリーダーシップはヒエラルキー（階級制）社会での人治によるリーダーシップであり、先進国での議論は階級制が崩れてフラット化した社会におけるものである（木村 2018, 151）。リーダーシップ概念は、人材基盤が豊富で、政策決定と遂行能力、および制度環境が整った先進国ではよく適応するが、途上国では文化面、制度的など、大きく異なっているため、適応は困難を伴う。先進国の民間企業に見られるようなリーダーシップの諸原則は、途上国でも企業レベルでは可能かもしれない。問題は公的部門であり、そのレベルでのリーダーシップ論導入には、暴君的でない政治的意志が決定的に重要なのである（木村 2018, 152）。リーダーシップとは、政治家や官僚一個人ではなく、組織的な判断や行為でもあり、その決定過程としてはトップダウンのみではなく、ボトムアップ（担当職員から上がってくる等）も当然考えられる。また同時にドラッカー

(2002, 166) の指摘する通り、「あらゆる国で政治家のリーダーシップを求める声が聞かれる。それは間違った考えである。問題が起こっているのは人間に問題があるからではない。システムに問題があるからである」なのである。

　汚職との闘いに対する卓越した強い政治的意志を発揮した政治家は、例えば、カガメ（Paul Kagame）ルワンダ大統領、リー・クアンユー（Lee Kuan Yew）シンガポール元首相（1959-1990）、ムカパ（Benjamin Mkapa）タンザニア元大統領（1995-2005）、アバロア（Ronald MacLean-Abaroa）元ボリビア・ラパス市長などが挙げられる（Brinkerhoff 2010, 3）。Brinkerhoff（2010, 4）は、汚職と闘うための政治的意志は国内から発生するイニシアチブに基づくものが必要であり、単に外部（ドナー）から変革に対する圧力がかかった場合につくり上げる政治的意志は懐疑的であるとしている。政治的意志は行動を通じてのみ成果が見えるものであり、行動は統計的にでてくるものでもない。また単に政治家の演説や法律の制定、さらには国際条約等への加盟だけでは不十分であり、その後の行動も範疇に入れて進める必要がある。

　Malena（2009, 3-31）は、政治的意志は政治的に可能（can）であるか、政治的にしなければならない（must）かといった要素により影響されるとしている。前者は、能力的なもの、後者は市民からの圧力や組織的な規則策定等であるとしている。同氏は汚職と闘うための政治的意志において、政治的にしなければならない（must）要素は、インセンティブ、権限そして業務遂行を可能とするガバナンス環境の構築であるとし、政治的意志と政府のガバナンスの間における密接な関係を説明している。

　途上国では、反汚職に関する法制定、汚職犯罪者に対する諸罰則の執行と処分、裁判などは政治的意志と判断に大きく影響される。しかし、政治的意志は有していても、実施段階において政府が能力的に遂行困難である場合、それが時に政治的意志の欠如と勘違いされる場合もある。Brinkerhoff（2010, 3）は、汚職と闘うためには次の7部分で政治的意志が発揮される必要性があるとしている。(1) 政府のイニシアチブ（反汚職政策やプログラムの選択等）。(2) 技術的均衡のとれた配慮と分析、費用効果等に基づいた政策選定。(3) 利害関係者の動員（市民社会や民間セクターに対し政治的意志を伝達することが可能か、選挙民の支持を得られるか等）。(4) 公共のコミットメントと資金配分（反汚職政策を公共に

図7-2 政府、市民社会、ドナー機関間に見られるアカウンタビリティ・メカニズム

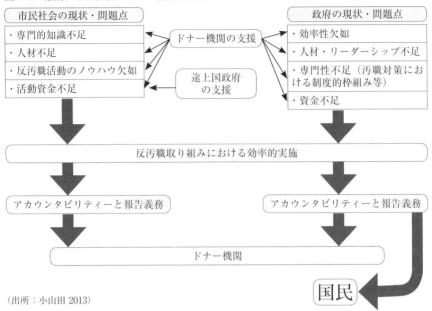

(出所：小山田 2013)

伝え、それに対する資金と目標を明らかにする)。(5) 信頼できる執行力ある諸罰則の適用。(6) 持続的な努力と改革に対するコミットメント。(7) 学習とその適応(自他国の経験や学習成果を反映させ政策等に適応させる)。そこでは、政治的意志がこれら分野にどの程度影響を与えられるかが成功の鍵であるとしている。

途上国では伝統型政治家や政府高官が圧倒的な影響力をもっており、彼らが反汚職取り組みに対しコミットメントと強いリーダーシップを発揮しない限り、ドナー機関や市民社会のみの力では不十分なものとなってしまうのは明白である。また政治的意志は重要である一方で、人間や時間とともに変化することも留意する必要がある。とは言え、政治的意志は市民、市民社会、政府を巻き込み国全体を反汚職ムードにさせる力を持っているのである。

5 最後に

汚職の頻度は、国家の経済政策の質と政府機関の政策策定および説明責任に対する制度との間に強い負の相関関係が見られる (Anderson et al. 2005, 30)。そ

れゆえ、法の支配に則り国家を運営することが大前提となり、同時に汚職政策の体系的立案、汚職を予防、摘発、処罰する執行メカニズムの存在、そして強いリーダーシップの下、市民と政府が一丸となって汚職を許さないカルチャーを構築することが不可欠な要素となる。そこでは、汚職行為そのものがローリスク・ハイリターンなのではなく、ハイリスク・ローリターンであるといった認識を植えつけ、意識改革を行うことが必要である。

とは言え、途上国では公務員の給与が低く、日々の生活にも困難が生じ、生活を補塡する等の理由で汚職を容認しやすい社会文化が多く存在すること、さらには汚職行為者に対する処罰メカニズムが不明瞭（規則や法律が適切に執行されていない）など、現状は汚職への機会とインセンティブは明らかに多いということも理解する必要がある。しかし、途上国側だけに責任は押しづけられない。ナイジェリアのある市民社会の代表は次のようなコメントを述べている。「汚職は途上国の政治家がポケットに入れているという単純な構図ではない。先進諸国側の援助機関や金融機関など様々な関係者がいて成り立つ犯罪だ」（読売新聞 2002 年 3 月 25 日 in 石井 2003, 168）。

国家を統治する主体が汚職のたまり場なら、その国家は成長より不安定に進む。また汚職が日常の一部となり、社会が汚職と共存する術を身に着けている以上、貧困と同様に撲滅は不可能である。単に国際社会で有用とされるツールを途上国に適用し、技術移転をするだけでは解決できない。そういった意味において海外では、汚職と闘う（fighting against corruption）、反汚職（anti-corruption）、破壊する（crack down）、撲滅させる（stamp out）という、日本では使わない強い表現を使い、汚職問題に挑んできているのである。

Persson et al.（2013, 449-471）のケニアとウガンダの調査では、市民の間でみな汚職をやっているという認識が浸透している社会では、汚職と闘うよりむしろ汚職に染まってしまう傾向にあるとしている。一方、Bauhr（2012; Peiffer and Alvarez 2016, 352）は、スウェーデンでの調査を取り上げ、政府が汚職の抑制に対し能力的・効果的である場合、市民は市民社会への参加を通じて汚職は不要である方向で努力を行うとしている。71 ヵ国を対象とした Peiffer and Alvarez（2016, 352）の調査によれば、反汚職取り組みへの参加は OECD と非 OECD 諸国で異なり、非 OECD 諸国では汚職との闘いへの認識は広く妨害さ

れるとしている。また特に汚職の認識度のレベルが高い国では、政府に対する信頼度が高まると、市民の汚職との闘いは積極性につながるとしている。また非 OECD 諸国では、汚職の蔓延が「汚職疲れ（corruption fatigue）」を生み出し、市民は反汚職取り組みに対し非積極的であるとする一方、汚職が少ない OECD 諸国ではむしろ汚職事件が反汚職活動家を喚起することになるとしている（Peiffer and Alvarez 2016, 365）。

　本書では、開発と汚職を命題に、途上国の汚職問題とそれが開発に与える影響について様々な角度より考察、分析した。汚職は様々な顔を持ち、全く同じレベルの汚職を有する国はない。また反汚職取り組みはすべての国において異なる。と同時に、途上国政府、市民社会のキャパシティや活動範囲とコミットメントも国により大きく異なる。制度や法律だけ設けてもそれが適切に執行されない場合や、市民の政府への支持がない場合、さらにはリーダーシップが存在しない場合、汚職との闘いは成功しないことは多くの途上国で共通している。4 章では市民の支持を獲得したという名目で、政治家の強硬な取り組みにより斬新な改革を進め、結果、短期間で成果はでたものの、政策決定の不透明さや市民への説明責任が欠如しているといったジョージアの例を取り上げた。また市民の意識向上といった、比較的実施が簡単な市民参加型手法でも、目に見える成果を短期間に産出しない限り、市民は政府を評価しないといったフィリピンの例も見た。市民の声を反映せず、権威主義的な手法で強行し、統計上は汚職削減を達成したルワンダの方法は、国際社会からの称賛は得たものの、果してこれが国際社会が求めていたものであろうか。リベリアのように自国民より、ドナー機関に信任状を渡すといった方法論は、長い目で見れば国の主権問題が問われることになり、かつ市民の信頼を損ねかねない。政治的意志と実行だけでは不十分であり、制度構築だけでは機能しないのである。また市民がいくら政府を支持しても、政府や政府職員の能力がない、政権が短命、さらには政府機関内の権力構造が開発に損失を与えている限り、成功にはつながらない。国によっては法ではなく、ある人間が「法を超えた存在」であるため、そのような政治環境下で無理に改革を進めようとすると逆効果である。

　汚職の種類は多様であり、汚職のタイプが同じだからと言って必ずしも同じ傾向とは限らず、また反汚職活動に対する政府や政治家のコミットメントや取り

組みの度合いも各国異なっている。直ぐに利く完全な処方箋はないのである。これまで見た通り、汚職対策の開発に与えるプラスの影響は、途上国政府、国際社会、市民社会、そして企業がそれぞれ有する役割をこなしてはじめて効果がでる。TI（2017d, 25）は、アジア・太平洋諸国の市民を対象に何が最も効果的な反汚職取り組みであるかとの調査を行った。そこでは、汚職行為を報告する（22％）が一番多く、賄賂の支払いを断る（21％）、クリーンな政治家に投票する（6％）、ラジオなどで汚職のことを話す（4％）、友人や親戚に伝える（4％）の順になっている。これを見ると市民自らの行動で汚職対策は功を成せることが分かる。反面、普通の人は何もできない（21％）といった回答も依然多いことが分かる。

　今後の課題として、国際社会は、市民自らが一層の反汚職に対する意識を向上させることと同時に、変化と改革推進のためのロビー役を担えるための市民社会への支援をするべきであろう。一方、政府は目に見えて改善された1つか2つの効率的かつ公正に取り組まれた政府サービスがあるだけでも政府機関の信頼構築につなげることができる（Johnston 2014a, 64）。さらに大事なことは、市民一人一人が汚職行為への知識とそれと闘うための意志を養うことである。しかし汚職防止取り組みに対する自発的行動を喚起するのは時に困難を伴う。その理由としては、（1）汚職行為が日常茶飯的に行われている社会では、それが正当化されてしまっており、反汚職行動を行っても無駄であるとの無力感があるため、（2）市民の多くが汚職行為そのものを汚職でないと信じているため、（3）同問題に取り組むことにより、異端者扱いされる不安が生じる、（4）汚職の証拠が不十分であるため立証が困難である、（5）政治腐敗などは市民が知らないところで生じている、などが挙げられよう。それには制度的改革とは別に社会的改革を重視して、特に意識向上活動に気軽に参加できるような機会の提供や、地域社会をつくることが身近な方法になるであろう。

　途上国の汚職・腐敗の構造と実態は、多くが先進諸国のそれとは異なり把握し難い深刻かつ複雑な深い根を持つ問題となっている。先進国による反汚職支援は、途上国の構造的腐敗の全体像と汚職・腐敗に対する価値観を十分把握しているとはまだ言い難く、先進国の社会通念を途上国の価値基準に一律に適用し、世界汚職キャンペーンを展開してきている印象も拭えない。他方、途上国側は、汚職対策を積極的に行う国と、UNCACや他の協定等、そしてドナー機関の要請に外交

儀礼的に応じる程度の国と分かれてきている感がある。このようなことからも政府と市民との間における期待と意識のずれが拡大している国も見られる。

　従来、外部（ドナー等）の力に委ねたままの制度・社会変化努力、そして外部からの圧力がかかった場合のみに作用する政治的意思では真の国の姿をつくり上げることはできず、そこでは国民の意思も十分に反映されない。途上国政府は、汚職対策を「反汚職」といったネガティブな側面から取り組むか、「政府の清廉性や透明性を高める」といったポジティブなアプローチで推進するかの２つの選択肢がある。それに対する決定は正に政治判断であり、強いリーダーシップが必要である。繰り返しになるが、法の執行、政府の透明性と説明責任の確保、市民参加、政府の能力改善、公務員の清廉性向上等のガバナンス改革は、あくまでも汚職の機会を減らすためのツールであり、最終目的ではない。

　今日、国際社会からは、途上国に対し汚職と闘うツールとノウハウをほとんどすべて移転させた。過半数の途上国においては、技術面ではこれ以上の援助は必要ないはずである。その技術をもって途上国がどの程度自国へ適応させ、新たな汚職の少ない文化を構築できるか、それは途上国政府次第である。

　1990年代のガバナンス論の誕生とともにクローズアップされた汚職との闘いの勢いは2000年代後半になると徐々に衰えてきた。ドナー機関側は援助疲れであり、途上国側（特にアフリカ諸国）はもう十分であったのである。世界的な反汚職取り組みの火づけ役となった世銀からは、次のようなコメントがでている。「反汚職行動は、今日世界規模で展開されている反汚職キャンペーンの結果としてではなく、政治指導者の持続的なコミットメントと、社会からの圧力を通じ徐々に進んでいくことが賢明であると言えよう」。これは、過去の経験を踏まえてのコメントであるのか、世銀が1996年にはじめて国際社会に向け汚職との闘いを宣言した頃に比べ控え気味のトーンに感じる。やはり過去の経験から、途上国で制度を有効に機能させるためには、インフォーマルな政治や権力構造とパワーバランス、さらには社会規範なども別途理解することが重要であることを経験したからであろうか。

　「アラブの春」に見る中東諸国や、ミャンマーの民主化への流れ、2011年にインドで起きたインド版「アラブの春」と呼ばれている大規模な汚職撲滅運動等、汚職問題は民主化との関連においても再度国際社会の注目を浴び、さらに

は持続可能な開発目標（SDGs）の推進に伴い当面は同取り組みへの重要性は一段と高まるのではないであろうか。国際社会における汚職との闘いはまだ今後続きそうである。

　本書では、途上国の汚職・腐敗事情、汚職対策と研究の近年の動向、そして反汚職改革の手法とその促進・阻害要因をある程度明確にした。阻害要因を多く取り上げたのは、反汚職取り組みが無駄であるといったことを意図するのではなく、戦略や取り組み手法如何によっては脱線する可能性があることを示唆したつもりである。先進国では、自国の汚職との闘いにおいて長期間かけ取り組んできた。OECD 加盟国の第一世代は開発プロセスと制度改革を通じて汚職の抑制を可能とした（世銀 2018, 70）。世界の汚職・ガバナンス問題を長期スパンで見た場合、米国と英国は 19 世紀に公共部門改革を成功裏に達成している。米国では、同時期に政治制度が恩顧主義から能力主義にシフトした（Fukuyama 2014 in 世銀 2018, 71）。ラテンアメリカの幾つかの国では近年包括的な反汚職計画へ移行するための最初の改革に着手できた。香港やシンガポールでは、包括的かつ焦点を絞った改革により汚職は削減された（World Bank 2000, 74）。『世界開発報告 2011』は、脆弱国家において現在の平均水準から「汚職の妥当な抑制下」を達成させるためには最速の 20 ヶ国でも平均 27 年間掛かっていると報告している（World Bank 2011, 108）。

　教育も大いに必要である。19 世紀後半に学校教育年数をより長く受けた国の市民は、今日汚職が多いと認識されている国の中には少なく（Uslaner and Rothstein 2012; TI 2013a, 6）、汚職が少ないと認識されている国は、そうでない国に比べより多くの教育費を支出しているといった調査結果もある（Mauro 1997; TI 2013a, 6）。

　反汚職取り組みには、十分な時間と継続性が必要である。そして現状では依然ドナー機関の資金、技術協力抜きにははとんどの途上国における汚職との闘いは推進不可能であると断言できよう。時代とともに汚職・腐敗は姿を変え、従来のものに加え次々と新種、さらにはより巧妙化されたパターンが出現している。今日、組織犯罪集団が介入することにより行われる汚職には、小規模なものがあり、これは「新しい組織犯罪（new organized crime）」による汚職となっている。「新しい形態の汚職はもはや単純ではなく、一層ビジネス的とな

り、近代的、かつ技術的に洗礼されたものとなりつつある。…最も目立つ傾向は、麻薬と武器の国際取引に見出すことができる。暴力と汚職は、資金洗浄、国際汚職と常に結びついている」（Guimaraes 2000, 228-229; 森下 2012, 16-17）。国連の報告では、腐敗や贈収賄、窃盗、租税回避によって、開発途上国に年間1兆2,600億米ドル（約140兆円）の損害が生じているとされ（国連広報センター 2016）、また米国のシンクタンクによれば、途上国から先進国に流れる不法資金は年間8,500億〜1兆ドル（約94兆〜110兆円）に達するとしている（Chêne 2011, 7）。

　世界の汚職・腐敗問題に取り組むにあたり、国際社会は既存の方法論で汚職対策を推進するのか、それとも新たな枠組みを構築するのか、さらには引き続き国際社会が途上国の反汚職取り組みを牽引するべきか、それとも静観するべきなのか、汚職の削減が問題視されている今日においては大きな課題が残されていると言える。しかし汚職・汚職は非常に古い歴史を有する一方で、国際社会がその問題の重要性を唱えたのは僅か25年前である。過去25年の取り組みがこれまで長年人々を悩まし続けてきた汚職・腐敗という癌を治療する最良の処方箋なのかと判断するにはもう少し時間がかかるかも知れないことも十分理解するべきであろう。

　1990年以降、ガバナンスを軸とした、法の支配、地方分権、選挙、市民社会、透明性と説明責任、そして反汚職など、短期間で世の中の興味と注目は目まぐるしく変化しつつある。国際社会はそのたびに途上国を巻き込み、また多くの人材と巨額の資金が投入されてきている。SDGsにおける汚職対策への国際社会のさらなる介入とは裏腹に、それに付き合わされる途上国側としては、「援助受け入れ疲れ」になっていると言わざるを得ない。これからは途上国にオーナーシップを取ってもらい、自己資金で反汚職活動に取り組んでもらいたい。

　本書では、「開発と汚職」というテーマで、途上国の汚職・腐敗問題と取り組みを主に制度的側面に焦点を当て幅広く論じた。可能な限り多くの事例や新たな実証研究を紹介し、国によって取り組み手法や成果は一様でないことを伝えた。また若干古いデータや汚職事情も随所で活用しているが、国によっては今日においても状況はあまり変化していないため記載した。限定的な考察であったが、民間企業の贈賄防止努力も取り上げた。また紙面の関係上、政治腐敗、選挙汚職、政府調達、国防や貿易時に生じる腐敗や癒着など、部門別汚職

問題についての議論、そして汚職対策機関の有効性についてはあえて取り上げなかった。これについては次回の機会に譲りたい。

国際開発や途上国への国際協力活動に携わっている読者にとっては、途上国の汚職問題と反汚職対策を知ってなるほどと思われるであろう。他方、これまで途上国の現状や汚職問題を知らなかった読者は、途上国の汚職の実態と、それが及ぼす様々な影響を知って愕然としたかも知れない。日本において汚職・腐敗問題を開発の側面から取り上げ書かれている専門書は少ない中、本書が少しでも役に立つ貢献材料となれば幸いである。

注

1　ボツワナは、民主的手続きの徹底と、複数政党制、汚職防止の取り組み等によりガバナンス改革が成功したとされる。
2　例えば次のような調査研究も考えられる。汚職対策機関への予算配分率（対GDP比）がどの程度の割合になっているか。これは政治的意志の表れであり評価の目安ともなる。
3　バングラデシュ、スリランカの政府高官とのインタビューに基づく（2018年10月）。この他、Farid（2012, 18-28）は、バングラデシュの2011年の選挙で、当選した247町長のうち、80％が実業家出身であったとしている。
4　「アラブの春」発祥国であるチュニジアでは、民主化推進の一環として、国際ドナー（UNDP、UNODC、世界銀行、ドイツ大使館他）を通じて既に多くの反汚職取り組みが実施されている。同国政府はまた日本政府にも汚職対策支援を要請し、2012年6月には日本から調査団を派遣、さらには2013年1月にはチュニジア政府高官を対象とし、国際協力機構（JICA）を通じて国別汚職対策研修を実施している。
5　2000年から2018年末までの間におけるドナー機関（JICA、DFID、UNDP、WB、GTN、TI等）スタッフとのインタビュー調査の他、（UNDP 2016a, 67）に基づく。
6　2000年から2018年末に至るまで、途上国政府職員とのインタビューに基づく。
7　2007年3月にアルメニア、エレバンで反汚職NGO幹部と行ったインタビューに基づく。
8　リーダーシップはオーケストラの指揮者のような能力であり、リーダーの資質や行動だけではなく、指揮されるフォロワーズ、グループ、制度も重要である（木村 2018, 149）。
9　ジョージア、インドネシア、タンザニアなどでは、反汚職戦略よりグッド・ガバナンス改革での推進が最終的に汚職削減につながっているとしている（Hussmann 2007, 10, 45）。
10　例えばミャンマーにおいては、2017年TIの汚職認識度国別ランキングで、180ヵ国中、130位と、明らかに汚職対策が必要とされる国となっている。同国における汚職の形態はまだ多くが分析の必要性があるが、政治、インフォーマル経済そして組織犯罪との間に強い関係があるとされている。

あとがき

　多くの途上国では、日々の生活において市民の公務員（警察官、医者、教員を含む）に対する贈賄行為や、運転免許証発行などに見られる許認可手続きの迅速料支払いなどは日常茶飯的に見られ、筆者も長年一住民として途上国にいるとこれら行為は驚くに値しない風景として日々映っていた。実はこのような慣れが途上国の汚職問題の根底にある一方、一部の人間（特に貧困層）ではそれが生きる術ともなっており、なかなか解決できない深刻な問題となっている。

　最初に世界的な反汚職行動を訴えたのは国際ドナーと、彼らの支援を受けてきた市民社会組織やメディアである。1990年代はじめまでは、途上国の汚職問題を取り上げること自体タブーであり、またそれは内政不干渉の問題でもあったこともあり、国際開発の議論の蚊帳の外に置かれていた。その中で、突然、国際社会が途上国政府に対し、「国際社会は汚職と闘う宣言をした。貴方の国は汚職が激しいので、今日から反汚職取り組み支援を行うため、協力願いたい」と、大きな政策転換と協力依頼をしたため、途上国政府の職員の多くはさぞ唖然としたに違いない。汚職・腐敗が長年蔓延し、そこから利権を享受してきた一部政府の人間にとっては、はなはだ迷惑千万な通達であったであろう。事実、筆者が2000年代はじめにインドネシアに滞在していた際、「国際ドナーは昨日まで環境問題を優先しろと指導し、翌日いきなり援助方針を変え、政府内の透明性と汚職対策を強要してくる。政府内部の調整がどれほど大変なのか考えてもらいたいものだ」とぼやいていた職員を想いだした。

　一方、市民は、「汚職は文化なので外部が変化をさせるのは不可能」との冷めた反応でもあった。当初のインドネシアやフィリピンでは、汚職問題の研究そしてプロジェクトをやっていると自己紹介をしたらどこに行っても大勢から嘲笑の的となった。日本政府から研究資金をもらって反汚職研究をする際に担当者から「くれぐれも危険に遭遇しないように」と勘違いされた。新たに誕生した反汚職市民社会組織も半信半疑の中そして暗中模索の中、ドナー資金をあてに言われるままに活動していた。当時は汚職問題に取り組む団体ということ

で、政府や、ごろつきの団体から脅され、時にはスタッフが傷害事件に巻き込まれたり、最悪殺害されるケースも生じていた。汚職問題に取り組むなどは危険極りないという意見も多かった。汚職は文化的要因と政治・社会的要因が複雑に絡み合っているため、調査をすればするほど、西欧的価値の方法論を非西欧社会にどこまで順応させるべきなのか、またはできるのか答えはだせなかった。インドネシアで新たに設立されたTI事務所のスタッフが「何から始めていいかわからない」といっていたのが記憶に残る。

　しかし、それから20年近くの月日が経った時点で彼らに汚職問題における質問をすると、国によっては政府、市民ともに変化の兆候が見られてきたのである。特にインドネシアなどでは、市民からは「汚職は犯罪である」という認識や、政府職員からは、「汚職撲滅委員会（KPK）が監視しているのであまり目立つ不正行為はできない」「最近は市民からすぐ通報されるから困る」等、汚職や不正に対する意識の変化が現れてきたことに正直驚いた。2000年はじめにインドネシアやフィリピンの大学で汚職・腐敗問題講義を行った際は、内容的に珍しいのか、皆目を輝かせて聞き、毎回自分たちの経験談を積極的に話してくれた。そこで必ず起きたことは、「私の方がもっとすごい経験をした」「それは皆がやっていること」「この国は賄賂を支払えば何でもできる」「こういうやり方がある」といった、まさに外国人のあなたにとっては知らない世界なのですよと言いたげな様子であった。しかし近年は若者からはそのようなコメントはあまり聞かなくなっている。むしろ「市民が賄賂を支払わないように努力するべき」「収賄者は厳格に処罰されるべき」「メディアに通告する」など、随所で意識の変化が見受けられることに驚きを覚えた。他方、「相変わらず汚職はひどく、この国は望みがない」という国や、「小規模汚職は確かに減ったかも知れないが、政治汚職・腐敗がひどく、これが解決されない限り国内の状況は同じ」など、以前と変わらない様子の国も依然多い。

　外部の人間による文化や慣習に対する干渉をどの程度受け入れるか、またそれをどの程度国際基準として認めるかは、その国次第である。以前、TIの汚職認識度指数の国別ランクづけを見て、マレーシアのマハティール首相（当時）は次のように非難していたのを想い出した。「国民がどのように生活するかは誰が決めるのか。ここは我々の国であり、それを決めるのは我々である。勝手

に外部者に判断してもらいたくない」。日本でも今日に至るまで数多くの汚職・腐敗問題に直面し、その都度立ち向かって来た歴史がある。国家公務員倫理法（1999年施行）や公共工事の入札及び契約の適正化の促進に関する法律＝入札契約適正化法（2001年施行）をはじめ、汚職に対する防止策を通じて問題を解決しようと努め、以後20年近い歳月を経てきた。

　歴史とともに古い汚職は、国家制度が樹立する遥か以前から存在し、今でもどの国でも存在する。人間の欲望そして汚職への機会がある限り撲滅は不可能であるのは誰も承知の事実である。アフガニスタンでは、42％の国民が公務員に賄賂を支払うのは、公務員の貧困を助けるため、そして縁故主義は家族を助けるための手段として容認できると認識していることは第1章で述べた。これは公務員給与の低さや、政府に対する依存心が全く異なる国での考えであり、日本では考えにくいことである。政府を信頼できず、家族主義、民族主義の国では、この程度の行為は倫理や罪悪感云々の問題ではないかもしれない。筆者は、今日に至るまで大勢のアフガニスタンの政府職員を大学院生として指導してきた。彼らは皆声を揃えて言う。「アフガニスタンでは汚職とコネがないと何もできない」、「汚職と闘うことは重要だが、それ以上に治安、失業問題が深刻であり、政府はそれに取り組むべきである」、「日本の制度や人々の倫理観には学ぶところが多い。しかしそれを自国で真似しようとしても不可能である」。彼らから聞くアフガニスタンの汚職・腐敗の実情を聞いて、この国の汚職は、社会、経済、民族的構造の根が深すぎて外部の介入ではとても解決はできないと痛感した。カンボジア、エジプト、バングラデシュで仕事や調査した際もそう感じた。

　途上国では、不正・汚職で処罰された政府職員が色々なところで普通に働いており、彼らと一緒に仕事をしても違和感はない。「あの職員は不正して今処分が下されるのを待っていることろ」「彼は汚職の疑いがあると言われている」「彼がフィクサー（汚職の仲介人）よ」というような場面に何回か出くわした。多くが処罰を受けずそのままの状態になっていた。彼らは他の政府職員とほとんど変わらず、一緒にいて良い人ばかりである。彼らを悪人と批判する人は不思議と少なかった。以前、インドネシアの公務員の行政処分リストを入手して見ていたら、汚職や不正により処罰を受けた公務員はほとんどおらず、多

くが不倫、不貞などでの処分であったことに驚いた。マニラのある税務署職員は、勤務時間終了後、虚偽の税金申告をした者から回収した賄賂（現金）を計算し、その後他の職員と楽しそうに夕食へ向かっていた。インドネシアのジャカルタで車を運転中に交通警察官から止められ、賄賂を要求された際（筆者が外国人のため要求額は通常の 5 倍くらい高かった）、運転手に絶対払わぬよう伝えたところ、警察官が怒り出し、ナンバープレートをはずされた挙句、運転手は免許を取られ、2 週間運転できなかった。仕事ができなくなった運転手は、賄賂を拒むようさせた私に不満を述べていた。汚職や不正者への対応や社会的扱いは、日本とは全く違い、これも文化や慣習の違いなのかと感じたことは数え切れない。ただ政治家や政府高官に対する汚職事件に対しては、人々の評価は全く異なり厳しいものである。身近な存在ではないからなのであろうか、それとも規模が大きすぎるからであろうか。

研究をはじめた 1990 年代後半は、途上国の汚職・腐敗研究はあまり学問として認められておらず（今でもそうかもしれないが）、日本国内では筆者は異色な存在として映った様子である。1970 年代の時点で西原（1976, 2）はこう言っている。「低開発国の腐敗は、日本ではまだ真剣な研究対象となっていない。腐敗問題は多くの場合、真相が捉えにくいこと、党派的政治問題にかかわりやすいことなどのために『品格ある』研究分野とみなされていない」「低開発国の政治、経済の分析に取り組む日本の研究者が、腐敗の政治的、経済的効果を取り扱わないのは、研究の片手落ちではなかろうか」。現在は果たしてどう評価されているのであろうか。

筆者は途上国開発において、汚職問題を避けて通ることは、途上国の有する開発問題の本質も見えないとの思いから 30 代半ばで国連を退職し、主に途上国で研究活動を続け、研究対象国は 30 ヵ国を超えた。同時に実務家として、国際機関や、国際 NGO や開発コンサルタント、そして途上国大学の教員として現地の人々と一緒に働き、接する機会を長い間設けた。

本書は、過去に執筆した論文をアップデートさせて随所に組み込んでいる。例えば、勁草書房の『開発政治学入門』（第 2 章「汚職対策の開発への影響」勁草書房 2011 年）では主に第 4 章、『開発政治学の展開』（第 6 章「汚職撲滅を阻む要因と促進する要因」勁草書房 2013 年）では第 6 章、Asian Education and Development Studies Vol.6（"Combating Corruption in Rwanda: Lessons for Policy Makers", Emerald Publishing, 2017年）では第5章などといった具合であり、今までの研究成果の集合体でもある。とは言え、まだ量的には半分も伝えきれていない。また内容的にも汚職・腐敗の本質や最善の解決策を見つけるのには程遠いところにいると感じている。途上国の汚職研究は、理論のみでは解決できない不透明さと人間臭さが多分にあるからである。本来は、自らが汚職の生じる機会に入り込み様々経験してはじめて深い理解ができるかも知れない。

　今後も引き続き、途上国開発との絡みでライフワークとして汚職研究を続けたいと思う。先述した通り、SDGsの推進により、途上国の反汚職取り組みはまだ続くはずである。10年後の世の中の汚職・腐敗問題に対する意識やレベルがどう変化するか、また国際社会の中で新たな汚職対策がどう誕生するのか、楽しみにしたい。本書は、日本学術振興会の科学研究費研究成果公開促進費（課題番号：18HP5151）、並びに同志社大学研究成果刊行助成の助成を受けての出版とさせて頂いた。

　本書出版に当たり、明石書店大江道雅社長および本郷書房古川文夫氏には大変お世話になり、厚くお礼申し上げたい。そして何よりも長年研究活動を全面的に支えてきてくれた妻に一番感謝の念を示すとともに本書を捧げたい。

イギリス・ケンブリッジにて
小山田　英治

参考文献（日本語）

東江日出郎（2018）「地方分権と地域コミュニティ」国際開発学会編『国際開発学辞典』丸善出版、104-105 頁

朝日新聞（2011）「公務員・コネ・わいろ横行――若者の多くは社会に絶望」（2011 年 6 月 24 日）

朝日新聞（2015）「求心力狙い「脱汚職」」（2015 年 10 月 29 日）

アジアエックス（2010）「懲罰対象の汚職公務員、半数が戒告のみ」（2010 年 7 月 15 日版）

石井陽一（2003）『世界の汚職 日本の汚職』平凡社新書 169

石塚二葉（2004）「ガバナンスの時代の「分権化」論」アジ研ワールド・トレンド No. 101、2004.2、20 頁

岩波書店（2018）『広辞苑』第 7 版、新村出編

梅田徹（2011）『外国公務員贈賄防止体制の研究』麗澤大学出版会

遠藤貢（2006）「民主主義をもたらさない『民主化』？――1990 年代以降のアフリカにおける政治変動とその評価をめぐって」恒川恵一編『民主主義アイデンティティー新興デモクラシーの形成』早稲田大学出版部、51-72 頁

大内穂（1997）『腐敗の構造』ダイヤモンド社

大内穂（1999）「腐敗要因分析と対策における国際協力に係る調査研究」JICA（未公表）

大内穂（2004）「グッド・ガバナンスへ向けての反腐敗政策」黒岩郁雄編『開発途上国におけるガバナンスの諸課題』アジア経済研究所

大内穂（2013）「開発にともなう政治腐敗と政治危機――フィリピン共和国の場合」郭洋春編『開発リスクの政治経済学』文眞堂、146-167 頁

太田和宏（2018）『貧困の社会構造分析』法律文化社、124-7 頁

岡奈津子（2017）「警官はなぜ賄賂を取るのか――カザフスタンの事例」『アジ研ワールドトレンド』No. 263、JETRO・アジア経済研究所、28-35 頁

岡本正明（2017）「インドネシアにおける政治の司法化、そのための脱司法化――汚職撲滅委員会を事例に」玉田芳史編『政治の司法化と民主化』晃洋書房、93-120 頁

小山田英治（2001）「国際商取引における汚職を巡る問題と防止策（前編）」『世界経営協議会』19-24 項

小山田英治（2001）「開発途上国における近年の汚職研究と汚職防止規範に関する一考察」名古屋大学国際開発研究科『国際開発フォーラム』20 号、233-255 頁

小山田英治（2002）「国際商取引における汚職を巡る問題と防止策（後編）」『世界経営協議会』3 号、No. 108、21-25 頁

小山田英治 （2004）「グッド・ガバナンス構築の側面から見たアロヨ政権下における汚職問題と反汚職取り組み」黒岩郁雄編『開発途上国におけるガバナンスの諸課題』アジア経済研究所、33-93 項

小山田英治（2011）「汚職対策の開発への影響」、木村宏恒他編『開発政治学入門』勁草書房、114-142 頁

小山田英治（2013）「汚職撲滅を阻む要因と促進する要因」木村宏恒・近藤久洋・金丸裕志編『開発政治学の展開』勁草書房、173-214 頁

小山田英治（2018）「汚職対策」木村宏恒監修（2018）稲田十一・小山田英治・金丸裕二・

杉浦功一編『開発政治学を学ぶための 61 冊』明石書店、137-148 頁
外務省「腐敗防止に関する国際連合条約」(www.mofa.go.jp/mofaj/gaiko/treaty/treaty164_8_gai.html)
河田潤一編（2008）『汚職・腐敗・クライエンテリズムの政治学』ミネルヴァ書房
木村宏恒（1998）『フィリピン　開発・国家・NGO』三一書房
木村宏恒（2007）「ガバナンスをめぐる議論と今後の方向性――貧困削減の第二の柱」、Discussion Paper No.158. 名古屋大学国際開発研究科
木村宏恒・近藤久洋・金丸裕志編（2013）『開発政治学の展ण』勁草書房
木村宏恒（2016）「ルワンダの開発と政府の役割――開発ガバナンスと民主的ガバナンスの相剋」の Discussion Paper 200、名古屋大学国際開発研究科
http://www.gsid.nagoya-u.ac.jp/bpub/research/public/paper/article/200.pdf
木村宏恒監修（2018）稲田十一・小山田英治・金丸裕二・杉浦功一編『開発政治学を学ぶための 61 冊』明石書店
木村宏恒（2018a）「開発途上国における国家体制」国際開発学会編『国際開発学辞典』丸善出版、212 頁
黒崎卓・山形辰史（2017）『開発経済学――貧困削減へのアプローチ』日本評論社
グローバル・コンパクト・ネットワーク・ジャパン（www.ungcjn.org/gc/principles/10.html）
経済産業省（2015）「外国公務員贈賄防止指針」（「外国公務員贈賄防止指針」を改訂しました）
http://www.meti.go.jp/press/2015/07/20150730008/20150730008-1.pdf）
経済産業省（2105a）「海外進出する企業必見：外国公務員贈賄罪を知っていますか？」
http://www.meti.go.jp/policy/external_economy/zouwai/pdf/damezowaipamph.pdf
経済産業省（2015b）「コンプライアンス体制の構築により法人への処罰が免除された事例」
http://www.meti.go.jp/policy/external_economy/zouwai/pdf/fcpa/fcpacase02.pdf
ケント・カルダー（2016）『シンガポール――スマートな都市、スマートな国家』中央公論新社
KPMG（2014）「グローバル企業に求められる競争法及び贈賄防止法への対応（萩原卓見）」KPMG Insight Vol. 5/Mar 2014（https://assets.kpmg.com/content/dam/kpmg/pdf/2016/03/jp-global-compliance-140315.pdf）
小泉悠（2012）、「立法情報 ロシア 2012-2013 年の反汚職国家計画」『外国の立法』国立国会図書館調査及び立法考査局 2012 年
（http://dl.ndl.go.jp/view/download/digidepo_3491895_po_02510207.pdf?contentNo=1）
国際開発ジャーナル（2015）「国際開発ジャーナル」2015.3 月版、10-11 頁．
国際協力機構（2009）『南コーカサス地域におけるガバナンス支援に関する基礎調査』JICA、（グローバルリンク委託業務―内部資料）
国際協力銀行（2007）「開発援助における汚職防止に関する基礎調査」、国際協力銀行（グローバル・リンク・マネージメント委託業務―内部資料）
国連アジア極東犯罪防止研修所（UNAFEI）（https://www.unafei.or.jp/）
国連広報センター（2016）「持続可能な開発のための 2030 アジェンダ採択――持続可能な開発目標ファクトシート」（http://www.unic.or.jp/news_press/features_backgrounders/15775/）

小林正弥（2008）「公共主義的政治的腐敗論」河田潤一編（2008）『汚職・腐敗・クライエンテリズムの政治学』ミネルヴァ書房、3-37 頁

近藤久洋（2013）第 3 章「開発途上国の公共政策と政策過程——国際開発学と政治学の接合」第 8 章「民主主義の定着と開発における市民社会——社会・政治に埋め込まれた「公共性」」「結章」、木村宏恒・近藤久洋・金丸裕志編『開発政治学の展開』勁草書房

サンドブルック、リチャード（小谷暢訳）（1991）『アフリカ経済危機の政治分析』三嶺書房、113-114 頁

ジェシカ・ウィリアムズ（2005）『世界を見る目が変わる 50 の事実』（酒井泰介訳）草思社

志賀裕朗（2013）「「法の支配」の構築はなぜ難しいか」木村宏恒他編『開発政治学の展開』勁草書房、142-143 頁

志賀裕朗（2018）「開発と制度・制度改革」、木村宏恒監修（2018）稲田十一・小山田英治・金丸裕二・杉浦功一編『開発政治学を学ぶための 61 冊』明石書店、73-80 頁

下村恭民（1998）「政治発展とグッド・ガバナンス——実効ある政策議論への脱皮のために」『国際協力研究』第 14 巻 1 号、1-8 頁

杉浦功一（2018）「開発途上国の民主化」国際開発学会編『国際開発学辞典』丸善出版、222-223 頁

杉浦功一（2018）「市民社会」、木村宏恒監修（2018）稲田十一・小山田英治・金丸裕二・杉浦功一編『開発政治学を学ぶための 61 冊』明石書店、220-225 頁

世界銀行（1997）『世界開発報告 1997——開発における国家の役割』東洋経済新報社

世界銀行（1998）『有効な援助——ファンジビリティと援助政策』小浜裕久・冨田陽子訳、東洋経済新報社

世界銀行（2011）『世界開発報告 2011——紛争、安全保障と開発』一灯社

世界銀行（2018）『世界開発報告書：ガバナンスと法』一灯社

高柳彰夫他（2007）「拡大する NGO・市民社会の役割」馬橋憲男他編『グローバル問題と NGO・市民社会』明石書店、10-25 頁

JB Press（2016）「新興国で日本企業を待ち受ける FCPA 違反の恐怖」2016.5.12（//jbpress.ismedia.jp/articles/-/46803）

自治体国際化協会（1998）「シンガポールにおける汚職取締の法規の比較」

じゃかるた新聞（2019）「KPK 火炎瓶事件　徹底解決、警察に指示　大統領」、2019 年 1 月 11 日

通商産業省知的財産政策室監修（1999）『外国公務員贈賄防止―解説改正不正競争防止法』有斐閣

デイビッド・ルイス（2009）『人続領任命の政治学』稲継裕昭監訳、ミネルヴァ書房

トヨタ自動車（2012）贈賄防止に関するガイドライン
http://www.toyota.co.jp/jpn/sustainability/society/partners/pdf/anti-bribery.pdf

ドラッカー.P.F（2002）『ネクスト・ソサエティ』（上田惇生訳）、ダイヤモンド社、166 頁

トランスペアレンシー・ジャパン /PwC（2013）「贈収賄リスク診断」（http://www.ti-j.org/diagnosing-bribery-risk1603.pdf）

トランスペアレンシー・ジャパン（2014）「世界からワイロをなくす企業実務」40 頁．（http://ti-j.org/r_report2014.pdf）

日本経済新聞（2014）「対ベトナム ODA 一時停止」2014 年 6 月 2 日（https://www.nikkei.com/article/DGXNASGM0202X_S4A600C1FF8000/）
日本経済新聞（2016）「汚職防止規制強化の波」2016 年 8 月 22 日
日本弁護士連合会（2017）「海外贈賄防止ガイダンス」
　https://www.nichibenren.or.jp/activity/document/opinion/year/2016/160715.html
西水美恵子（2009）『国をつくるという仕事』英治出版
西原正編（1976）『東南アジアの政治的腐敗』東南アジア研究叢書 13、創文社
野坂滋男（1978）「被害者なき犯罪」森下忠雄編『犯罪学演習（訂正版）』有信堂、253 頁
朴喆熙（パク・チョルヒ）（2008）「クライエンテリズムの日韓比較」河田潤一編『汚職・腐敗・クライエンテリズムの政治学』ミネルヴァ書房、180 － 200 頁
パナソニック（2018）「ビジュアルで学ぶコンプライアンスシリーズ：公務員贈賄」
　https://www.panasonic.com/jp/business/its/hrd/course/compliance-visual10.html
ハワード．J．ウィーアルダー（Howard J. Wiarda）（2000）大木啓介訳『入門比較政治学』東信堂、206 頁
ピアソン、ポール（2010）『ポリティクス・イン・タイム－歴史・制度・社会分析』粕谷裕子監訳、勁草書房、2010 年
プライスウォーターハウスクーパース（PwC）（2016）「規制強化の潮流　世界中で高まりを見せる贈収賄防止運動」2016-07-19　https://www.pwc.com/jp/ja/knowledge/thoughtleadership/zoomlens-regulation-on-the-rise1607.html
プライスウォーターハウスクーパース（PwC）（2018）「経済犯罪実態調査 2018」（www.pwc.com/jp）
ブリタニカ・ジャパン（2016）『ブリタニカ国際大百科事典』ブリタニカ・ジャパン
マブーブル・ハク著（1997）『人間開発戦略――共生への挑戦』（植村和子・佐藤秀雄・澤良世・冨田晃次・小山田英治訳）日本評論社
溝口哲郎（2010）『国家統治の質に関する経済分析』三菱経済研究所
溝口哲郎（2017）「腐敗実証研究の最近の動向について」、『高崎経済大学論集』第 60 巻、2・3 号、89-104 頁
三菱商事（2015）「三菱商事贈収賄防止指針」
　https://www.mitsubishicorp.com/jp/ja/about/governance/pdf/compliance_02_j.pdf
三菱 UFJ リサーチ＆コンサルティング株式会社「ジョージア：国概況調査」（2007 年 6 月 -JBIC 委託調査―内部用資料）
ミュルダール・グンナー（2015）『ミュルダール福祉・発展・制度』藤田菜々子訳、ミネルヴァ書房．
室伏哲郎『汚職の構造』岩波新書 176、1981 年
森下忠（2012）『国際汚職の防止』成文堂
山岡喜久男編（1975）『ミュルダールのアジア研究』早稲田大学出版部
若林亜紀（2018）「外国公務員贈賄の処罰「日本はほとんど執行なしの最低ランク」」『ASAHI Journal 法と経済のジャーナル』2018 年 10 月 23 日

# 参考文献（英語）

Ades, A., di Tella, R. (1994) "Competition and Corruption," *Working paper*, Oxford University Institute of Economics and Statistics. Oxford.
Ades, A., di Tella, R. (1996) "The Causes and Consequences of Corruption: A Review of Recent Empirical Contribution," *IDS Bulletin* 27, Univ. of Sussex.
Ades, A., di Tella, R. (1997) "National Champions and Corruption: Some Unpleasant Interventionist Arithmetic," *Economic Journal* 107, No. 443 (July 1997), pp. 1023-1043.
Ades, A., di Tella, R. (1999) Rents, Competition and Corruption. *The American Economic Review* 89 (4): pp. 982-993.
Adsera A., Boix C., Payne M. (2003) "Are you Being Served? Political Accountability and the Quality of Government," *Journal of Law, Economics and Organization*, Vol. 19, No. 2, Oxford University Press.
Afrobarometer (2006) Round III 2005-2006 (merged eighteen-country data set). Cape Town, South Africa: Institute for Democracy in South Africa, DataFirst (in Rothstein and Varraich 2017, 47-48).
Afrobarometer (2008) "Summary of Findings" (www.afrobarometer.org/index.php?option=com_content&view=category&layout=blog&id=16&ltemid=43) (also see Chêne 2012).
Ah Leak, T. (1999) "The Experience of Singapore in Combating Corruption," *Curbing Corruption: Toward a Model for Building National Integrity*, Economic Development Institute of the World Bank.
Ahmed, H. U. (1994) "Bureaucrats Out!", *Far Eastern Economic Review*, April 7, p. 30.
Ake T. (2011) "Political De-development, Corruption and Governance in Thailand," in Kimura, Hirotsune et al, *Limits of Good Governance in Developing Countries*, Gadja Mada University Press, pp. 71-102.
Alatas, S. H. (1999) *Corruption and the Destiny of Asia*, Englewood Cliffs, NJ: Prentice-Hall, p. 11. (in Rothstein 2017, 49).
Alesina, A., Weder, B. (2002) "Do Corrupt Governments Receive Less Foreign Aid?" *American Economic Review*, 92 (4), pp. 1126-1137.
Al-Marhubi F. A. (2000) "Corruption and Inflation," *Economic Letters*, Vol. 66 (2), pp. 199-202. Elsevier.
Anderson, C. J., Tverdova, Y. V. (2003) Corruption, Political Allegiances, and Attitudes Toward Government in Contemporary Democracies, *American Journal of Political Science* 47 (1), pp. 91-109.
Anderson, J. H., Cheryl W. G. (2005) *Anticorruption in Transition 3*: Who Is Succeeding and Why?, World Bank, p. 30.
Andrews, M. (2013) *The Limits of Institutional Reform in Development*, Cambridge University Press.
Andvig, J. C. (1991) "The Economics of Corruption: A Survey," *Studi economici*, 43, pp. 57-94.

Andvig, J. C., Fjeldstad, O. H., Amundsen, I., Sissener, T., and Soreide, T. (2001), Corruption: *A Review of Contemporary Research*, Bergen, Norway, Chr. Michelsen Institute.

Angeles, L., Neanidis, K. C. (2015) "The Persistent Effect of Colonialism on Corruption," *Economica* 82 (326), pp. 319-349.

Anozie, V., Shinn, J., Skarlatos, K., Urzua, J. (2004) "Reducing Incentives for Corruption in the Mexico City Police Force", La Follette School of Public Affairs, University of Wisconsin, Madison, (http://minds.wisconsin.edu/handle/1793/36876).

Anti Corruption Commission, Bangladesh, "Economic Classification of Revenue and Capital Expenditures of FY 2012/13 - 2013/14", (available at: http://www.acc.org.bd/about-acc/economic-classification-revenue-and-capital-expenditures-fy-2012/13-2013/14) (accessed 20 August, 2016).

Arvate, P. R., Curi, A. Z., Rocha, F., Miessi Sanches, F. A. (2010), "Corruption and the Size of Government: Causality Tests for OECD and Latin American Countries," *Applied Economics Letters*, 17 (10), pp. 1013-1017.

Asian Development Bank (ADB). (2000) *"Lao People's Democratic Republic Education Development Sector Development Plan"*, Manila, ADB and Vientiane; Ministry of Education in USAID 2007, p. 5.

Asian Development Bank/OECD. (2001) "Asia and Pacific Anti-Corruption Initiative Plan of Action," Paper distributed at the 3rd Annual Conference of the ADB, OECD Anti-Corruption Initiative for Asia-Pacific, Tokyo Japan, 28-30 November 2001.

Asian Development Bank/OECD. (2004) *Anticorruption Initiative for Asia and the Pacific*, ADB/OECD.

Asian Development Bank. (2006) *Improving Governance in Fighting Corruption: Implementing the Governance and Anticorruption Policy of ADB*, ADB Manila.

Asian Development Bank. (2011) "Recent Steps taken to implement the ADB/OECD Anti-Corruption Action Plan and United Nations Convention against Corruption (UNCAC) ," StG-5, 16th Steering Group Meeting, New Delhi, India, 27 September 2011.

Azfar, O., Gurgur, T. (2014) "Does Corruption Affect Health and Education Outcomes in the Philippines?" (https://www.researchgate.net/publication/24054339_Does_Corruption_Affect_Health_and_Education_Outcomes_in_the_Philippines/download).

Bailey, B. (2004) "GOV Workshop on Lessons Learned in Anti-Corruption", OECD Background Document.

Bangkok Post. (2012: June 12) "Poll: Corrupt govt still acceptable" (//www.bangkokpost.com/).

Republic of Bangladesh. (Ministry of Finance) (2012) "Budget in Brief, Statement II Non-Development and Development Expenditure," (available at: http://www.mof.gov.bd/en/budget/12_13/brief/en/st2.pdf) (accessed 20 August, 2016).

Basu, K., Cordella, T. (2018) *Institutions, Governance and the Control of Corruption*, IEA Conference Volume No. 157, Palgrave Macmillan.

Batalla, E., Vincent C. (2000) "Corruption as a Way of Life" (www.pcij.org).

Batalla, E., Vincent C. (2000a) "De-Institutionalizing Corruption in the Philippines," in Combating Corruption in East Asia, (ed.) Antonio C. Pedro (Manila: The Yuchengco Center for East Asia, De La Salle University, 2001).

Bauhr, M. (2012) "Need or Greed Corruption?" in Good Government: The Relevance of Political Science, ed. S. Homberg and B. Rothstein. Cheltenham: Edward Elgar. pp. 68-86.

Bayley, D. (1970) The Effects of Corruption in a Developing Nation, in Heidenheimer, A. J., Johnston, M., LeVine, V. T. (Eds), *Political Corruption: Readings in Comparative Analysis*, Transaction Books, New Brunswick, New Jersey, pp. 521-533.

BBC News "Foreign Firms Pledge not to Give Bribe in Russia" April 22, 2010. (//news.bbc.co.uk/2/hi/business/8632240.stm).

BBC Press Office. (2010) "Global Poll: Corruption is World's most Talked about Problem" December 9, 2010. (//www.bbc.co.uk/pressoffice/pressreleases/stories/2010/12_december/09/corruption.shtml).

Beenstock, M. (1979) "Corruption and Development," *World Development* 7 (1): pp. 15-24.

Beiderman. (2000) "Corruption: Preventive criminal policy," *Responding to Corruption*, ISSD, Supra note 2, La Citta del Sole, Napoli, p. 259 (in 森下 2012, 3-4).

Bhargava, V. (2000) *Combating Corruption in the Philippines*, World Bank internal document.

BMZ (Federal Ministry for Economic Cooperation and Development in Germany) (2012) Anti-Corruption and Integrity in German Development Policy (BMZ Strategy Paper 4: 2012e).

Boås, M. (1998) "Governance as multilateral development bank policy: The cases of the African Development Bank and the Asian Development Bank," *European Journal of Development Research* 10 (2): 117-134.

Boehm, F., Joerges, J. (2008) "Cost of Corruption: Eveyone pays - and the poor more than others," GIZ. Germany. (https://www.giz.de/fachexpertise/downloads/gtz2008-en-german-uncac-project-costs-of-corruption.pdf).

Bolongaita, E. P. (2010) "An exception to the rule? Why Indonesia's Anti-Corruption Commission succeeds where others don't-a comparison with the Philippines' Ombudsman", *U4 Issue*, August 2010 No.4, Norway.

Booth, D. and Golooba-Mutebi, F. (2012) "Development patrimonialism? The case of Rwanda,", *African Affairs*, Vol. 111 No. 444, pp. 379-403.

Booth, D., Cammack, D. (2013) *Governance for Development: The Anticorruption Campaigns*, New York: Palgrave Macmillan.

Boucher, A. et al. (2007) Mapping and Fighting Corruption in War-Torn States- Liberia: a preliminary study of applied best practice, The Henry L. Stimson Center.

Bozzini, A. (2014) "Fighting Corruption while Undermining Accountability: The case of Rwanda," GIGA (German Institute of Global and Area Studies), Hamburg, (available at: http://anticorrp.eu/wp-content/uploads/2014/03/Rwanda-Background-Report_final.pdf).

Bray, M. (2013) "Shadow Education," *Global Corruption Report 2013*, TI, Berlin, p. 83-85.

Brinkerhoff, D. W. (2010) Unpacking the Concept of Political Will to Confront Corruption, *U4 Brief*, May 2010-No. 1, Norway.

Brown, A. J. (2006) "What are We Trying to Measure? Reviewing the Basics of Corruption Definition," *Measuring Corruption* (in Sampford etc (ed) 2006), pp. 56-79.

Brunetti A, Weder B. (2003) "A free press is bad news for corruption,", *Journal of Public Economics* 87 (7-8): pp. 801-24, Elsevier B.V.

Bryane, M. (2011) "Activist regulatory practices in corruption prevention: a case study from Montenegro," *Handbook of Global Research and Practice in Corruption*, Adam, p. 381, Graycer and Russel Smith ed., Edward Elgar, UK.

Brzezinski, M. (2010) "Obama administration gets tough on business corruption overseas," Washington Post, May 28, 2010.

Bull, M. J., James L. N. (2003) *Corruption in Contemporary Politics*, Palgrave Macmillan.

Burai, P. (2013) "Youth, Integrity and Anticorruption work in Hungary," *Global Corruption Report 2013*, TI, Berlin, pp. 372-376.

Butt, S. (2009) 'Unlawfulness' and Corruption Under Indonesian Law, " *Bulletin of Indonesian Economic Studies*, 45 (2), pp. 179-198.

Butt, S. (2010) "Anti-Corruption Reform in Indonesia: An Orbituary?" *Bulletin of Indonesian Economic Studies*, 43 (3), pp. 381-394.

Butt, S., Schutte, S. A. (2014) Assessing Judicial Performance in Indonesia: the Court for Corruption Crimes," Crime, Law and Social Change, (62), pp. 603-619.

Carballo A., E. (2010) "Poverty and Corruption in Latin America: Challenges for a sustainable development strategy," *Accountability: Estudios Comparados en Politica Social*, Opera No. 10.

Carino, L. (1998) *Initiatives Taken Against Corruption: The Philippine Case*, University of the Philippines.

Carothers, T. (1999) "*Aiding Democracy Abroad: the Learning Curve*," Washington. D. C., Carnegie Endowment for International Peace.

Caryl, C. (2015) "Africa's Singapore Dream: Why Rwanda's president styles himself as the heir to Lee Kuan Yew," *Foreign Policy*, 2 April, available at: http://foreignpolicy.com/2015/04/02/africas-singapore-dream-rwanda-kagame-lee-kuan-yew/ .

Chabal, P., Daloz, J. P. (1999) *Africa Works: Disorder as Political Instruments*, International African Institute, London.

Chapman, D. W. (1991) 'The Rise and Fall of an Education Management Information System in Liberia," *Journal of Education Policy*, Vol 2, No. 2, pp.133-43.

Charron, N. (2009) "The Impact of Socio-Political Integration and Press Freedom on

Corruption," *The Journal of Development Studies*, 45 (9), pp. 1472-1493.

Chaudhury, N., Hammer, J., Kremer, M., Muralidharan, K., Rogers, F. H. (2006) Missing in Action: Teacher and health worker absence in developing countries, *Journal of Economic Perspectives*, 20, pp. 91-116.

Cheema, G. S., Rondinelli D. A. (eds) (2007) *Decentralizing Governance: Emerging Concepts and Practices*, Brookings Institution Press.

Chege, S. (1999) "Donors shift more aid to NGOs," *Africa Recovery*, 13 (1), p. 6 (in 近藤 2013, 277-8).

Chêne, M. (2010) Anti-corruption and Police Reform, U4, Bergen: Chr. Michelsen Institute.

Chêne, M. (2010a) Mainstreaming Anti-Corruption within Donor Agencies. *U4 Expert Answer*, U4 Bergen: Chr. Michelsen Institute.

Chêne, M. (2011) Anti-corruption Commitments for Developed Countries, *U4 Expert Answer*, U4, Bergen: Chr. Michelsen Institute.

Chêne, M. (2011a) "Anti-Corruption progress in Georgia, Liberia, Rwanda," *U4 Expert Answer*, No. 288, 6 July, (available at: http://www.u4.no/publications/anti- corruption-progress-in-georgia- liberia-and-rwanda/).

Chêne, M. (2012) Overview of Corruption and Anticorruption in Liberia, *U4 Expert Answer*, U4, Norway. (https://www.transparency.org/files/content/corruptionqas/324_Overview_of_corruption_and_anti-corruption_in_Liberia.pdf).

Chêne, M., Mann, C. (2011) "Sources of Information on Corruption in Rwanda," *U4 Expert Answer*, 23 March (available at: http://www.u4.no/publications/sources-of- information-on-corruption-in-rwanda/).

Chow, S., Dao T. N. (2013) "Bribes for Enrolement in Desired Schools in Vietnam," *Global Corruption Report 2013*, TI, Berlin, pp. 60-67.

Chua, Y. T. (1999) "*Robbed: An Investigation of Corruption in Philippine Education*," Philippine Center for Investigative Journalism.

Civil Society Network Against Corruption (CSNAC) (2018) (csnasng. org).

Clake, G., Xu, L. (2002) "Ownership, Competition and Corruption: Bribe Takers versus Bribe Payers," World Bank, Washington D.C.

Clarke, G., (2008) "How Petty is Petty Corruption? Evidence from firm survey in Africa," MPRA Paper 15073, University Library of Munich, Germany.

Clark, M. (2008) Combating Corruption in Liberia: Assessing the Impact of the GEMAP (http://www.maxwell.syr.edu/uploadedFiles/moynihan/dst/Clark.pdf?n=5122) in Anti-Corruption Progress in Georgia, Liberia, Rwanda, TI 2011.

Claudine. (2013) "Mo Ibrahim Index Lavishes Praise on Rwanda Governance," News of Rwanda, 14 October, available at: http://www.newsofrwanda.com/featured1/20774/mo-ibrahim-index- lavishes-praise-on-rwanda-governance/ (accessed 22 August 2016).

Cohen, M. D., March, J. G., Olsen, J. P. (1972) *A Garbage Can Model of Organizational Choice*, in J. G. March, (1988) Decisions and Organizations. Oxford: Basil Blackwell.

Coronel, S. (1998) The Pare Principle, The Investigative Reporting Magazine (Oct-Dec

1998).

Council of Europe. (2010) Group of States Against Corruption (www.coe.int/t/dghl/monitoring/greco/general/about_en.asp).

Croson, R., Gneezy, U. (2009) "Gender Differences in Preferences," *Journal of Economic Literature* 47 (2): pp. 448-474.

Della Porta, D., Vanucci, A. (1999) *Corruption Exchange: Actors, Resources, and Mechanisms of Political Corruption*, New York, Aldine DeGruyter.

De Maria, W. (2010) "The failure of the African anti-corruption effort: Lessons for Managers," *International Journal of Management*, 27 (1).

Department for International Development (DFID) (2015) Anti Corruption Evidence (ACE) Programme, Business Case and Summary 203752 (https://devtracker.dfid.gov.uk/projects/GB-1-203752/documents/).

Department for International Development. (DFID) (2018) Aid by Sector (https://devtracker.dfid.gov.uk/sector/4/categories/151).

De Sousa, L. (2009) "Anti-Corruption Agencies: Between Empowerment and Relevance," Robert Schuman Centre for Advanced Studies, European University Institute, *EUI Working Paper RSCAS 2009/08*.

De Speville and Associates ICE on Indonesia Project Consultants. (2000) "A Review of Current Initiatives on Anti-Corruption" in Indonesia, Proyek Pembeniukan Komisi Anti Korupsi Indonesia, p. 2.

De Speville, B. (2008) "Falling anticorruption agencies-causes and cures," (https://www.acauthorities.org/publications/failing-anticorruption-agencies-causes-and-cures).

De Speville, B. (2010) *Overcoming Corruption: The Essentials*. Surrey, UK: de Speville & Associates.

De Speville, B. (2016) "The struggle against corruption: Progress at a snail's pace. Why?" Asia-Pacific Review, 23:1, Routledge, pp. 115-124.

Development Academy of Philippines (DAP). (2001) "The Anti-Corruption Framework and Program of the Filipino People under the Estrada Administration," DAP, Manila.

Development Academy of Philippines (DAP). (2001) *Making National Anticorruption Policies and Program More Effective*, DAP, Manila.

De Speville, Bertrand. (1998) Hong Kong Policy Initiatives Against Corruption, Development Center Studies, OECD Publication.

Diallo, H. A. (2013) "Tackling Fake Diplomas in Niger," *Global Corruption Report 2013*, TI, Berlin, pp. 78-79.

Diamond, L., Plattner, M. F. (1993) *The Global Resurgence of Democracy*, Baltimore, MD: Johns Hopkins University Press.

Dimant, E., Tosato, G. (2017) "Causes and Effects of Corruption: What has past decades empirical research taught us? A Survey," *Journal of Economic Surveys*, Vol. 32, No. 2, pp. 335-356, John Wiley & Sons Ltd.

Dincer, O. C. (2008) "Ethnic and Religious Diversity and Corruption," *Economics Letters*,

99 (1), pp. 98-102.

Dix, S., Hussmann, K., Walton, G. (2012) Risks of corruption to state legitimacy and stability in fragile situations (in Johnsøn 2016, 60).

Dixit, A. (2018) "Anti-Corruption Institutions: Some History and Theory," Basu, Kaushik and Cordella, Tito (2018) *Institutions, Governance and the Control of Corruption*, IEA Conference Volume No. 157, Palgrave Macmillan.

Djankov, S., et al. (2000) The Regulation of Entry, *NBER Working Papers*, No. 7892, National Bureau of Economic Research, USA. (http://www.nber.org/papers/w7892.pdf)

Dobson, S., Ramlogan-Dobson, C. (2010) Is there a Trade-off between income inequality and corruption? Evidence from Latin America, *Economics Letters*, 107 (2), pp. 102-104.

Doig, A. (1995) "Good Government and Sustainable Anti-Corruption Strategies: A Role for Independent Anti-Corruption Agencies?" *Public Administration and Development*, Vol. 15 (2), pp. 151-165.

Doig, A., Theobald, R. (eds) (2000) *Corruption and Democratisation*, Portland, OR: Frank Cass.

Doig, A., Watt, D., Williams, R. (2005) "Measuring 'Success' in Five African Anticorruption Commissions," *U4 Report*, Bergen Chr. Michelsen Institute.

Dollar, D., Fisman, R., Gatti, R. (2001) "Are Women Really the 'Fairer' Sex? Corruption and Women in Government," *Journal of Economic Behavior and Organization, Vol. 46* (4): pp. 423-9.

Doronila, A. (1999) "World Bank Report Targets Erap Administration," *Philippine Daily Inquirer*, 8 November 1998.

Dussuyer, I., Mumford, S., Sullivan, G. (2011) "Reporting Corrupt Practices in the Public Interest: Innovative Approaches to Whistleblowing," *Handbook of Global Research and Practice in Corruption*, Adam Graycer and Russel Smith ed., Edward Elgar, UK.

Economist Intelligence Unit. (2016) "Democracy Index 2015," (available at: http://www.yabiladi.com/img/content/EIU-Democracy-Index-2015.pdf)(accessed 20 August 2016).

Elliot, K. A. (1997), "Corruption as an International Policy Problem: Overview and Recommendations", *Corruption and Global Economy*, ed. By K. A. Elliott, Institute for International Economics, Washington D.C.

Esarey, J., Chirillo, G. (2013) "Fairer Sex" or Purity Myth? Corruption, Gender, and Institutional Context" in Politics and Gender 9: pp.361-389. (https://www.researchgate.net/publication/259438093 Fairer_Sex_or_Purity_Myth_Corruption_Gender_and_Institutional_Context#pf1).

Estrada, J. (1998) "State of the Nations Address," 27 July 1998.

European Council. (2006) Council Decision enabling countries covered by the European Neighbourhood Policy, as well as Russia, to benefit from the Technical Assistance and Information Exchange (TAIEX) Programme, OJ L32, 4/2/2006.

European Research Centre for Anti-Corruption and State Building (Hertie School of Governance). (2017) Index of Public Integrity. (https://integrity-index.org/contact/).

Evans, P. B., Rauch. J. (1996) "Bureaucratic Structure and Economic Growth: Some Preliminary Analysis of Data on 35 Countries" University of California Berkeley, Calif.

Farid, A. (2012) Local Government Capacity Building and Leadership: The Context of Bangladesh, Master's Theses, Graduate School of International Development, Nagoya University (in Kimura 2013 122).

Fisman, R., Gatti, R. (2002) "Decentralization and corruption: Evidence across countries," *Journal of Public Economics* 83 (3): pp. 325-45.

Fisman, R, and Miguel, E. (2008) *Economic Gangsters: Corruption, Violence, and the Poverty of Nations*, Princeton, Princeton University Press レイモンド・フィスマン、エドワード・ミゲル（田村勝省訳）『悪い奴ほど合理的──腐敗・暴力・貧困尾経済学』（NTT出版、2014年））.

Fjeldstad, O. H., Isaksen, J. (2008) Anti-Corruption Reforms: Challenges, effects and limits of World Bank support. Background paper to Public Sector Reform, edited by IEG. Washington D. C. : World Bank in Johnson 2016, 9, 83.

Freedom House. (2016) "Freedom of the Press in 2016," (available at: https://freedomhouse.org/report/freedom-press/freedom-press-2016 (accessed 1 August 2016).

Fukuyama, F. (2014) *Political Order and Political Decay: From the Industrial Revolution to the Globalisation of Democracy,* New York, Farrar, Straus and Giroux.

Gabedava, M. (2013) "Reforming the university admission system in Georgia," *Global Corruption Report 2013*, TI, Berlin, pp. 155-159.

GAN Integrity Inc. (2017) Myanmar Corruption Report, (https://www.business-anti-corruption.com/country-profiles/myanmar/).

GEMAP (Liberia Governance and Economic Management Assistance Program). (http://www.gemap-liberia.org/about_gemap/index.html).

Georgia (Government of Georgia). (2006) Georgia: Poverty Reduction Strategy Paper Progress Report, Tbilisi.

Georgia (Government of Georgia). (2007) Georgia's Democratic Transformation. *An Update Since the Rose Revolution,* Tbilisi (www.president.gov.ge/others/dem_transform_pdf).

Gerring J., Thacker S. (2004) "Political Institutions and Corruption: the Role of Unitarism and Parliamentarism", *British Journal of Political Science* 34, pp. 295–330, Cambridge University Press, Cambridge.

Gerring J., Thacker S. (2005) "Do Neoliberal Policies Deter Political Corruption?" *International Organizations 59*: pp. 233-54, Cambridge University Press.

Gilani, S. A. (2013) "Ghost Schools in Pakistan" in *Global Corruption Report 2013,* TI, Berlin, p. 41; The DAWN, "Ghost Schools Arithmetic", 26 April 2009.

GIZ (Deutsche Gesellschaft fur Internationale Zusammenarbeit (GIZ) GmbH (2016) Anti-Corruption WORKS, GIZ.

Glencorse, B. (2013) "Testing new tools for accountability in higher education," *Global Corruption Report 2013*, TI, Berlin, p. 298.

Global Organization of Parliamentarians against corruption, and UNDP (2014), Anticorruption Assessment Tool for Parliamentarians (http://www.undp.org/content/dam/undp/library/Democratic%20Governance/Anti-corruption/User%20Guide%20-%20Anti-Corruption%20Assessment%20Tool%20for%20Parliamentarians.pdf).

Global Integrity. (2009) "Rwanda Country Report," (available at: https://www.globalintegrity.org/research/reports/global-integrity-report/global-integrity-report-2009/gir-scorecard-2009-rwanda/) (accessed 1 August 2016).

Global Integrity. (2016) "Africa integrity indicators," (available at: www.globalintegrity.org).

Goel, R. K., Nelson M. A. (1998), "Corruption and Government Size: A Disaggregated Analysis", *Public Choice*, XCVII, pp. 107-20.

Goel, R, K., Nelson, M. A. (2005). Economic freedom versus political freedom: Cross country influences on corruption. *Australian Economic Papers 44* (2), June: pp. 121-133.

Goel, R. K., Budak, J. (2006) "Corruption in Transition Economies: Effects of Government Size, Country Size and Economic Reforms," *Journal of Economics and Finance*, 30 (2), pp. 240-250.

Goel, R. K., Nelson, M. A. (2010) "Causes of Corruption: History, Geography and Government," *Journal of Policy Modelling*, 32 (4), pp. 433-447.

Graycar, A., Smith, G. (2011), *Handbook of Global Research and Practice in Corruption*, Edward Elgar Publishing Limited, UK.

Graycar, A., Prenzler, T. (2013), *Understanding and Preventing Corruption, Palgrave*, p. 3.

Grindle, M. S. (2004) "Good Enough Governance: Poverty Reduction and Reform in Developing Countries," *Governance* 17 (4).

Grindle, M. S. (2011) "Good Enough Governance Revisited," *Development Policy Review* 29, s199-s221.

Guimaraes. (2000) "Corruption: Preventive criminal policy," Responding to Corruption, ISSD, Supra note 2, La Citta del Sole, Napoli, pp. 228-9 (in 森下 2012, 16-17).

Gupta, S., Davoodi, H., Alonso-Terme, R. (1998) "Does Corruption Affect Income Inequality and Poverty?" *IMF Working Paper*, WP/98/76-EAWP/98/76.

Gupta S., de Mello, L., Sharan,R. (2001) "Corruption and Military Spending", *European Journal of Political Economy* Vol. 17 (4): pp. 749-77.

Gupta, S., Davoodi, H., Alonso-Terme, R. (2002) "Does corruption affect income inequality and poverty?" *Economics of Governance*, Springer, Vol. 3 (1), pp. 23-45, March.

Guriro, A. (2010) Daily Times June 2, 2010. (www.dailytimes.com.pk/default.asp?page=2010\06\02\story_2-6-2010_pg7_11).

Gurgur, T., Shah, A. (1999) Major Causes of Corruption, WB, *in Anticorruption Policies and Programs: A Framework for Evaluation*, by J. Huther and Anwar Shah.

Gurgur, T., Shah, A. (2000) Localization and Corruption: Panacea or a Pandora's Box. Presented at the IMF Conference on Fiscal Decentralization, Washington D.C. Nov. 21, 2000, *in Anticorruption Policies and Programs: A Framework for Evaluation*, by J.

Huther and Anwar Shah.

Haggard, S., Kaufmann, R. (eds). (1992) *The Politics of Economic Adjustment*, Princeton University Press.

Hanna, R., Bishop, S., Nadel, S., Sheffler, G., Durlacher, K. (2011) "The effectivess of anti-corruption policy: what has worked, what hasn't, and what we don't know: a systematic review." Technical report, London: EPPI Centre, Univ. of London.

Hasan M. (2002) "Corruption in Bangladesh" Survey: An Overview (//www.ti-bangladesh.org).

Heath, A. F., Richards, L. R., de Graaf, N. D. (2016) "Explaining Corruption in the Developed World: The Potential Sociological Approaches," *Annual Reviews of Sociology*, 42, pp. 51-79.

Hechler, H., Zinkernagel, G. F., Koechlin, L. M., Dominic. M. (2011), "Can UNCAC address grand corruption?: A political economy analysis of the UN Convention against Corruption and its implementation in three countries," *U4 Report* October 2011:2, Bergen.

Heeks, R. B. (2006) *Implementing and Managing eGovernment*, Sage London.

Heeks, R. B. (2007) "Why Anti-Corruption Initiatives Fail: Technology Transfer and Contextual Collision," *Corruption and Development: The Anti-Corruption Campaign* (edited by Sarah Bracking), Palgrave studies in Development. in U4 Brief March 2011.

Heidenheimer, A. J., Johnston, M., LeVine, V.T. (1970) *Political Corruption*, Holt Rinehart and Winston, New York.

Heidenheimer, A. J., ed. (1978) *Political Corruption*: Readings in Comparative Analysis, Transaction Books.

Heidenheimer, A. J., Johnston, M. (eds) (2002) *Political Corruption: Concepts and Contexts*, Third Edition, Transaction Publishers, New Jersey.

Hellman. J, Jones G., Kaufman, G. (2000) "*Seize the State, Seize the Day,*" Policy Research Working Paper, World Bank.

Henderson, J. V., Kuncoro, A., (2004) Corruption in Indonesia. *NBER Working Paper No. w10674*. (available at SSRN: https://ssrn.com/abstract=579817).

Herring, R. J. (1999) Embedded Particularism: India's Failed Developmental State, in Woo-Cumings, Meredith, ed., *The Development State*, Cornell University Press.

Herzfeld, T., Weiss, C. (2003) "Corruption and Legal (In)Effectiveness: An Empirical Investigation," *European Journal of Political Economy*, 19, pp. 621-632.

Heyneman, S. (2013) "Higher education institutions; why they matter and why corruption put them at risk", *Global Corruption Report 2013*, TI, Berlin, pp. 101-107.

Heywood, P. M. (1977) 'Political Corruption: Problems and Perspectives', *Political Studies* 45 (3): pp. 417-35.

Heywood, P. (2015) 'Introduction: Scale and Focus in the Study of Corruption' in *Routlege Handbook of Political Corruption*, ed. P. M. Heywood. London: Routledge.

HMT、DFID (2015) UK Aid: Tackling Global Challenges in the National Interest. (UK

Aid: Tackling Global Challenges in the National Interest).
Horoschak, L.（2007）Fighting Corruption in Saakashvili-era Georgia: Successes, Challenges and Public Perceptions.（www.u4.no/training/incountryopen/georgia.cfm）.
Hors, I.（2000）（開発途上国における汚職との闘い）（www.oecdtokyo.org/tokyo/observer/220/220-14.html）
Howell, J. et al.（2001）*Civil Society and Development*, Boulder, Co: Lynne Rienner Publishers.
Huberts L.（2014）*The Integrity of Governance What it is, What we Know, What is Done and Where to go*, IIAS, Palgrave Macmillan, pp. 82-84.
Human Rights Watch.（2014）"ルワンダ：汚職に反対する活動家が殺された事件の捜査再開を",（available at: https://www.hrw.org/ja/news/ 2014/01/22/252640）.
Huntington, S. P.（1968）*Political Order in Changing Societies*, Yale University Press.
Hussein A.（1967）"*The Sociology of Corruption*", Donald Moore Press, Singapore.（in 西原 1967, 309）
Hussmann, K., Hechler, H.（2007）"Anti-Corruption Policy Making in Practice: What can be learned for implementing Article 5 of UNCAC-Synthesis report of six country case studies: Georgia, Indonesia, Nicaragua, Pakistan, Tanzania, and Zambia," *U4 Report 2007*: 1, Michelsen Institute, Bergen.
Hussmann, K., Hechler, H.（2008）, Anti-corruption policy making in practice: Implications for implementing UNCAC, *U4 Brief*, January 2008, Michelsen Institute, Norway.
Hutchcroft, P. D.（2001）"Centralization and Decentralization in Administration and Politics: Assessing Territorial Dimensions of Authority and Power," *Governance*, 14（1）.
Huther, J., Shah, A.（1999）. Anti-Corruption Policies and Programs: A Framework for Evaluation, "*Policy Research Working Papers* 2501, World Bank.
Hyll-Larsen, P.（2013）"Free or fee," *Global Corruption Report 2013*, in TI 2013a Berlin, pp.52-59.
Iftekhar, Z. Hussein, M. S.（2010）"Integrity Pledge: Participatory Governance through Social Accountability", TI Bangladesh.
Iftekhar, Z.（2013）"Challenging corruption in primary education,"（in TI 2013a）Berlin, p. 280.
IMF.（1998）*Working Paper*. WP/98/76-EAWP/98/76.
Government of Indonesia.（2012）National Strategy of Corruption Prevention and Eradication: Long Term（2012-2025）and Medium Term（2012-2015）, Republic of Indonesia.
Institute for Research and Democratic Development（IREDD）.（2013）Summary of Results: Afrobarometer Round 5 Survey in Liberia.（http://afrobarometer.org/sites/default/files/publications/Summary%20of%20results/lib_r5_sor.pdf）.
International Budget Partnership.（2015）Open Budget Survey 2015（https://www.internationalbudget.org/publications/open-budget-survey-2015/）.
International Budget Partnership.（2017）Open Budget Survey,（available at: http://www.

internationalbudget.org/opening-budgets/open-budget-initiative/open-budget-survey/).

International Chamber of Commerce (ICC) (2011) ICC Rules on Combating Corruption (https://cdn.iccwbo.org/content/uploads/sites/3/2011/10/ICC-Rules-on-Combating-Corruption-2011.pdf).

International News (Pakistan). (2012) "Aadra Identifies 2007 Ghost Schools," 13 March 2012.

Inter-Parliamentarian Union. (2018) Women in National Parliaments (http://archive.ipu.org/wmn-e/world.htm).

IRIN. (2006) New President's Anti-corruption Drive Targets Finance Ministry. (http://ww.irinnews.org/PrintReport.aspx?ReportID=58019) *in Anti-Corruption Progress in Georgia*, Liberia, Rwanda, TI 2011.

IRIN Asia. (2010) "Cambodia: Donors pledge $1 billion but criticize corruption," June 8, 2010 (www.irinnes.org/Report.aspx?ReportId=89353).

Ivanov, K. S. (2007) *The Limits of a Global Campaign against Corruption, Corruption and Development: The Anti-Corruption Campaign* (edited by Sarah Bracking), Palgrave Studies in Development.

Jancsics, D. (2014) "Interdisplinary Perspectives on Corruption," *Sociology Compass*, 8 (4), pp. 258-372.

Jasin, M. (2016) "The Indonesian Corruption Eradication Commission (KPK)" (http://www.unafei.or.jp/english/pdf/PDF_GG5_Seminar/GG5_Indonesia1.pdf).

Jayachandran, Seema (2012) "Incentive to teach badly: after-school tutoring in developing countries" *Journal of Development Economics*, Northwestern University (http://faculty.wcas.northwestern.edu/~sjv340/tutoring.pdf) (in TI 2013a, 84).

Johnsøn, J. (2016) *Anti-Corruption Strategies in Fragile States: Theory and Practice in Aid Agencies*, Edward Elgar Publishing.

Johnson S., Kaufmann D., Zoido-Lobaton P. (1998) Regulatory discretion and the unofficial economy. *Am Econ Rev* 88: pp. 387–392.

Johnsøn, S., Kaufmann, D., Zoido, P. (1998) "Regulatory Discretion and the Unofficial Economy," *American Economic Review, 88* (2): pp. 388-392.

Johnston, M. (2006) "From Thucydides to Mayor Daley: Bad Politics, and a Culture of Corruption." *PS: Political Science and Politics* 39 (4): pp. 809-12.

Johnston, M. (2009) Japan, Korea, the Philippines, China: Four Syndromes of corruption, Preventive Corruption in Asia: Institutional Design and Policy Capacity (Ting Gong and Stephen K. Ma (ed)), Routledge Contemporary Asia Series.

Johnston, M. (2010) *First, do no harm- Then, build trust: Anticorruption strategies in fragile situations*, background paper for the World Development Report 2011, Washington, D. C. : World Bank.

Johnston, M., Johnsøn, J. (2014) "Doing the wrong things for the right reasons? 'Do no harm' as a principle of reform". *U4 Brief* (13).

Johnston, M. (2014a) *Corruption Contention and Reform: The Power of Deep*

Democratization, Cambridge University Press.

Juslesen, M. K., Bjørnskov, C. (2012) Exploiting the Poor: Bureaucratic Corruption and Poverty in Africa, Afrobarometer 2012 (https://papers.ssrn.com/sol3/papers.cfm?abstract_id=2168119).

Kang, D. C. (2002) Bad Loan to Good Friends: Money Politics and the Developmental State in South Korea, *International Organization* 56 (1), pp. 177-207.

Karklins, R. (2005) *The System Made Me Do It*, New York: M. E. Sharpe. in 溝口2017 91) (http://www.ijf.hr/FTP/2007/3/badjun.pdf).

Kaufmann, D. (1997) Corruption: The Facts, *Foreign Policy* 107 (Summer) Dimant and Tosato 2017; pp. 114-131.

Kaufmann, D., Wei, S. J. (1999) "Does 'Grease Money' Speed Up the Wheels of Commerce?" *NBER Working Paper* No. 7093.

Kaufmann, D. Kraay, A., Mastruzz, M. (2010) "Rule of Law Matters," Northwestern *University Law Review*, 104, pp. 244-250.

Kaufmann, D. (2012) "How Selective is Donor Aid? Governance and Corruption Matter and Donor Agencies Should Take Notice," Brooking Institute. (https://www.brookings.edu/opinions/how-selective-is-donor-aid-governance-and-corruption-matter-and-donor-agencies-should-take-notice/).

Kaunda, J. (2010) "Corruption Costing Africa Billions," The Post Newspapers Zambia, November 20.

Kerusauskaite, I. (2018) *Anti-Corruption in International Development*, Routledge.

Khwaja, A. I., Mian, A. (2005) Do Lenders Favor Politically Connected Firms? Rent Provision in an Emerging Financial Market, *The Quarterly Journal of Economics*, 120, pp. 1371-1411.

Kimeu, S. (2013) "Misappropriation of Funds for Free Education in Kenya," *Global Corruption Report 2013*, TI, Berlin, p. 46.

Kitschelt, H. Wilkinson S. I. (2007) *Patrons, Clients, and Policies: Patterns of Democratic Accountability and Political Competition*, Cambridge University Press.

Kjær, A. M. (2004) *Governance*, Cambridge: Polity Press.

Klitgaard, R. (1998) "International Cooperation Against Corruption," *Finance and Development*, March 1998.

KMPG (2011) Global Anti-Bribery and Corruption Survey 2011 (https://www.ibe.org.uk/userfiles/kpmgglobal anti bribery corruption-survey.pdf).

Knack, S., Philip K. (1995) "Institutions and Economic Performance: Cross-Country Tests Using Alternative Institutional Measures," *Economics and Politics* 7 (3); pp. 207-27.

KOMPAS. (2018) "Survei LSI: DPR, Lembaga Negara dengan Tingkat Kepercayaan Terendah," July 31, 2018, KOMPAS. com. (https://nasional.kompas.com/read/2018/07/31/17242921/survei-lsi-dpr-lembaga-negara-dengan-tingkat-kepercayaan-terendah).

Kotera, G., Okada K., and Samreth. S., (2012) "Government size, democracy, and corruption: An empirical investigation," *Economic Modelling*, Volume 29, Issue 6, November 2012, pp. 2340-2348.

KPK (Komisi Pemberantasan Korupsi=Anti-corruption Commission (in Indonesia)) Homepage (http://www.kpk.go.id/id).

KPK (Komisi Pemberantasan Korupsi=Anti-corruption Commission (in Indonesia)) (2016) Annual Report 2016 (English version) (https://www.kpk.go.id/images/Laporan%20Tahunan%20KPK%202016%20Bahasa%20Inggris.pdf).

Krueger, A. (1974) "The Political Economy of the Rent-Seeking Society," *The American Economic Review* 64 (3): pp. 291-303.

Kunicov J., Rose-Ackerman, S. (2005) "Electoral Rules and Constitutional Structure as Constraints on Corruption," *British Journal of Political Science 35* : pp, 573-606.

Kupatadze, A. (2017) Georgia: breaking out of a vicious circle, Mungiu-Pippidi, A., and Johnston, M. (ed), *Transitions to Good Governance*, Edward Elgar Publishing, pp. 80-101.

Kwok, T. (2001) "National Anti-Corruption Strategy: The Role of Government Ministries," *Resource Material Series* No. 79, UNAFEI, pp.133-139.

Lambsdorff, J. G. (2007) *The Institutional Economics of Corruption and Reform: Theory, Evidence and Policy*, Cambridge University Press, Cambridge.

Lambsdorff, J. G., Frank, B. (2011) "Corrupt Reciprocity- Experimental Evidence on a Men's Game," *International Review of Law and Economics* 31 (2): pp. 116-125.

LaPalombara, J. (1994) "Structural and Institutional Aspect of Corruption", *Social Research* Vol. 61, pp. 325-50.

La Porta, R., Lopez-de-Silances, F., Shleifer, A., Vishny, W. (1997) "Trust in Large Organizations," *American Economic Review*, Papers and Proceedings, CXXXVII (2), pp. 333-8.

La Porta, R., Lopez-de-Silances, F, Shleifer., A., Vishny R. W. (1999) *The Quality of Government. Journal of Law, Economics and Organization*. 15 (1): pp. 1-35.

Le Billon, P. (2003) "Buying peace or fueling war: The role of corruption in armed conflicts." *Journal of International Development* 15 (4): pp. 413-26.

Le Billon, P. (2005) "Overcoming corruption in the wake of conflict." in *Global Corruption Report* 2005. Berlin: TI.

Le Billon, P. (2008) "Corruption peace?" Peacebuilding and post-conflict corruption. *International Peacekeeping 15* (3): pp. 344-363.

Lederman D., Loayza, N. V., Soares, R. R. (2005) "Accountability and Corruption: Political Institutions Matter,", *Economics and Politics*. 17 (1): pp. 1-35, John Wiley and Sons Ltd.

Leff, N. (1964) "Economic Development Through Bureaucratic Corruption," *American Behavioral Scientist*, pp. 8-14.

Leftwich, A. (2000) States of Development: On the Primacy of Politics in Development, *Polity Press*, Cambridge, MA.

Leite, C. A., Weidmann, J. (1999) Does Mother Nature Corrupt? Natural Resources,

Corruption, and Economic Growth (June 1999), IMF Working Paper 85.

Leu, A. C. (2013). Addressing corruption in on-campus accommodation in Timisoara, Romania, in Global Corruption Report, Transparency International, pp. 119-123.

Lovei, L., McKechnie A. (2007) "The Costs of Corruption for the Poor: The Energy Sector, Public Policy for Private Sector," Note Number 207, World Bank

Levitsky, S., Way, L. A. (2000) *Competitive Authoritarianism: Hybrid Regime After the Cold War*, Cambridge University Press.

Maina, W. (1998) "Kenya: The State, Donors and the Politics of Democratization," in Alison Van Rooy (ed.), *Civil Society and the Aid Industry: the Politics and Promise*, London: Earthscan Publications, pp. 134-167. (in 近藤 2013, 277-238)

Malaysian Anticorruption Commission. (2010) *Annual Report 2009*, Malaysian Anticorruption Commission, Mayalsia.

Malena, C. (2009) "Building Political Will for Participatory Governance: An Introduction," in C. Malena, ed. Form Political Won't to Political Will: Building Support for Participatory Governance. Sterling VA: Kumarian Press, (In *U4 Brief* May 2010: No.1.).

Manning, N., et al. (2000) Pay and Patronage in the Core Civil Service in Indonesia (in World Bank, 2000), pp. 71-72. (J. Quah's Presentation paper),

Marquette, H. (2011) 'Donors, State Building and Corruption: Lessons from Afghanistan and the implications for aid policy,' *Third World Quarterly* 32 (10): pp. 1871-90.

Mauro, P. (1995) "Corruption and Growth," *Quarterly Journal of Economics*, 110 (3): pp. 681-712.

Mauro, P. (1997) *Why Worry about Corruption?* IMF, Washington, DC.

Mauro, P. (1998) "Causes, Consequences, and Agenda for Further Research," *Financial Development*, March 1998.

Meier, K. J., Holbrook, T. M. (1992) "I seen My Opportunities and I Took 'Em:" Political Corruption in the American States, *The Journal of Politics*, 54 (1), pp. 135-155.

Menard A. R., Weill L. (2016) "Understanding the Link Between Aid and Corruption," University of Strasbourg. (https://afse2015.sciencesconf.org/54857/document).

Meon P. G., Sekkat K. (2005) Does Corruption Grease or Sand the Wheels of Growth? *Public Choice* 2005 122: pp. 69-97.

Mihály F., István J. T. (2014) New Ways to Measure Institutionalised Grand Corruption in Public Procurement, *U4 Brief*, October 2014: p. 9 (www.u4.com).

Milken Institute. "Opacity Index" (http://assets1c.milkeninstitute.org/assets/Publication/ResearchReport/PDF/InstituteOpacityIndex_Apr8pdf).

MINECOFIN (Ministry of Finance and Economic Planning). (2013) "Budget speech, financial year 2012/2013", available at: (http://www.minecofin.gov.rw/fileadmin/templates/documents/BUdget_Management_and_Reporting_Unit/Budget_Speeches/2012-2013_Budget_Speech.pdf).

Mitchell, L. A. (2006) Democracy in Georgia since the Rose Revolution, *Orbi*, 50 (4), pp. 669-76.

Mocan, N. (2004) "What determines corruption? International evidence from micro data." *NBER Working Paper* No. 10460, April. Cambridge, MA: NBER.

Mo Ibrahim Foundation. (2016) A Decade of African Governance 2006-2005: 2016 Ibrahim Index of African Governance, Mo Ibrahim Foundation, London.

Money, Politics and Transparency. (2014) "Money, politics and transparency 2014: Rwanda," (available at: https://data.moneypoliticstransparency.org/countries/RW/).

Montinola, G., Jackman, R. W. (2002) "Sources of Corruption: A Crosscountry Study," *British Journal of Political Science*, 32: pp. 147-70.

Mo, P. H. (2001) "Corruption and Economic Growth," *Journal of Comparative Economics*, Vol. 29, pp. 66-79. Elsevier.

Mungiu-Pippidi, A. (2006) "Corruption: Diagnosis and Treatment," *Journal of Democracy*, 17: pp. 86-99.

Mungiu-Pippidi, A., et al. (2011) "Contextual Choices in Fighting Corruption: Lessons Learned," *ERCAS Working Paper* No. 30, European Research Centre for Anti-Corruption and State-Building, NORAD.

Mungiu-Pippidi, A. (2015) *The Quest for Good Governance: How Societies Develop Control of Corruption*, New York; Cambridge University Press.

Mungiu-Pippidi, A., Johnston, M. (eds) (2017) *Transition to Good Governance: Creating Virtuous Circles of Anti-corruption*, Edward Elgar Publishing.

Murphy, K. M., Shleifer, A., Vishny, R. W. (1993) "Why is rent-seeking so costly to growth?" *American Economic Review Papers and Proceedings*, LXXXIII 409-14.

Mutebi, A. M. (2008) "Explaining the Failure of Thailand's Anti-corruption Regime," *Development and Change*, 39 (1).

Myrdal, G. (1968) *Asian Drama: An Inquiry into the Poverty of Nations*, New York: Twentieth Century Fund.

Naim, M. (2005) "Bad Medicine," *Foreign Policy*, March 1, 2005. (www.foreignpolicy.com/articles/2005/03/01/bad_medicine).

Narayan, D. N. (1999) Voices of Poor, Can Anyone Hear Us?, PREM, WB, p. 98.

National Economic Development Authority (NEDA). (2001) *Medium-Term Philippine Development Plan 2001-2004*, Manila.

National Economic and Development Authority (NEDA). (2009) *Updated Medium-Term Philippine Development Plan 2004-2010*, Republic of the Philippines, Manila, p. 267.

Nawaz, F. (2011) Use of Governance and Corruption Indicators in Incentive Programmes: *U4 Expert Answers*, U4, Bergen.

NORAD. (2011) Joint evaluation of support to anti-corruption efforts, 2002-2009: Synthesis Report 6/2011. Oslo: Norad (in Johnson 2016, 39).

OECD. (1997) *Convention on Combating Bribery of Foreign Public Officials in International Business Transactions*, OECD.

OECD. (1999) *Fighting Corruption in Developing Countries and Emerging Economies: The Role of the Private Sector*, Final Report on Washington Conference on Corruption.

OECD. (2001) Frequently asked questions. (http://www.oecd.org/daf/noncorruption/faq.htm).
OECD. (2003) *Fighting Corruption*: What Role for Civil Society? The Experience of the OECD, Paris.
OECD. (2006) OECD Risk Awareness Tool for Multinational Enterprises in Weak Governance Zone, OECD. (www.oecd.org/daf/inv/mne/weakgovernancezones-riskawarenesstoolformultinationalenterprises-oecd.htm).
OECD. (2007) *Policy Paper and Principle on Anticorruption: Setting an Agenda for Collective Action*, OECD, p. 13.
OECD Observer (2007) Defining Corruption, 2007 March. (http://oecdobserver.org/news/printpage.php/aid/2163/Defining_corruption.html).
OECD. (2008) *The Istanbul Anti-Corruption Action Plan: Progress and Challenge*, OECD.
OECD. (2010) AntiCorruption Network for Eastern Europe and Central Asia, Istanbul Anti Corruption Action Plan: 2nd Round Monitoring, Georgia, OECD.
OECD. (2011), *OECD Guideline for Multinational Entreprises 2011 edition*, OECD Paris.
OECD. (2014) The Rationale for Fighting Corruption, CleanGovBiz (http://www.oecd.org/cleangovbiz/49693613.pdf).
OECD. (2018) State-Owned Enterprises and Corruption: *What are the risks and what can be done?* OECD.
OECD MAP (Methodology for Assessing Procurement System): (http://www.oecd.org/development/effectiveness/commonbenchmarkingandassessmentmethodologyforpublicprocurementsystemsversion4.htm).
Office of the Ombudsman. (2000) *Complilation of Laws Relating to Graft and Corruption*, OMB, Republic of Philippines.
Office of the Ombudsman. (2008) *Annual Report 2008*, Office of Ombudsman, Republic of Philippines.
Office of the Ombudsman (OMB). (2011) *Strengthen Good Governance in Rwanda: The Experience of the Office of the Ombudsman*, OMB, Kigali.
Office of the Ombudsman (OMB), (2012a) "Rwanda anti-corruption policy", OMB, Kigali, (available at: https://www.ombudsman.gov.rw/).
Office of the Ombudsman (OMB)(2012b), *Annual Report July 2012-June 2013*, OMB, Kigali, (available at: https://www.ombudsman.gov.rw/).
Office of the Ombudsman (OMB)(2014), *Annual Report July 2013-June 2014*, OMB, Kigali, (available at: https://www.ombuds man.gov.rw/).
Office of the Ombudsman (OMB)(2015a), "Anti-corruption initiative of the Office of the Ombudsman in Rwanda", OMB Kigali, (available at: https://www.ombudsman.gov.rw/).
Office of the Ombudsman. (OMB)(2015b), "Convict corruption data base", OMB, Kigali, (available at: https://www.ombudsman. gov.rw/).
Okada, K., Samreth, S. (2010) "How Does Corruption Influence the Effect of Foreign

Direct Investment on Economic Growth?" *MPRA Paper* No. 27572, Munich University, December 2010. (https://mpra.ub.uni-muenchen.de/27572/1/MPRA_paper_27572.pdf).

Olken, B. A. (2007) "Monitoring Corruption: Evidence from a Field Experiment in Indonesia," *Journal of Political Economy*, Vol. 115, No .2, University of Chicago.

Omotola, J. Shola. (2013) "Corruption in the academic career", *Global Corruption Report 2013*, TI, Berlin, pp. 185-188.

O'uchi, M. (1997). "A Study of Corruption: A Paradigm for Analysis," *Yachiyo Journal of Inernational Studies 9* (4).

Oyamada, E. (2005) "President Gloria Macapagal-Arroyo's Anti-Corruption Strategy in the Philippines: An Evaluation," *Asian Journal of Political Science*, Volume 13 No. 1: pp. 81-107, National University Singapore.

Oyamada, E., (2015) "National Integrity, the next step of the antigraft fight," Jakarta Post, April, 1.

Oyamada, E., Wilfredo, C. (2016) *Integrity Systems and Corruption Performance Measurements*, JICA (internal use commissioned to Global Link Management).

Government of Pakistan. (2002) National Anticorruption Strategy, Pakistan.

Panizza, U. (2001) "Electoral Rules, Political Systems, and Institutional Quality," *Economics and Politics*, Wiley Blackwell, Vol. 13 (3), pp. 311-342, November.

Papva, V. (2009) Georgia's economy: post-revolutionary development and post-war difficulties, *Central Asian Survey* Vol.28, No. 2, June 2009 pp. 199-213.

Patrinos, H. A. (2013) "Teacher Absenteeism and Loss in Schools," *Global Corruption Report 2013*, TI, Berlin, pp. 70-73.

Peiffer, C., Alvarez, L. (2016) 'Who will be the "Principled-Principals'? Perceptions of Corruption and Willingness to Engage in Anticorruption Activism", *Governance: An International Journal of Policy, Administration, and Institutions*, Vol. 29, No. 3, July 2016, pp. 351-369, Wiley Periodicals, Inc.

Persson, T. G.,Trebbi, F. (2003) "Electoral Rules and Corruption," *Journal of the European Economic Association*, 1, pp. 958-989.

Persson, A., Rothstein, B., Teorell. (2010) "The Failure of Anticorruption Policies; A Theoretical Mischaracterization of the Problem," *Working Paper 19*, Quality of Government Institute, University of Gothenburg, Sweden. in U4 Brief, March 2011: p. 2.

Persson, A., Rothstein, B., Jeorell, J. (2013) "Why Anticorruption Reforms Fail-Systemic Corruption as a Collective Action Problem," *Governance: An International Journal of Policy, Administration, and Institutions*, Vol. 26, No. 3. (449-471).

Peters, B., G. (1995) *The Politics of Bureaucracy: An Introduction to Comparative Public Administration*, Routledge.

Government of the Philippines. (2005) "World Bank cites GMA's success in fight vs. corruption," SONA Update 19 March 2005. (www.gov.ph.org).

Government of the Philippines. (2005a) News "Government confident of licking corruption," May 13 2005. (www.gov.ph/news/default.asp?newsid=9299).

Paldam, M. (2001) "Corruption and Religion Adding to the Economic Model," *Kyklos*, Vol. 54 (Fase 2/3), pp. 383-413.

Pierre, J., Peters, G. (2000) *Governance, Politics and the State*, Basingstoke: Macmillan.

Pillay, P., Khan, F. (2015) "Public Policy and Corruption in a Globalized World: Case Studies from South Africa and Rwanda", in Goymen, K. and Robin, L. (Eds), *Public Policy Making in a Globalized World*, Istanbul Policy Center, Sabanci University, Istanbul, pp. 202-234.

Pisani, E. (2014) *Indonesia Etc.* Granta Books, London, (in Kerusauskaite 2018, 45).

Pokhrel, K. (2013) Nepotism in appointments; The case of Nepal, in *Global Corruption Report 2013*, pp. 80-82.

Pomerantz, P. R. (2011) "Development Theory" in Mark Bein ed., *The Sage Handbook of Governance*, Sage.

Pope, J., TI (2000) *TI Source Book 2000: Confronting Corruption: The Elements of a National Integrity System*, TI Berlin.

Pritchett, L., de Weijer, F. (2010). "Fragile States: Stuck in a Capability Trap?" Background paper for the World Development Report 2011.

Proética (2010) *Sixth National Survey of Corruption Perceptions in Peru 2010*, Proética, Lima, Peru.

Quah, J. S. T. (2006) "*Curbing Asian Corruption: An Impossible Dream?*" *Current History*, Vol. 105, No. 690.

Quah, J. S. T. (2010) *Public Administration Singapore-Style: Research in Public Policy Analysis and Management*, Emerald Group Publishing Limited.

Quah, J. S. T. (2011) *Curbing Corruption in Asian Countries: An Impossible Dream?* Emerald Group Publishing, Bingley.

Quah, J. S. T. (2015) *The Normalisation of Corruption: Why it occurs and what can be done to minimise it*, Department of Economic and Social Affairs, United Nations, New York.

Quah, J. S. T. (2017) Anti-Corruption Agencies in Asia Pacific Countries: An Evaluation of Their Performance and Challenges, Transparency International (https://www.transparency.org/files/content/feature/ACAs_background_paper_2017.pdf)

Ramalho, R. (2007) "The Persistence of Corruption: Evidence from the 1992 Presidential Impeachment in Brazil," World Bank. (https://www.enterprisesurveys.org/~/media/GIAWB/EnterpriseSurveys/Documents/ResearchPapers/persistence-of-corruption-in-Brazil).

Rauch, J. E., Evans, P. B. (2000) "Bureaucratic Structure and Bureaucratic Performance in Less Developed Countries," Journal of Public Economics, 75, pp. 49-71.

Recanatini, F. (2011) "Assessing Corruption at the Country Level," *Handbook of Global Research and Practice in Corruption*, Edward Elgar Publishing.

Reed, Q. (2004) "Corruption and the EU accession process: Who is better prepared?" in *Global Corruption Report 2004*, Berlin, TI.

Reno, W. (2008) Anti-corruption efforts in Liberia: are they aimed at the right target? (www.relooney.info/0_NS4053_76.pdf) in Anti-Corruption Progress in Georgia, Liberia, Rwanda, TI 2011.

Republic of Rwanda. (2000) Vision 2020, Ministry of Finance and Economic Planning, Kigali, (available at: http://www.sida.se/globalassets/global/countries-and -regions/africa/rwanda/d402331a.pdf).

Republic of Rwanda. (2015) Government Annual Report July 2014–June 2015, Kigali, ' (available at: http://primature.gov.rw/index.php?id=49).

Reuters. (2011) "Bribery rife across Europe's top companies" (https//uk.reuters.com/article/2011/05/18/uk-europe-bribery-idUKTRE74H0AD20110518) May 18, 2011.

Reuters (2012) World Bank reassesses Uganda aid after graft allegations, December15, 2012. (https://www.reuters.com/article/us-uganda-aid-idUSBRE8AD17G20121114)

Reuters (2013) World Bank President Calls Corruption "Public Enermy No.1" (https://www.reuters.com/article/us-worldbank-corruption-idUSBRE9BI11P20131219).

Rider, B. A. K (ed) (1997) *Corruption: The Enemy Within*, Kluwe Law International, The Hague; Boston.

Rijckeghem, V., Weder B. (1997) "Corruption and the Role of Temptation: Do Low Wages in Civil Service Cause Corruption?" *IMF Working Paper*, WP/97/73.

Rock, M. T., Bonnett, H. (2004) "The Comparative Politics of Corruption: Accounting for the East Asian Paradox in Empirical Studies of Corrution, Growth and Investment," *World Development*, 21, p.999-1017.

Rock, M. T. (2007) Corruption and Democracy, *IMF Working Paper*, No. 55, ST/ESA/2007/DWP55, UN Department of Economic and Social Affairs (http://www.un.org/esa/desa/papers/2007/wp55_2007.pdf).

Rose-Ackerman, S. (1978) Corruption: A Study in Political Economy, New York, NY: Academic Press.

Rose-Ackerman, S. (1996) Redesigning the State to Fight Corruption: Transparency, Competition, and Privatization, Public Policy for the Private Sector 75, World Bank, Washington D.C.

Rose-Ackerman, S. (1998) "Corruption and the Global Economy," UNDP/OECD Development Centre, pp. 25-44.

Rose-Ackerman, S. (2006) "The Challenge of Poor Governance and Corruption," edited by Bojorn Lomborg, *How to Spend to Make the World a Better Place*, Cambridge University Press, p. 80.

Rose-Ackerman, S. (2008) "Corruption and Government." International Peacekeeping 15 (3) : pp. 328-43.

Rose-Ackerman, S. (2009) "Corruption in the Wake of Domestic National Conflict." in *Corruption, Global Security and World Order*, edited by R. I. Rotberg, pp. 66-89. Baltimore, MD: Brookings Institution Press.

Rose-Ackerman, S. (2010) *The Law and Economics of Bribery and Extortion* (SSRN

Scholarly Paper No. ID 1646975). Social Science Research Network, Rochester, NY.

Rose-Ackerman, S. Soreide, T. (Eds) (2011) *International Handbook on the Economics of Corruption*, Vol. 2, Edward Elgar Publishing, Cheltenham, UK, pp. 71-2.

Rose-Ackerman, S., Carrington, P. D. (2013), Anti-Corruption Policy, Carolina Academic Press, North Carolina.

Rose-Ackerman, S., Lagunes, P. (2015) *Greed, Corruption, and the Modern State*, Edward Elgar Publishing Limited, Cheltenham, UK, p. 108.

Rose-Ackerman, S., Palifka, B. J. (2016) *Corruption and Government: Causes, Consequences, and Reform*, Cambridge University Press, Cambridge, pp. 316-340.

Rose-Ackerman, S., Palifka, B. J. (2018) "Corruption, Organized Crime and Money Laundering," in Basu, Kaushik and Cordella, Tito (2018) *Institutions, Governance and the Control of Corruption*, IEA Conference Volume No. 157, Palgrave Macmillan.

Rothstein, B. Holberg, S. (2011) "Correlates of Corruption," Working Paper Series 2011:12, Univ. of Gothenburg.
(https://www.qog.pol.gu.se/digitalAssets/1357/1357840_2011_12_rothstein_holmberg.pdf).

Rothstein, B. (2011a) "Anti-corruption: The indirect 'big bang' approach," *Review of International Political Economy* 18 (2): 228-50.

Rothstein, B., Varraich A. (2017) *Making Sense of Corruption*, Cambridge University Press, p. 2.

Rothstein, B. (2014) "*What is the opposite of corruption?*" Third World Quarterly 35: pp. 737-57.

Rwanda Governance Board (RGB) (2014), *RGB Governance Score Card*, RGB, Kigali.

Sacks, J. D., Warner, A. M. (1997) Sources of slow growth in African economies, *Journal of African Economies* 6 (3): pp. 335-376.

Samanni, M., Holmberg, S. (2012) Happiness, *Good Government: The Relevance of Political Science* (Soren Holmberg and Bo Rothstein (ed.) Edward Elgar Publishing, pp. 317-332.

Sampford, C., Shacklock, A. Connors, C. Galtung, F.(2006), *Measuring Corruption* Routledge, NY.

Sampford, C. (2014) "From Greek Temple to Bird's Nest: Mapping, Assessing and Understanding National Integrity System." (a joint initiative of the UN University and Griffith University in association with the Australian National University).

Sandbrook, J. (2016) "The 10 Most Corrupt World Leaders of Recent History " July 20 (https://integritas360.org/2016/07/10-most-corrupt-world-leaders/).

Schacter, M., Anwar S. (2000), Anti-Corruption Programs: Look Before You Leap. Prepared for the Int'l Conference on Corruption, Seoul, December 2000. (also in Huther and Shah (2000) p. 1.

Schultz, J., Abashidze, A. (2007) Anti-Corruption Policy Making in Practice: Georgia-A Case Study (www.u4.no/themes/uncac/documents/u4-report-2007-l-country-study-georgia.pdf).

Schütte, S. (2011) Appointing Top Officials in a Democratic Indonesia: The Corruption Eradication Commission, *Bulletin of Indonesian Economic Studies*, 47 (3), pp.355-379.

Schütte, S. A. (2012) Against the Odds: Anti-Corruption Reform in Indonesia, *Public Administration and Development*, 32, pp. 38-48.

Seligson, M. A. (2002) The Impact of Corruption on Regime Legitimacy: A Comparative Study of Four Latin American Countries, *Journal of Politics* 64 (2), pp. 408-433.

Sequeira, S. (2011) "Advances in Measuring Corruption in the Field," (in Serra and Wantchekon, 2011, New Advances in Experimental Research on Corruption, Emerald Group Publishing 2011, pp. 145-176. 156).

Serra, D., Wantchekon, L. (eds) (2012) New Advances in Experimental Research on Corruption, Research in Experimental Economic Vol. 15, Emerald Books.

Shah, A., Schachter, M. (2004), "Combating Corruption: Look Before You Leap," Finance and Development December 2004.

Shah, A. (2007) *Performance Accountability and Combating Corruption: Public Sector Governance and Accountatiblity Series*, Washington, D. C. : p. 249, WB.

Shleifer, A., Vishny, B. (1993) "Corruption," *The Quarterly Journal of Economics*, pp. 599-617.

Silova, I., Kazimzade, E. (2006). "Azerbaijan," in Silova, Iveta, Būdienė, Virginija, and Bray, Mark (eds.), Education in a Hidden Marketplace: Monitoring of Private Tutoring. New York: Open Society Institute, pp.113–142 (in Mark Bray and Chad Lykins (2012) Shadow Education, ADB, p. 43).

Sirleaf, Ellen Johnson (2007) Key Note Address by Her Excellency Ellen Johnson Sirleaf, President of the Republic of Liberia. UN Institute for Training and Research, Torino Retreat, Turin, Italy, August 31.

Smarzynska, B. K., S. Wei. S. (2000), "Corruption and the Composition of Foreign Direct Investment: Firm-Level Evidence," *World Bank Discussion Paper* 2360, Washington, DC: World Bank.

Smith H. (1976) *The Russians* (New York: Ballantine Books, 1976), pp. 116-117.

Social Weather Station. (2000) National Survey, December 2000, Manila.

Social Weather Station (2003) Surveys of Enterprises, Manila.

Social Weather Station. (2007) The 2000-2007 SWS Survey of Enterprises on Corruption, p. 34. Manila.

Social Weather Station. (2012) The TAG 2012 SWS Surveys on Corruption, (http://www.sws.org.ph/).

Social Weather Station (2017) The 2017 SWS Survey Review (Mahar Mangahas). (https://www.sws.org.ph/downloads/publications/2017%20SWS%20Survey%20Review_March%2017%20PSSC.pdf).

Spinellis, D. (1996) Phenomenon of Corruption, OECD Document, OECD/GD 129.

Stapenhurst, R. (2002) "Global Corruption-Causes, Costs and Solutions," Background Handout for CPA Conference at Wilton Park, World Bank Institute.

Stensota, H., et al. (2018) "Gender and Corruption: The Mediating Power of Institutional Logics", *Governance*, Vol. 28, Issue 4, pp. 475-496.

Stephenson, M. C., Schütte, S. A. (2016), Specialized Anti-corruption Courts: A Comparative Mapping, U4, p. 7. (https://www.u4.no/publications/specialised-anti-corruption-courts-a-comparative-mapping/).

Stone, C. E., Ward, H. H. (2000) "Democratic Policing: A Framework for Action" in USAID 2007.

Stoyanov, A. (2000) "The Corruption Monitoring System of Coalition 20000 and the Results From Its Implementation," *Responding to the Challenges of Corruption*, UNICRI Rome, pp. 329-44.

Sucre, J. M. (2010) EL UNIVERSAL "Venezuela fails to meet 97 out of 113 anti-corruption rules" May 27, 2010. (http://english.eluniversal.com/2010/05/27/en_pol_esp_venezuela-fails-to-m_27A3915251.shtml).

Svensson, J. (2005) "Eight Questions about Corruption" Journal of Economic Perspective 19: 19-42 (in USAID 2015 7).

Swamy, A., Knack, S., Lee, Y., Azfar, O. (2001) "Gender and Corruption," *Journal of Development Economics* 64 (1): pp. 25-55.

Tanzi, V. Davoodi, H. (1997) "Corruption, Public Investment, and Growth," *IMF Working Paper*, WP/97/139.

Tanzi, V. (1998) "Corruption around the World: Causes, Consequences, Scope, and Cures," IMF Econmic Review, 45 (3), pp. 559-594.

Tanzi, V., Davoodi, H. (1998) "Roads to Nowhere: How Corruption in Public Investment Hurts Growth", in *Economic Issues* No. 12, March 1998.

Tay, S., Seda, M. (2003), *The Enemy Within: Combating Corruption in Asia*, Eastern Universities Press.

Teorell, J. (2009) "The impact of quality of government as impartiality: theory and evidence," Paper presented at the 2009 Annual Meeting of the American Political Science Association, Toronto, September 2-6.

Time Magazine. (1967) "Corruption in Asia" August 18.

TLC Africa. (2010) Liberia makes strong progress in controlling corruption–says TI (//allafrica.com/stories/201010270006.html) in Anti-Corruption Progress in Georgia, Liberia, Rwanda, TI 2011.

Transparency Accountability Network. (2001) (http://www.tag.org.ph/).

Transparency International. (2000) "Gender and Corruption: are women less corrupt?" March 2000.
(https://www.transparency.org/news/pressrelease/gender_and_corruption_are_women_less_corrupt).

Transparency International. (2001) *Annual Report* 2001, TI Berlin.

Transparency Internaitonal. (2001a) *Global Corruption Report 2001*, TI Berlin.

Transparency International. (2003) News Sep. 22 2003, Berlin.

Transparency International. (2003a) Corruption Perception Index, Berlin. (www.transparency.org).

Transparency International. (2004) *Global Corruption Barometer 2004*. Berlin.

Transparency International. (2004a) *Global Corruption Report 2004*: Political Corruption, TI Berlin.

Transparency International. (2005) (www.transparenciamexicana.org.mx/documentos/ENCBG/2005/Folleto INCBG 2005.pdg).

Transparency International. (2006) *Using the Right to Information as an Anti-Corruption Tool*, TI Berlin.

Transparency International. (2006a) *Handbook Curbing Corruption in Public Procurement*, TI Berlin, p46.

Transparency International. (2007) *Global Corruption Barometer 2007*, p. 11. Berlin.

Transparency International. (2008) Poverty and Corruption, *Working Paper* #2/2008, Berlin.

Transparency International. (2009) *Global Corruption Barometer*, p. 3, Berlin.

Transparency International. (2009a) *Global Corruption Report 2009*: Private Sector, TI Berlin.

Transparency International. (2010) Corruption Perception Index, Berlin. (www.transparency.org).

Transparency International. (2010a) FAQs for Journalists (www.transparency.org).

Transparency International. (2010b) The Anti-Corruption Catalyst: Realising the MDGs by 2015. (https://www.transparency.org/files/content/pressrelease/20100915_TI-S_Realising_the_MDGs_by_2015.pdf).

Transparency International. (2011) *Progress Report 2011: Enforcement of the OECD Anti-Bribery Convention*, TI Berlin.

Transparency International. (2011a) *Realising the MDGs by 2015: Anti-Corruption in Peru*, TI Peru.

Transparency International. (2011c) Georgia: National Integrity System Assessment, Tbilisi: TI.

Transparency International. (2012) *Annual Report 2011*, TI Berlin.

Transparency International. (2012a) *Investing Corruption in Malawi: Training Resources for Journalists*, TI Malawi.

Transparency International. (2012b) *Money, Politics, Power: Corruption Risks in Europe*, TI Berlin.

Transparency International. (2013) Global Corruption Barometer 2013, TI Berlin. (https://www.transparency.org/gcb2013).

Transparency International/PwC (2013) *Diagnosing Bribery Risk* (www.transparency.org.uk/publications/diagnosing-bribery-risk/#.W0ToQ_ZFyZ8)

Transparency International (2013a) *Global Corruption Report: Education*, TI Berlin.

Transparency International. (2014) *Transparency in Corporate Reporting: Assessing the*

World's Largest Companies, TI Berlin.

Transparency International/AFRO Barometer. (2015) "People and Corruption: Africa Survey 2015," TI Berlin, (http://www.transparency.org/whatwedo/publication/people_and_corruption_africa_survey_2015).

Transparency International. (2016a) "Transparency in Corporate Reporting: Assessing Emerging Market Multinationals," TI Berlin.

Transparency International. (2017a) "People and Corruption: Latin America and the Caribbean, " TI (https://www.transparency.org/whatwedo/publication/global_corruption_barometer_people_and_corruption_latin_america_and_the_car).

Transparency International. (2017b) "10 Anti-Corruption Principles for State-Owned Enterprises," TI Berlin.

Transparency International. (2017c) "Real Lives, real stories: Asia Pacific region" p. 3 (https://www.transparency.org/whatwedo/publication/real_lives_real_stories_the_asia_pacific_region).

Transparency International. (2017d) Global Corruption Barometer Asia and the Pacific, (https://www.transparency.org/whatwedo/publication/people_and_corruption_asia_pacific_global_corruption_barometer).

Transparency International (2017e) Global Corruption Barometer, People and Corruption: Citizens Voices from Around the World. (https://www.transparency.org/news/feature/global_corruption_barometer_citizens_voices_from_around_the_world).

Transparency International (2017f) Monitoring Corruption and Anti-Corruption in the Sustainable Development Goals, TI Berlin.

Transparency International. (2018) "Corruption Perception Index," Berlin (//www.transparency.org/research/cpi/cpi).

Transparency International. (2018a) "Exporting Corruption: Progress Report: Assessing the Enforcement of OECD Convention" (https://www.transparency.org/whatwedo/publication/exporting_corruption_2018).

Transparency International-Bosia and Herzegovina. (2013) "Understanding experiences and perceptions of corruption in higher education in Bosnia and Herzegovina," Global Corruption Report 2013, TI, Berlin, pp. 189-193.

Transparency International-Rwanda. (TI-RW) (2015) "Rwanda Bribery Index 2015", TI-RW and Norwegian People's Aid, Kigali, (available at. http://www.tirwanda.org/images/stories/rbi2015.pdf).

Transparency International-Rwanda. (TI-RW) (2016a) "Rwanda Bribery Index 2016" (https://tirwanda.org/en/component/content/article/1-latest-news/291-rbi-2016).

Transparency International-Rwanda. (TI-RW) (2016b) "Preliminary Results of Suggestion Boxes data collection in May and July 2016", (http://www.tirwanda.org/images/sb2016.pdf).

Transparency International UK Defense and Security Programme. (2015) "Government

Defense Anti-Corruption Index" (https://government.defenceindex.org/#intro).

Transparency Rwanda, asbl (2009), "Corruption and governance in Rwanda," (available at: https://tirwanda.org/images/stories/corruption%20and%20governance%20.pdf).

Transparency Rwanda, asbl. (2010), "Gender Based Corruption in Workplaces in Rwanda" TI-RW and Norwegian People's Aid, Kigali, (available at:https://tirwanda.org/images/stories/gender%20based%20corruption%20in%20workplaces%20in%20rwanda.pdf).

Transparent. (2016a) "CSOs to increase awareness and focus on good governance," No. 23, pp. 3-5, TI-RW, Kigali.

Transparent. (2016b) "Transparency International launched findings from a survey on corruption in media," No. 23, pp. 6-7, TI-RW, Kigali.

Treerat, N. (2005) "Combating corruption in the transformation of Thailand," *Corruption and Good Governance in Asia*, Routlege.

Treisman, D. (1999) "Decentralization and corruption: Why are federal states perceived to be more corrupt?" Paper distributed at the American Political Science Association in 1999.

Treisman, D. (2000) "The Causes of Corruption: A cross-national study," *Journal of Public Economies* 76 (3) pp. 399-457.

Treisman, D. (2007) "What Have We Learned About the Causes of Corruption from Ten Years of Cross-National Empirical Research?" Annual Review of Political Science Vol. 10:211-244 (Volume publication date 15 June 2007). (https://www.annualreviews.org/doi/pdf/10.1146/annurev.polisci.10.081205.095418).

Trocaire. (2013) "Countering corruption to achieve universal primary education", *in Global Corruption Report* 2013, p. 22, TI.

Tsine, M., Smilov, D. (2004) "From the ground up-assessing the record of anti-corruption assistance in Southeastern Europe, Center for Policy Studies," CEU, Budapest.

Turner, M., Hulme, D. (1997) *Governance, Administration and Development:* Making the State Work, Macmillan, UK.

Turner, M., Hulme, D. (2015) *Governance, Management and Development,* Macmillan.

Government of Uganda (1998) Inspector General of Government, Final National Integrity Survey, 1998 (in USAID 2007, p.4.).

Ugur M., Dasgupta N. (2011) "Evidence on the economic growth impacts of corruption in low-income countries and beyond: a systematic review," London: EPPI-Centre, Social Science Research Unit, Institute of Education, University of London.

UNCAC Civil Society Coalition. (http://uncaccoalition.org/en_US/following-up-on-the-uncac-review-process/).

United Nations. (2004) "United Nations Conventions Against Corruption," Press Release SOC/CP/301, United Nations, New York.

United Nations Convention Against Corruption. (UNCAC) (2004) United Nations Convention Against Corruption, UNODC (https://www.unodc.org/documents/treaties/UNCAC/Publications/Convention/08-50026_E.pdf).

United Nations Convention Against Corruption. (UNCAC) (2012) "Conference of the States Parties to the United Nations Convention Against Corruption," CAC/COSP/IRG/1/1/1/add. 15, United Nations, New York.

UN Development Group (2013) "A Million Voices: The World We Want" (http://www.ohchr.org/Documents/Issues/MDGs/UNDGAMillionVoices.pdf).

United Nations Development Programme. (1997) "Corruption and Good Governance," *UNDP Discussion Paper* 3, UNDP MDGD, New York.

United Nations Development Programme (UNDP) (1999) *Fighting Corruption to Improve Governance*, New York.

United Nations Development Programme. (2005) *Institutional Arrangements for Combating Corruption: A comparative study*, Bangkok, UNDP, p.88. (http://regionalcentrebangkok.undp.or.th/practices/governance/documents).

United Nations Development Programme and Center for Policy and Human Development. (2007) Afghanistan Human Development Report 2007, Army Press: Islamabad.

United Nations Development Programme. (2008) Asia-Pacific Human Development Report 2008, UNDP.

United Nations Development Programme, Georgia. (2008a), *Georgia Human Development Report 2008*, UNDP Georgia.

United Nations Development Programme. (2008b) Tackling Corruption, Transforming Lives: Accelerating Human Development in Asia and the Pacific, UNDP Bangkok.

United Nations Development Programme. (2008c), "Supporting UNCAC Implementation: Country Experiences in the Asia-Pacific Region Community of Practice Meeting Bangkok, Thailand –October 2008," UNDP Bangkok.

United Nations Development Programme. (2008d),UNDP *User's Guide to Measuring Corruption*, (http://www.undp.org/content/undp/en/home/librarypage/democratic-governance/anti-corruption/a-users-guide-to-measuring-corruption.html).

United Nations Development Programe. (2009) *Methodology for Assessing the Capacity of Anticorruption Agency to perform preventive functions*. (https://issuu.com/undp_in_europe_cis/docs/assessing_agencies_anticorruption_preventive_capac).

United Nations Development Programme. (2010) "Fighting corruption in post-conflict and recovery situations: Learning from the past." New York: UNDP, p.70.

United Nations Development (2010a) *A Guide to UNDP Democratic Governance Practice*, UNDP. pp. 16-18, 50-51. (available at: http://content-ext.undp.org/aplaws_publications/2551865/DG_FinalMaster2-small.pdf).

United Nations Development Programe. (2011) *Practitioner's Guide: Capacity Assessment of Anti-Corruption Agencies*, UNDP, New York.

United Nations Development Programe. (2011a) "Fighting Corruption in the Education Sector: Methods, Tools and Good Practice," UNDP, New York.

United Nations Development Programme (2011b) "Tackling Corruption in Bhutan" (www.undp.org/content/undp/en/home/presscenter/articles/2011/12/09/tackling-corruption-in-bhutan.html).

United Nations Development Programme (2012a), Report of the fifth UNDP global anti-corruption community of practice: Learning from the past-Directions for the future, Brajilia, 5-6 November (in Johnsøn 2016, p.163).

United Nations Devleopment Programme. (2016) *Human Development Report 2016*, Cambridge University Press.

United Nations Development Programme. (2016a) *Evaluation of UNDP Contribution to Anti-Corruption and Addressing Drivers of Corruption*, Independent Evaluation Office, UNDP, NY.

United Nations Development Programme/GOPAC. (2014) *Anti-Corruption Assessment Tool for Parliamentarians: User guide*, pp. 12-35, New York.

United Nations Global Compact. (2012) (www.unglobalcompact.org/Participants And Stakeholders/index.html).

United Nations Global Compact. (2013) "Anticorruption Risk Assessment Guide." (https://www.unglobalcompact.org/docs/issues_doc/Anti-Corruption/Risk Assessment Guide.pdf).

United Nations Office on Drug and Crime. (UNODC) (2007) "World Bank and UNODC to Pursue Stolen Asset Recovery" September 17, 2007. (www.unodc.org/unodc/en/press/releases/2007-09-17.html).

United Nations Office on Drug and Crime. (UNODC) (2010) "Corruption in Afghanistan: Bribery as Reported by Victims," UNODC Vienna.

United Nations Office on Drug and Crime. (UNODC) (2011) , "Corruption in the Western Balkans: Bribery as Experienced by the Population," p. 56. (https://www.unodc.org/documents/data-and-analysis/statistics/corruption/Western_balkans_corruption_report_2011_web.pdf).

United Nations Office on Drug and Crime (UNODC)/UNDP, (2013) "Partnering in Anti-Corruption Knowledge," UNODC/UNDP.

United Nations Office on Drug and Crime (UNODC)(2017), "Law No. 23/2003 Related to the Punishment of Corruption and Related Offences" (www.track.unodc.org/LegalLibrary/LegalResources/Rwanda).

United States Department of State (2010) "Report on Human Rights practices 2010," (www.state.gov/documents/organization/160129.pdf).

United States Department of State (2011), "Investment Climate Statement 2011," (www.state.gov/e/eb/rls/othr/ics/2011/157311.htm).

United States Department of State (2013), "2013 investment climate statement: Rwanda," Washington, D. C., (available at: http://www.state.gov/e/eb/rls/othr/ics/2013/ 204721. htm).

UN HABITAT. (2002) Stavrou, Safer Cities Program, Crime in Nairobi; Results of a Citywide Victim Survey; Safer Cities Seires 2, UN HABITAT Aki Stavron.

Urra, F. J. (2007) "Assessing Corruption: An Analytical Review of Corruption Measurement and its Problems: Perception, Error and Utility," Edmund A. Walsh School of Foreign Service, Georgetown University. (https://pdfs.semanticscholar.org/d74e/a1f48199718aabe62e5635ba1a73c480b90c.pdf).

USAID. (United States Department of State) (1995) *Anticorruption Strategy*, USAID Washington D. C.

USAID. (1999) *A Handbook On Fighting Corruption*, Center for Democracy and Governance, USAID, Washington D. C.

USAID. (2000) "Newsletter of the Americas' Accountability/Anti-Corruption Project (AAA)," No. 24, USAID, Washington D. C.

USAID. (2001) "Newsletter of the Americas' Accountability/Anti-Corruption Project (AAA)," No. 29, USAID, Washington D. C.

USAID. (2002) Corruption and Education Sector, USAID, Washington D. C.

USAID. (2004) "US Foreign Aid: White Paper," USAID Washington. D. C., US Department of States.

USAID. (2005) *USAID Anticorruption Strategy*, USAID, Washington. D. C

USAID. (2005a) Anti-Corruption Investigation and Trial Guide, USAID, Washington DC, USAID, Washington D. C.

USAID. (2006) Corruption Assessment Handbook Office of Democracy and Governance, USAID, Washington D. C.

USAID. (2007) USAID Program Brief: Anticorruption and Police Integrity, USAID, Washington D. C.

USAID. (2009) Lessons learned fighting corruption in MCC threshold countries: the USAID experience (in U4 2011a).

USAID/MSI. (2015) Practioner's Guide for Anticorruption Programming, USAID, Management System International, Washington D. C.
(file:///C:/Users/eijioyamada/Desktop/Practitioner's_Guide_for_Anticorruption_Programming_2015.pdf).

USAID (2018) "Democracy, Human Rights and Governance" Last updated Nov. 2, 2018 (https://www.usaid.gov/democracy).

Uslaner, E. M. (2007) Corruption and Inequality Trap in Africa, Afrobarometer Working Paper No. 69.

Uslaner, E., Rothstein, B. (2012) Mass Education, State-Building and Equality: Searching for the Roots of Corruption Working Paper No. 2012: 5 (Gothenburg: Quality of Governance Institute, Department of Political Science, University of Gothenburg, 2012), (available at www.qog.pol.gu.se/publications/workingpapers/2012/).

Uslaner, E. M. (2017) The Historical Roots of Corruption: Mass Education, Economic Inequality and State Capacity, Cambridge University Press.

U4. (2006) Corruption in the Education Sector, *U4, Bergen:* Chr. Michelsen Institute.

U4. (2006a) Categorization of anti-corruption interventions, *U4 Expert Answer: 1-3*

Bergen: Chr. Michelsen Institute (by Jennett, Victoria).

U4. (2007) "*U4 Expert Answer:* Summaries of Literature on Costs of Corruption," V. Jennett, U4 Bergen: Chr. Michelsen Institute.

U4. (2010) UNCAC in a Nutshell: A Quick Guide to the UNCAC for Embassy and Donor Agency Staff, U4 Bergen. (https://www.cmi.no/publications/3769-uncac-in-a-nutshell).

U4. (2011) "Understanding success and failure of anti-corruption initiative," *U4 Brief*, March 2011: 2, Bergen: Chr. Michelsen Institute.

U4. (2011a) "Use of governance and corruption indicators in incentive programmes," U4 Bergen: Chr. Michelsen Institute (by F. Nawaz).

U4. (2013) "*U4 Expert Answer*: Literature review on costs of corruption for the poor," S. Wickberg, *U4 Bergen*: Chr. Michelsen Institute.

U4. (2014) "The Kinship in Public Office indicator: Kin connectivity as a proxy for nepotism in the public sector, "*U4 Norway* (by Lensne and Gauthier).

U4. (2014a) "Cost-effectiveness and cost-benefit analysis of governance and anti-corruption, " *U4 Bergen*: Chr. Michelsen Institute (by Jesper Johnson).

U4. (2016) "*U4 Expert Answer*: How-to Guide for Corruption Assessment Tool," *U4 Norway*, p.5.

(https://cdn.sanity.io/files/1f1lcoov/production/dN1FX27Dzk77BvC5yEWwHPDF.pdf).

Van Rijckeghem, C., Weder, B. (1997) "Corruption and Rate of Temptation: Do Low Wages in the Civil Service Cause Corruption?" *IMF Working Paper*, WB/97/73.

Vitosha Research. (1999) Quarterly Omnibus Surveys.

Vu Xuan Nguyet Hong and Ngo Minh Tuan with Ta Minh Thao and Nguyen Minh Thao. (2011) Forms and Effects of Corruption on the Education Sector in Vietnam. Ha Noi: Towards Transparency (TT) and Transparency International (TI). (http://www.transparency.org/regional_pages/asia_pacific/transparency_international_in_vietnam/activities/corruption_in_service_delivery#education).

Ware, G. T., et al (2011) "Corruption in procurement," *Handbook of Global Research and Prace in Corruption* (Edited by A. Gracar and R. G. Smith), Edward Elgar Publishing Limited.

Wei, S. J. (1997) "How Taxing is Corruption on International Investment?" NBER Working Paper No. 6030.

Widmalm, S. (2008) *Decentralisation, Corruption and Social Capital: From India to the West*, Sage Publications, India.

William, R., Doig, A. (2007) "Achieving Success and Avoiding Failure in Anticorruption Commission," *U4 Brief* No.1, Michelsen Institute, Norway. In U4 Brief March 2011:2.

Williams-Elegbe, S. (2012) *Fighting Corruption in Public Procurement*: A Comparative Analysis of Disqualification or Debarment Measures, Hart Publishing.

World Bank (WB). (1997) World Development Report 1997: the State in a Changing World, World Bank.

World Bank. (1998) PREM Notes. October 1998 No. 7.

World Bank. (2000) *Helping Countries Combat Corruption*, 2000. Washington, D. C.

World Bank (J. Hellman, G. Jones, D. Kaufmann). (2000) "Seize the State, Seize the Day," *Policy Research Working Paper*, World Bank.

World Bank. (Manila)(2000) Anticorruption Policies and Programs: A Framework for Evaluation, World Bank Manila.

World Bank. (2000a) *Anticorruption in Transition: A Contribution to the Policy Debate*, World Bank Washington, D. C.

World Bank. (Manila)(2000a) Combating Corruption in the Philippines, World Bank Manila.

World Bank/William Davidson Institute. (2000b) "Transition" Unpublished.

World Bank. (2001) *Combating Corruption in the Philippines; An Update*, Philippine Country Management Unit, East Asia and Pacific Regional Office, World Bank.

World Bank. (2001a) *Engendering development through gender equality in rights, resources and voice*, New York: World Bank and Oxford University Press.

World Bank. (2003) *Fighting Corruption in East Asia*, (Jean-Francois Arvis and Ronald Berendim), World Bank.

World Bank. (2004) *Combating Corruption in Indonesia: Enhancing Accountability for Development*, World Bank Jakarta.

World Bank. (2004a) "The Cost of Corruption," World Bank News & Broadcast. (http://web.worldbank.org/WBSITE/EXTERNAL/NEWS/0,,contentMDK:20190187~menuPK:34457~pagePK:34370~piPK:34424~theSitePK:4607,00.html)

World Bank. (James H. Anderson and Cheryl Gray)(2006) *Anticorruption in Transition 3*, p. 19 World Bank Washington D. C.

World Bank. (2006) *Annual Integrity Report*, Fiscal Years 2005-6, Department of Institutional Integrity, Washington D. C.

World Bank. (2007) *Strengthening World Bank Group Engagement on Governance and Anticorruption*, WB, Washington D. C.

World Bank. (2008) *Public Sector Reform: What Works and Why?* An IEG Evaluation of World Bank Support, WB, Washington D. C.

World Bank Institute. (2009) Governance Indicators (http://info.worldbank.org/governance/wgi/index.asp).

World Bank (2010) *Silent and Lethal: How Quiet Corruption Undermines Africa's Development Efforts*, Washington, D. C., World Bank. (in Rothstein and Varraich 2017, 12).

World Bank. (2010a) *Doing Business 2010: Reforming through difficult times*, World Bank, Washington D. C.

World Bank. (2011) *World Development Report 2011:* Conflict, security, and development: Washington, D. C., World Bank.

World Bank. (2012) *Strengthening Governance, Tackling Corruption: The World Bank's Updated Strategy and Implementation Plan*, World Bank.

World Bank. (2012a) "World Development Indicators 2009-12" (http://data.worldbank.org/country/rwanda) (accessed October 2016)

World Bank. (2012b) *Fighting Corruption in Public Services: Chronicling Georgia's Reforms*, WB Washington D. C.

World Bank. (2013) *Doing Business 2014: Understanding Regulations for Small and Medium-Size Enterprises*, World Bank, Washington D. C., p. 16. (http://www.doingbusiness.org).

World Bank. (2014) *"Fiduciary Assessment on a Proposed Credit in the Amount SDR 65.9 Million to the Republic of Rwanda for a Public Sector Governance Program-for-Results,"* Macroeconomics and Fiscal Management, and Governance Global Practices Africa Region, Washington D. C.

World Bank (2016a) *Doing Business 2016: Measuring Regulatory Quality and Efficiency*, World Bank, Washington, DC. (http://www.doingbusiness.org).

World Bank. (2016b) "Worldwide Governance Indicators," Washington D. C., (http://info.worldbank.org/governance/wgi/index.aspx#reports).

World Bank. (2016c) "Rwanda Country Opinion Survey Report 2016," (https://openknowledge.worldbank.org/handle/10986/25354).

World Bank. (2017) *World Development Report 2017: Governance and The Law*, WB, Washington, D. C.

World Bank. (2017a) *Doing Business 2017*: Economy Profile Rwanda, World Bank, Washington D. C. (https://openknowledge.worldbank.org/handle/10986/25607).

World Bank. (2018) *Doing Business 2019: A Year of Record Reforms, Rising Influence*, *World Bank*, Washington D. C.

World Bank/INT. (2017) Annual Updates: Integrity Vice Presidency, World Bank, Washington D. C. (http://pubdocs.worldbank.org/en/703921507910218164/2017-INT-Annual-Update-FINAL-spreads.pdf).

World Bank. Enterprisesurvey (https://www.enterprisesurveys.org/).

World Economic Forum (2013). Global Agenda Council on Anti-Corruption and Transparency 2013. (http://www3.weforum.org/docs/GAC/2013/WEF_GAC_AnticorruptionTransparency_MidtermReport.pdf).

World Justice Project. Open Government Index (http://worldjusticeproject.org/open-government-index/).

World Trade Organization. (2000) "Statement by the President Clinton Signs Implementing Law for OECD Bribery Convention," *World Trade Online, Around the World Trade*. (in Graycar and Prenzler 2013).

ANNEX 1　汚職認識度指数（Corruption Perception Index）（2017年）

ランク	国名	CPI指数
1	ニュージーランド	89
1	デンマーク	88
3	フィンランド	85
3	ノルウェー	85
3	スイス	85
6	シンガポール	84
6	スウェーデン	84
8	カナダ	82
8	ルクセンブルク	82
8	オランダ	82
8	英国	82
12	ドイツ	81
13	オーストラリア	77
13	香港	77
13	アイスランド	77
16	オーストリア	75
16	ベルギー	75
16	米国	75
19	アイルランド	74
20	日本	73
21	エストニア	71
21	UAE	71
23	フランス	70
23	ウルグアイ	70
25	バルバドス	68
26	ブータン	67
26	チリ	67
28	バハマ	65
29	ポルトガル	63
29	カタール	63
29	台湾	63
32	ブルネイ	62
32	イスラエル	62
34	ボツワナ	61
34	スロベニア	60
36	ポーランド	60
36	セイシェル	60
38	コスタリカ	59
38	リトアニア	59
40	ラトビア	58
40	セントビンセント・グレナディーン	58
42	キプロス	57
42	チェコ	57
42	ドミニカ	57
42	スペイン	57
46	ジョージア	56
46	マルタ	56
48	カーボ・ベルデ	55
48	ルワンダ	55
48	セントルシア	55
51	韓国	54
52	グレナダ	52
53	ナミビア	51
54	イタリア	50
54	モーリシャス	50
54	スロバキア	50
57	クロアチア	49
57	サウジアラビア	49
59	ギリシャ	48
59	ヨルダン	48
59	ルーマニア	48
62	キューバ	47
62	マレーシア	47
64	モンテネグロ	46
64	サントメプリンシペ	46
66	ハンガリー	45
66	セネガル	45
68	ベラルーシ	44
68	ジャマイカ	44
68	オマーン	44
71	ブルガリア	43
71	南アフリカ	43
71	バヌアツ	43
74	ブルキナファソ	42
74	レソト	42
74	チュニジア	42
77	中国	41
77	セルビア	41
77	スリナム	41

77	トリニダードトバゴ	41		117	トーゴ	32
81	ガーナ	40		122	アゼルバイジャン	31
81	インド	40		122	ジブチ	31
81	モロッコ	40		122	カザフスタン	31
81	トルコ	40		122	リベリア	31
85	アルゼンチン	39		122	マラウィ	31
85	ベナン	39		122	マリ	31
85	コソボ	39		122	ネパール	31
85	クウェート	39		122	モルドバ	31
85	ソロモン諸島	39		130	ガンビア	30
85	スワジランド	39		130	イラン	30
91	アルバニア	38		130	ミャンマー	30
91	ボスニア・ヘルツェゴビナ	38		130	シエラレオネ	30
91	ガイアナ	38		130	ウクライナ	30
91	スリランカ	38		135	ドミニカ共和国	29
91	東チモール	38		135	ホンジュラス	29
96	ブラジル	37		135	キルギス	29
96	コロンビア	37		135	ラオス	29
96	インドネシア	37		135	メキシコ	29
96	パナマ	37		135	パプアニューギニア	29
96	ペルー	37		135	パラグアイ	29
96	タイ	37		135	ロシア	29
96	ザンビア	37		143	バングラデシュ	28
103	バーレーン	36		143	グアテマラ	28
103	コートジボワール	36		143	ケニア	28
103	モンゴル	36		143	レバノン	28
103	タンザニア	36		143	モーリタニア	28
107	アルメニア	35		148	コモロ	27
107	エチオピア	35		148	ギニア	27
107	マケドニア	35		148	ナイジェリア	27
107	ベトナム	35		151	ニカラグア	26
111	フィリピン	34		151	ウガンダ	26
112	アルジェリア	33		153	カメルーン	25
112	ボリビア	33		153	モザンビーク	25
112	エルサルバドル	33		155	マダガスカル	24
112	モルジブ	33		156	中央アフリカ	23
112	ニジェール	33		157	ブルンジ	22
117	エクアドル	32		157	ハイチ	22
117	エジプト	32		157	ウズベキスタン	22
117	ガボン	32		157	ジンバブエ	22
117	パキスタン	32		161	カンボジア	21
				161	コンゴ	21

161	コンゴ民主共和国	21
161	タジキスタン	21
165	チャド	20
165	エリトリア	20
167	アンゴラ	19
167	トルクメニスタン	19
169	イラク	18
169	ベネズエラ	18
171	北朝鮮	17
171	赤道ギニア	17
171	ギニアビサウ	17
171	リビア	17
175	スーダン	16
175	イエメン	16
177	アフガニスタン	15
178	シリア	14
179	南スーダン	12
180	ソマリア	9

ANNEX 2 『世界ビジネス環境の現実　2019』

国名	総合ランク	事業設立	建設許可取得	電力事情	不動産登記
ニュージーランド	1	1	6	45	1
シンガポール	2	3	8	16	21
デンマーク	3	42	4	21	11
香港	4	5	1	3	53
韓国	5	11	10	2	40
ジョージア	6	2	27	39	4
ノルウェー	7	22	22	19	13
米国	8	53	26	54	38
英国	9	19	17	7	42
マケドニア	10	47	13	57	46
UAE	11	25	5	1	7
スウェーデン	12	18	25	9	10
台湾	13	20	2	8	19
リトアニア	14	31	7	26	3
マレーシア	15	122	3	4	29
エストニア	16	15	14	46	6
フィンランド	17	43	34	25	28
豪州	18	7	9	52	50
ラトビア	19	24	56	53	25
モーリシャス	20	21	15	34	35
アイスランド	21	59	71	13	15
カナダ	22	3	63	121	34
アイルランド	23	10	28	43	64
ドイツ	24	114	24	5	78
アゼルバイジャン	25	9	61	74	17
オーストリア	26	118	42	28	32
タイ	27	39	67	6	66
カザフスタン	28	36	35	76	18
ルワンダ	29	51	106	68	2
スペイン	30	86	78	48	58
ロシア	31	32	48	12	12
フランス	32	30	19	14	96
ポーランド	33	121	40	58	41
ポルトガル	34	57	60	32	36
チェコ	35	115	156	10	33
オランダ	36	22	84	56	31
ベラルーシ	37	29	46	20	5

資金調達	投資家保護	納税	貿易	契約執行	破綻処理
1	2	10	60	21	31
32	7	8	45	1	27
44	38	9	1	14	6
32	11	1	27	30	44
60	23	24	33	2	11
12	2	16	43	8	60
85	15	30	22	3	5
3	50	37	36	16	3
32	15	23	30	32	14
12	7	31	29	37	30
44	15	2	98	9	75
85	33	27	18	38	17
99	15	29	58	11	23
44	38	18	19	7	85
32	2	72	48	33	41
44	83	14	17	13	47
60	72	11	34	46	2
8	64	26	103	5	20
12	51	13	26	20	54
60	15	6	69	27	35
73	30	33	53	31	12
12	11	19	50	96	13
44	15	4	52	102	18
44	72	43	40	26	4
22	2	28	84	40	45
85	33	40	1	10	21
44	15	59	59	35	24
60	1	56	102	4	37
3	14	35	88	78	58
73	30	34	1	23	19
22	57	53	99	18	55
99	38	55	1	12	28
32	57	69	1	53	25
112	64	39	1	35	16
44	72	45	1	99	15
112	72	21	1	74	7
85	51	99	25	29	72

スイス	38	77	69	11	16
日本	39	93	44	22	48
スロベニア	40	38	120	23	56
アルメニア	41	8	98	17	14
スロバキア	42	127	143	47	9
トルコ	43	78	59	60	39
コソボ	44	13	100	113	37
ベルギー	45	33	38	112	143
中国	46	28	121	14	27
モルドバ	47	14	172	81	22
セルビア	48	40	11	104	55
イスラエル	49	45	41	78	89
モンテネグロ	50	90	75	134	76
イタリア	51	67	104	37	23
ルーマニア	52	111	146	154	44
ハンガリー	53	82	110	122	30
メキシコ	54	94	93	99	103
ブルネイ	55	16	55	31	142
チリ	56	72	33	36	61
キプロス	57	52	126	70	94
クロアチア	58	123	159	61	51
ブルガリア	59	99	37	147	67
モロッコ	60	34	18	59	68
ケニヤ	61	126	128	75	122
バハレーン	62	66	57	82	26
アルバニア	63	50	151	140	98
プエルトリコ	64	53	141	88	159
コロンビア	65	100	89	80	59
ルクセンブルク	66	73	12	41	92
コスタリカ	67	142	74	38	47
ペルー	68	125	54	67	45
ベトナム	69	104	21	27	60
キルギス	70	35	29	164	8
ウクライナ	71	56	30	135	63
ギリシャ	72	44	39	79	153
インドネシア	73	134	112	33	100
モンゴル	74	87	23	148	49
ジャマイカ	75	6	76	115	131
ウズベキスタン	76	12	134	35	71

73	110	20	39	55	46
85	64	97	56	52	1
112	30	41	1	110	9
44	51	82	46	24	95
44	95	48	1	47	42
32	26	80	42	19	109
12	95	44	51	50	50
60	57	60	1	54	8
73	64	114	65	6	61
44	33	35	35	69	68
60	83	79	23	65	49
60	23	90	64	90	29
12	57	68	47	44	43
112	72	118	1	111	22
22	64	49	1	17	52
32	110	86	1	22	65
8	72	116	66	43	32
1	48	84	149	67	64
85	64	76	71	49	51
73	38	47	49	138	26
85	38	89	1	25	59
60	33	92	21	42	56
112	64	25	62	68	71
8	11	91	112	88	57
112	38	5	77	128	93
44	26	122	24	98	39
3	110	162	67	63	10
3	15	146	133	177	40
175	122	22	1	15	90
12	122	57	73	121	134
32	51	120	110	70	88
32	89	131	100	62	133
32	38	150	70	131	82
32	72	54	78	57	145
99	51	65	31	132	62
44	51	112	116	146	36
22	33	61	117	66	152
12	89	123	134	127	33
60	64	64	165	41	91

インド	77	137	52	24	166
オマーン	78	37	66	66	52
パナマ	79	48	108	30	81
チュニジア	80	63	77	51	87
ブータン	81	91	88	73	54
南アフリカ	82	134	96	109	106
カタール	83	84	20	69	20
マルタ	84	103	45	77	151
エルサルバドル	85	147	173	97	73
ボツワナ	86	157	31	133	80
ザンビア	87	102	70	128	150
サンマリノ	88	113	72	18	101
ボスニアヘルツェゴビナ	89	183	167	130	99
サモア	90	41	90	65	65
トンガ	91	58	16	90	163
サウジアラビア	92	141	36	64	24
セントルシア	93	70	32	49	104
バヌアツ	94	132	147	107	79
ウルグアイ	95	65	155	55	115
セイシェル	96	145	118	118	62
クウェート	97	133	131	95	69
グアテマラ	98	89	122	44	86
ジブチ	99	96	101	119	110
スリランカ	100	83	65	84	140
フィジー	101	161	102	93	57
ドミニカ共和国	102	117	80	116	77
ドミニカ	103	69	82	50	168
ヨルダン	104	106	139	62	72
トリニダードトバゴ	105	76	125	41	158
レソト	106	119	171	157	108
ナミビア	107	172	83	71	174
パプアニューギニア	108	143	124	72	121
ブラジル	109	140	175	40	137
ネパール	110	107	148	137	88
マラウイ	111	153	136	169	83
アンティグアバーブーダ	112	131	97	63	120
パラグアイ	113	151	79	101	74
ガーナ	114	108	115	86	123
ソロモン諸島	115	98	53	92	154

22	7	121	80	163	108
134	125	12	72	73	100
22	99	174	57	147	113
99	83	133	101	80	67
85	125	15	28	28	168
73	23	46	143	115	66
124	178	2	97	122	120
134	57	71	41	39	121
22	161	62	44	109	89
85	83	51	55	134	81
3	110	17	153	130	99
144	177	42	20	82	105
60	72	139	37	75	37
112	83	74	151	86	140
44	140	100	94	94	137
112	7	78	158	59	168
161	99	73	90	75	130
32	110	58	147	136	98
73	132	101	152	100	70
134	110	31	95	129	73
134	72	7	159	77	115
22	174	102	83	176	156
161	2	108	145	140	48
124	38	141	93	164	92
161	99	98	79	97	96
112	83	148	63	149	124
144	99	75	89	83	134
134	125	95	74	108	150
60	57	166	130	174	77
85	110	108	38	95	126
73	99	81	136	58	125
44	89	111	140	173	142
99	48	184	106	48	77
99	72	158	82	154	83
8	110	134	126	145	141
161	99	144	108	34	132
124	140	127	127	91	103
73	99	115	156	116	160
99	110	38	160	156	144

パレスチナ	116	171	157	85	84
エスワティニ	117	159	107	163	107
バハマ	118	105	91	87	169
アルゼンチン	119	128	174	103	119
エジプト	120	109	68	96	125
ホンジュラス	121	154	116	153	95
コートジボワール	122	26	142	143	112
エクアドル	123	168	113	94	75
フィリピン	124	166	94	29	116
ベリーゼ	125	162	119	91	135
タジキスタン	126	60	135	173	91
ウガンダ	127	164	145	175	126
イラン	128	173	86	108	90
バルバトス	129	101	154	114	129
セントビンセント・グレナディーン	130	88	49	98	171
カーボベルデ	131	116	43	155	70
ニカラグア	132	144	177	110	155
パラウ	133	129	95	149	43
ガイアナ	134	97	164	165	117
モザンビーク	135	174	64	100	133
パキスタン	136	130	166	167	161
トーゴ	137	74	133	105	127
カンボジア	138	185	179	141	124
モルジブ	139	71	62	145	175
セントキッツネイビス	140	95	47	102	185
セネガル	141	64	140	127	118
レバノン	142	146	170	124	105
ニジェール	143	27	158	162	111
タンザニア	144	163	150	83	146
マリ	145	110	109	159	141
ナイジェリア	146	120	149	171	184
グレナダ	147	85	130	89	146
モーリタニア	148	46	92	151	102
ガンビア	149	169	123	160	132
マーシャル諸島	150	75	73	132	187
ブルキナファソ	151	79	58	181	145
ギニア	152	111	50	146	138
ベナン	153	61	51	176	130

22	161	107	54	123	168
85	140	63	32	172	119
144	132	50	161	84	69
85	57	169	125	107	104
60	72	159	171	160	101
12	140	164	123	152	143
44	149	175	162	106	80
112	125	143	109	79	158
184	132	94	104	151	63
172	132	52	111	133	87
124	38	136	148	61	146
73	110	87	119	71	112
99	173	149	121	89	131
144	168	93	132	170	34
161	99	103	81	56	168
134	165	77	114	45	168
99	168	160	85	87	106
99	180	106	137	126	166
85	99	119	146	93	162
161	140	125	91	167	84
112	26	173	142	156	53
144	149	172	129	137	86
22	110	137	115	182	79
134	132	117	155	125	139
161	122	124	68	51	168
144	140	171	139	142	94
124	140	113	150	135	151
144	149	161	124	119	114
60	131	167	183	64	117
144	149	165	92	159	97
12	38	157	182	92	149
144	132	142	135	80	168
144	110	178	141	72	168
134	165	169	113	117	128
99	180	70	75	103	167
144	149	153	120	165	107
144	149	181	167	118	116
144	149	176	107	171	110

ラオス	154	180	99	156	85
ジンバブエ	155	176	176	166	109
ボリビア	156	178	160	111	148
アルジェリア	157	150	129	106	165
キリバス	158	149	117	170	149
エチオピア	159	167	168	131	144
ミクロネシア	160	170	137	117	187
マダガスカル	161	81	183	185	162
スーダン	162	156	105	120	93
シエラレオネ	163	55	182	178	167
コモロ	164	164	85	139	114
スリナム	165	182	114	138	160
カメルーン	166	92	132	129	176
アフガニスタン	167	49	184	168	186
ブルンジ	168	17	162	183	97
ガボン	169	124	144	161	178
サントメプリンシペ	170	148	111	125	173
イラク	171	155	103	126	113
ミャンマー	171	152	81	144	136
アンゴラ	173	139	87	152	170
リベリア	174	80	185	172	182
ギニアビサウ	175	158	178	180	128
バングラデシュ	176	138	138	179	183
赤道ギニア	177	184	163	150	164
東チモール	178	68	161	123	187
シリア	179	136	186	158	157
コンゴ共和国	180	179	127	182	177
チャド	181	186	153	177	134
ハイチ	182	189	180	142	181
中央アフリカ	183	181	181	184	172
コンゴ民主共和国	184	62	165	174	156
南スーダン	185	177	169	187	179
リビア	186	160	186	136	187
イエメン	187	175	186	187	81
ベネズエラ	188	190	152	186	138
エリトリア	189	187	186	187	180
ソマリア	190	188	186	187	152

(出典:World Bank Ease of Doing Business Report 2019)

73	174	155	76	162	168
85	95	145	157	168	159
134	149	186	96	113	102
178	168	156	173	112	76
172	125	96	131	120	168
175	178	130	154	60	148
99	185	110	61	184	123
124	99	132	138	150	136
161	168	163	185	144	118
161	89	88	166	105	161
124	149	168	118	179	168
178	168	105	87	187	138
73	140	182	186	166	127
99	26	177	177	181	74
178	132	138	169	158	147
124	161	183	170	180	129
161	188	135	122	185	168
186	125	129	181	143	168
178	185	126	168	188	164
184	89	104	174	186	168
112	180	67	179	175	111
144	140	154	144	169	168
161	89	151	176	189	153
124	149	179	175	101	168
172	99	140	104	190	168
175	95	85	178	161	163
134	149	185	184	155	122
144	161	188	172	153	154
178	188	147	86	124	168
144	149	187	163	183	154
144	165	180	188	178	168
178	180	66	180	85	168
186	185	128	128	141	168
186	132	83	189	139	157
124	180	189	187	148	165
186	174	152	189	103	168
186	190	190	164	114	168

【索　引】

〈あ行〉

朝日新聞　41, 47, 50
アジア開発銀行（ADB）19, 40, 113, 234, 255
アセスメントツール　65, 67, 95, 103, 131
アドボカシー　67, 114, 142-143, 146, 158, 203, 208, 225, 247, 248
アフガニスタン　35, 38-39, 47, 63, 81, 85, 96, 116, 133, 144, 234, 265, 284
アフリカ　10-12, 19, 27, 31, 33, 35, 37, 47, 49, 55, 60, 67, 72, 84-85, 89, 96-97, 110, 112, 119, 123, 125, 129, 132, 135, 139, 144, 153, 185, 188, 192, 200-202, 205, 209, 214, 223, 242, 250, 258-259, 262, 268, 278
アフリカ連合（AU）9, 19, 67, 125, 135, 139, 250
アラブの春　8-9, 129, 226, 264, 278, 281
アルメニア　36, 145, 227, 245, 249, 258-260, 264, 266, 281
アロヨ大統領（Gloria Macapagal Arroyo）180, 182, 185, 214, 221
安全保障　109, 131
イギリス　19, 30, 81, 131, 134, 150, 164, 218, 259-260, 286
意識改革　274
イラク　92
インド　28, 31, 35-37, 47, 55-57
インド中央査察局（CBI）199
インドネシア　8, 15, 20, 25, 27, 34, 39, 40-41, 47, 56-57, 63, 75, 80, 83, 89, 128, 141-143, 146, 155, 160, 165, 167-168, 174-179, 181, 189, 198, 208-209, 212, 214-220, 223, 227, 231-234, 238, 240-243, 245-247, 259-260, 266, 281-285
インフォーマル・セクター　85
インフラ　10, 25, 45, 126, 135
ウガンダ　40, 45-46, 51, 60, 132, 134, 241, 258, 266, 275
ウクライナ　8, 38, 50, 89, 112, 115, 133, 144, 146, 163, 221, 227, 233, 238, 240-241, 248, 259-260, 264
梅田徹　163-164, 254, 260
英国国際開発省（DFID）127
エヴァンス（Peter Evans）72, 78, 115
エジプト　8, 37, 40, 54, 63, 146, 160, 163, 227, 236, 248, 284
エストニア　75, 146, 163, 231, 262
エストラダ大統領（Joseph Estrada）180
縁故　57, 68-69
縁故採用　31, 34, 38, 42, 49, 55-56, 79, 163, 194, 244, 265
欧州　129, 149-150, 243
欧州評議会（CoE）19, 67, 125, 130, 135-136, 139, 250, 255
欧州連合（EU）19, 55, 96, 100, 108, 112, 128, 130, 135, 218, 222, 239, 256, 264
横領　9, 28, 52, 62, 139, 148, 157, 160, 205
大内穂　19, 24-25, 29, 69-71, 160
オーナーシップ　160, 211, 213, 220, 236, 265, 280
岡奈津子　30, 41, 59
岡本正明　177, 190
汚職（腐敗）の測定方法　65, 73-74, 95, 112
汚職対策　13-16, 45, 50, 65-68, 72-73, 80, 87, 92-93, 112-113, 119-121, 123, 126-129, 131, 133-134, 136, 140, 142, 172-174, 181-182, 184, 192-193, 201, 208, 210, 212-216, 218-219, 223-224, 226-227, 237, 244, 250-251, 254-256, 258, 262, 264, 266, 268, 276-278, 280-282, 285-286
汚職対策機関　15, 74, 80, 112, 117, 123, 125, 129, 136, 167-168, 174-176, 178-181, 183, 185, 189, 194, 201, 208, 211-212, 215-216, 226-227, 233, 237-241, 259, 262-263, 265, 269-270, 280-281
汚職疲れ（corruption fatigue）270, 275
汚職と闘うための国家群グループ（GRECO）131, 136
汚職認識度指数（CPI）11, 74, 79, 85, 95, 111, 172, 174, 193, 205, 219, 230, 283
汚職の原因と結果　39
オンブズマン　190, 195, 208, 222
オンブズマン局　141, 179, 181, 184, 192-198, 200, 204-205, 207-208, 211-215, 218, 239

〈か行〉

海外腐敗行為防止法（Foreing Corruption Practices Act=FCPA）135, 151, 161, 163

会計検査 50, 110, 160, 176, 181
外国（海外）直接投資（FDI）75
開発 16, 9-10, 14-16, 21, 28, 33, 38-39, 65-67, 71, 91, 95, 100, 102, 108, 110-113, 119-121, 128, 130, 134, 156, 160, 162, 189, 209, 211, 213, 221, 229-230, 248, 257, 261-262, 270, 276, 280-281, 285
開発援助 13, 16, 65, 67, 72, 91-92, 130, 230, 256
開発政治学 14, 209, 285
カガメ大統領（Paul Kagame）200, 208, 210-211, 214, 221
ガチャチャ（Gacaca）206-207
家庭教師 54, 56, 58, 64
ガバナンス 10, 16, 65, 70, 73, 75, 81, 88, 92, 97-98, 100-101, 107-108, 112, 114, 116, 119, 120-121, 123, 125, 127-132, 134, 144, 159-160, 165, 168, 172-173, 176, 186, 193, 209, 211, 214, 228, 230, 255, 273, 280
ガバナンス・経済管理支援計画（GEMAP）186
カリブ諸国 129
カルチャー 143, 265, 274
カルテル 26, 126, 132, 151, 163
河田潤一 19, 32, 62-63, 68, 71
韓国 8, 27, 39, 62-64, 153, 213, 229, 231, 234, 253, 259
簡素化 181, 190, 194, 226-227, 241
カンボジア 35, 128, 133, 144-146, 163, 223-234, 248, 259, 284
環米州汚職防止条約 138
官僚主義 33, 35, 68, 79
官僚制 31, 79, 82, 120
議会制 81
企業サーベイ（調査）36, 91, 103
企業調査 74, 103, 128, 148, 150, 182
企業の社会的責任（CSR）157
機構改革 168-169, 216
疑獄 17, 24, 62
規制緩和 121, 169, 241
キックバック 57, 150, 180
機能主義的アプローチ 69, 70
木村宏恒 16, 30-33, 62-63, 80, 93, 98, 114-115, 119-120, 162, 193-194, 202-203, 209-210, 222, 227-228, 235, 240, 246-248, 264, 270, 272, 281
旧ソ連 41, 55, 62, 66, 73, 91, 99-100, 168, 172, 214
給与（賃金）30, 38-39, 47, 49-50, 53-54, 56, 58, 78-79, 145, 162, 168, 174, 184, 187, 190, 194, 198, 212, 227, 230, 265, 275, 284
教育セクター汚職（腐敗）51, 53, 56, 58-59
行政汚職 16, 22, 33, 49-50, 91, 100, 131, 210, 215, 224, 227, 262, 271
競争 25, 32-33, 49, 82, 91, 93, 100, 103, 107, 111, 127, 135-136, 150-151, 156, 161, 163-164, 213, 222, 241, 244, 254, 260
共謀 21, 62, 164
強要型汚職（extortive corruption）59
許認可 11-12, 28-29, 32, 34-35, 37, 51, 59, 77, 103, 108, 111, 162, 168-169, 200, 214, 227, 241, 244, 282
苦情処理 50, 160
グッド・ガバナンス 13, 65-66, 68, 71-72, 76, 105, 111, 114, 119, 121, 123, 126, 128, 131-134, 136, 179-180, 182, 198, 212-213, 224, 226, 228, 241, 251, 255, 262, 268, 271, 281
国別政策制度評価 107, 128
クライエンテリズム（恩顧主義）21, 30-34, 62-63
クロアチア 242
クローニー（取り巻き）21, 62, 68, 180
グローバリゼーション（Globalization）94
グローバル・インテグリティ（Global Integrity）95, 100-101
グローバル・コンパクト・ジャパン 158, 162, 165
グローバル汚職バロメーター（Global Corruption Barometer）95, 98
グローバル汚職報告書（Global Corruption Report）254
経済協力開発機構（OECD）67, 121
経済産業省 152, 154-155
経済成長 14, 16, 22, 68, 70, 74-75, 98, 115, 119, 126, 128, 130-131, 134, 153, 168, 209, 211, 213, 215, 244, 254, 264
経済犯罪 132, 148-149
警察汚職（腐敗）46-50
警察改革 169
ケニア 12, 27, 35, 47, 51-52, 55, 60, 72, 134, 162, 174, 258-259, 275
権威主義 25, 81, 124, 174, 203, 210, 213-214, 217, 220, 222, 230-231, 263, 276
検察 41, 47, 175-179, 190, 204, 208, 240

研修 34, 143, 146, 156, 163, 166, 169, 243
公共事業 25, 27, 34, 70, 102, 145, 150, 246
公共の清廉性指数（Index of Public Integrity）108
構造主義的アプローチ 69-70
交通警察官（警官）36, 46-47, 50, 60, 168-169, 231, 285
コーポレート・ガバナンス 17, 68, 154, 159, 228
国営企業 34, 70, 91, 93, 147, 158-159, 166, 186
国際条約 72, 119, 125, 130, 135, 137, 141, 226, 229, 250-251, 273
国際通貨基金（IMF）84
国際反汚職会議（IACC）135, 139, 140
告発者 45, 121, 164, 167, 241, 243, 259
国防セクターにおける反汚職指標 106
国連（国際連合）9-11, 15, 19, 35, 37-38, 67, 71-72, 85, 91, 114, 126-127, 129, 133, 135-137, 139, 142, 145, 151-152, 154, 158, 161-163, 167, 181, 205, 220, 224, 237, 250, 255-256, 279-280, 285
国連アジア極東犯罪防止研修所（UNAFEI）133
国連開発援助枠組み（UNDAF）256
国連開発計画（UNDP）10, 19, 22, 39, 43, 45, 72, 74, 77, 80-81, 84-86, 92-93, 95, 97, 112, 117-118, 121, 124, 127-130, 188-189, 192, 234, 236, 238, 240, 242, 244, 246, 251, 254-259, 261, 264, 266, 268, 271, 281
国連グローバル・コンパクト 139, 158
国連腐敗防止条約（UNCAC）67, 114, 126, 129, 135, 137, 161-163, 167, 181, 237, 250
国連薬物犯罪事務所（UNODC）35, 85, 129, 136
国家の清廉性システム 73
コネ 10, 49, 54-55, 58, 60-61, 79, 284
小林正弥 32, 62, 115
コロンビア 37, 50, 63, 86, 148
コンサルタント 14, 40, 72, 85, 113, 156, 164-165, 257, 265-266, 269, 285
近藤久洋 162, 236, 246-247, 255, 259, 268-269
コンプライアンス 68, 105, 118, 131, 137, 151-154, 156-159, 164, 178, 227-229, 254

〈さ行〉

サーカシュヴィリ大統領（Mikheil Saakashvili）214, 217, 221
サーリーフ大統領（Ellen Johnson Sirleaf）185-187, 188, 214, 220, 221
財政開放度指数（Open Budget Index）110
裁判所 11, 28, 36, 38, 47, 51, 97, 100, 145, 168, 175, 177-178, 181, 189-190, 195-196, 201, 237, 240-241, 259, 263
財務管理 42-43, 88, 121, 124, 145, 186, 194, 260, 262
サハラ以南アフリカ 11, 33, 60, 96, 123, 185, 192, 205, 214, 258, 262
産業政策 74, 76
ザンビア 27, 60, 123, 132, 227, 234, 245
ジェンダー 37, 74, 85-86, 107, 128, 144, 160, 201-202, 230, 243, 257
志賀裕朗 16, 222, 244
資金回収 68
資産申告 194-196, 200, 208, 212, 215, 242
持続可能な開発目標（SDGs）68, 251, 278
自発的汚職（voluntary corruption）59
司法 29, 34, 69, 72, 74, 76-77, 79, 80, 88, 103, 108, 114, 117, 133, 161, 174, 214-215, 250, 272
司法改革 121, 169, 173, 214, 241
市民憲章 124, 182, 190, 201
市民参加 110, 245, 276, 278
市民社会 14-15, 29, 33, 59, 66-68, 74, 83, 91, 95, 100, 112, 114, 119, 120, 124, 126, 130-131, 135, 140-147, 158-160, 162, 175, 177-178, 180, 186, 193-194, 196-197, 203-204, 209-211, 214, 217-218, 220, 224-226, 233, 236-237, 239, 244-249, 257, 259, 260-263, 265-266, 270-277, 280
市民社会組織 140, 162, 203-204, 212, 282
市民の監視 121
社会開発 58, 70, 114
囚人のジレンマ 156
収賄 9, 20, 41, 62, 131, 133, 152, 164-165, 205-206, 240, 249
潤滑油 14, 28, 61, 70-71, 115
小規模汚職 9, 22, 24, 28, 39, 49-50, 58-59, 146, 148, 168, 173, 180, 194, 205, 210, 214, 219, 227, 249, 283
情実任用 32
情報公開 72, 74, 112, 114, 121, 154, 159-160, 167, 177, 195, 207, 226, 242
情報公開法 129, 186, 194, 207, 241-242
ジョージア 8, 15, 41, 46, 50, 54-55, 64, 86-87, 94, 133,

146, 163, 167-168, 172, 174, 189, 209, 214-222, 227, 231, 234, 241, 245, 249, 260, 262, 264, 266, 276, 281
女性警察官 50, 86
職権乱用 178
シンガポール 64, 73, 75, 111, 178, 200-201, 212-213, 238, 259, 269, 272, 279
新興国 9, 14, 100, 102, 113, 132, 147, 149, 150, 152-153, 159, 172, 213, 229
新制度学派 66, 71-72
新制度派経済学 13, 17
迅速料 21, 59, 62, 111, 116, 282
杉浦功一 81
ステート・キャプチャー（国家の略奪） 73, 78, 83, 91, 99, 125, 151
スリランカ 39, 54, 117, 145-146, 163, 234, 263, 281
政策歪み 77, 115
政治家 8, 10, 13, 19, 21-22, 24-26, 30, 32-33, 37, 40, 48, 56, 63, 73, 80, 88, 91, 93, 99, 116, 142, 145, 159-160, 162, 169, 175, 178, 188, 206, 208, 214, 216, 236, 239-240, 245, 248, 262-263, 272-273, 275-276, 285
政治経済分析（PEA） 228, 255, 260
政治的意志 16, 73, 81, 87, 117, 120, 125, 144, 200, 211, 215, 221, 226, 239, 251, 261-263, 267, 272-274, 276, 281
政治的庇護 42, 180
政治任命（任用） 32, 42, 185, 259
政治腐敗 9, 16, 19, 22, 24-25, 34, 48-50, 180, 193, 204, 215, 232, 262, 277, 280
脆弱国 67, 73-74, 87-88, 92, 113, 202, 230, 256, 262, 268, 279
制度 11, 16, 18, 22, 26-29, 50, 67, 70, 74, 77, 80, 94, 107, 114, 119, 121, 125, 129, 131, 134, 137, 169, 177, 180, 182, 207, 213, 216, 222, 226, 228, 238, 241-243, 248, 261, 265, 269, 276-278, 281, 284
制度改革 13, 15, 135, 142, 173, 193, 209, 215, 222, 228, 233, 241, 279
制度構築 67, 88, 136, 160, 167, 184, 194, 215-216, 221, 224, 227-228, 250, 260, 276
正の相関関係 78, 115
政府物資調達 181
清廉性 20, 50, 69, 73, 86, 100, 103, 105, 108, 112-113, 130-131, 133, 140, 143-144, 157-158, 165, 169, 181-182, 201, 214, 233, 241, 248, 262, 278
世界ガバナンス指標（Worldwide Governance Indicator） 74, 95, 97-98, 107, 128, 134, 231
世界銀行（世銀） 13, 19, 22, 33, 36-37, 41-45, 56, 63, 67, 71-74, 76, 78, 80, 84, 87, 91-92, 97, 103, 107-108, 111, 119, 121, 124-129, 133, 172, 180, 193, 205, 208-209, 212, 218, 220, 225, 231, 255-257, 262, 266, 278-279
世界経済フォーラム 12, 111, 158
石油・ガス採取企業（産業） 72
折衷主義的アプローチ 69-70
説明責任 11, 20, 30, 34, 49-51, 63, 66, 76, 79, 80, 82-83, 87, 95, 97, 100, 105, 107-110, 114, 120-121, 123-124, 127, 130-131, 133, 140, 142, 145, 150, 159-160, 166, 172, 174, 177, 181, 186-187, 189, 194, 198, 201, 207, 216, 228, 233-234, 242, 244, 246-248, 251, 254, 264-266, 270, 272, 274, 276, 278, 280
ゼロ・トレランス（不寛容）政策 226
選挙 8, 22, 24, 27, 30, 32, 34, 41, 56, 81-83, 95, 97, 100, 160, 189, 201, 210, 216, 221-222, 248, 262, 273, 280-281
操作型汚職（manipulative corruption） 59
贈収賄法（UK Bribery Act 2010） 152, 164
贈賄 21, 29-30, 38-39, 43, 45, 62, 70, 89, 109, 114, 120, 131, 136, 150-153, 159, 161, 164-165, 172, 229, 249, 259, 262, 264
測定ツール 15, 95, 111-113, 230
組織化された無秩序（organized anarchies） 256
組織犯罪 22, 87, 130, 132, 279, 281

〈た行〉

タイ 20-21, 38, 49, 62, 75, 77, 80, 88, 142-143, 148, 168, 172, 187, 201, 212, 232, 234, 241-242, 256, 258, 260, 263, 271, 276
大規模（構造的）腐敗 39
大統領 24, 38, 42, 81, 90, 144, 168, 173-174, 182, 185, 187, 188, 210-211, 215-216, 219
逮捕 8, 17, 46, 169, 175, 177-178, 205, 217, 221
多国籍企業 25, 68, 75, 91, 100, 147-148, 150-151, 153-154, 156, 159, 161, 228-229
タブー 66-67, 175, 225, 282
多民族国家 32
タンザニア 60, 123, 132, 227, 234, 245, 273, 281

索 引 | 339

地方自治体（地方政府）10, 34, 37, 42, 51, 111, 165, 246, 269
地方分権化（分権化）80, 168
中央集権 30, 32, 80, 94, 256
中央省庁 34, 51, 58
中国 8, 20, 27, 102, 147-148, 150, 152-153, 155, 159, 213, 229, 249
中東 8, 96, 226, 263, 278
チュニジア 8-9, 133, 160, 259, 264, 281
懲戒処分 50, 169, 258
調達 51, 63, 74, 117, 123, 130, 159, 186, 188, 246, 260, 262
賃金（給与）29, 38, 43, 50, 61-62, 72, 78-79, 115, 127, 233, 241-242, 244, 246
通報者保護法 207
デンマーク 11, 96, 108, 111, 134, 264, 266
ドイツ 20, 26, 102, 108, 114, 117, 132, 151, 164, 172, 253-254, 258-259, 281
盗賊支配（cleptocrazia）21, 62
透明性 11, 20, 30, 42, 66, 69, 72, 83, 92-93, 95, 100, 105, 107-108, 110, 114, 120-121, 123-124, 127, 131, 133, 135, 137, 140, 142, 145, 149-151, 159-160, 163, 165, 172, 174, 177, 181, 185-186, 190, 193-194, 198, 201-203, 207, 219-220, 228, 233-234, 241-244, 251, 254, 260, 266, 272, 278, 280, 282
独裁国家 203
ドナー 15, 116, 130, 140, 168, 174, 188, 211, 215, 218-220, 227, 235, 246, 248-249, 257, 259, 262, 264, 266-267, 270, 273
ドナー機関 13, 19, 21, 45, 67, 71, 73, 81, 87, 91-93, 95-96, 106, 112-113, 119, 120, 126, 127, 134-135, 144-146, 167-168, 173, 224, 226, 233-234, 236, 244-249, 254-257, 264-267, 270-271, 274, 276-279, 281
ドラッカー 272
トランスペアレンシー・インターナショナル（TI）10-13, 17, 19, 34-37, 40, 43, 50-51,55, 58-59, 67, 69, 72-74, 84-86, 90-91, 94, 96, 99, 101-103, 106, 111-112, 114, 136, 141-146, 147-150, 156, 158-159, 162-163, 165, 172, 174-175, 178-179, 182, 185, 187, 190, 192-193, 202-203, 217, 219, 320, 277, 279, 283
トルコ 55-56, 112, 231, 245, 258
貪欲型汚職（greed corruption）59

〈な行〉
ナイ（Nye）115
ナイジェリア 9, 37, 51, 60, 63, 92-93, 123, 132, 142, 275
内政干渉（内政不干渉）65, 119, 134
内部告発者 164, 241, 243, 259
軟性国家 66
ニジェール 51, 55
西原正 19, 20-21, 28-29, 31, 62, 68, 285
西水美恵子 13
日弁連 155
日本 9-12, 14, 17, 20-21, 26, 32, 35, 42, 45, 48-49, 58, 62-64, 66, 96, 102, 111, 133-134, 136, 150-151, 153-155, 158, 162, 164-165, 172, 236-237, 243, 251, 253-254, 258, 260, 264, 275, 280-282, 284-286
ニュージーランド 11, 96, 111, 237
人間開発 11, 22, 72, 85
人間開発指数（HDI）85
認識度 60, 73-74, 81, 96-97, 172, 176, 179, 185, 193, 203, 219, 231, 250, 254, 271, 275
ネパール 55, 57, 234
能力主義 72, 78, 244, 279
ノース（Douglass North）72
ノルウェー 53, 72, 83, 108, 110, 134, 150, 253, 258

〈は行〉
パートナーシップ 110, 117, 129, 160, 226, 245-246
ハイデンハイマ（Heidenheimer）19, 24
背任 21, 62
パキスタン 13, 20, 36, 53, 56, 234, 245, 258, 265
朴喆熙（パク・チョルヒ）62
パトロネージ 27, 32-33, 78, 125
パトロン‐クライアント関係 51, 114
反汚職改革を促進させる要因 261, 263
反汚職改革を阻む要因 263
反汚職サミット 132, 140
反汚職対策 67, 73, 119, 120, 124, 168, 173, 180, 224, 228, 230, 255, 257
反汚職の日 142, 162
反汚職連合 262
ハンガリー 55, 57, 81, 110
潘基文（パン・ギムン）9, 91, 127

バングラデシュ　35, 52-53, 133, 148, 162, 232-234, 238, 242, 250, 258-259
バングラデシュ反汚職委員会（ACC）259
犯罪組織　9, 48, 50
ハンチントン（Huntington）71, 88, 115
被害者なき犯罪（victimless crime）29
ビジネス環境　74, 95, 108, 111-112, 158, 172, 193, 221
ビジネス環境指標（Ease of Doing Business Index）108, 193
非政府組織（NGO）10, 19, 37, 67, 72, 85, 95, 100, 114-116, 119, 132, 141, 143-144, 162-163, 190, 203-204, 233, 236, 247-248, 258-260, 266, 281, 285
必要型汚職（need corruption）59
貧困削減　12, 119, 126, 128, 134, 160, 168, 181, 257
貧困（層）9-10, 12, 17, 22, 28-29, 32, 36, 40, 47, 56, 74, 84-85, 87-88, 94, 108, 119, 126, 128, 131, 134, 160, 168, 181, 188, 230, 246, 257
フィリピン　8, 12, 15, 20, 25, 27-28, 38-40, 42, 44-45, 47, 51, 53, 55, 62-63, 90, 141, 144, 146-147, 162-163, 167, 179-182, 185, 190, 234, 241-242, 248, 259-260
ブータン反汚職委員会（ACC）238
副職　56, 61
ブダペスト汚職研究センター　112
不透明度要因指数（Opacity Index）111, 117
負の相関関係　74, 76-78, 80, 87, 274
ブラジル　8, 39, 47, 83, 90, 110, 153, 155, 229, 253, 258
フリーライダー　156
プリンシパル＝エージェント理論　17
プレスの自由度　83, 108, 112, 205
文化　9, 11-13, 21, 27-30, 38, 57, 69, 126, 211, 242, 265, 278, 282-283, 285
紛争　10, 14, 47, 67, 71, 73-74, 87-88, 92, 116, 124, 131, 230, 255-257
米国　57, 26, 90, 108, 110, 112, 135, 151-153, 161, 163, 165, 186, 229, 253-254, 259, 264, 279-280
米国国際開発庁（USAID）9, 19, 22, 29, 36, 47-51, 53, 74, 78-79, 83, 86-88, 91-92, 113, 121, 123, 125-127, 131, 133-134, 154, 188, 218-219, 227, 239, 240, 243, 245, 247, 249, 260-262, 264, 269, 271-272
米州機構（OAS）67, 125, 135, 139, 258
平和構築　67, 73, 222
ベトナム　20, 40, 54, 57-58, 128, 134, 165, 232, 260

ベネズエラ　108, 111, 227, 258
貿易　74-75, 94, 108, 111-112
法の執行　46, 50, 126, 174-175, 181, 244
法の支配　9, 19, 30, 65, 74, 76-77, 81, 87, 95, 97-98, 100, 108-109, 112, 119, 124, 129, 160, 167, 172, 174, 180, 238, 244, 251
法の支配度指数（Rule of Law Index）108-109
ポーランド　81
ポスト紛争国　67, 73-74, 87, 92, 116, 124, 216, 262
ボスニア・ヘルツェゴビナ　55, 57
ボツワナ　57, 60, 94, 231, 258
香港　64, 69, 111, 175, 178, 185, 234, 238, 258-259

〈ま行〉

マネー・ロンダリング（資金洗浄）68, 113, 148, 161, 189
マハティール　283
マフィア　13, 28, 177
麻薬　22, 47, 131
マレーシア　75, 227, 232, 234, 258, 260
マレーシア反汚職委員会（MACC）258
溝口哲郎　30-31, 61, 68, 71, 76-77, 86, 94, 114-115
南アジア　13, 30
南アフリカ　27, 60, 110, 123, 259
ミャンマー　46, 108, 223
ミュルダール（Myrdal）66
ミレニアム・チャレンジ・アカウント（MCA）134
ミレニアム開発目標（MDGs）10, 68, 251
民営化　27, 70, 93, 115, 168
民間セクター　97, 129-130, 140, 147, 150, 158-159, 180, 214, 220, 244, 263, 273
民主化　14, 16, 32, 66, 79-80, 82, 112, 116, 119, 124, 160, 175, 213, 217, 230, 247, 278
民主主義　9, 26-27, 36, 65, 70, 73-74, 81-83, 90, 112, 117, 131, 174-175, 213, 231, 244, 264, 268
民主的ガバナンス　129, 210, 214, 257
無断欠勤　56, 58
メキシコ　27, 46, 48-50, 86, 102, 117, 222
メディア　27, 29, 33, 42, 59, 66, 83, 91, 94, 100, 103, 117, 129, 142, 146, 153, 160, 174-175, 177-178, 180, 184, 193, 203-205, 209-210, 214, 217-218, 222, 238,

245, 261-262, 271, 282-283
モニタリング　51, 53, 59, 73-74, 83-84, 95, 112, 114, 117-118, 121, 130, 136, 142, 145, 156, 158-159, 165, 176, 186, 208, 212, 230, 234, 236, 238, 244, 245, 246
森下忠　20, 22, 28, 152, 164
モンゴル　38-9

〈や行〉

山岡喜久雄　30
闇経済　89
有効な国家　72
幽霊学校　53
幽霊教員　53, 59
幽霊職員　49, 53
抑制された犯罪（contorl cime）29

〈ら行〉

リーダーシップ　15-16, 117, 173, 205, 211, 214-216, 221, 257, 261, 272, 274, 276, 278, 281
リスク管理　159
リベリア　28, 39, 87, 167-168, 185-186, 188
倫理　50, 62, 165, 284
倫理教育　29, 143, 177
ルワンダ　85, 87, 94, 144, 146, 160, 163, 167-168, 192-195, 198, 200-205, 207-208, 210-212, 214-220, 222, 227, 231-232, 243, 258, 262, 276
レフ（N. Leff）　71, 115
廉政公署（ICAC）　69, 175, 178, 185, 212, 234, 238, 259, 269
レント　33, 77, 87, 203
レント・シーキング　16, 31, 33, 78, 82, 147, 180, 247
連邦制度　79-80
ロシア　27, 48, 100, 102, 115, 155, 229, 242, 260, 264
ロンドン　140

〈わ行〉

賄賂　9, 11-13, 17-18, 20, 24-25, 27-30, 33-39, 41　45-51, 54-61, 73-74, 77, 85-86, 89, 91, 93, 95, 99, 102-103, 111, 115-116, 128, 136, 144, 148, 150-155, 157, 163-164, 169, 174, 185, 189, 192, 205, 229-230, 240, 244, 249-250, 276, 283-285
賄賂支払い度指数（BPI）91, 102

〈A～Z〉

〈A〉

ADB（アジア開発銀行）19, 40, 53 113, 136, 234, 255
Ades, Alberto　33, 75-77, 93
Afrobarometer　12, 37, 60, 84, 144, 185, 250
ANTICORRP（Anticorruption Policies Revisited）112, 117
Arroyo, Gloria Macapagal（アロヨ）180-183, 185, 214, 216, 219, 221
ASEAN　103

〈B〉

Batalla, Eric　42, 180, 184,
Bertelsmann 財団　112
Bolongaita, Emil　181, 234, 240
Bozzini, Alessandro　193, 202-204, 209
Brinkerhoff, Deric W.　210, 273
Butt, S　189-190

〈C〉

CoE（欧州評議会）19, 67, 125, 130-131, 135, 139, 228, 250, 255

〈D〉

De Speville　40, 75, 240, 257, 261, 263
DFID（英国国際開発省）19, 80, 127, 131-132, 260, 281
Doig, A　82, 239-240, 266

〈E〉

Estrada, Joseph　180
EU（欧州連合）19, 55, 96, 100, 108, 112, 128, 130, 135, 218, 222, 239, 256, 264
Evans、Peter（エヴァンス）72, 78, 115

〈F〉

FCPA（Foreign Corruption Practies Act）（海外腐敗行為防止法）151-152, 163-164, 229
Fisman, Raymond　38, 76, 79-80, 94, 219

〈G〉
G8 135
G20 45, 135, 139, 164
GEMAP（ガバナンス・経済管理支援計画） 156, 186, 188
Global Corruption Barometer 36, 98
Global Integrity 100, 194, 201
Goel, R. K 76-77, 79, 80,
Grindle, M. S 115, 209
Gupta, S. 78, 84, 106
Gurgur, Tugrul 12, 77-80, 83

〈H〉
Heidenheimer, A. J（ハイデンハイマ） 19, 24
Hellman, Joel 73, 78, 83, 91, 99-100
Heyneman, Stephen 57
Huntington, Samuel（ハンチントン） 61
Hussmann, K 227, 234, 236, 240, 245, 255, 268, 281
Huther, Jeff 80, 93, 123, 127, 250, 260

〈I〉
ICAC（廉政公社） 175, 185, 189, 212, 234, 238, 259, 269
Iftekhar, Zaman 53
IMF 9, 84, 134, 148, 168, 186, 188, 262
International Budget Partnership 110, 201

〈J〉
Johnson, Jesper 73
Johnston, Michael 73, 254

〈K〉
Kagame, Paul（カガメ） 272
Kaufmann, Daniel 33, 73, 77, 89, 92, 99, 115, 235, 239, 244
Kerusauskaite, Ingrida 20, 121, 126, 132, 239
Klitgaard, Robert 34, 73, 77
KMPG 90, 112
KPK（汚職撲滅委員会） 141-142, 174-179, 181, 189-190, 198, 208, 212, 214-215, 217-219, 234, 238, 240, 243, 259, 283

〈L〉
Lambsdorff, J. G 93
La Porta, R 45, 79, 94
Leff, Nathaniel 61, 115

〈M〉
Marcos（マルコス） 8, 25, 39, 40, 180, 190
Mauro, Paul 73-78, 85, 279
MDGs（ミレニアム開発目標） 10, 68, 251
Mo Ibrahim Foundation 117, 192, 201
Mungiu-Pippidi, Alina 29, 93-94, 225, 231, 239, 267, 270

〈O〉
ODA（政府開発援助） 13, 14, 40, 66, 131, 133-134, 264
OECD 10, 12-13, 15, 19-20, 45, 67, 71, 73-74, 89, 112, 114, 117, 121, 125-127, 130-132, 135-136, 140, 145, 150-151, 153-154, 158-159, 161, 163-164, 172, 174, 228-229, 235, 238-239, 242-245, 249-251, 254, 260, 269, 275, 279
OECD外国公務員贈賄防止条約（OECD条約） 126, 130, 132, 135-136, 150, 161, 228, 250-251

〈P〉
Persson, A 81, 247
Pomerantz, Phyllis 119, 228, 264
PwC（プライスウオーターハウスクーパーズ） 128, 133, 148-149, 154, 156-157, 159

〈Q〉
Quah, Jon 39, 62-63, 73, 174, 179, 181, 184, 190, 237, 239, 272

〈R〉
Rose-Ackerman, Susan 21, 34, 43, 48, 65, 72-73, 76-77, 81-83, 87, 93-94, 203, 205, 208, 261
Rothstein, Bo 9-10, 19-20, 27, 32, 34, 59-61, 65-66, 68, 85, 92, 114-115, 147, 225, 231, 233, 279

〈S〉
Saakashvili, Mikheil（サーカシュヴィリ） 168
Sampford, Charles 22, 74, 97, 231

Shütte, S 190
SDGs（持続可能な開発目標） 10, 68, 112, 129-130, 135, 251, 279, 280, 286
Shah, Anwar 24, 66, 77-80, 83, 92-93, 121, 123, 129, 239, 250, 260
Sirleaf, Ellen Johnson（サーリーフ）185, 220
Social Weather Station 39, 44-45, 90, 144, 182, 184
Suharto（スハルト）8, 25, 27, 39-40, 174, 179, 214

〈T〉

Tanzi, V 29, 45, 76-77, 79
Transparency International（TI）10-13, 17, 19, 34-37, 40, 43, 50-51,55, 58-59, 67, 69, 72-74, 84-86, 90-91, 94, 96, 99, 101-103, 106, 111-112, 114, 136, 141-146, 147-150, 156, 158-159, 162-163, 165, 172, 174-175, 178-179, 182, 185, 187, 190, 192-193, 202-203, 217, 219, 220, 277, 279, 283
Treisman, Daniel 30-31, 69, 73, 75, 77, 79, 81-83, 93-94, 219
Turner, Mark 120, 246, 269

〈U〉

U4 20, 51-57, 64, 72, 79, 85, 108, 117, 123, 132, 134, 268, 271
UK Bribery Act 2010 151
UNCAC（国連腐敗防止条約）19, 65, 67, 114, 118, 126, 129, 132, 135-137, 140, 142, 161, 163, 167, 181, 205, 237, 239, 241, 249, 250-251, 260, 277
UNDP（国連開発計画）10, 19, 22, 39, 43, 45, 72, 74, 77, 80-81, 84-86, 92-93, 95, 97, 112, 117-118, 121, 124, 127-130, 188-189, 192, 234, 236, 238, 240, 242, 244, 246, 251, 254-259, 261, 264, 266, 268, 271, 281
USAID（米国国際開発庁）9, 19, 22, 29, 36, 47-51, 53, 74, 78-79, 83, 86-88, 91-92, 113, 121, 123, 125-127, 131, 133-134, 154, 188, 218-219, 227, 239, 240, 243, 245, 247, 249, 260-262, 264, 269, 271-272
Uslaner, Eric 75, 85, 279

〈W〉

World Bank（世界銀行＝世銀）13, 19, 22, 33, 36-37, 41-45, 56, 63, 67, 71-74, 76, 78, 80, 84, 87, 91-92, 97, 103, 107-108, 111, 119, 121, 124-129, 133, 172, 180, 193, 205, 208-209, 212, 218, 220, 225, 231, 255-257, 262, 266, 278-279
World Justic Project（WJP）108-109

[著者略歴]

小山田 英治（おやまだ えいじ）

同志社大学大学院グローバル・スタディーズ研究科教授
1962年生まれ。名古屋大学大学院国際開発研究科博士課程修了。博士（学術）。国際連合（パレスチナ、東チモール、東京）、世界銀行（インドネシア）、国際NGO、開発コンサル等を経て、2010年より同志社大学勤務。この間、フィリピン大学客員助教授（2000~3年）、香港市立大学特別講師（2004~6年）ガジャマダ大学客員教授（インドネシア）（2005~10年）、Paramadina大学教授（インドネシア）（2005~10年）、ケンブリッジ大学客員フェロー（2017~8年）他。
主要業績：『開発政治学を学ぶための61冊』（共著、明石書店 2018年）、「汚職撲滅を阻む要因と促進する要因」『開発政治学の展開』(勁草書房 2013年)、"Combating Corruption in Rwanda: Lessons for Policy Makers" (*Asian Education and Development Studies*, Vol. 6, Emerald Publishing, 2017)、"President Gloria Macapagal-Arroyo's Anti-Corruption Strategy in the Philippines: An Evaluation," (*Asian Journal of Public Administration*, National University of Singapore, 2005) 他。

開発と汚職
―― 開発途上国の汚職・腐敗との闘いにおける新たな挑戦

2019年2月28日　初版第1刷発行

著　者　小山田英治
発行者　大江道雅
発行所　株式会社 明石書店

〒101-0021　東京都千代田区外神田6-9-5
電　話 03（5818）1171
ＦＡＸ 03（5818）1174
振　替 00100-7-24505
http://www.akashi.co.jp

編集／組版　木郷書房
装　丁　明石書店デザイン室
印刷／製本　モリモト印刷株式会社

(定価はカバーに表示してあります)　　　　ISBN978-4-7503-4802-5

JCOPY 〈(社)出版者著作権管理機構　委託出版物〉
本書の無断複写は著作権法上での例外を除き禁じられています。複写される場合は、そのつど事前に、(社)出版者著作権管理機構（電話03-3513-6969、FAX 03-3513-6979、e-mail: info@jcopy.or.jp）の許諾を得てください。

世界歴史叢書

国連開発計画(UNDP)の歴史

国連は世界の不平等にどう立ち向かってきたか

クレイグ・N・マーフィー [著]
峯 陽一、小山田英治 [監訳]　内山智絵、石髙真吾、福田州平、坂田有弥、岡野英之、山田佳代 [訳]

◎四六判／上製／684頁　◎8,800円

国連で「開発」の任務を果たす中心機関であるUNDP。それは、世界の国々が人間開発や人権などの普遍的な理想に近づけるよう、どのような支援を行い、また自ら発展してきたのか。UNDPの歩みをグローバル・ガバナンスの歴史として描き出す、壮大な試み。

《内容構成》

日本語版への序文
緒言
第1章　UNDPとは何か
　──標準のイメージではない
第2章　UNDPの歴史的責務
　──開発と国際連合
第3章　前身機関EPTAの誕生
　──実践的な連帯のための組織
第4章　南の独立国を支援する
　──脱植民地化と経済の変革
第5章　アフリカからの教訓
　──ガーナ時代のルイスとその後
第6章　組織の転換点
　──キャパシティ、コンセンサス、危機、帰結
第7章　敵か、友か
　──解放運動と革命国家に関与する
第8章　学習する組織
　──女性、ラテンアメリカ、アフリカ
第9章　人間開発の誕生
　──「一気飲み」の開発でUNDPが哺乳類になる
第10章　環境問題への関心
　──冷戦後、「聖人」のために働く
第11章　組織改革と民主的ガバナンス
　──「フェビアン社会主義者は出場不可」
第12章　「海を耕す？」
　──UNDPとグローバル・ガバナンスの未来
監訳者解説　よりよき未来の前触れ
　──UNDPと「グローバル・ガバナンス」の歴史

〈価格は本体価格です〉

開発政治学を学ぶための61冊
開発途上国のガバナンス理解のために

木村宏恒 [監修]
稲田十一、小山田英治、金丸裕志、杉浦功一 [編著]

◎A5判／並製／296頁　◎2,800円

「良い統治」をどう実現するか、開発の世界で焦点となったガバナンスを、政治学的に位置づけたものが開発政治学である。開発は国づくりであり、国をつくるのは政治であるという「開発の基本」を、政治学の各分野と関連する書籍を通じて理解する新たな視点の概説書。

《内容構成》

はじめに──国際開発学と開発政治学

第Ⅰ部　現代世界と途上国開発
第1章　開発の政治経済学のいくつかの視角
第2章　比較政治学と政治発展論
第3章　開発援助と政治

第Ⅱ部　途上国開発における国家の役割
第4章　開発・国家・ガバナンスに関する国際機関の議論
第5章　開発と制度・制度改革
第6章　国家論と開発国家
第7章　脆弱国家論
第8章　ナショナリズムと近代国家

第Ⅲ部　開発のための国家運営
第9章　開発と法の支配
第10章　汚職対策
第11章　リーダーシップ論の途上国への適用
第12章　開発行政と官僚制
第13章　途上国流の公共政策と政治
第14章　ローカル・ガバナンス

第Ⅳ部　開発を取り巻く政治過程
第15章　クライアンテリズムとレント・シーキング
第16章　開発途上国の政党と政治
第17章　市民社会
第18章　民主化

第Ⅴ部　開発への国際関与
第19章　政策改革支援
第20章　平和構築支援
第21章　民主化支援

〈価格は本体価格です〉

グローバル環境ガバナンス事典

リチャード・E・ソーニア、リチャード・A・メガンク [編]
植田和弘、松下和夫 [監訳]

◎B5判／上製／480頁　◎18,000円

今日の地球環境問題は深刻化し、グローバルなレベルでの対応が迫られている。本書は、地球環境に関連する自然科学・社会科学的用語や実際の国際交渉における実務的用語、主要な国際機関、研究機関、市民社会団体等の用語を広く網羅した、必携の事典である。

《内容構成》

序文
まえがき
はじめに

第1部　グローバル環境ガバナンス：論考
第2部　グローバル環境ガバナンス：用語事典

- 本事典の編集に使った情報源とアルファベット略語一覧
- 用語事典
- 頭字語・略語一覧
- 参考文献

付録1：水──グローバル環境ガバナンスにおけるテーマ事例研究／付録2：政府間環境協定抜粋／付録3：グローバル環境ガバナンスの諸原則と価値観／付録4：市民社会による主な代替的協定／付録5：ガバナンスの文書化／付録6：ランダムな定義

監訳者あとがき

図表リスト　表1「環境」という語が定義される文脈／表2　CIDIE各構成機関の「環境事業」として扱われるべき問題についての解釈／表3　水貧困指標

〈価格は本体価格です〉

開発社会学を学ぶための60冊
援助と発展を根本から考えよう
佐藤寛、浜本篤史、佐野麻由子、滝村卓司編著
◎2800円

医療人類学を学ぶための60冊
医療を通して「当たり前」を問い直そう
澤野美智子編著
◎2800円

新版 グローバル・ガバナンスにおける開発と政治
文化・国家政治・グローバリゼーション
笹岡雄一著
◎3000円

21世紀東南アジアの強権政治
「ストロングマン」時代の到来
外山文子、日下渉、伊賀司、見市建編著
◎2600円

新しい国際協力論［改訂版］
山田満編
◎2600円

開発なき成長の限界
現代インドの貧困・格差・社会的分断
アマルティア・セン、ジャン・ドレーズ著 湊一樹訳
◎4600円

正義のアイデア
アマルティア・セン著 池本幸生訳
◎3800円

紛争と国家建設
戦後イラクの再建をめぐるポリティクス
山尾大著
◎4200円

社会調査からみる途上国開発
アジア6ヵ国の社会変容の実像
稲田十一著
◎2500円

開発援助と人類学
冷戦・蜜月・パートナーシップ
佐藤寛、藤掛洋子編著
◎2800円

国際開発援助の変貌と新興国の台頭
被援助国から援助国への転換
エマ・モーズリー著 佐藤眞理子、加藤佳代訳
◎4800円

開発と先住民
みんぱく実践人類学シリーズ7
岸上伸啓編著
◎6400円

国際開発と協働
みんぱく実践人類学シリーズ8 NGOの役割とジェンダーの視点
鈴木紀、滝村卓司編著
◎5000円

開発のための政策一貫性
東アジアの経済発展と先進諸国の役割
河合正弘、深作喜一郎編著・監訳（経済協力開発機構(OECD)財務省財務総合政策研究所共同研究プロジェクト）
◎10000円

開発調査手法の革命と再生
貧しい人々のリアリティを求め続けて
ロバート・チェンバース著 野田直人監訳
◎3800円

開発の思想と行動
「責任ある豊かさ」のために
ロバート・チェンバース著 野田直人監訳
◎3800円

明石ライブラリー 104

〈価格は本体価格です〉

国連大学 包括的「富」報告書
自然資本・人工資本・人的資本の国際比較
国連大学地球環境変化の人間・社会的側面に関する国際研究計画・国連環境計画編　植田和弘、山口臨太郎訳　武内和彦監修
◎8800円

不平等
誰もが知っておくべきこと
ジェームス・K・ガルブレイス著　塚原康博、馬場正弘、加藤篤行、鑓田亨、鈴木賢志訳
◎2800円

格差と不安定のグローバル経済学
ガルブレイスの現代資本主義論
ジェームス・K・ガルブレイス著　塚原康博、鈴木賢志、馬場正弘、鑓田亨訳
◎3800円

OECD世界開発白書2
富のシフト世界と社会的結束
OECD開発センター編著　門田清訳
◎6600円

貧困克服への挑戦 構想 グラミン日本
グラミン・アメリカの実践から学ぶ先進国型マイクロファイナンス
菅正広著
◎2400円

持続可能な暮らしと農村開発
アプローチの展開と新たな挑戦
イアン・スクーンズ著　西川芳昭監訳
◎2400円

国境を越える農民運動
世界を変える草の根のダイナミクス
グローバル時代の食と農2
マーク・エデルマン、サトゥルニーノ・M・ボラスJr著　舩田クラーセンさやか監訳
◎2400円

フェアトレードビジネスモデルの新たな展開
SDGs時代に向けて
長坂寿久編著
◎2600円

ファクター5
エネルギー効率の5倍向上をめざすイノベーションと経済的方策
エルンスト・ウルリッヒ・フォン・ワイツゼッカーほか著　林良嗣監修　吉村皓一訳者代表
◎4200円

インドネシア 森の暮らしと開発
土地をめぐる〈つながり〉と〈せめぎあい〉の社会史
増田和也著
◎8000円

人々の資源論
開発と環境の統合に向けて
佐藤仁編著
◎2500円

オフショア化する世界
人・モノ・金が逃げ込む「闇の空間」とは何か？
ジョン・アーリ著　須藤廣、濱野健監訳
◎2800円

貧困の超克とツーリズム
難民・障害・貧困をめぐるフィールド研究
江口信清、藤巻正己編著
◎2600円

発展途上国の困難な状況にある子どもの教育
澤村信英編著
◎4800円

よくわかる持続可能な開発
経済、社会、環境をリンクする
OECD編　濱田久美子訳　トレイシー・ストレンジ／アン・ベイリー著
◎2400円

グローバル時代の「開発」を考える
世界と関わり、共に生きるための7つのヒント
西あい、湯本浩之編著
◎2300円

〈価格は本体価格です〉

激動するグローバル市民社会 「慈善」から「公正」への発展と展開
重田康博著　◎2400円

地図でみる世界の地域格差 都市集中と地域発展の国際比較
OECD地域指標2016年版
OECD編著　中澤高志監訳　◎5500円

格差拡大の真実 二極化の要因を解き明かす
経済協力開発機構(OECD)編著　小島克久・金子能宏訳　◎7200円

図表でみる世界の主要統計 経済、環境、社会に関する統計資料
OECDファクトブック(2015-2016年版)
経済協力開発機構(OECD)編　トリフォリオ翻訳・製作　◎8200円

OECD規制影響分析 政策評価のためのツール
経済協力開発機構(OECD)編著　山本哲三訳　◎4600円

行動公共政策 行動経済学の洞察を活用した新たな政策設計
経済協力開発機構(OECD)編著　齋藤長行訳　◎3000円

世界の行動インサイト 公共ナッジが導く政策実践
経済協力開発機構(OECD)編著　齋藤長行監訳　濱田久美子訳　◎6800円

激動のアフリカ農民 農村の変容から見える国際政治
鍋島孝子著　◎4600円

現代イランの社会と政治 つながる人びとと国家の挑戦
山岸智子編著　◎2800円

現代中東の国家・権力・政治
ロジャー・オーウェン著　山尾大・溝渕正季訳　◎3000円

中東・イスラーム世界の歴史・宗教・政治 多様なアプローチが織りなす地域研究の現在
髙岡豊・白谷望・溝渕正季編著　◎3600円

対テロ戦争の政治経済学 終わらない戦争は何をもたらしたのか
延近充著　◎2800円

朝鮮半島冷戦と国際政治力学 対立からデタントへの道のり
金伯柱著　◎5800円

現代中央アジアの国際政治 ロシア・米欧・中国の介入と新独立国の自立
湯浅剛著　◎5400円

現代ネパールの政治と社会 民主化とマオイストの影響の拡大
世界人権問題叢書92　南真木人・石井溥編著　◎5200円

パキスタン政治史 民主国家への苦難の道
世界歴史叢書　中野勝一著　◎4800円

〈価格は本体価格です〉

「アウンサンスーチー政権」のミャンマー
民主化の行方と新たな発展モデル
永井浩・田辺寿夫・根本敬編著
◎2400円

マーシャル諸島の政治史
米軍基地・ビキニ環礁核実験・自由連合協定
黒崎岳大著　世界歴史叢書
◎5800円

東南アジアの紛争予防と「人間の安全保障」
武力紛争、難民、災害、社会的排除への対応と解決に向けて
山田満編著
◎4000円

「米中対峙」時代のASEAN
共同体への深化と対外関与の拡大
黒柳米司編著
◎2800円

ASEAN再活性化への課題
東アジア共同体・民主化・平和構築
黒柳米司編著
◎2700円

アジア地域秩序とASEANの挑戦
「東アジア共同体」をめざして
黒柳米司編著
◎2500円

難民を知るための基礎知識
政治と人権の葛藤を越えて
滝澤三郎・山田満編著
◎2500円

難民問題と人権理念の危機
国民国家体制の矛盾
移民・ディアスポラ研究6
駒井洋監修　人見泰弘編著
◎2800円

グローバル化する世界と「帰属の政治」
移民・シティズンシップ・国民国家
ロジャース・ブルーベイカー著
佐藤成基・髙橋誠一・岩城邦義・吉田公記編訳
◎4600円

「社会分裂」に向かうフランス
政権交代と階層対立
尾上修悟著
◎2800円

BREXIT「民衆の反逆」から見る英国のEU離脱
緊縮政策・移民問題・欧州危機
尾上修悟著
◎2800円

ギリシャ危機と揺らぐ欧州民主主義
緊縮政策がもたらすEUの亀裂
尾上修悟著
◎2800円

ええ、政治ですが、それが何か？
自分のアタマで考える政治学入門
岡田憲治著
◎1800円

政治的なものについて
闘技的民主主義と多元主義的グローバル秩序の構築
シャンタル・ムフ著　酒井隆史監訳　篠原雅武訳
◎2500円

ポピュリズムの理性
エルネスト・ラクラウ著　澤里岳史・河村一郎訳
◎3600円

左派ポピュリズムのために
シャンタル・ムフ著　山本圭・塩田潤訳
◎2400円

〈価格は本体価格です〉